Desarrollo de
VIDEOJUEGOS
Un Enfoque Práctico

Volumen 4
Desarrollo de
Componentes

Francisco Jurado, Javier A. Albusac
José J. Castro, David Vallejo
Luis Jiménez, Félix J. Villanueva
David Villa, Carlos González,
Manuel Palomo, Guillermo Simmross,
David Frutos

Título:	Desarrollo de Videojuegos: Un Enfoque Práctico
Subtítulo:	Volumen 4. Desarrollo de Componentes
Edición:	Septiembre 2015
Autores:	Francisco Jurado Monroy, Javier A. Albusac Jiménez, José J. Castro Sánchez, David Vallejo Fernández, Luis Jiménez Linares, Félix J. Villanueva Molina, David Villa Alises, Carlos González Morcillo, Manuel Palomo Duarte, Guillermo Simmross Wattenberg, David Frutos Talavera
ISBN:	978-1517443504
Edita:	David Vallejo, Carlos González y David Villa
Portada:	(Ilustración) Víctor Barba Pizarro
Diseño:	Carlos González Morcillo y Víctor Barba Pizarro

Printed by CreateSpace, an Amazon.com company
Available from Amazon.com and other online stores

Este libro fue compuesto con LaTeX a partir de una plantilla de David Villa
Alises y Carlos González Morcillo. Maquetación final de Carlos Guijarro
Fernández-Arroyo y David Vallejo Fernández.

Escuela
Superior
de Informatica

Departamento de
Tecnología y
Sistemas de Información

Paseo de la Universidad, 4
13071, Ciudad Real
Email: esi@uclm.es

indra

KITMAKER
CIBERLYNX

Zuinq Studio

from the bench

STRATOS

Prefacio

Desde su primera edición en 2010, el material docente y el código fuente de los ejemplos del Curso de Experto en Desarrollo de Videojuegos, impartido en la Escuela Superior de Informática de Ciudad Real de la Universidad de Castilla-La Mancha, se ha convertido en un referente internacional en la formación de desarrolladores de videojuegos.

Puedes obtener más información sobre el curso, así como los resultados de los trabajos creados por los alumnos de las ediciones anteriores en www.cedv.es. La versión electrónica de este libro (y del resto de libros de la colección) puede descargarse desde la web anterior. El libro «físico» puede adquirirse desde Amazon.es y Amazon.com

Sobre este libro...

Este libro forma parte de una colección de 4 volúmenes, con un perfil técnico, dedicados al Desarrollo de Videojuegos:

1. Arquitectura del Motor. Estudia los aspectos esenciales del diseño de un motor de videojuegos, así como las técnicas básicas de programación y patrones de diseño.

2. Programación Gráfica. El segundo libro se centra en algoritmos y técnicas de representación gráfica, así como en optimizaciones y simulación física.

3. Técnicas Avanzadas. En este volumen se recogen aspectos avanzados, como estructuras de datos específicas y técnicas de validación.

4. Desarrollo de Componentes. El último libro está dedicado a los componentes específicos del motor, como la Inteligencia Artificial, Networking o el Sonido y Multimedia.

Requisitos previos

Este libro tiene un público objetivo con un perfil principalmente técnico. Al igual que el curso, está orientado a la capacitación de profesionales de la programación de videojuegos. De esta forma, este libro no está orientado para un público de perfil artístico (modeladores, animadores, músicos, etc.) en el ámbito de los videojuegos.

Se asume que el lector es capaz de desarrollar programas de nivel medio en C++. Aunque se describen algunos aspectos clave de C++ a modo de resumen, es recomendable refrescar los conceptos básicos con alguno de los libros recogidos en la bibliografía del curso. De igual modo, se asume que el lector tiene conocimientos de estructuras de datos y algoritmia. El libro está orientado principalmente para titulados o estudiantes de últimos cursos de Ingeniería en Informática.

Programas y código fuente

El código de los ejemplos puede descargarse en la siguiente página web: http://www.cedv.es. Salvo que se especifique explícitamente otra licencia, todos los ejemplos del libro se distribuyen bajo GPLv3.

Agradecimientos

Los autores del libro quieren agradecer en primer lugar a los alumnos de las cuatro ediciones del Curso de Experto en Desarrollo de Videojuegos por su participación en el mismo y el excelente ambiente en las clases, las cuestiones planteadas y la pasión demostrada en el desarrollo de todos los trabajos.

Los autores también agradecen el soporte del personal de administración y servicios de la Escuela Superior de Informática de Ciudad Real, a la propia Escuela y el Departamento de Tecnologías y Sistema de Información de la Universidad de Castilla-La Mancha.

De igual modo, se quiere reflejar especialmente el agradecimiento a las empresas que ofertarán prácticas en la 3a edición del curso: Devilish Games (Alicante), Dolores Entertainment (Barcelona), from the bench (Alicante), Iberlynx Mobile Solutions (Ciudad Real), Kitmaker (Palma), playspace (Palma), totemcat - Materia Works (Madrid) y Zuinqstudio (Sevilla). Este agradecimiento se extiende a los portales y blogs del mundo de los videojuegos que han facilitado la difusión de este material, destacando a Meristation, Eurogamer, Genbeta Dev, Vidaextra y HardGame2.

Finalmente, los autores desean agradecer su participación a las entidades colaboradoras del curso: Indra Software Labs, la asociación de desarrolladores de videojuegos Stratos y Libro Virtual.

Autores de la Colección

David Vallejo (2009, Doctor Europeo en Informática, Universidad de Castilla-La Mancha) es Profesor Ayudante Doctor e imparte docencia en la Escuela de Informática de Ciudad Real (UCLM) en asignaturas relacionadas con Informática Gráfica, Programación y Sistemas Operativos desde 2007. Actualmente, su actividad investigadora gira en torno a la Vigilancia Inteligente, los Sistemas Multi-Agente y el Rendering Distribuido.

Carlos González (2007, Doctor Europeo en Informática, Universidad de Castilla-La Mancha) es Profesor Titular de Universidad e imparte docencia en la Escuela de Informática de Ciudad Real (UCLM) en asignaturas relacionadas con Informática Gráfica, Síntesis de Imagen Realista y Sistemas Operativos desde 2002. Actualmente, su actividad investigadora gira en torno a los Sistemas Multi-Agente, el Rendering Distribuido y la Realidad Aumentada.

David Villa (2009, Doctor Ingeniero Informático, Universidad de Castilla-La Mancha) es Profesor Ayudante Doctor e imparte docencia en la Escuela de Informática de Ciudad Real (UCLM) en materias relacionadas con las redes de computadores y sistemas distribuidos desde el 2002. Sus intereses profesionales se centran en los sistemas empotrados en red, los sistemas ubicuos y las redes heterogéneas y virtuales. Es experto en métodos de desarrollo ágiles y en los lenguajes C++ y Python. Colabora con el proyecto Debian como maintainer de paquetes oficiales.

Francisco Jurado (2010, Doctor Europeo en Informática, Universidad de Castilla-La Mancha) es Profesor Ayudante Doctor en la Universidad Autónoma de Madrid. Su actividad investigadora actual gira en torno a la aplicación de técnicas de Ingeniería del Software e Inteligencia Artificial al ámbito del eLearning, los Sistemas Tutores, los Sistemas Adaptativos y los Entornos Colaborativos.

Francisco Moya (2003, Doctor Ingeniero en Telecomunicación, Universidad Politécnica de Madrid). Desde 1999 trabaja como profesor de la Escuela Superior de Informática de la Universidad de Castilla la Mancha, desde 2008 como Profesor Contratado Doctor. Sus actuales líneas de investigación incluyen los sistemas distribuidos heterogéneos, la automatización del diseño electrónico y sus aplicaciones en la construcción de servicios a gran escala y en el diseño de sistemas en chip. Desde 2007 es también Debian Developer.

Javier Albusac (2009, Doctor Europeo en Informática, Universidad de Castilla-La Mancha) es Profesor Ayudante Doctor e imparte docencia en la Escuela de Ingeniería Minera e Industrial de Almadén (EIMIA) en las asignaturas de Informática, Ofimática Aplicada a la Ingeniería y Sistemas de Comunicación en Edificios desde 2007. Actualmente, su actividad investigadora gira en torno a la Vigilancia Inteligente, Robótica Móvil y Aprendizaje Automático.

Cleto Martín (2011, Ingeniero Informática y Máster de Investigación en Tecnologías Informáticas Avanzadas, Universidad de Castilla-La Mancha) trabaja como Infrastructure Engineer en IBM (Bristol, UK) y ha sido mantenedor de paquetes de aplicaciones para Canonical Ltd. y continua contribuyendo al proyecto Debian. Es un gran entusiasta de los sistemas basados en GNU/Linux, así como el desarrollo de aplicaciones basadas en redes de computadores y sistemas distribuidos.

Sergio Pérez (2011, Ingeniero en Informática, Universidad de Castilla-La Mancha) trabaja como ingeniero consultor diseñando software de redes para Ericsson R&D. Sus intereses principales son GNU/Linux, las redes, los videojuegos y la realidad aumentada.

Félix J. Villanueva (2009, Doctor en Ingeniería Informática, Universidad de Castilla-La Mancha) es contratado doctor e imparte docencia en el área de tecnología y arquitectura de computadores. Las asignaturas que imparte se centran en el campo de las redes de computadores con una experiencia docente de más de diez años. Sus principales campos de investigación en la actualidad son redes inalámbricas de sensores, entornos inteligentes y sistemas empotrados.

César Mora (2013, Master en Computer Science por la Universidad de Minnesota, 2011 Ingeniero en Informática, Universidad de Casilla-La Mancha). Sus temas de interés están relacionados con la Informática Gráfica, la Visión Artificial y la Realidad Aumentada.

José Jesús Castro (2001, Doctor en Informática, Universidad de Granada) es Profesor Titular de Universidad en el área de Lenguajes y Sistemas Informáticos, desde 1999 imparte docencia en la Escuela Superior de Informática de la UCLM. Sus temas de investigación están relacionados con el uso y desarrollo de métodos de IA para la resolución de problemas reales, donde cuenta con una amplia experiencia en proyectos de investigación, siendo autor de numerosas publicaciones.

Miguel Ángel Redondo (2002, Doctor en Ingeniería Informática, Universidad de Castilla – La Mancha) es Profesor Titular de Universidad en la Escuela Superior de Informática de la UCLM en Ciudad Real, impartiendo docencia en asignaturas relacionadas con Interacción Persona-Computador y Sistemas Operativos. Su actividad investigadora se centra en la innovación y aplicación de técnicas de Ingeniería del Software al desarrollo de sistemas avanzados de Interacción Persona-Computador y al desarrollo de sistemas de e-Learning.

Luis Jiménez (1997, Doctor en Informática, Universidad de Granada) es Titular de Universidad e imparte docencia en la Escuela de Informática de Ciudad Real (UCLM) en asignaturas relacionadas la Inteligencia Artificial y Softcomputing desde 1995. Actualmente, su actividad investigadora gira en torno a los Sistemas Inteligentes aplicados mediante Sistemas Multi-Agente, técnicas de softcomputing e inteligencia artificial distribuida.

Jorge López (2011, Ingeniero en Informática por la UCLM y Máster en Diseño y Desarrollo de videojuegos por la UCM). Especializado en desarrollo 3D con C++ y OpenGL, y en el engine Unity 3D. Actualmente trabaja como programador en Totemcat – Materia Works.

Miguel García es desarrollador independiente de Videojuegos en plataformas iOS, Android, Mac OS X, GNU/Linux y MS Windows y socio fundador de Atomic Flavor. Actualmente dirige el estudio de desarrollo de videojuegos independientes Quaternion Studio.

Manuel Palomo (2011, Doctor por la Universidad de Cádiz) es Profesor Contratado Doctor e imparte docencia en la Escuela Superior de Ingeniería de la Universidad de Cádiz en asignaturas relacionadas con el Diseño de Videojuegos, Recuperación de la Información y Sistemas Informáticos Abiertos. Actualmente su actividad investigadora se centra en las tecnologías del aprendizaje, principalmente videojuegos educativos y los sistemas colaborativos de desarrollo y documentación.

Guillermo Simmross (2003, Ingeniero Técnico de Telecomunicación, 2005 Ingeniero en Electrónica y 2008, Máster Dirección de Proyectos, Universidad de Valladolid) es Compositor y diseñador de sonido freelance e imparte docencia en colaboración con la Universidad Camilo José Cela sobre Composición de Música para Videojuegos. Actualmente trabaja como responsable de producto en Optimyth Software.

José Luis González (2010, Doctor en Informática, Universidad de Granada). Especialista en calidad y experiencia de usuario en sistemas interactivos y videojuegos, temas donde imparte su docencia e investiga. Ha colaborado con distintas compañías del sector, como Nintendo o MercurySteam. Es autor de distintos libros sobre la jugabilidad y el diseño y evaluación de la experiencia del jugador.

Resumen

El objetivo de este módulo, titulado «Desarrollo de Componentes» dentro del *Curso de Experto en Desarrollo de Videojuegos*, consiste en profundizar en técnicas específicas vinculadas al desarrollo de videojuegos, como por ejemplo el uso de técnicas de Inteligencia Artificial o la programación multijugador en red. Para ello, una de las principales metas es la de complementar la visión general de la arquitectura de un motor de juegos con cuestiones específicas que resultan fundamentales para su desarrollo.

Dentro del contexto de la Inteligencia Artificial, en este módulo se estudian técnicas fundamentales como la Lógica Difusa o los algoritmos genéricos, entre otras. Así mismo, se realiza una discusión del diseño orientado a agentes como pilar esencial en el desarrollo del componente inteligente de un videojuego.

En la parte relativa al juego multijugador se exploran las posibilidades que ofrecen los *sockets* y, posteriormente, se discute cómo el uso de herramientas de más alto nivel, como los *middlewares* de comunicaciones pueden contribuir a facilitar el desarrollo del módulo de *networking*.

Finalmente, este módulo también contempla aspectos relativos a la edición de audio, la gestión de vídeo y la importancia de la integración de nuevos dispositivos de interacción. En el contexto del desarrollo de videojuegos, técnicas como la visión por computador o la realidad aumentada pueden contribuir a mejorar la experiencia del jugador.

Índice general

Listado de acrónimos

AMI	Asynchronous Method Invocation
API	Application Program Interface
AVI	Audio Video Interleave
BDI	Belief, Desire, Intention
BSD	Berkeley Software Distribution
CD	Compact Disc
CMOS	Complementary Metal-Oxide-Semiconductor
CORBA	Common Object Request Broker Architecture
CPU	Central Processing Unit
DVB	Digital Video Broadcasting
DVD	Digital Video Disc
FLAC	Free Lossless Audio Codec
FPS	First Person Shooter
FSM	Finite State Machine
GNU	GNU is Not Unix
GPL	General Public License
GPS	Global Positioning System
GPV	grafos de puntos visibles
HDTV	High Definition Television
HFSM	Hierarchical Finite State Machine
HSV	Hue, Saturation, Value
IANA	Internet Assigned Numbers Authority
IDL	Interface Definition Language
IEC	International Electrotechnical Commission
IP	Internet Protocol
IPC	InterProcess Communication
IPP	Integraed Performance Primitives
IPX	Internetwork Packet Exchange

ISO	International Organization for Standardization
ICE	Internet Communication Engine
LAN	Local Area Network
LED	Light Emitter Diode
LGPL	Lesser General Public License
MAC	Media Access Control
MAS	Multi-Agent Systems
MHI	Motion History Image
MPEG	Moving Picture Experts Group
MTU	Maximum Transfer Unit
OGI	Oregon Graduate Institute
ONC	Open Network Computing
P2P	Peer To Peer
PHP	Personal Home Page
RGB	Red Green Blue
RMI	Remote Method Invocation
ROI	Region Of Interest
RPC	Remote Procedure Call
RTP	Real Time Protocol
RTS	Real-Time Strategy
RTT	Render To Texture
SIP	Session Initiation Protocol
SVCD	Super VCD
SLICE	Specification Language for Ice
TCP/IP	Pila de protocolos de Internet
TCP	Transport Control Protocol
TDT	Televisión Digital Terrestre
UDP	User Datagram Protocol
USB	Universal Serial Bus
VCD	Video CD
VGA	Video Graphics Adapter
VRML	Virtual Reality Modeling Language
XDR	eXternal Data Representation

Capítulo 1

Inteligencia Artificial

Javier Alonso Albusac Jiménez
José Jesús Castro Sánchez
David Vallejo Fernández
Luis Jiménez Linares
Manuel Palomo Duarte

L a Inteligencia Artificial (IA) es un elemento fundamental para dotar de realismo a un videojuego. Uno de los retos principales que se plantean a la hora de integrar comportamientos inteligentes es alcanzar un equilibrio entre la **sensación de inteligencia** y el tiempo de cómputo empleado por el subsistema de IA. Dicho equilibrio es esencial en el caso de los videojuegos, como exponente más representativo de las aplicaciones gráficas en tiempo real.

Este planteamiento gira, generalmente, en torno a la generación de soluciones que, sin ser óptimas, proporcionen una cierta sensación de inteligencia. En concreto, dichas soluciones deberían tener como meta que el jugador se enfrente a un reto que sea factible de manera que suponga un estímulo emocional y que consiga *engancharlo* al juego.

En los últimos años, la IA ha pasado de ser un componente secundario en el proceso de desarrollo de videojuegos a convertirse en uno de los aspectos más importantes. Actualmente, lograr un alto nivel de IA en un juego sigue siendo **uno de los retos** más emocionantes y complejos y, en ocasiones, sirve para diferenciar un juego normal de uno realmente deseado por los jugadores.

Figura 1.1: El robot-humanoide *Asimo*, creado por *Honda* en el año 2000, es uno de los exponentes más reconocidos de la aplicación de técnicas de IA sobre un prototipo físico real.

Tal es su importancia, que las grandes desarrolladoras de videojuegos mantienen en su plantilla a ingenieros especializados en la parte de IA, donde los lenguajes de *scripting*, como Lua o Python, y la comunicación con el resto de programadores del juego resulta esencial.

En este capítulo se discuten cuestiones con gran relevancia en el ámbito de la IA aplicada a videojuegos, haciendo especial hincapié en las técnicas más consolidadas, como por ejemplo el uso de máquinas de estados finitas, el diseño basado en agentes, la aplicación de algoritmos de búsqueda o la lógica difusa. En la última sección del capítulo se discute un caso de estudio práctico enfocado a la IA.

1.1. Introducción a la IA para videojuegos

1.1.1. Aplicando el Test de Turing

Figura 1.2: Alan Turing (1912-1954), matemático, científico, criptógrafo y filósofo inglés, es considerado uno de los Padres de la Computación y uno de los precursores de la Informática Moderna.

La Inteligencia Artificial es un área fascinante y relativamente moderna de la Informática que gira en torno a la construcción de programas inteligentes. Existen diversas interpretaciones para el término *inteligente* (vea [17] para una discusión en profundidad), las cuales se diferencian en función de la similaritud con conceptos importantes como **racionalidad** y **razonamiento**.

De cualquier modo, una constante en el campo de la IA es la relación entre un programa de ordenador y el comportamiento del ser humano. Tradicionalmente, la IA se ha entendido como la intención de crear programas que actuasen como lo haría una persona ante una situación concreta en un contexto determinado.

Hace más de medio siglo, en 1950, Alan Turing propuso la denominada **Prueba de Turing**, basada en la incapacidad de una persona de distinguir entre hombre o máquina a la hora de evaluar un programa de ordenador.

Figura 1.3: *Terminator* pasaría sin ninguna duda la *Prueba Global de Turing*, al menos hasta que tuviera que ir a la consulta del médico...

En concreto, un programa pasaría el test si un evaluador humano no fuera capaz de distinguir si las respuestas a una serie de preguntas formuladas eran o no de una persona. Hoy en día, esta prueba sigue siendo un reto muy exigente ya que, para superarlo, un programa tendría que ser capaz de procesar lenguaje natural, representar el conocimiento, razonar de manera automática y aprender.

Además de todas estas funcionalidades, esta prueba implica la necesidad de interactuar con el ser humano, por lo que es prácticamente imprescindible integrar técnicas de visión por computador y de robótica para superar la *Prueba Global de Turing*. Todas estas disciplinas cubren gran parte del campo de la IA, por lo que Turing merece un gran reconocimiento por plantear un problema que hoy en día sigue siendo un reto muy importante para la comunidad científica.

En el ámbito del **desarrollo de videojuegos**, la Prueba de Turing se podría utilizar para evaluar la IA de un juego. Básicamente, sería posible aplicar esta prueba a los *Non-Player Characters* (NPCs) con el objetivo de averiguar si el jugador humano es capaz de saber si son realmente *bots* o podrían confundirse con jugadores reales.

Aunque actualmente existen juegos que tienen un grado de IA muy sofisticado, en términos generales es relativamente fácil distinguir entre NPC y jugador real. Incluso en juegos tan trabajados desde el punto de vista computacional como el ajedrez, en ocasiones las decisiones tomadas por la máquina delatan su naturaleza.

Desafortunadamente, los desarrolladores de videojuegos están condicionados por el tiempo, es decir, los videojuegos son aplicaciones gráficas en tiempo real que han de generar una determinada tasa de *frames* o imágenes por segundo. En otras palabras, este aspecto tan crítico hace que a veces el tiempo de cómputo dedicado al sistema de IA se vea reducido. La buena noticia es que, generalmente, el módulo responsable de la IA no se tiene que actualizar con la misma frecuencia, tan exigente, que el motor de *rendering*.

Figura 1.4: El jarrón de Rubin es una de las ilusiones ópticas más famosas. ¿Jarrón o dos caras?

Aunque esta limitación se irá solventando con el incremento en las prestaciones hardware de las estaciones de juego, hoy en día es un gran condicionante que afecta a los recursos dedicados al módulo de IA. Una de las consecuencias de esta limitación es que dicho módulo se basa en proporcionar una *ilusión de inteligencia*, es decir, está basado en un esquema que busca un equilibrio entre garantizar la simplicidad computacional y proporcionar al jugador un verdadero reto.

1.1.2. Ilusión de inteligencia

De una manera casi inevitable, el *componente inteligente* de un juego está vinculado a la dificultad o al reto que al jugador se le plantea. Sin embargo, y debido a la naturaleza cognitiva de dicho componente, esta cuestión es totalmente subjetiva. Por lo tanto, gran parte de los desarrolladores opta por intentar que el jugador se sienta inmerso en lo que se podría denominar *ilusión de inteligencia*.

Por ejemplo, en el videojuego *Metal Gear Solid*, desarrollado por Konami y lanzado para PlayStation™ en 1998, los enemigos empezaban a mirar de un lado a otro y a decir frases del tipo *¿Quién anda ahí?* si el personaje principal, Solid Snake, se dejaba ver mínimamente o hacía algún ruido en las inmediaciones de los NPCs. En este juego, el espionaje y la infiltración predominaban sobre la acción, por lo que este tipo de elementos generaban una cierta sensación de IA, aunque en realidad su implementación fuera sencilla.

Un caso más general está representado por modificar el **estado de los NPCs**, típicamente incrementando su nivel de *stamina* o vida. De este modo, el jugador puede tener la sensación de que el enemigo es más inteligente porque cuesta más abatirlo. Otra posible alternativa consiste en proporcionar más habilidades al enemigo, por ejemplo haciendo que se mueva más rápido o que dispare con mayor velocidad.

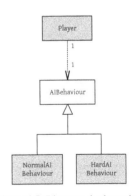

Figura 1.5: Diagrama de clases simplificado del ejemplo de *Halo*.

En [4], el autor discute el caso de la IA del juego *Halo*, desarrollado por *Bungie Studios* y publicado por *Microsoft Games Studio* en 2001, y cómo los desarrolladores consiguieron *engañar* a los *testers* del juego. En concreto, los desarrolladores asociaban el nivel de IA con la altitud de los puntos de impacto sobre los NPCs. Así, los jugadores percibían un grado bajo de IA cuando este nivel no era elevado, es decir, cuando los impactos en la parte inferior del NPC eran relevantes para acabar con el mismo. Sin embargo, al incrementar dicho nivel y forzar a los jugadores a apuntar a partes más elevadas del NPC, éstos percibían que el juego tenía una IA más elevada.

 Desde un punto de vista general, el principal reto del componente de IA de un juego consiste en que el jugador se sienta inteligente, planteando una lucha equilibrada pero, al mismo tiempo, factible para el jugador.

Este planteamiento se puede implementar utilizando **polimorfismo**, es decir, haciendo uso de una implementación u otra en función del nivel de complejidad. La figura 1.5 muestra el diagrama de clases de una solución muy simplificada de este problema. La clase *Player* mantiene como estado la *stamina* y la altura del personaje.

Este nivel de *stamina* se verá reducido por los impactos de proyectiles sobre el personaje. Si la dificultad del juego es normal, todos los proyectiles tendrán el mismo impacto sobre la salud del personaje. Sin embargo, si la dificultad es elevada, entonces se hará una distinción explícita entre proyectiles que impactan en la parte superior del personaje y aquellos que lo hacen en la parte inferior.

El siguiente listado de código muestra una implementación muy simple de la clase *Player*.

Listado 1.1: Clase Player

```
1  #ifndef __PLAYER__
2  #define __PLAYER__
3
4  class Player {
5  public:
6    Player (int stamina, float height);
7    ~Player () {}
8
9    void reduceStamina (int value) {
10     if ((_stamina - value) > 0)
11       _stamina -= value;
12     else
13       destroy();
14   }
15   int getStamina () const { return _stamina; }
16   int getHeight () const { return _height; }
17
18  private:
19   int _stamina;   // Vida del personaje.
20   float _height; // Altura.
21   void destroy () {}
22 };
23
24  #endif
```

La parte más interesante de este ejemplo está en la clase abstracta *AIBehaviour*, la cual obliga a sus clases derivadas a implementar la función miembro *hit*, con el objetivo de evaluar su impacto en función del nivel de complejidad.

Listado 1.2: Clase AIBehaviour

```cpp
1  #ifndef __AIBEHAVIOUR__
2  #define __AIBEHAVIOUR__
3
4  #include <OgreVector3.h>
5  #include "Player.h"
6
7  class AIBehaviour {
8   public:
9     AIBehaviour (Player* player) { _player = player; }
10
11    // El impacto de hit dependerá del nivel de AI.
12    virtual void hit (const Ogre::Vector3& bullet) = 0;
13   protected:
14    Player* _player;
15  };
16
17  class NormalAIBehaviour: public AIBehaviour {
18   public:
19    NormalAIBehaviour (Player* player): AIBehaviour(player) {}
20    void hit (const Ogre::Vector3& bullet);
21  };
22
23  class HardAIBehaviour: public AIBehaviour {
24   public:
25    HardAIBehaviour (Player* player) : AIBehaviour(player) {}
26    void hit (const Ogre::Vector3& bullet);
27  };
28
29  #endif
```

La implementación de la función miembro *hit()* de las clases derivadas *NormalAI-Behaviour* y *HardAIBehaviour* difiere en función del punto de impacto del proyectil sobre el personaje y, consecuentemente, en la reducción de su nivel de *stamina*.

Listado 1.3: Implementación de la función miembro hit

```cpp
1  #include <AIBehaviour.h>
2
3  // SE OBVIA LA DETECCIÓN DE COLISIONES.
4  void
5  NormalAIBehaviour::hit
6  (const Ogre::Vector3& bullet)
7  {
8    _player->reduceStamina(25.0);
9  }
10
11 // Considera la altura del impacto de la bala.
12 void
13 HardAIBehaviour::hit
14 (const Ogre::Vector3& bullet)
15 {
16   float aux = _player->getHeight() / 3.0;
17   float top = _player->getHeight() - aux;
18
19   if (bullet.z > top)
20     _player->reduceStamina(25.0);
21   else
22     _player->reduceStamina(10.0);
23 }
```

Como se puede apreciar, la reducción de vida sobre el personaje se mantiene constante para cualquier impacto de proyectil en el nivel de dificultad *normal*. Sin embargo, dicha reducción variará en el nivel de dificultad *hard*, dependiendo de la altura del impacto.

La idea de aplicar el Test de Turing a los NPCs de un juego plantea otro reto complejo y realmente atractivo para los desarrolladores de IA: la **cooperación**. Piense, por ejemplo, en una situación en la que el jugador se enfrenta a varios oponentes de manera simultánea en un *first-person shoooter*. El jugador que busca un reto ante dicha situación no espera que los NPCs ataquen de uno en uno por el mismo punto. Por el contrario, un jugador habilidoso esperaría un ataque coordinado, basado típicamente en una emboscada, tal y como un oponente real podría plantear en la mayoría de ocasiones.

Figura 1.6: En los *shooters*, la zona de impacto sobre el enemigo es especialmente relevante y se puede usar para ajustar el nivel de dificultad.

Evidentemente, una entidad siempre estará en desventaja ante un grupo, por lo que, tal y como se introdujo anteriormente, el desarrollador de IA ha de ser capaz de balancear la complejidad y saber adecuar una situación complicada en una situación que ofrezca un reto factible para el jugador, al menos en la mayoría de ocasiones.

 IA cooperativa: La coordinación de comportamientos en los NPCs es una tarea compleja pero que, bien efectuada, puede incrementar notablemente la IA de un juego.

1.1.3.   ¿NPCs o Agentes?

En gran parte de la bibliografía del desarrollo de videojuegos, especialmente en la relativa a la IA, el concepto de *agent* (agente) se utiliza para referirse a las distintas entidades virtuales de un juego que, de alguna manera u otra, tienen asociadas un **comportamiento**. Dicho comportamiento puede ser trivial y basarse, por ejemplo, en un esquema totalmente preestablecido o realmente complejo y basarse en un esquema que gire entorno al aprendizaje. De cualquier modo, estas dos alternativas comparten la idea de mostrar algún tipo de inteligencia, aunque sea mínima.

Academic VS Game AI

Recuerde que en el ámbito académico, las técnicas de IA tienden a buscar soluciones óptimas, mientras que en el contexto de los videojuegos la tendencia general consiste en encontrar buenas soluciones.

Tradicionalmente, el **concepto de agente** en el ámbito de la IA se ha definido como cualquier entidad capaz de percibir lo que ocurre en el medio o contexto en el que habita, mediante la ayuda de sensores, y actuar en consencuancia, mediante la ayuda de actuadores, generando normalmente algún tipo de cambio en dicho medio o contexto. La figura 1.7 muestra esta idea tan general. Note cómo de nuevo la idea de la Prueba de Turing vuelve a acompañar al concepto de agente.

El concepto de agente se ha ligado a ciertas propiedades que se pueden trasladar perfectamente al ámbito del desarrollo de videojuegos y que se enumeran a continuación:

- **Autonomía**, de manera que un agente actúa sin la intervención directa de terceras partes. Por ejemplo, un personaje de un juego de rol tendrá sus propios deseos, de manera independiente al resto.

- **Habilidad social**, los agentes interactúan entre sí y se comunican para alcanzar un objetivo común. Por ejemplo, los NPCs de un *shooter* se comunicarán para cubrir el mayor número de entradas a un edificio.

- **Reactividad**, de manera que un agente actúa en función de las percepciones del entorno. Por ejemplo, un enemigo reaccionará, normalmente, atacando si es atacado.

- **Proactividad**, de manera que un agente puede tomar la iniciativa en lugar de ser puramente reactivo. Por ejemplo, un enemigo feroz atacará incluso cuando no haya sido previamente atacado.

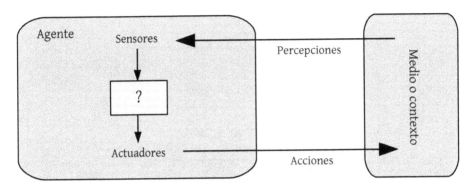

Figura 1.7: Visión abstracta delconcepto de agente

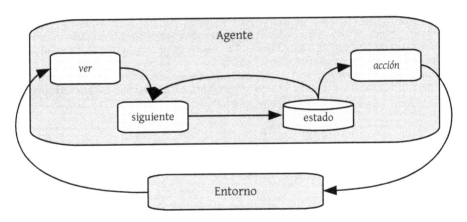

Figura 1.8: Visión abstracta del funcionamiento interno de un agente.

De manera adicional a estas propiedades, los conceptos de razonamiento y aprendizaje forman parte esencial del núcleo de un agente. Actualmente, existen juegos que basan parte de la IA de los NPCs en esquemas de aprendizaje y los usan para comportarse de manera similar a un jugador real. Este aprendizaje puede basar en la detección de patrones de comportamiento de dicho jugador.

Un ejemplo típico son los juegos deportivos. En este contexto, algunos juegos de fútbol pueden desarrollar patrones similares a los observados en el jugador real que los maneja. Por ejemplo, si la *máquina* detecta que el jugador real carga su juego por la parte central del terreno de juego, entonces podría contrarrestarlo atacando por las bandas, con el objetivo de desestabilizar al rival.

Comúnmente, los agentes basan su modelo de funcionamiento interno en una **máquina de estados**, tal y como se muestra de manera gráfica en la figura 1.8. Este esquema se ha utilizado durante muchos años como herramienta principal para proporcionar esa *ilusión de inteligencia* por parte del desarrollador de IA. De hecho, aunque en algunos proyectos se planteen arquitecturas mucho más sofisticadas, en la práctica la mayor parte de ellas girarán en torno a la idea que se discute en la siguiente sección.

Aunque los agentes se pueden implementar haciendo uso de una filosofía basada en el diseño orientado a objetos, informalmente se suele afirmar que *los objetos lo hacen gratis, mientras que los agentes lo hacen porque quieren hacerlo.*

1.1.4.   Diseño de agentes basado en estados

Una máquina de estados define el comportamiento que especifica las secuencias de estados por las que atraviesa un objeto durante su ciclo de ejecución en respuesta a una serie de eventos, junto con las respuestas a dichos eventos. En esencia, una máquina de estados permite descomponer el comportamiento general de un agente en *pedazos* o subestados más manejables. La figura 1.9 muestra un ejemplo concreto de máquinas de estados, utilizada para definir el comportamiento de un NPC en base a una serie de estados y las transiciones entre los mismos.

Como el lector ya habrá supuesto, los conceptos más importantes de una máquina de estados son dos: los estados y las transiciones. Por una parte, un **estado** define una condición o una situación durante la vida del agente, la cual satisface alguna condición o bien está vinculada a la realización de una acción o a la espera de un evento. Por otra parte, una **transición** define una relación entre dos estados, indicando lo que ha de ocurrir para pasar de un estado a otro. Los cambios de estado se producen cuando la transición se *dispara*, es decir, cuando se cumple la condición que permite pasar de un estado a otro.

Acción, reacción! El modelo de diseño de las máquinas de estados está basado en el tradicional esquema de acción y reacción. Básicamente, ante el cumplimiento de una condición (acción) se produce una transición (reacción).

Aunque la idea general de las máquinas de estados es tremendamente sencilla, su popularidad en el área de los videojuegos es enorme debido a los siguientes factores [4]:

- Son **fáciles** de implementar y muy **rápidas**. Aunque existen diversas alternativas, todas ellas tienen una complejidad baja.

- Su **depuración** es sencilla, ya que se basan en el principio de descomposición en subestados que sean manejables.

- Tienen una **mínima sobrecarga computacional**, ya que giran en torno a un esquema *if-then-else*.

- Son muy **intuitivas**, ya que se asemejan al modelo de razonamiento del ser humano.

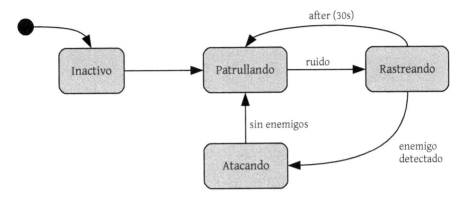

Figura 1.9: Máquina de estados que define el comportamiento de un NPC.

- Son muy **flexibles**, debido a que permiten la integración de nuevos estados sin tener un impacto significativo en el resto y posibilitan la combinación de otras técnicas clásicas de IA, como la lógica difusa o las redes neuronales.

Una máquina de estados se puede implementar utilizando distintas aproximaciones, como por ejemplo la que se estudió en el módulo 1, *Arquitectura del Motor*, para dar soporte al sistema de gestión de estados. En este contexto, es bastante común hacer uso del polimorfismo para manejar distintos estados que hereden de uno más general, proporcionando distintas implementaciones en función de dicha variedad de estados. En esencia, la idea consiste en mantener la interfaz pero concretando la implementación de cada estado. Normalmente, también se suele hacer uso del patrón *singleton* para manejar una única instancia de cada estado.

 Fuzzy Logic: La lógica difusa o borrosa es una técnica que permite tratar la incertidumbre y la vaguedad presenta en la mayoría de los problemas del mundo real. Ésta se puede utilizar para proporcionar más flexibilidad a un esquema basado en máquinas de estados.

1.1.5. Los lenguajes de *script*

A medida que un proyecto de tanta envergadura como un motor de juegos o un juego comienza a crecer, el simple hecho de llevar a cabo una compilación para evaluar un cambio mínimo puede resultar desesperante debido a la cantidad de tiempo dedicada para generar un archivo ejecutable. La solución inmediata consiste en separar los datos de la implementación, es decir, plantear algún tipo de esquema que evite recompilar cuando los datos cambien.

Típicamente, esta solución se ha basado en hacer uso de **archivos de configuración** sobre los que leer, en tiempo de ejecución, valores globales o específicos de la configuración de algún módulo en particular. Este esquema tan sencillo es la esencia de los **lenguajes de** *scripting*. En lugar de independizar solamente los datos, este tipo de lenguajes, en el ámbito del desarrollo de videojuegos, también permiten independizar gran parte de la lógica del juego. En este contexto, la lógica determina el comportamiento de las distintas entidades del juego a desarrollar, como por ejemplo los agentes o NPCs.

Este planteamiento representa la principal ventaja de los lenguajes de *scripting*, emplazándolos como una herramienta fundamental y muy potente en el desarrollo de proyectos software no triviales. Algunos ejemplos representativos de este tipo de lenguajes en el ámbito del desarrollo de videojuegos son Lua o Python.

Los lenguajes de *scripting* suelen ser **interpretados**. A diferencia de los lenguajes compilados, en los que se genera algún tipo de código máquina, los lenguajes interpretados se suelen leer, *parsear* e interpretar línea a línea en tiempo de ejecución, proceso que reduce el rendimiento de la aplicación. Ante esta problemática, algunos lenguajes de *scripting* son compilados.

Figura 1.10: Actualmente, Python es uno de los lenguajes de *script* más populares debido a su gran potencia y a su facilidad de aprendizaje.

Además de permitir independizar la lógica del juego, los lenguajes de *scripting* también se utilizan masivamente como herramientas de **prototipado rápido**. El principal objetivo que se persigue es el de obtener un producto o servicio que muestre la funcionalidad básica del sistema final, reduciendo drásticamente el tiempo y, por lo tanto, el coste del desarrollo. Posteriormente, se podría desarrollar dicho prototipo haciendo uso de un lenguaje compilado, como por ejemplo C++.

 El uso de un lenguaje de *scripting* implica llevar a cabo un proceso de integración en el motor de juegos o en el juego en cuestión, normalmente desarrollados en C++. En el módulo M3, *Técnicas Avanzadas de Desarrollo*, se abordará esta problemática desde un punto de vista práctico.

El siguiente listado de código muestra una posible implementación del *juego de las chinas*[1] en Python. Como se puede apreciar, su sintaxis es muy legible y sencilla. Por ejemplo, sólo se necesita una línea de código (línea 11) para mostrar un mensaje por pantalla, que el usuario introduzca un dato y que dicho dato se almacene en una variable. El manejo de estructuras esenciales, como las listas, es tremendamente práctico (líneas 6 y 24), al igual que el tratamiento de excepciones (líneas 10 y 26). Python es un lenguaje de tipado dinámico, está soportado en un gran número de plataformas y es escalable gracias a una filosofía basada en módulos de desarrollo.

Este fragmento de código contiene una función *predecir* que debería implementar una IA más sofisticada, más allá de devolver valores aleatorios. Una posible opción sería utilizar la estructura de datos *jugadas* para generar algún tipo de patrón que modelara el comportamiento del humano después de varias rondas de juego. Se plantea como ejercicio al lector la implementación de la función *predecir()* con el objetivo de estudiar la secuencia previa de predicciones por parte del jugador humano, con el objetivo de ganar un mayor número de partidas.

---

[1] http://es.wikipedia.org/wiki/Chinos

Listado 1.4: Implementación del juego de las chinas en Python

```python
#!/usr/bin/python
# -*- coding: utf-8 -*-

import sys, random

jugadas = []

def jugar ():
    while True:
        try:
            total_humano = int(input('\nTotal? '))

            n_maquina, total_maquina = predecir(total_humano)
            n_humano = int(input('Cuantas tenias? '))

            print '\nHumano: ' + str(n_humano)
            print 'Maquina: ' + str(n_maquina)
            if (n_maquina + n_humano) == total_humano:
                print 'Ganaste!'
            elif (n_maquina + n_humano) == total_maquina:
                print 'Perdiste!'

            # Para el módulo de IA...
            jugadas.append((n_humano, total_humano))

        except KeyboardInterrupt:
            print '\nSaliendo...'
            sys.exit(0)

def predecir (total_humano):
    n_maquina = random.randint(0, 3)
    total_maquina = random.randint(n_maquina, n_maquina + 3)
    print 'La maquina predice ' + str(total_maquina)
    return n_maquina, total_maquina

jugar()
```

1.1.6. Caso de estudio. Un Tetris *inteligente*

En esta sección se discute cómo afrontar el módulo de IA del Tetris en el modo ***Human VS CPU***, es decir, cómo se puede diseñar el comportamiento de la máquina cuando se enfrenta a un jugador real.

Tradicionalmente, el modo *versus* del Tetris se juega a pantalla dividida, al igual que el modo de dos jugadores. En la parte izquierda juega el jugador real y en la derecha lo hace la máquina. En esencia, el perdedor es aquél que es incapaz de colocar una ficha debido a que ha ocupado la práctica totalidad del tablero sin *limpiar* líneas.

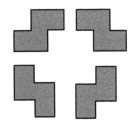

Figura 1.11: Cuatro posibles rotaciones de una ficha de Tetris (2D).

Para llevar a cabo la gestión de la dificultad de este modo de juego o, desde otro punto de vista, modelar la habilidad de la máquina, se pueden plantear diversas alternativas. Por ejemplo, si se desea modelar un nivel de complejidad elevado, entonces bastaría con incrementar la **velocidad** de caída de las fichas. En este caso, la máquina no se vería afectada ya que tendría tiempo más que suficiente para colocar la siguiente ficha. Sin embargo, el jugador humano sí que se vería afectado significativamente.

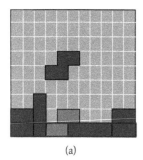
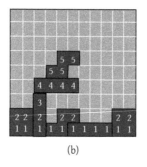
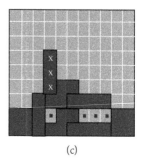

(a)   (b)   (c)

Figura 1.12: Planteando un módulo de IA para el Tetris. **a)** *Limpieza* de una línea, **b)** Cuantificando la altura del montón de fichas, **c)** Problema de huecos perdidos (los puntos representan los huecos mientras que las 'x' representan los potenciales bloqueos).

Otra posibilidad para ajustar el nivel de dificultad consistiría en que el jugador y la máquina recibieran distintos **tipos de fichas**, computando cuáles pueden ser más adecuadas para completar una línea y, así, reducir la altura del montón de fichas. También sería posible establecer un ***handicap***, basado en introducir deliberadamente piezas en la pantalla del jugador real.

No obstante, la implementación de todas estas alternativas es trivial. El **verdadero reto** está en modelar la IA de la máquina, es decir, en diseñar e implementar el comportamiento de la máquina a la hora de ir colocando fichas.

La solución inicial planteada en esta sección consiste en **asignar una puntuación** a cada una de las posible colocaciones de una ficha. Note que las fichas se pueden rotar y, al mismo tiempo, se pueden colocar en distintas posiciones del tablero. El objetivo perseguido por el módulo de IA será el de colocar una ficha allí donde obtenga una mejor puntuación. El siguiente paso es, por lo tanto, pensar en cómo calcular dicha puntuación.

Para ello, una opción bastante directa consiste en distinguir qué aspectos resultan fundamentales para ganar o perder una partida. En principio, el módulo de IA debería evitar formar torres de fichas de gran altura, ya que lo aproximarían a perder la partida de forma inminente, tal y como muestra la figura 1.12.b. Este factor debería suponer una penalización para la puntuación asociada a colocar una ficha. Por el contrario, la máquina debería *limpiar* líneas siempre que fuera posible, con el objetivo de obtener puntos y evitar que el montón de fichas siga creciendo. Este factor representaría una bonificación.

Además, idealmente el módulo de IA debería evitar generar espacios que no se puedan aprovechar por las fichas siguientes, es decir, debería evitar que se perdieran huecos, tal y como se refleja en la figura 1.12.c. Evidentemente, la generación de huecos perdidos es, a veces, inevitable. Si se produce esta situación, el módulo de IA debería evitar la colocación de fichas sobre dichos huecos, con el objetivo de liberarlos cuanto antes y, en consecuencia, seguir *limpiando* líneas.

Estos cuatro factores se pueden ponderar para construir una **primera aproximación** de la fórmula que se podría utilizar para obtener la puntación asociada a la colocación de una ficha:

$$P = w_1 * salt + w_2 * nclears + w_3 * nh + w_4 * nb \qquad (1.1)$$

donde:

- $salt$ representa la suma de las alturas asociada a la pieza a colocar en una determinada posición,

- $nclears$ representa el número de líneas *limpiadas*,

- nh representa el número de huecos generados por la colocación de la ficha en una determinada posición,

- nb representa el número de bloqueos como consecuencia de la potencial colocación de la ficha.

- w_i representa el peso asociado al factor i.

Evidentemente, $nclears$ tendrá asociado un peso positivo, mientras que el resto de factores tendrán asociados pesos negativos, ya que representan penalizaciones a la hora de colocar una ficha.

Un inconveniente inmediato de esta primera aproximación es que no se contempla, de manera explícita, la construcción de **bloques consistentes** por parte del módulo de IA de la máquina. Es decir, sería necesario incluir la lógica necesaria para premiar el acoplamiento entre fichas de manera que se premiara de alguna forma la *colocación lógica* de las mismas. La figura 1.13 muestra un ejemplo gráfico de esta problemática, cuya solución resulta fundamental para dotar a la máquina de un comportamiento *inteligente*.

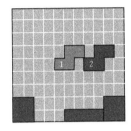

Figura 1.13: Idealmente, la posición 2 debería ser premiada en detrimento de la posición 1, ya que facilita la colocación de futuras piezas.

1.2. Técnicas Fundamentales

En esta sección se describirán brevemente algunas de las técnicas más extendidas en el ámbito de la Inteligencia Artificial que se emplean en el desarrollo de videojuegos, como son la lógica difusa, los algoritmos genéticos y las redes neuronales. La **lógica difusa** permite presentar al computador una forma alternativa de solucionar los problemas de una forma similar a como lo hacen los humanos, mediante el uso de términos y conceptos lingüísticos; así como el tratamiento de la imprecisión y vaguedad presentes en multitud de problemas reales.

Por otro lado, los **algoritmos genéticos** están basados en la teoría de la evolución y permiten encontrar de forma eficiente soluciones efectivas (no tiene por qué ser la óptima) en poblaciones de individuos amplias (o espacio de soluciones). Para ello, los algoritmos genéticos emplean varias técnicas de combinación, selección y mutación que permiten llegar a soluciones finales mediante la combinación de soluciones parciales.

Una de las principales características potenciales de este tipo de algoritmos es que son adaptativos; permiten encontrar soluciones en entornos dinámicos o cambiantes, incluso si existe un gran desconocimiento inicial sobre el problema a tratar. Esta característica los hace especialmente adecuados en el desarrollo de videojuegos de última generación en donde se busca el mayor realismo posible, y se intenta modelar entornos y comportamientos poco predecibles.

Por otro lado, las **redes neuronales** también están basadas en la propia naturaleza. Se trata de algoritmos de aprendizaje y razonamiento basados en el sistema nervioso de los animales (interconexión de neuronas en una red que colabora para producir un estímulo de salida). Las redes neuronales y los algoritmos genéticos se suelen combinar con frecuencia, ya que los segundos permiten construir el espacio de casos o entrenamiento que las redes neuronales necesitan para su correcto funcionamiento.

1.2.1. Lógica Difusa

La lógica difusa es un modelo matemático creado por el profesor Lotfi Zadeh de la Universidad de Berkeley en California (EEUU). El profesor Zadeh presentó la teoría de conjuntos difusos por primera vez en el año 1965 mediante un artículo publicado en la revista *Information and Control* [26]. Según su autor, la lógica difusa se basa en dos principios fundamentales [2]:

- Permite presentar al computador una forma alternativa de solucionar los problemas, de una forma similar a como lo hacen los humanos.

- La mayoría de elementos se representan en la lógica difusa mediante grados de pertenencia.

Para aquellos que no estén familiarizados con esta técnica, los dos principios anteriores pueden resultar un tanto confusos; desarrollemos con mayor detalle la principal idea en la que se basa cada uno de ellos.

En cuanto al primero, los computadores son máquinas que trabajan de forma metódica y que resuelven los problemas con total exactitud. Normalmente, un computador necesita unos parámetros de entrada, los procesa y genera unos datos de salida como solución a un problema. Sin embargo, los humanos suelen analizar las situaciones o resolver los problemas de una manera más imprecisa, sin la necesidad de conocer todos los parámetros o que la información relativa a los mismos esté completa.

Por ejemplo, supongamos el caso en el que dos personas se están pasando una pelota. El lanzador no es consciente en ningún momento, del ángulo que forma su brazo con el cuerpo, ni la fuerza exacta que realiza para lanzar la bola. Uno de ellos podría pedir al otro que le lanzara la pelota más fuerte. El término lingüístico *más fuerte* es impreciso en sí; en ningún momento se especifica cuanto debe aumentar el valor de la fuerza para cumplir el objetivo deseado. La persona encargada de lanzar, puede resolver el problema rápidamente, aumentando la fuerza con respecto al lanzamiento anterior sin la necesidad de realizar cálculos precisos. Esta forma de trabajar, en la que se manejan términos lingüísticos, conceptos vagos e imprecisos es un tanto opuesta a la forma en la que el computador trabaja. Sin embargo, puede ofrecer soluciones rápidas y eficientes a problemas reales, con un bajo coste computacional.

Figura 1.14: Profesor Lofti Zadeh, padre de la lógica difusa, presentó su teoría en el año 1965 en la revista *Information and Control*.

Por otro lado, el segundo principio enuncia que la lógica difusa se basa principalmente en el estudio de los grados de pertenencia a los conjuntos difusos definidos. Normalmente, un sistema difuso consta de un conjunto de variables de entrada; cada una de estas variables posee un dominio de definición (rango de valores que las variables pueden tomar) en el que se incluyen los conjuntos difusos. Según el valor de entrada de la variable, éste pertenecerá a uno o varios conjuntos del dominio con un cierto grado de pertenencia. Esta es una de las principales características que diferencian a la lógica difusa de la lógica tradicional.

En la lógica bivaluada existen dos valores de verdad posibles: verdadero y falso. En la lógica difusa pueden existir valores intermedios, es decir, un hecho podría ser no del todo cierto y no del todo falso. En cuanto a la teoría de conjuntos tradicional, un elemento pertenece absolutamente a un conjunto o no pertenece. En el caso de la lógica difusa, un elemento puede pertenecer a diferentes conjuntos con distintos grados. Los grados de pertenencia pertenecen al intervalo [0,1], donde 1 representa pertenencia absoluta y 0 el caso contrario. Por tanto, podemos decir que la lógica difusa es una generalización de la lógica clásica.

Veamos un ejemplo; supongamos que un sistema posee una variable de entrada llamada altura. El objetivo de este sistema podría ser catalogar a un conjunto de personas adultas como muy bajo, bajo, mediano, alto o muy alto. Supongamos que la altura puede variar entre 1.40 y 2.20. En el dominio de definición de la variable altura habrá que indicar de algún modo la correspondencia entre los términos *muy bajo, bajo, mediano, alto y muy alto*, y el rango posible de valores numéricos [1.40-2.20].

Figura 1.15: La lógica difusa se ha empleado con frecuencia para controlar el movimiento de aeroplanos en simuladores de vuelo.

Supongamos que en un sistema clásico, se considera personas bajas hasta 1.69 y las personas medianas desde 1.70 hasta 1.75. En este sistema, una persona que mida 1.69 sería clasificada como baja, mientras que una persona que mida 1.70 sería clasificada como mediana.

Tal como se puede apreciar, la discriminación en el proceso de clasificación entre una persona y otra es excesiva teniendo en cuenta que la diferencia es mínima (sólo un centímetro). La lógica difusa contempla la pertenencia a varios conjuntos al mismo tiempo, es decir, una persona que mida 1.70 podría pertenecer al conjunto de los medianos con un grado 0.6 mientras que al conjunto de los bajos podría ser 0.4. Este es un ejemplo orientativo para concebir una idea general sobre la esencia en la que se basa la lógica difusa; en secciones posteriores se explicará con mayor detalle la definición de conjuntos difusos y el cálculo de grados de pertenencia.

 La lógica difusa permite resolver problemas reales de forma imprecisa con el uso de términos lingüísticos.

Aplicaciones generales de la lógica difusa

Desde el año 1965, la lógica difusa se ha implantado con éxito en multitud de ámbitos, teniendo una mayor acogida inicial en Japón en la fabricación de electrodomésticos y el control industrial. Algunos ejemplos de aplicación son los siguientes:

- Sistema de control inteligente de aires acondicionados.

- Enfoque automático en cámaras digitales.

- Electrodomésticos (frigoríficos, lavadoras, ...).

- Control industrial.

- Comercio electrónico.

- Sistemas de escritura.

- Mejora de la eficiencia en el consumo de combustibles en vehículos.

- Sistemas expertos que simulan el comportamiento humano.

- Tecnología informática.

De los ámbitos anteriores, el control inteligente de aparatos de aire acondicionado es uno de los más frecuentes en donde se aplica con éxito la lógica difusa. Estos aparatos disponen de un termostato que mide la temperatura ambiente y, en función de ésta, el aparato se activa con mayor o menor potencia para obtener la temperatura deseada.

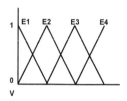

Figura 1.16: Definición de dominio difuso de la variable V mediante conjuntos triangulares.

La aplicación de la lógica difusa en este caso evita activaciones múltiples cuando la temperatura oscila frecuentemente entre los límites establecidos en el termostato. De esta forma, se permite un mayor ahorro energético y, en consecuencia, un ahorro económico importante. Este tipo de sistemas no sólo permiten un control suavizado de la activación del suministro de aire, sino también del grado y potencia con la que se emite el aire para conseguir la temperatura deseada.

La lógica difusa también es realmente útil para la toma de decisiones [13]; un ejemplo de ello es el comercio electrónico. En numerosas ocasiones, un cliente no tiene claro las características del producto que desea adquirir; de esta forma, en el proceso de negociación se manejan términos imprecisos, subjetivos o vagos. La lógica difusa es un modelo que, por su propia naturaleza, se adapta correctamente a este tipo de situaciones y facilita la toma de decisiones.

En general, el uso de la lógica difusa es conveniente cuando se trata un proceso complejo no lineal y en el que se maneja conocimiento que no está estrictamente definido.

La lógica difusa en el desarrollo de videojuegos

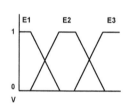

Figura 1.17: Definición de dominio difuso de la variable V mediante conjuntos trapezoidales.

La lógica difusa también se ha aplicado desde su creación en el desarrollo de videojuegos de diversas formas; algunas de las más destacadas son: control de elementos móviles, evaluación de estrategias y clasificación [2].

El primer caso, uso de la lógica difusa para el control de elementos móviles, ha permitido modelar con éxito el movimiento de vehículos en los videojuegos para conseguir movimientos mucho más realistas. Mediante esta técnica se consiguen movimientos suavizados, mucho más cercanos a los reales, y se evitan cambios bruscos en la dirección o velocidad de movimiento. Además del movimiento de vehículos, la lógica difusa también se ha empleado en el desarrollo de videojuegos para la animación realista de humanoides, cuyos elementos corporales están estructurados en un esqueleto.

Estas técnicas se pueden emplear a nivel individual, o bien, a nivel grupal, con el objetivo de animar grupos de objetos en movimiento que se dirigen hacia un objetivo común. Los integrantes del grupo pueden variar sus movimientos y conductas uno con respecto de otros sin alejarse del objetivo que tienen en común. De esta forma dejan de comportarse como un bloque que actúa exactamente de la misma forma y se otorga mayor realismo a la escena.

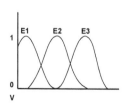

Figura 1.18: Definición de dominio difuso de la variable V mediante conjuntos curvilíneos.

En el segundo caso, evaluación y determinación de estrategias mediante el uso de la lógica difusa, se consiguen comportamientos "más humanos". A la hora de modelar el comportamiento inteligente de los adversarios a los que se enfrenta un jugador, se puede tener en cuenta la posibilidad de que éste no cuenta con toda la información sobre el personaje principal, o bien, la información de la que dispone es incompleta. Esto hace también que el comportamiento de los adversarios sea mucho menos previsible y rompe la monotonía del videojuego.

Por último, la lógica difusa se emplea con mucha frecuencia en procesos de clasificación. A partir de ciertos parámetros como pueden ser: fuerza del personaje, potencia del arma, puntos débiles, etc, se puede realizar una clasificación para la obtención de un ranking que luego puede ser empleado en otros procesos relacionados con la Inteligencia Artificial del juego; como por ejemplo, en la elaboración de estrategias.

Fundamentos de la lógica difusa

En general, cualquier sistema difuso consta de cuatro partes fundamentales: (I) una primera parte de modelado en el que se define el conjunto de variables de entrada y sus dominios de definición, (II) proceso de fuzzificación en el que se convierten las entradas crisp o valores numéricos del sistema en entradas difusas, (III) motor de inferencia para el proceso de razonamiento y, finalmente, (IV) proceso de defuzzificación en el que se realiza la conversión inversa al punto (I) (ver Figura 1.19). Este último paso no siempre es necesario y se puede mantener una salida difusa si así se desea.

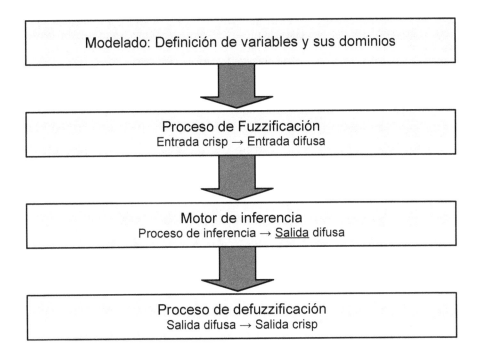

Figura 1.19: Esquema general de un sistema difuso.

Fase de modelado

La fase de modelado consiste en especificar el conjunto de variables de entrada que utilizará posteriormente el sistema en el proceso de inferencia. Para cada una de las variables será necesario definir su dominio, constituido por el rango de valores numéricos que la variable puede tomar y los conjuntos difusos. Ejemplos de variables podrían ser: altura, peso, velocidad, presión, etc. Los conjuntos difusos abarcan un rango de valores y se les asocia una etiqueta lingüística. Por ejemplo, para la variable altura los conjuntos podrían ser: muy bajo, bajo, medio, alto y muy alto. Los conjuntos pueden adoptar diferentes formas: curvilíneas (Figura 1.18), triangulares (Figura 1.16) o trapezoidales (Figura 1.17) entre otras. En función de las características del problema a modelar será conveniente elegir una forma u otra.

En la Figura 1.20 se puede observar un ejemplo en el que se define un espacio difuso para la variable altura. Cada uno de los conjuntos difusos se define mediante un trapezoide y tiene asociado una etiqueta lingüística. Para definir cada uno de los trapecios y sus límites son necesarios cuatro valores numéricos. Tal como se puede apreciar, el valor de la altura varía desde 1.40 hasta 2.20 y todos los casos son abarcados por los conjuntos difusos definidos.

Los dominios de una variable se pueden variar fácilmente modificando los límites de los conjuntos; esta característica dota a los sistemas difusos de gran flexibilidad. El ejemplo que se muestra en la Figura 1.20 podría servir para clasificar los estudiantes de un curso en una universidad española. Suponga que quisiéramos clasificar los alumnos de una universidad noruega en la que la mayoría de alumnos supera la medida de 1.80 metros. En este caso, una persona que mida 1.80 puede ser considerado en ese contexto con una estatura media y no alta. Para tal caso, bastaría con modificar los límites de los conjuntos sin la necesidad de alterar el resto de partes del sistema.

Altura

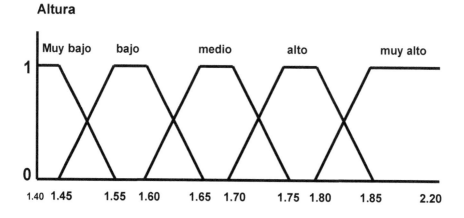

Figura 1.20: Dominio de definición o espacio difuso definido para la variable altura.

Una vez definidas las variables y sus dominios de definición, el siguiente paso consiste en la fuzzificación de variables a medida que reciban valores de entrada. Este paso consiste básicamente en el estudio de los valores de pertenencia a los conjuntos difusos en función de los valores *crisp* de entrada. Por ejemplo, supongamos que una persona mide 1.64, es decir, altura = 1.64. Dicho valor de altura estaría comprendido entre los conjuntos *bajo* y *medio*, con una pertenencia mayor al conjunto *medio*.

Altura

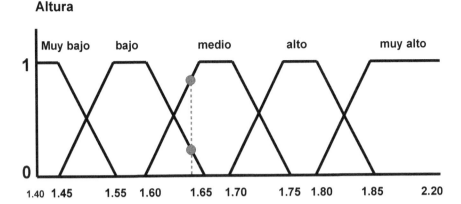

Figura 1.21: Estudio de los valores de pertenencia a los conjuntos difusos a partir de una altura de 1.64.

Un espacio difuso está correctamente definido, si la suma de todas las pertenencias a los conjuntos siempre es 1, independientemente del valor de entrada. Formalmente, la definición de la función de pertenencia asociada a un trapecio o conjunto difuso trapezoidal es de la siguiente manera:

$$
\prod(u; a, b, c, d) = \begin{cases} 0 & u < a \\ \frac{(u-a)}{(b-a)} & a \leq u < b \\ 1 & b \leq u \leq c \\ \frac{(d-u)}{(d-c)} & c < u \leq d \\ 0 & u > d \end{cases} \tag{1.2}
$$

donde u representa el valor de entrada de la función, y a, b, c y d los cuatro parámetros a partir de los cuales se define el trapecio, siendo 1 la altura máxima. Cada DDV_i (dominio de definición de la variable v_i) debe verificar las siguientes propiedades:

1. $\forall L_x \in DDV_i, altura(L_x) = 1$. L_x representa la etiqueta lingüística del conjunto x.

2. $\forall L_x, L_y \in DDV_i, nucleo(L_x) \cap nucleo(L_y) = \emptyset$. Pertenecen al núcleo de un conjunto difuso, representado mediante una etiqueta lingüística L, aquellos valores $x \in X_i$ que maximizan la función de pertenencia μ_L, es decir, $\mu_L(x) = 1$.

3. $\forall x \in X_i, \sum_{j=1}^{|DDV_i|} \mu_{L_j}(x) = 1$, siendo X_i el dominio donde se define v_i.

A continuación se muestra una posible implementación de las funciones que estudian el grado de pertenencia a conjuntos trapezoidales y triangulares:

Listado 1.5: Grado de pertenencia a un conjunto trapezoidal

```
1  double  FuzzyTrapezoid(double u, double a, double b, double c, double d)
2
3  {
4      double result = 0;
5
6      if (a <= u && u < b )
7          result = (u-a)/(b-a);
8      else if (b <= u && u <= c)
9          result = 1;
10     else if (c < u && u <= d)
11         result = (d-u)/(d-c);
12
13     return result;
14
15 }
```

Listado 1.6: Grado de pertenencia a un conjunto triangular

```
1  double  FuzzyTriangle(double u, double a, double b, double c)
2  {
3      double result = 0;
4
5
6      if (a <= u && u < b )
7          result = (u-a)/(b-a);
8      else if (u == b)
9          result = 1;
10     else if (b < u && u <= c)
11         result = (c-u)/(c-b);
12
13     return result;
14 }
```

Motor de inferencia

Una vez que se ha realizado el proceso de fuzzificación, para determinar el grado de pertenencia de las variables a los conjuntos difusos, comienza el proceso de inferencia o razonamiento para la toma de decisiones. Uno de los motores de inferencia más comunes es el basado en reglas difusas de tipo SI-ENTONCES. Este tipo de reglas está formado por un conjunto de antecedentes conectados mediante operadores lógicos (AND, OR, NOT) y uno o varios consecuentes. Cada antecedente a su vez consiste en una variable difusa y el rango de etiquetas lingüísticas que ésta debería tomar para que se produzca la activación de la regla. Veamos un ejemplo:

 SI distancia {muy corta, corta} y fuerza_enemigo es {baja, muy baja, media} EN-
TONCES *Ataque {agresivo}*

Para que se active la regla anterior la distancia entre el enemigo y el personaje prin-cipal debe tener un grado de pertenencia superior a cero en los conjuntos, *corta* o *muy corta*; lo mismo sucede con la fuerza del enemigo, en donde al menos se debe dar uno de los tres casos siguientes: *baja, muy baja* o *media*. En caso afirmativo, la regla se activa y el consecuente es *Atacar* con un determinado grado de pertenencia a *ataque agresivo*.

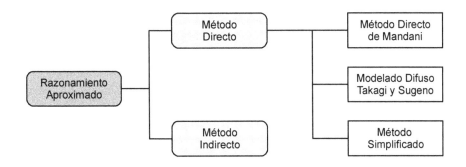

Figura 1.22: Clasificación de los Métodos de Razonamiento Aproximado.

Como se puede apreciar una regla difusa abarca múltiples casos y, estos casos a su vez, tienen en cuenta un amplio rango de valores para las variables de entrada. Según Timothy Masters en su libro *Practical Neural Networks Recipes in C++* [12], un sistema formado por reglas difusas necesita entre un 50 % y un 80 % de reglas menos que necesitaría un sistema tradicional, para realizar las mismas tareas; por tanto, el mantenimiento es mucho más sencillo.

Evaluación de las reglas difusas

Para evaluar el grado de activación de una regla difusa, primero es necesario establecer como se resolverán los operadores lógicos empleados en los antecedentes. Existen diversas formas, pero una de las más comunes es emplear el máximo para el operador OR, el mínimo para AND y 1-valor de pertenencia, para el operador NOT. Si se aplican estos criterios, el grado de activación de una regla viene determinado por el mínimo de los máximos.

Si tenemos en cuenta la regla anterior, supongamos que el grado de pertenencia a los conjuntos *muy corta y corta* de la variable *distancia* es 0.2 y 0.8 respectivamente; por otro lado, supongamos que en el caso de la fuerza del enemigo el grado de pertenencia a muy baja es 1 y al resto es cero. La forma de determinar el grado de activación es el siguiente:

- distancia: MAX (0.2 y 0.8) = 0.8

- fuerza del enemigo MAX (1, 0, 0) = 1

- Tanto la distancia como la fuerza del enemigo están conectadas mediante un operador AND, por tanto: MIN(0.8, 1) = 0.8, determina el grado de activación de la regla.

Listado 1.7: Funciones asociadas a los operadores lógicos

```
1  double FuzzyAND(double A, double B) {
2      return MIN(A, B);
3  }
4
5  double FuzzyOR(double A, double B) {
6      return MAX(A, B);
7  }
8
9  double FuzzyNOT(double A) {
10      return 1.0 - A;
11  }
```

Veamos con mayor detalle uno de los métodos de inferencia más populares en la lógica difusa: Método de Mandani.

Proceso de razonamiento mediante el método de Mandani

Según Tanaka [21], los sistemas de razonamiento aproximado se pueden clasificar como se muestra en la figura 1.22.

Uno de los métodos más utilizado es el Método Directo de Mandani. Veamos un ejemplo de funcionamiento con dos reglas:

$$\text{Regla 1: IF } x \text{ es } A_1 \text{ e } y \text{ es } B_1 \text{ THEN } z \text{ es } C_1$$
$$\text{Regla 2: IF } x \text{ es } A_2 \text{ e } y \text{ es } B_2 \text{ THEN } z \text{ es } C_2$$

Donde A_1, A_2, B_1, B_2, C_1 y C_2 son conjuntos difusos. La figura 1.23 muestra el proceso de razonamiento que se expondrá a continuación. Supongamos x_0 e y_0 como entradas para las variables x e y de las premisas (parte antecedente de la regla). Denotaremos la entrada como (x_0, y_0).

El proceso de razonamiento para esta entrada será el siguiente:

- **Paso 1:** Obtener el grado en que se satisfacen los antecedentes. En cada regla hay dos proposiciones en el antecedente. Para calcular el grado de satisfacción de cada regla se utilizarán, en este caso concreto, los operadores estándar sobre conjuntos difusos. En este ejemplo se emplearán los operadores estándar para T-normas (intersección de conjuntos - operador AND).

$$\text{Regla 1: } W_1 = \text{mín} \left[\mu_{A_1}(x_0), \mu_{B_1}(y_0) \right]$$
$$\text{Regla 2: } W_2 = \text{mín} \left[\mu_{A_2}(x_0), \mu_{B_2}(y_0) \right]$$

- **Paso 2:** Aplicar los resultados obtenidos en el paso anterior a los conjuntos difusos en la parte del consecuente, para así obtener la conclusión de cada regla.

$$\text{Conclusión de la Regla 1: } \mu_{C_1}(x_0) = \text{mín} \left[W_1, \mu_{C_1}(z) \right] \quad \forall z \in Z$$
$$\text{Conclusión de la Regla 2: } \mu_{C_2}(x_0) = \text{mín} \left[W_2, \mu_{C_2}(z) \right] \quad \forall z \in Z$$

- **Paso 3:** Construir la conclusión final mediante la agregación de todas las conclusiones parciales. En este caso, se ha empleado el operador T-conorma estándar (Unión de conjuntos - operador OR).

$$\text{Conclusión final: } \mu_C(z) = \text{máx} \left[\mu_{C_1}(z), \mu_{C_2}(z) \right]$$

Proceso de defuzzificación

El proceso de defuzzificación es necesario sólo si se desea un valor real o *crisp* de salida en nuestro sistema (valor z_0 en la figura 1.23). El proceso más sencillo y ampliamente utilizado se conoce como método de *centro de gravedad*, en el que se obtiene el punto central del área generada en el consecuente de la regla.

Si tenemos en cuenta de nuevo el ejemplo anterior, donde se plantea el método de razonamiento de Mandani, los métodos de defuzzificación más comunes son:

- Tomar el **centro de masas** del conjunto difuso conclusión:

$$z_0 = \frac{\int \mu_c(z) z \, dz}{\int \mu_c(z) \, dz}$$

- Tomar el valor de la **máxima pertenencia** del conjunto difuso conclusión:

$$z_0 = \left(\max_z \mu_c(z) \right)$$

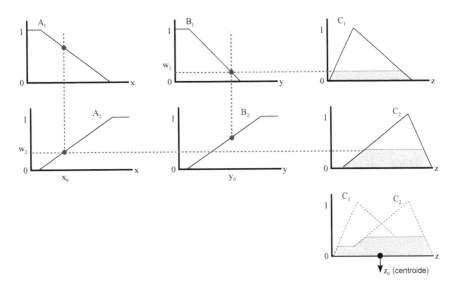

Figura 1.23: Proceso de razonamiento mediante el método de Mandani.

Caso de estudio: selección de estrategia de combate

En esta sección se plantea un ejemplo sencillo en el que se puede emplear un sistema difuso para determinar el comportamientos de los personajes que participan en un campo de batalla. Para no complicar el sistema de navegación de los personajes, podemos suponer que el campo de batalla es abierto, es decir, sin obstáculos. Dicho campo se puede modelar fácilmente con el uso de una matriz bidimensional, donde la fila y la columna en la que se encuentra un personaje determina su posición actual.

Figura 1.24: Campo de batalla representado como una matriz bidimensional. Elementos participantes: Enemigos, aliados y el propio jugador.

Inicialmente el frente enemigo se encuentra situado en un extremo (ya sea la primera fila o la primera columna) y el bando en el que nuestro personaje se encuentra en el extremo opuesto. El personaje que el usuario maneja cuenta con el apoyo de otros personajes aliados; el sistema difuso debe permitir modelar el comportamiento tanto de los enemigos como de los aliados.

Con el objetivo de no introducir una excesiva complejidad en el problema, supongamos que la estrategia que puede adoptar cada personaje depende de un número reducido de variables:

- Energía del objetivo y del personaje que valora la estrategia
- Distancia entre ambos
- Grado de ocupación, es decir, si está libre o, por el contrario, se encuentra envuelto en una batalla con una o varias entidades.

Para dichas variables se pueden definir los siguientes conjuntos difusos:

- Energía: baja, muy baja, media, alta y muy alta.
- Distancia: muy cerca, cerca, distancia media, lejos y muy lejos

- Grado de ocupación: libre, muy poco ocupado, poco ocupado, ocupado, muy ocupado.

Tal como se vio en las las secciones anteriores, existen diferentes alternativas para definir los conjuntos difusos correspondientes a las etiquetas lingüísticas especificadas en el listado anterior: trapezoidales, triangulares, mediante curvas, etc. Queda a elección del lector, elegir una de las opciones en función del comportamiento del sistema deseado.

Por otro lado, las variables de salida son las que se incluirán en el consecuente de las reglas y determinarán las acciones básicas de cada individuo: acercarse, huir, atacar y defenderse. A continuación se detalla una breve descripción sobre cada una de ellas:

- **Atacar**: Si un enemigo ataca y el otro no se encuentra en posición de defensa, recibirá el 100 % de daño producido por el ataque. A medida que la energía del individuo disminuya, el ataque debería producir un daño menor. Por el contrario, si el individuo se encuentra en posición de defensa, podría evitar el daño producido por el ataque (no siempre).

- **Defenderse**: Esta acción permite al individuo que la realiza recuperar parte de su energía. Además, podría evitar daños en el caso de recibir un ataque.

- **Huir**: Desplazarse una casilla en el tablero incrementando la distancia con respecto al enemigo.

- **Acercarse**: Desplazarse una casilla en el tablero disminuyendo la distancia con respecto al enemigo.

Una vez especificadas las variables de entrada/salida y definido el dominio difuso para cada una de ellas, el siguiente paso consiste en construir una base de conocimiento formada por reglas difusas que van a determinar las conductas. En función de la estrategia que queramos adoptar, se debe dar preferencia en el antecedente de las reglas a unas variables u otras. Por ejemplo, podríamos optar por atacar siempre a aquellos enemigos que tengan una energía más baja o bien, podríamos optar por atacar al más cercano. Algunos ejemplos de reglas difusas podrían ser los siguientes:

- SI Energia_Enmigo{muy baja, baja} y Ocupacion {baja} y Mi_energia{media, alta, muy alta} y Distancia{muy cerca} ENTONCES *Atacar*

- SI Mi_Energia{muy baja, baja} y Distancia{muy cerca} ENTONCES *Defenderse*

Si finalmente optamos por realizar una de las cuatro acciones posibles en cada turno: acercarse, huir, atacar o defenderse; tan sólo sería necesario estudiar la activación de las reglas y actuar según aquella que tenga un grado de pertenencia mayor.

Una vez implementando el sistema difuso, sería interesante realizar modificaciones del dominio de definición de cada variable para poder observar como varía el comportamiento de los personajes sin la necesidad de variar la lógica de programa. La inclusión de nuevas reglas o modificación de las existentes, también contribuye al cambio de conductas.

1.2.2. Algoritmos genéticos

Los algoritmos genéticos (AG) están basados en la propia naturaleza, en concreto, en la teoría de la evolución en donde los seres vivos evolucionan de generación en generación adaptándose al entorno que habitan. Los geneticistas y biólogos evolutivos afirman que la evolución no optimiza necesariamente, sino que más bien se adapta y optimiza localmente en el espacio y el tiempo; es decir, la evolución no necesariamente significa progreso y los individuos de una generación no tienen porque ser mejores a los de generaciones anteriores, simplemente, se **adaptan** mejor al entorno actual.

Figura 1.25: *Charles Darwin* (12 de febrero de 1809 – 19 de abril de 1882), propulsor de la teoría de la evolución mediante selección natural.

Imaginemos por un momento, que los alimentos se encontraran únicamente en lo alto de árboles de una altura elevada. Las jirafas, animales de cuello muy largo, u otros animales con la capacidad de trepar desarrollada, serían los únicos que tendrían acceso a estos alimentos y, por tanto, los únicos que podrían sobrevivir. Este hecho no hace a las jirafas o animales trepadores mejores que los de otra especie, simplemente, los convierte en seres mejores adaptados al medio.

 Adaptabilidad: Es la principal característica de los algoritmos genéticos; permiten encontrar soluciones que se adecuan a un entorno.

En los AG existe un espacio (normalmente amplio) de soluciones candidatas al problema que se está tratando (conocidas también como individuos). Esta población tiende a **evolucionar** hacia mejores soluciones mediante un proceso iterativo. Cada una de estas soluciones se puede entender como un cromosoma y, estos cromosomas, a su vez están constituidos por una cadena de genes. Estos genes representan la configuración genética del individuo o solución, y cada uno de ellos es una parte importante en la solución global; dependiendo de como estén combinados se obtiene soluciones más o menos óptimas. De forma general, el proceso evolutivo y de adaptación consiste en una *selección* de los mejores individuos de cada generación (de esta forma se orienta la búsqueda a las áreas más prometedoras); así como el *cruce* entre éstos o la *mutación* para dar lugar a los individuos de la siguiente generación, más evolucionados que los anteriores.

La evolución es una forma de adaptación más potente que el simple aprendizaje. En el desarrollo de videojuegos puede ser una herramienta realmente útil si se desea modelar entornos dinámicos y generar soluciones que se adapten a estos cambios. De esta forma, es posible desarrollar vídeojuegos mucho más realistas en donde las situaciones y comportamientos dejan de ser monótonos y previsibles; se producen un amplio abanico de posibilidades y el entorno de manera global se adapta a estas situaciones.

 Operadores evolutivos: Los operadores evolutivos básicos son la selección, cruce y mutación.

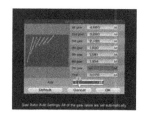

Figura 1.26: Configuración de la relación de marchas en el juego GT4

Los AG son también realmente apropiados para conseguir configuraciones óptimas. Imagínese, por ejemplo, el juego *Gran Turismo 4* en el que para cada circuito existen coches y características mecánicas que se adaptan mejor para lo obtención de mejores tiempos. Si se tiene en cuenta que existen más de 500 coches y docenas de características configurables, encontrar una configuración óptima es realmente complicado. Un AG podría simular múltiples configuraciones y calcular el beneficio proporcionado por cada una de ellas.

Esquema general de un algoritmo genético

Como se comentó anteriormente, los AG constan de un conjunto de procedimientos de búsqueda adaptativos. El primer requisito para un AG es la **constitución de una población inicial** formada por un conjunto de cromosomas. La generación de dicha población se puede producir de forma absolutamente aleatoria, o bien, combinándola con posibles soluciones candidatas que sean conocidas. Independientemente del método de generación, la población inicial debe poseer diversidad estructural para tener una representación de la mayor parte de la población y no caer en una convergencia prematura. La formación de la primera generación es vital para llegar con éxito a soluciones prometedoras en las futuras generaciones.

Diversidad Estructural

En un algoritmo genético es fundamental que la población inicial o primera generación posea diversidad estructural para converger a soluciones adecuadas

Una vez que se ha constituido la primera población o primera generación, se procede a la ejecución de un proceso iterativo. Este proceso se basa en el estudio de la calidad de cada una de las soluciones mediante el uso de una *función de aptitud*; es decir, esta función informará sobre lo "buena" que es una solución. Después de estudiar la aptitud de cada solución o cromosoma, comienza un **proceso de selección**, de tal forma que los cromosomas elegidos serán combinados para dar lugar a los individuos de la siguiente generación. Los cromosomas con mejor aptitud tienen siempre más probabilidades de ser seleccionados.

Entre los cromosomas elegidos se aplican **operadores genéticos** - reproducción para la generación de nuevos individuos: mutación, cruce, evaluación, etc. Finalmente, el AG debe finalizar el proceso iterativo cuando se alcance la solución óptima. En caso de que no sea posible obtener la mejor, se pueden aplicar otros criterios de parada: i) determinar al comienzo un número máximo de iteraciones y detener el procedimiento cuando se alcance esa iteración, ii) finalizar cuando no se produzcan cambios en la población o éstos sean mínimos.

 Función de aptitud: Permite evaluar la bondad de una solución.

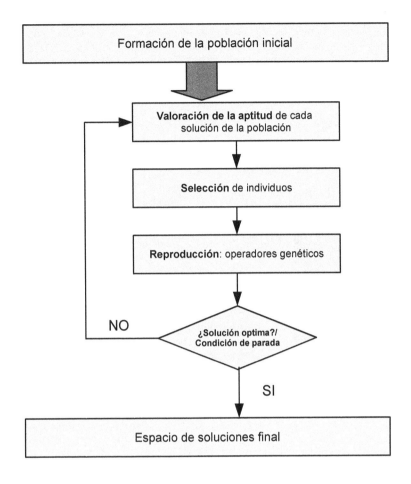

Figura 1.27: Esquema general de un algoritmo genético.

Representación del problema

Antes de constituir la población inicial y comenzar el proceso iterativo descrito en la sección anterior, es fundamental determinar la forma en la que se van a representar las soluciones. Cuando se elige o diseña un modo de representación se está definiendo también el espacio de estados en el que el AG va a realizar la búsqueda de soluciones. Por tanto, es fundamental ser cuidadoso a la hora de definir la estructura genética ya que de ello depende en gran medida el éxito o fracaso del AG en la búsqueda de soluciones óptimas, así como la eficiencia y coste computacional invertido.

Una forma de representación común es el uso de cadenas binarias, formadas por 1's y 0's, en donde cada dígito representa el valor de algún aspecto de la solución. Cuantos más bits tengamos en la cadena, más posibles estados podremos definir (2^n). En función del número de estados que queramos representar, se emplearán cadenas binarias de mayor o menor longitud. Por ejemplo, un juego clásico de *comecocos* en el que el personaje principal tiene cuatro posibles opciones en cada turno: movimiento hacia arriba, abajo, izquierda o derecha. Son cuatro estados los que podemos representar con dos bits:

- 00: mover arriba

- 01: mover abajo

- 10: mover izquierda

- 11: mover derecha

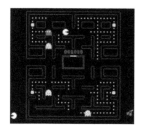

Figura 1.28: Juego clásico de comecocos en el que los cuatro movimientos o estados posibles del personaje principal son: movimiento hacia arriba, abajo, izquierda y derecha

Cuando el personaje principal se encuentra en alguno de los estados, la mutación o cambio en alguna de las partes de la estructura genética produce un cambio de estado. La función de aptitud determinará cuál es el mejor de los cambios de estado teniendo en cuenta que tras el movimiento, el personaje puede encontrarse con un muro, una casilla libre, un fantasma al que puede comer, o bien, un fantasma que podría eliminarlo.

En algunas ocasiones el modo de representación binario es limitado y no permite afrontar con garantías el problema a tratar. En este caso, se puede optar por emplear valores numéricos en las cadenas; así se permite una mayor precisión y complejidad. Una segunda opción es emplear cadenas de letras, en donde cada una de las letras representa un aspecto específico de la solución.

Figura 1.29: Modos de representación para secuencias genéticas

Los tres métodos anteriores facilitan el uso de operadores genéticos que alteren las cadenas de genes: el primero de ellos intercambiando los ceros por unos y viceversa; el segundo de ellos incrementando o decrementando los valores numéricos con una cantidad adicional; finalmente, el último método de representación permite el intercambio de letras.

Operadores Genéticos

Los operadores genéticos se pueden clasificar en tres grandes clases: *selección*, *mutación* y *cruce*. En cada una de estas categorías existen múltiples variantes y se pueden emplear y combinar varias de ellas en un AG.

Operadores de selección

- **Selección elitista**: se escogen los miembros más aptos en cada generación. Este método se puede entender como un proceso de clonación, en el que se copian directamente los mejores miembros de una generación a la siguiente, de tal forma que se garantiza que no se pierdan en el proceso de búsqueda. Sin embargo, abusar de este método no es conveniente ya que la búsqueda puede converger a soluciones que representan máximos locales y podrían evitar la generación de una solución que represente un máximo global.

- **Selección proporcional a la aptitud**: Los individuos más aptos tienen mayor probabilidad de ser seleccionados pero no la certeza. Esta probabilidad se podría calcular en función del valor de aptitud y de la suma totales de aptitudes: $p_i = f_i / \sum_j f_j$. Para determinar si un cromosoma se selecciona para una posterior reproducción, se puede generar un número aleatorio entre 0 y 1; si el valor generado es inferior a p_i, entonces el individuo es seleccionado.

- **Selección por rueda de ruleta**: En este caso, el individuo también tiene una probabilidad de ser seleccionado. Sin embargo, p_i es proporcional a la diferencia entre su aptitud y la del resto de soluciones. Se puede entender como una ruleta en la que cada sector representa la probabilidad de cada individuo para ser seleccionado. Cuanto mayor sea la probabilidad, mayor será el sector para ese individuo. Cada vez que se gira la ruleta y se detiene en alguno de los sectores se realiza la selección de uno de los miembros. A medida que se obtengan nuevas generaciones, las soluciones deberían ir convergiendo hacia un punto en común de tal forma que la diferencia de aptitud entre los individuos debe ser menor y la probabilidad de ser seleccionados muy similar.

- **Selección escalada**: este método soluciona el problema planteado en el punto anterior, en el que los miembros de una población poseen valores de aptitud similares. Esto suele suceder en generaciones posteriores y no es conveniente hasta entonces utilizarlo. Con este tipo de selección se permite que la función de aptitud sea más discriminatoria.

- **Selección por torneo**: En este método se eligen subgrupos de la población y se enfrentan unos con otros. El vencedor de la competición es seleccionado para el proceso de reproducción.

- **Selección por rango**: En este método se realiza un *ranking* de individuos en base a un rango numérico asignado a cada uno de ellos en función de la aptitud. La ventaja principal de este método es que evita que individuos con un grado de aptitud demasiado elevado ganen dominancia sobre los que tienen un valor más bajo. Esto es crítico sobre todo al principio, ya que soluciones que podrían ser descartadas en las primeras generaciones podrían evolucionar progresivamente hasta soluciones óptimas globales.

- **Selección generacional**: Solo pasa a la siguiente generación la descendencia de la generación anterior. En ningún momento se copian individuos.

- **Selección por estado estacionario**: En las primeras generaciones se realiza una selección menos compleja, poco rigurosa y menos discriminatoria, mientras que en las sucesivas ocurre justo lo contrario. De esta forma se reduce el tiempo total de cálculo en la búsqueda de soluciones.

Mutación

La mutación consiste en alterar de forma aleatoria una o varias partes de la solución. En el caso de la naturaleza las mutaciones pueden llegar a ser letales, sin embargo, contribuyen a la diversidad genética de la especie. No es conveniente utilizar con una frecuencia alta este operador para no reducir el AG a una búsqueda aleatoria; tan sólo es aconsejable cuando el algoritmo esté estancado. Una buena frecuencia de mutación es 1/100 o 1/1000.

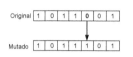

Para cada uno de los genes que constituyen una solución se genera un número aleatorio, entre 0 y 1; si ese número es inferior a 0.01 o 0.001 se realiza el intercambio del valor.

Figura 1.30: Ejemplo de mutación en una cadena binaria

Cruce (Crossover)

Este es el operador principal en un AG y el que se utiliza con mayor frecuencia. Consiste en el intercambio genético entre dos cromosomas; para ello se escogen dos de los miembros elegidos en el proceso de selección y se intercambian algunas de las partes de la cadena formada por los genes. Existen diferentes tipos de operadores de cruce:

- **Cruce de 1 punto**: Se divide la cadena de genes en un punto en concreto y se intercambian entre los dos miembros. En la figura 1.31 se puede ver un ejemplo.

- **Cruce de n-puntos**: Igual que el caso anterior, pero las cadenas se dividen n veces en puntos diferentes (ver figura 1.32).

- **Cruce uniforme**: Se genera un patrón y se realiza el intercambio de acuerdo a ese patrón. Por ejemplo, en el caso de la imagen 1.33 se realizan varios cortes en diferentes puntos de la cadena y sólo se intercambian aquellas que se encuentran en posiciones impares. En el caso de emplear cadenas binarias como método de representación, se puede generar un patrón fácilmente con ceros y unos obtenidos de forma aleatoria. Aquellos lugares en los que se encuentre un uno, representan los fragmentos de la cadena que deben ser intercambiados.

- **Cruce especializado**: El problema de los métodos de cruce anteriores es que pueden generar casos que representan soluciones no válidas. En este tipo de cruce se evalúa si un cambio genera una solución no válida, y en tal caso, no realiza el intercambio.

Además de elegir los operadores genéticos que se van a emplear hay que determinar también su frecuencia de uso. Dependiendo de la fase o etapa de la búsqueda en la que se encuentre un AG, es conveniente emplear unos tipos u otros. En un principio, los métodos más eficaces son la mutación y el cruce; posteriormente, cuando la población o gran parte de ésta converge el cruce no es demasiado útil ya que nos vamos a encontrar con individuos bastantes similares. Por otro lado, si se produce un estancamiento, y no se consiguen soluciones en las nuevas generaciones que mejoren el valor de aptitud, la mutación tampoco es aconsejable ya que se reduce el AG a una búsqueda aleatoria. En tal caso, es aconsejable utilizar otro tipo de operadores más especializados.

Ventajas de los algoritmos genéticos

Procesamiento paralelo
Se exploran varias soluciones de forma simultánea

Una de las grandes ventajas de los AG es que estos tienen descendencia múltiple y pueden explorar el espacio de soluciones de forma paralela. A diferencia de los algoritmos que buscan una solu-

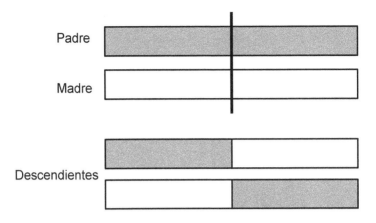

Figura 1.31: Cruce de un punto entre dos cromosomas.

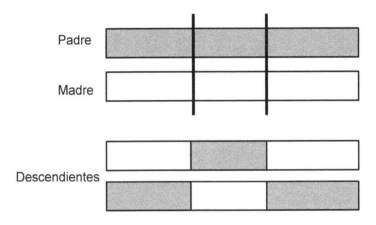

Figura 1.32: Cruce de n puntos entre dos cromosomas. En este caso n = 2.

ción siguiendo un único camino, los AG no se ven realmente penalizados en el caso de que uno de los caminos no llegue a una solución satisfactoria. Gracias a esta ventaja, los AG tienen un gran potencial para resolver problemas cuyo espacio de soluciones es grande o para resolver problemas no lineales.

Otra ventaja importante es que los AG son apropiados para manejar múltiples parámetros simultáneamente. Es posible, que el AG no encuentre una solución óptima global y pueden existir varias soluciones al problema en cuestión y que algunas de ellas optimicen algunos de los parámetros de entrada y otras soluciones, optimicen otros distintos.

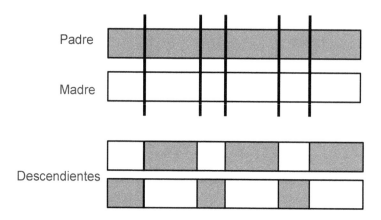

Figura 1.33: Cruce uniforme de dos cromosomas. En este caso n = 2.

Múltiples parámetros

Manejo simultáneo de múltiples parámetros de entrada, hasta encontrar la
configuración adecuada

Además, los AG no tienen porque conocer nada sobre el problema a resolver. De hecho, el espacio inicial de soluciones puede ser generado aleatoriamente en su totalidad, y que estos individuos converjan hacia soluciones válidas para el problema. Esta característica es muy importante y hace que los AG sean realmente útiles para resolver problemas en el que se posee un gran desconocimiento sobre las posibles soluciones y no sería posible definir una de ellas de forma analítica.

 Desconocimiento: Permite llegar a las soluciones de forma no analítica en caso de que exista desconocimiento sobre como resolver el problema

Limitaciones de los algoritmos genéticos

Una de las posibles limitaciones de los AG reside en el modo de representación de las cadenas de genes. Como se comentó anteriormente, el método utilizado debe tolerar cambios aleatorios que no produzcan una gran cantidad de soluciones o cadenas que supongan resultados sin sentido. Normalmente, los tres métodos de representación expuestos con anterioridad (representación mediante cadenas binarias, cadenas formadas por números enteros o reales, cadenas de letras) ofrecen la posibilidad de selección, mutación y cruce.

Otro problema con el que nos encontramos en los AG es la definición de una función de aptitud apropiada. Si la definición no es correcta puede que el AG sea incapaz de encontrar las soluciones al problema. Además, de elegir una función de aptitud apropiada, es necesario también configurar el resto de parámetros del AG correctamente, como por ejemplo, tamaño inicial de la población, frecuencia de cruce, frecuencia de mutación, etc.

Si el conjunto inicial es demasiado pequeño, es posible que el AG no explore el espacio de soluciones correctamente; por otro lado, si el ritmo de cambio genético es demasiado alto o los procesos de selección no hacen su trabajo correctamente, puede que no se alcancen las soluciones apropiadas.

Cuando un individuo destaca lo suficiente en un principio con respecto al resto de elementos de la población, se puede producir una convergencia prematura. El problema es que este individuo se puede reproducir tan abundantemente que merma la diversidad de la población. De esta forma el AG converge hacia un óptimo local demasiado pronto y se limita la posibilidad de encontrar óptimos globales. Esto suele suceder sobre todo en poblaciones pequeñas. Para solucionar este problema, los métodos de selección empleados deben reducir o limitar la ventaja de estos individuos; los métodos de selección por rango, escalada y torneo son aptos para solucionar este problema.

Por último, cabe destacar que no es muy aconsejable el uso de AG para problemas que se pueden resolver de forma analítica, sobre todo por el alto coste computacional que implican. El uso de AG es apropiado en problemas no lineales, donde el espacio de soluciones es grande y no se tiene una idea clara sobre la/las posibles soluciones.

Si esa solución además depende de la configuración de múltiples parámetros que deben ser ajustados, los AG son idóneos para encontrarla.

 Función de aptitud: Es fundamental diseñar una función de aptitud adecuada para encontrar las soluciones deseadas

Ejemplo de aplicación de un algoritmo genético: $f(x) = x^2$

En esta sección se describirá un ejemplo sencillo en el que se aplica un AG para maximizar la función $f(x) = x^2$ y donde x es una variable que toma valores numéricos en el intervalo [0,31] [19]. Lógicamente, este problema se puede resolver de forma analítica y no es necesario el uso de un AG. Sin embargo, el ejemplo ayudará a comprender con facilidad la forma en la que se aplica un AG.

Dado que x puede tomar valores entre 0 y 31, elegimos un modo de representación de cadenas binarias de 5 bits, donde 00000 representa el número 0 y 11111 el 31. En la tabla 1.1 se muestra la población inicial formada por 6 posibles soluciones (escogidas de forma aleatoria): 21, 8, 18, 19, 30 y 9. En la segunda columna se representan los cromosomas equivalentes a la representación binaria de estos números. Finalmente, en la cuarta columna se muestra el valor de aptitud de cada una de las soluciones, siendo el número 30 la que tiene un valor mayor de aptitud.

$$f(x) = x^2$$

Figura 1.34: Optimización de la función $f(x) = x^2$ en el intervalo [0,31] mediante el uso de algoritmos genéticos

Una vez que el conjunto de soluciones inicial está disponible, debe comenzar el proceso de selección y generar los descendientes. En este ejemplo, se ha elegido un modo de selección por torneo, en el que los cromosomas se enfrentan por pares. La forma de organizar los enfrentamientos es aleatoria y, al menos, cada cromosoma debe participar en alguno de los torneos. En este caso, al tener 6 cromosomas, serán necesarios 6/2 = 3

Índice	Cromosoma	Entero x	Aptitud $f(x)$
1	10101	21	441
2	00100	8	64
3	10010	18	18
4	10011	19	361
5	11110	30	900
6	01001	9	81
		Promedio	361
		Máximo	900

Tabla 1.1: Población inicial de individuos

enfrentamientos. En la tabla 1.2 se puede apreciar como en una primera ronda, de forma aleatoria, se han enfrentado los pares de cromosomas (2,5) , (1,6) y (3,4). Para mantener una población de seis individuos, se ha vuelto a realizar un segundo torneo (filas 3-6) en el que se han enfrentado los pares: (1,5) , (2,3) y (4,6). Después de la selección se aprecia un incremento notable de la aptitud media en los miembros de la generación, aunque se mantiene el valor máximo.

Índice	Torneos	Cromosoma	Entero x	Aptitud $f(x)$
1	2,5	11110	30	900
2	1,6	10101	21	441
3	3,4	10011	19	361
4	1,5	11110	30	900
5	2,3	10010	18	324
6	4,6	10011	19	361
			Promedio	547
			Máximo	900

Tabla 1.2: Selección por torneo. Enfrentamiento entre los cromosomas del conjunto inicial

Realizada la selección se pueden aplicar operadores genéticos de cruce y mutación. En la tabla 1.3 se aplican operaciones de cruce en un sólo punto entre los cromosomas 1-2, 3-4 y 5-6. Tal como se puede apreciar los cruces no se realizan siempre en el mismo punto, en el primer caso se realiza en el cuarto punto, en el segundo punto para los cromosomas 3-4 y en el tercer punto para el par de cromosomas 5-6. Por otro lado, la mutación solo se produce en el último bit del cromosoma 4 y como se puede observar, en este caso, la mutación es dañina ya que disminuye la aptitud de la solución. En este último grupo la aptitud promedio disminuye pero finalmente se encuentra el máximo global y, por tanto, no es necesario continuar.

Caso de estudio: juego de las 8 reinas

El problema de las 8 reinas consiste en ubicar las reinas en un tablero de 8x8 de tal forma que no se ataquen entre sí. Dos reinas no se atacan si no se encuentran en la misma diagonal. Un AG es apropiado para este problema y puede ayudar fácilmente a determinar las diferentes combinaciones existentes en la ubicación de cada reina en el tablero. Para un tablero de 8x8 y 8 reinas existen 12 patrones o soluciones correctas posibles. En la tabla 1.4 se muestra uno de ellos.

Índice	Cromo.	Punto	Cruce	Muta.	Entero x	Aptitud f
1	1111|0	4	11111	11111	31	961
2	1010|1	4	10100	10100	20	400
3	10|011	2	10110	10110	22	484
4	11|110	2	11011	11010	26	676
5	100|10	3	10011	10011	19	361
6	100|11	3	10010	10100	18	324
					Promedio	534
					Máximo	961

Tabla 1.3: Operadores de cruce y mutación

		Q					
					Q		
	Q						
			Q				
Q							
			Q				
						Q	
			Q				

Tabla 1.4: Una de las soluciones al problema de las 8 reinas

Para representar las soluciones se pueden emplear cadenas de valores enteros con números pertenecientes al intervalo [1,8]. Cada solución o cromosoma será una tupla de 8 valores $(q_1, q_2, ..., q_8)$ en donde la posición que ocupa cada q_i en la tupla representa la columna y el número indicado en la tupla la fila. De esta forma, la solución que se muestra en la tabla 1.4 se representaría de la siguiente forma:

(5, 3, 1, 6, 8, 2, 4, 7)

La función de adaptación es la que nos debe indicar la bondad de una solución. En este caso una solución perfecta es aquella en la que no existe conflictos entre las reinas. En dicha función se podrían contabilizar los conflictos, es decir, cuantas reinas se encuentran en la misma diagonal. Por tanto, cuando menor sea el valor devuelto por esta función, mejor será la solución.

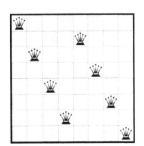

Figura 1.35: En este caso la función de adaptación devolvería el valor 1 debido al conflicto entre la reina situada en la esquina superior izquierda, y la reina situada en la esquina inferior derecha. La solución no sería óptima

El procedimiento que se puede seguir para resolver el problema es el siguiente:

- Generación de una población inicial

- Evaluar la población. Obtener el valor de adaptación para cada una de las soluciones de la población.

- Generar una población a partir de la anterior. Para ello se pueden emplear varios operadores genéticos, por ejemplo, el elitista en el que copiamos a la siguiente generación algunas de las mejores soluciones de la generación actual. Selección por ruleta y torneo, y combinar las soluciones elegidas para generar descendencia mediante cruce y mutación.

- Volver al paso 2 hasta llegar a un número máximo de generaciones o hasta alcanzar el objetivo (cero conflictos entre las reinas).

1.2.3. Redes neuronales

Las redes neuronales son un paradigma de aprendizaje y procesamiento automático. Se basa en el modo de procesamiento del cerebro humano en el que existe multitud de neuronas interconectadas entre sí y colaboran para producir estímulos de salida. La neurona esta formada por el cuerpo o **soma**, en donde se encuentra el **núcleo**. Del cuerpo de la célula surgen diversas ramificaciones conocidas como **dendritas** y sale una fibra aún más larga denominada **axón**. La conexión entre neuronas se realiza a través del axón y las dendritas; a esta unión se le conoce como **sinapsis**.

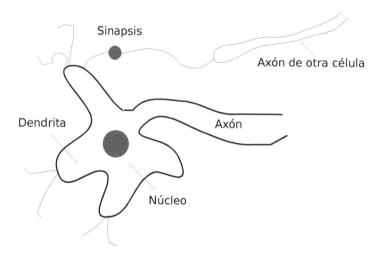

Figura 1.36: Partes de una célula nerviosa o neurona.

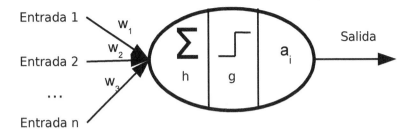

Figura 1.37: Unidad mínima de procesamiento en una red neuronal.

Las neuronas emiten señales y éstas se propagan a lo largo de la red gracias a reacciones electroquímicas. Las sinapsis liberan sustancias químicas transmisoras y entran en las dendritas, de tal forma que se eleva o se reduce el potencial eléctrico de la célula. Cada célula tiene un nivel o valor umbral de activación; cuando este se rebasa se envía al axón un impulso eléctrico que llega al resto de neuronas. Las sinapsis que aumentan el potencial son conocidas como **excitadoras** mientras que las que producen el efecto inverso son conocidas como **inhibidoras**.

Una red neuronal artificial está constituida por una serie de nodos conectados entre sí. A cada una de las conexiones se le asigna un peso numérico w_i que determina la influencia de dicha conexión en la propia neurona. Las redes neuronales artificiales representan mecanismos potentes para el procesamiento paralelo y distribuido; paralelo porque en la red existen varias neuronas al mismo tiempo procesando información y distribuido porque el conocimiento está distribuido a lo largo de toda la red y no focalizado en un punto concreto.

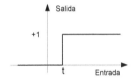

Figura 1.38: Función escalón

En la figura 1.37 se muestra el esquema general de una unidad mínima de procesamiento en una red neuronal. Tal como se puede apreciar, la neurona recibe una o varias entradas. En cada una de las conexiones existe asociado un peso w_i que determina el grado de influencia de la entrada conectada a la neurona.

En la propia neurona, existe una **función base** h que se encarga de combinar los valores de entrada teniendo en cuenta los pesos. Normalmente la función base es una suma ponderada $\sum_j w_j entrada_j$.

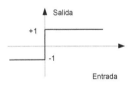

Figura 1.39: Función signo

Una vez combinados los valores de entrada se envía el valor calculado a la **función de activación** g. Dicha función determinará el valor de salida de la neurona. Existen multitud de funciones de activación, las más frecuentes son: *función escalón* (figura 1.38), *función signo* (figura 1.39) y *función sigmoidea* (figura 1.40).

En la función de activación de escalón, se establece un valor umbral t. Si el valor numérico resultante de la combinación de las entradas con los pesos es superior a t entonces se activa la neurona pasando a valer su salida 1. En caso contrario sería cero.

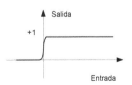

Figura 1.40: Función sigmoidea

$$escalon(x) = \left\{ \begin{array}{ll} 1 & \text{si } x \geq t \\ 0 & \text{si } x < t \end{array} \right.$$

En la función signo, el limite o valor umbral se encuentra en el punto cero. Si el valor procedente de la función base h es inferior a cero, el valor de salida es -1, en caso contrario la salida es 1:

$$signo(x) = \left\{ \begin{array}{ll} 1 & \text{si } x \geq 0 \\ -1 & \text{si } x < 0 \end{array} \right.$$

Por último, la función sigmoidea se emplea cuando se desea una activación más suavizada y no una función escalonada como en los casos anteriores. El valor de salida viene dado por la siguiente expresión:

sigmoide(x) = $\frac{1}{1+e^{-x}}$

Las unidades neuronales también pueden funcionar como puertas lógicas [17], tal como se muestra en la figura 1.41. De esta forma, es posible construir redes que calculen cualquier función booleana de las entradas.

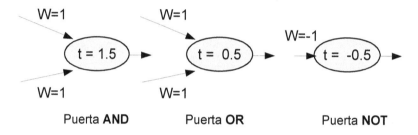

Figura 1.41: Unidades con función escalón que actúan como puertas lógicas.

Por último, cabe mencionar una de las principales características de las redes neuronales: su alto nivel de adptabilidad. Mediante procesos de aprendizaje es posible ajustar los pesos de las conexiones y adaptarse correctamente a cualquier situación. Dicho aprendizaje puede ser supervisado o automático. En el caso del aprendizaje supervisado se conocen las entradas de la red y como deberían ser las salidas para cada una de esas entradas. El ajuste de los pesos se realiza a partir del estudio de la salida real obtenida a partir de las entradas y de la salida esperada, intentando minimizar el error en la medida de los posible. Por otro lado, el aprendizaje automático dispone únicamente de los valores de entrada. Este tipo de algoritmos trata de ajustar los pesos hasta encontrar una estructura, configuración o patrón en los los datos de entrada.

Aplicaciones de las redes neuronales

Las redes neuronales se emplean principalmente para el aprendizaje de patrones y clasificación; en algunas ocasiones pueden ser una buena alternativa a sistemas complejos de reglas y máquinas de estados. A continuación se detalla una lista de aplicaciones generales y algunas de las aplicaciones en el desarrollo de videojuegos:

1. Aplicaciones generales

   - Reconocimiento facial
   - Análisis de imagen
   - Modelos financieros
   - Perfiles de mercado-cliente
   - Aplicaciones médicas (síntomas y diagnóstico de enfermedades)
   - Optimización de procesos industriales
   - Control de calidad
   - Detección de SPAM en correo electrónico
   - Reconocimiento de voz
   - Reconocimiento de símbolos en escritura

2. Aplicaciones en el desarrollo de videojuegos

   - Búsqueda de caminos
   - Clasificación de personajes
   - Sistemas de control y búsqueda de equilibrio: minimización de pérdidas o maximización de ganancias
   - Toma de decisiones
   - Elaboración de estrategias
   - Simulaciones físicas

Estructuras de red

Existen multitud de tipos de estructuras de red y cada una de ellas otorga diferentes características de cómputo [17]. Todos ellos se pueden clasificar en dos grandes grupos: redes de **alimentación progresiva** y **redes recurrentes**. En el primer caso, las conexiones son unidireccionales y no se forman ciclos. Las neuronas de un nivel o capa sólo pueden estar conectadas con las del nivel siguiente. En la figura 1.42 se muestra un ejemplo de una red de alimentación progresiva con dos niveles; dicha red consta de dos entradas, dos neuronas en la capa oculta y una única salida. Al no existir ciclos en las conexiones, el cálculo se realiza de forma uniforme desde las unidades de entrada hasta las unidades de salida.

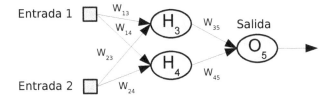

Figura 1.42: Red de alimentación progresiva de dos niveles: dos entradas, dos neuronas en la capa oculta y un nodo de salida

El cerebro no se puede considerar una red de alimentación progresiva porque si no, no tendría memoria a corto plazo; una red de recurrente, a diferencia de las de alimentación progresiva, permite mantener un estado interno. El problema de este tipo de redes es que el cálculo es más complejo, se pueden volver inestables y llegar a una conducta caótica.

Diseño de una red neuronal

A la hora de diseñar una red neuronal hay que resolver una serie de cuestiones importantes:

- Número de entradas

- Número de salidas

- Número de niveles

- Cantidad de neuronas en cada una de las capas o niveles intermedios.

- Cantidad de ejemplos de entrada para entrenar la red

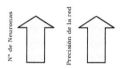

A las dos primeras cuestiones es fácil encontrar una respuesta. Para la mayoría de problemas conocemos el número de entradas y las salidas deseadas. En el caso de encontrar ciertas dificultades a la hora de elegir el número de parámetros de entrada existe una relación directa con los patrones que pretendemos aprender en la red.

Figura 1.43: Relación entre número de neuronas y precisión de la red. La precisión suele aumentar a medida que se incrementa el número de neuronas.

$$Parámetros = log_2 P$$

donde P es el número de patrones. Por otro lado, si queremos calcular un número de patrones estimado, se puede emplear la siguiente fórmula:

$$P = W \cdot 1/\varepsilon$$

donde W es el número de pesos en la capa intermedia y ε el error mínimo deseado en la red, dicho error se podría fijar en el siguiente intervalo: $0 \leq \varepsilon \leq 1/8$

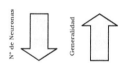

Sin embargo, establecer una configuración adecuada en cuanto al número de niveles y neuronas es más complicado. Normalmente, la configuración se establece mediante un proceso de aprendizaje supervisado por prueba y error. En dicho proceso se conocen las entradas y las salidas que se deberían obtener ante tales entradas. Los errores producidos en la salida producen un ajuste de pesos para el correcto funcionamiento de la red. Si después del proceso de entrenamiento, no se obtiene el comportamiento deseado, es necesario modificar la configuración de la red.

Figura 1.44: Relación entre número de neuronas y generalidad de la red. Cuanto menor es el número de neuronas más fácil es conseguir la generalidad.

Al diseñar una red neuronal siempre hay que tratar de encontrar un **equilibrio** entre *precisión* y *generalización*. Precisión se refiere a obtener el menor error posible en la salida ante los casos de entrada y generalización a la posibilidad de abarcar el mayor número de casos posibles. Cuando el número de neuronas en la capa oculta es alto, normalmente se consigue una mayor precisión a costa de un incremento de la complejidad (red más compleja implica mayor tiempo de entrenamiento).

Búsqueda de Equilibrio

En el diseño de una red neuronal hay que buscar siempre un equilibrio entre precisión y generalización

Por el contrario, cuando el número de neuronas es más bajo, obtenemos una red más simple que nos permite alcanzar una mayor generalización. El uso de funciones de activación sigmoidales también fomenta la generalización de la red. Además se debe tener especial cuidado a la hora de elegir el número de parámetros de entrada; cuanto mayor sea la cantidad de parámetros, mayores distinciones podremos hacer entre los individuos de una población, pero más complejo será alcanzar esa generalidad deseada.

Evidentemente, cuanto más complejo sea el problema a tratar, mayor será también el número de neuronas necesarias en la capa oculta. En casi la totalidad de los casos, la capa oculta necesita un menor número de neuronas que la capa de entrada. Según el teorema de Kolgomorov [11] *"El número de neuronas en la capa oculta debe ser como máximo dos veces el número de entradas"*.

Para la configuración del número de neuronas en la capa oculta se pueden utilizar **algoritmos constructivos**. Básicamente, un algoritmo de este tipo parte de una configuración inicial en el que el número de neuronas es reducido. Se entrena la red hasta que el error se mantenga constante. Posteriormente, si no se ha alcanzado el error mínimo deseado, se puede agregar una neurona más a la capa intermedia con un peso pequeño y se repite el proceso anterior. Es importante tener en cuenta, que la agregación de neuronas no va a solucionar el problema si: i) el conjunto de datos de entrada es insuficiente, ii) hay datos que no se pueden aprender.

Para el cálculo del error de salida en función de las entradas se puede utilizar el error cuadrático medio:

$$e_{total} = \sqrt{e_1^2 + e_2^2 + ... + e_n^2}$$

donde e_i es el error obtenido en la salida para el ejemplo o patrón de entrada i. Para calcular el error cometido en uno de los patrones:

$$1/n \sum_{j=0} (t_j - a_j)^2$$

donde n es el número de neuronas, t el valor esperado en la salida y a_j el valor de salida real.

Finalmente, el proceso de entrenamiento y configuración de una red neuronal se debe detener cuando:

1. El error promedio alcanza el error mínimo deseado

2. El error no diminuye o lo hace de forma insignificante

3. El error comienza a incrementarse de forma gradual y constante.

Ajuste de los pesos de una red mediante aprendizaje *Hebbiano*

En esta sección se explica como se pueden ajustar los pesos de una red mediante la regla de aprendizaje de Hebb. Para ello supongamos una red sencilla constituida por dos entradas y una capa de salida formada por una única neurona. El valor umbral de activación de la neurona se va a ajustar de forma dinámica y para ello se considerará como una entrada más con peso negativo. El esquema de dicha red se muestra en la figura 1.45

La condición de activación de la neurona de salida vendrá dada por la siguiente expresión: $X_0 W_0 + X_1 W_1 + X_2 W_2 > 0$. Ahora supongamos que deseamos modelar una red neuronal que represente una caja negra que simule el mismo comportamiento que una puerta lógica AND:

Casos	X_1	X_2	Salida
caso 1	0	0	0
caso 2	0	1	0
caso 3	1	0	0
caso 4	1	1	1

Tabla 1.5: Comportamiento deseado en la red neuronal

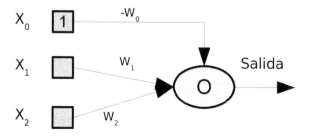

Figura 1.45: Esquema de la red empleada en el ejemplo de aprendizaje Hebbiano

En el año 1949, Donald Hebb observó que la sinapsis se reforzaba si la neurona de entrada y la de salida eran activadas de manera continua. Así, las conexiones en las que se produce este fenómeno son las que se refuerzan. Si trasladamos esta idea a una red neuronal artificial, las conexiones en las que la entrada y la salida se activan verán reforzados sus pesos, mientras que en el caso contrario se quedan tal cual. Por tanto, para entrenar la red se seguirán las siguientes reglas:

1. Si la salida es la esperada en función de las entradas, no se realizan ajustes en los pesos.

2. Si la salida es 1, pero debería ser 0, se reducen los pesos de las conexiones activas de acuerdo a un valor constante.

3. Si la salida es 0, pero debería ser 1, se aumentan los pesos de las conexiones activas de acuerdo a la misma constante.

Para entrenar la red se toman de forma aleatoria los casos expuestos anteriormente y se introducen en las entradas. Supongamos que inicialmente todos los pesos valen cero (tal como se comentó anteriormente, el valor inicial de los pesos debe ser bajo). Supongamos también, que el valor de incremento/decremento empleado para los pesos es 1.

Si el caso 1: $X_1 = 0, X_2 = 0$ fuera el primero en utilizarse para entrenar la red, $X_0 W_0 + X_1 W_1 + X_2 W_2 = 0$, debido a que todos los pesos valen cero. Por tanto, la neurona de salida no se activa. En realidad es el valor esperado y, por tanto, no se producen modificación de los pesos. En realidad, el único ejemplo o caso que puede producir un error con todos los pesos a cero, es el caso 4.

Supongamos que el caso 4 es el siguiente ejemplo empleado para entrenar la red. $X_1 = 1, X_2 = 1$ y la salida esperada es 1; sin embargo $X_0 W_0 + X_1 W_1 + X_2 W_2 = 0$. Se esperaba una activación de la salida que no se ha producido y, así, es necesario modificar los pesos incrementando los pesos de las neuronas activadas (en este caso todas las entradas):

- $W_0 = W_0 + C = 0 + 1 = 1$
- $W_1 = W_1 + C = 0 + 1 = 1$
- $W_2 = W_2 + C = 0 + 1 = 1$

De forma iterativa se van aplicando los casos de entrada hasta que no se producen errores en la salida. Finalmente, para este ejemplo, el ajuste apropiado de los pesos es el siguiente: $W_0 = -2, W_1 = 1, W_2 = 2$.

Aprendizaje supervisado mediante retropropagación (*backpropagation*)

Cuando tenemos más de un nivel en la red (ver figura 1.46), el método anterior resulta insuficiente y es necesario utilizar otros como el de *retropropagación*. Una de las condiciones indispensables para poder aplicar este método, es que las funciones de activación empleadas en las neuronas deben ser derivables. Básicamente se calcula el error producido en la salida y lo propaga hacia las capas intermedias para ajustar los pesos. El algoritmo consta de los siguientes pasos:

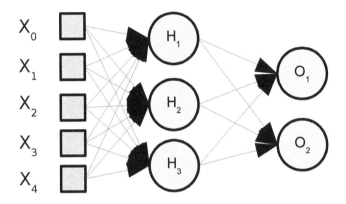

Figura 1.46: Esquema de un perceptrón o red neuronal multicapa

1. Definir una configuración inicial de la red.

2. Inicializar los pesos con valores aleatorios pequeños

3. REPETIR

   - Elegir un patrón y ubicarlo en la entrada de la red

   - Simular el funcionamiento de la red y observar la activación de neuronas en la capa oculta y la salida

   - Calcular el error producido en la salida

   - Calcular las derivadas parciales del error con respecto a los pesos de salida (unión de la capa oculta y la de salida)

   - Calcular las derivadas parciales del error con respecto a los pesos iniciales (unión de las entradas con la capa oculta)

   - Ajustar los pesos de cada neurona para reducir el error.

4. FIN REPETIR

5. Continuar hasta minimizar el error.

En el caso de tener un solo nivel, la actualización de los pesos en función del error es sencilla:

Error = valor esperado (T) - valor real obtenido (O)

Si el error es positivo, el valor esperado es mayor que el real obtenido y por tanto será necesario aumentar O para reducir el error. En cambio, si el error es negativo habrá que realizar la acción contraria: reducir O.

Por otro lado, cada valor de entrada contribuirá en la entrada de la neurona según el peso: $W_j I_j$ (peso W y valor de entrada I). De esta forma, si I_j es positivo, un aumento del peso contribuirá a aumentar la salida y, si por el contrario, la entrada I_j es negativa, un aumento del peso asociado reducirá el valor de salida O. El efecto deseado se resume en la siguiente regla:

> **ⓘ** $W_j = W_j + \alpha \times I_j \times Error$

donde Error $= T - O$ y α es la *constante de velocidad de aprendizaje* (velocidad de convergencia). Normalmente esta constante oscila entre 0.05 y 0.25. El valor de α se debe disminuir a medida que se reduce el error.

En el caso de tener varios niveles, la actualización de pesos es un poco más compleja (ver figura 1.47). Los pesos se actualizan a partir del error cometido, dicho error se propaga desde las primeras capas hasta las finales. La idea general es evaluar las consecuencias del error y dividirlas entre todos aquellos que hayan contribuido a dicho error. En primer lugar se actualizan los pesos de las conexiones entre las neuronas de la capa oculta y la de salida. Las salidas a_j de las neuronas de la capa oculta supondrán la entrada de las neuronas de salida.

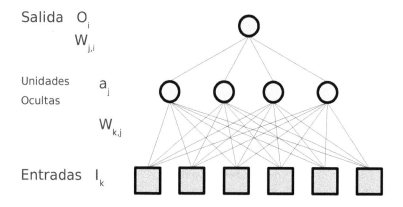

Figura 1.47: Red de alimentación progresiva de dos niveles

> **ⓘ** $W_{j,i} = W_{j,i} + \alpha \times a_j \times \Delta_i$

en donde Δ_i es igual a $Error_i \times g'(entrada_i)$, y g' es la derivada de la función de activación g.

Una vez actualizadas las conexiones entre la capa oculta y la de salida, queda por actualizar las conexiones entre las entradas y la capa oculta. Para la actualización se necesita un valor de error y es aquí donde tiene lugar la propagación posterior. La idea es que el nodo oculto j es responsable de una parte del error producido en Δ_i en cada uno de los nodos de salida con los que conecta. Es decir, todos los nodos de la capa oculta tienen parte de culpa en el error producido en las salidas; de esta forma, los valores de Δ_i son divididos de acuerdo a la intensidad de conexión entre los nodos ocultos y las salida, y se propaga hacia atrás para calcular el valor Δ_j del nodo oculto. Δ_j se calcula de la siguiente forma:

 $\Delta_j = g'(entrada_j) \sum_i W_{j,i} \Delta_i$

La regla de actualización de pesos quedaría definida de la siguiente manera:

 $W_{k,j} = W_{k,j} + \alpha \times I_k \times \Delta_j$

 Ejercicio propuesto: Dada una red neuronal con una única neurona oculta, con patrones de entrada P1 (1 0 1), P2 (1 1 0), P3 (1 0 0), llevar acabo un proceso de entrenamiento mediante *backpropagation* para ajustar los pesos de la red y que ésta se comporte como la función XOR

Aplicación de redes neuronales al juego de los asteroides

Las redes neuronales se han aplicado con frecuencia en el juego de los asteroides, en el que una nave debe evitar el impacto con asteroides que se mueven de forma aleatoria es un espacio común. La red neuronal permite modelar el comportamiento de la nave para evitar el impacto con los asteroides más cercanos. En [18] se plantea una configuración de red neuronal para solucionar el problema. Dicha configuración consta de cuatro entradas, una capa oculta con 8 neuronas y una capa de salida de tres neuronas, donde cada una representa una posible acción.

Figura 1.48: Juego de asteroides. La nave debe evitar el impacto con los asteroides en movimiento, con diferentes formas, tamaños y velocidades.

Las dos primeras entradas corresponden con la componente x e y del vector entre la nave y el asteroide más cercano. La tercera entrada corresponde a la velocidad con la que la nave y el asteroide más cercano se aproximan. Finalmente, la cuarta entrada representa la dirección que está siguiendo la nave.

La salida de la red neuronal son tres posibles acciones: i) aceleración puntual (turbo), ii) giro a la izquierda, iii) giro a la derecha. En [18] se encuentra publicada una posible implementación al problema.

Ejercicio propuesto: Diseñar una red neuronal que regule el comportamiento de la nave en el problema planteado, y evite la colisión con los asteroides

1.3. Algoritmos de búsqueda

1.3.1. Problemas y soluciones.

Como ya se ha visto en la sección 1.1.4, una de las formas más habituales de representar el comportamiento de un agente 1.1.3 es mediante un sistema de estados y transiciones. Este formalismo permite la descripción perfecta de cualquier actividad que tenga que desplegar un determinado agente en todo momento del videojuego.

La actividad desarrollada por cada agente, viene dada por la **secuencia** de transiciones o **acciones** realizadas hasta dicho momento. Pongamos por ejemplo un problema lógico clásico como es siguiente:

Sea una par de islas llamadas **IslaA** e **IslaB**. En IslaA hay una **oveja**, una **col**, un **lobo**, una barca y un **barquero**. La cuestión a resolver es cómo llevar al lobo, la oveja y la col a IslaB sin perder a nadie en el intento. Si eres el barquero has de considerar que: sólo puedes trasladar un objeto o animal en cada momento en la barca, que la oveja no se puede quedar sola con la col, ya que se la comería, y que igual destino correría la oveja a solas con el lobo.

En un primer momento para trabajar el problema propuesto definimos los elementos que van a configurar un estado, así como las acciones que podríamos hacer en cada uno de ellos. La forma de describir una foto instantánea de una situación es mediante la enumeración de los elementos que hay en cada isla. Llamemos al lobo **L**, a la oveja **O**, a la col **C** y al barquero junto con la barca **B**, y determinemos que IslaA está a la izquierda y IslaB está a la derecha. De esta manera representarmos cualquier situación del problema mediante una cadena de caracteres del tipo **LOCB#** que refleja la situación inicial donde el lobo, oveja, la col y el barquero están en IslaA, o por ejemplo esta otra situación **LC#OB** donde el barquero y la oveja se encuentran en IslaB y el lobo y la col en IslaA.

Una vez fijados los estados de nuestro problema de la isla, tendremos que enumerar las acciones que se pueden desarrollar en un determinado estado. Pongamos por ejemplo el estado **LOCB#**, en esta situación las acciones que podemos realizar son: coger la barca e ir de vacio a IslaB, que representamos mediante la secuencia de caracteres **>B**, llevar el lobo a IslaB **>L**, llevar la oveja **>O** o llevar la col **>C**. Considerando solamente las acciones válidas, que no provocan la pérdida de algún elemento, tendremos que en el estado **LOCB#** sólo son correctas las acciones: **>B** y **>O**.

Para definir este conjunto de acciones establemos la función **sucesor** de un estado como el conjunto de pares **(acción,estado)** como los estados que son accesibles desde el mismo mediante una acciónn concreta.

Por ejemplo **sucesor**(LOCB#) = ((>B,LOC#B),(>O,LC#BC)). En estos momentos hemos definido el espacio de estados del problema (1.49).

El espacio de estados de un problema queda definido mediante el conjunto de estados posibles del problema y la función sucesor de cada uno. Este espacio de estado se puede representar mediante un grafo donde los nodos son los estados y los arcos son las acciones.

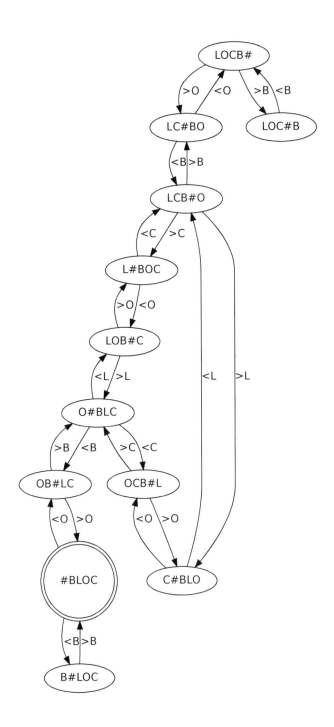

Figura 1.49: Espacio de estados del problema de la isla

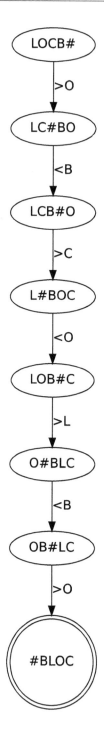

Figura 1.50: Una solución al problema de la isla.

Establecido un espacio de estados, un **problema** [17] es llegar de un **estado inicial** a un **estado meta** deseado mediante una secuencia de acciones válidas. En el ejemplo de la isla será búscar la secuencia de acciones que llevase del estado inicial LOCB# al final #BLOC.

Los componentes de un **problema** son:

1. Un espacio de estados.
2. Un estado inicial.
3. Una función meta, que identifique estados finales.

El fichero problema.py contiene, en lenguaje python, una realización de estos conceptos mediante la especificación de una clase abstracta **Problema**, que representa cualquier problema en terminos de espacio de estados, y una clase derivada **ProblemaIsla** para el problema de la isla.

En los términos fijados, una **solución** a un problema es, precisamente, un camino o secuencia de acciones válidas que dirige al sistema de un estado inicial a un estado meta. Al proceso de buscar entre todos los caminos posibles, que parten de un estado inicial establecido, aquellos que son soluciones se denomina **resolución de problemas mediante técnicas de búsqueda**. Una solución para el problema de la isla se puede ver en la figura 1.50.

Listado 1.8: class Problema

```
1  class Problema:
2      def __init__(self,estadoInit,nombre="NoDef"):
3          self.id=nombre
4          self.estInit=estadoInit
5
6      def estadoValido(self,estado):
7          pass
8
9      def sucesor(self,estado):
10         pass
11
12     def meta(self,estado):
13         pass
14
15     def estadoInit(self):
16         return self.estInit
```

Listado 1.9: class ProblemaIsla

```
1  class ProblemaIsla(Problema):
2  """Problema de la Isla.
3      Un estado es un string del tipo LOCB#.
4      L representa LOBO
5      O representa OVEJA
6      C representa COL
7      B representa al Barquero y la Barca.
8      La izquierda de # es lo que hay en la isla A.
9      La derecha de # es lo que hay en la isla B."""
10
11     def __init__(self,estado):
12         Problema.__init__(self,estado,"Isla")
13         self.g={}
14         self.g["LOCB#"]=[(">O","LC#BO"),(">B","LOC#B")]
```

```
15      self.g["LOC#B"]=[("<B","LOCB#")]
16      self.g["LC#BO"]=[("<O","LOCB#"),("<B","LCB#O")]
17      self.g["LCB#O"]=[("<C","L#BOC"),(">L","C#BLO")]
18      self.g["L#BOC"]=[("<C","LCB#O"),("<O","LOB#C")]
19      self.g["LOB#C"]=[(">L","O#BLC"),(">O","L#BOC")]
20      self.g["O#BLC"]=[("<L","LOB#C"),("<B","OB#LC"),("<C","OCB#L")]
21      self.g["OCB#L"]=[(">C","O#BLC"),(">O","C#BLO")]
22      self.g["OB#LC"]=[(">B","O#BLC"),(">O","#BLOC")]
23      self.g["C#BLO"]=[("<L","LCB#O"),("<O","OCB#L")]
24      self.g["#BLOC"]=[("<O","OB#LC"),("<B","B#LOC")]
25      self.g["B#LOC"]=[(">B","#BLOC")]
26
27      def estadoValido(self,estado):
28          return estado in self.g.keys()
29
30      def sucesor(self,estado):
31          if self.estadoValido(estado):
32              return self.g[estado]
33          else:
34              return None
35
36      def meta(self,estado):
37          return estado=="#BLOC"
```

1.3.2.   Organizar la búsqueda de soluciones

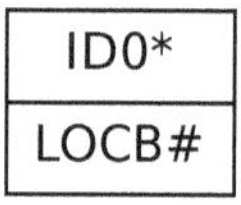

La solución a un problema es un camino por el espacio de estados, que permite transformar la realidad de una situación inicial a una situación deseada o meta. El proceso de búsqueda deberá explorar el conjunto de caminos posibles y centrarse en aquellos que son solución. Esto marca un primer objetivo que es la obtención de forma organizada y sistemática de todos los posible caminos que pudieran existir en un espacio de estados.

```
ID0*

LOCB#
```

Figura 1.51: Árbol inicial.

Una estructura de datos, que permite realizar este propósito es el árbol. Un árbol puede incorporar la información relativa a un estado en sus nodos, así como las acciones realizadas, y etiquetar los enlaces entre un padre y sus hijos. Un árbol cuyo nodo raíz represente el estado inicial de un problema y la relación filial entre nodos hijos y padres venga explicitada por el conjunto de acciones posibles según el espacio de estados se denomina **árbol de búsqueda**, y cada una de sus ramas representa un camino posible.

Un proceso iterativo de generación del árbol de búsqueda es el siguiente algoritmo.

Listado 1.10: Crear árbol de búsqueda

```
1   while exista un nodo hoja sin explorar:
2       tomar n como nodo a explorar de los nodos hoja no explorados
3       if n representa un estado meta:
4           solucion es la rama desde la raiz al nodo n
5           salir.
6       else:
7           explorar el n
8           marcar n como explorado.
```

El árbol de búsqueda es una estructura que permite generar y almacenar todos los posibles caminos de un espacio de estado.

Siguiendo este algoritmo, como se muestra en la figura 1.51, el problema de la isla comenzaría con un árbol con un único nodo raíz y hoja. Observando el espacio de estados de la figura 1.49 se explora el nodo ID0 obteniendo el árbol de la figura 1.52.

En la tercera iteración y seleccionando, por ejemplo, el nodo ID2 tendremos el árbol de búsqueda que muestra la figura 1.53. Antes de continuar desarrollando el esbozo de algoritmo expuesto, definiremos los elementos que deberán constituir un nodo del árbol de búsqueda como se muestra en la figura 1.54.

Estos son:

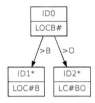

Figura 1.52: Primera expansión.

1. **ID** Un identificador único para el nodo.

2. **Padre** Una referencia u enlace al nodo padre.

3. **Estado** La representación del estado.

4. **Acción** La acción realizada para generarse.

5. **Inf** Información diversa referente a la situación de la búsqueda, valoraciones, etc.

Una posible realización del concepto de nodo del árbol de búsqueda se muestra en la clase que se lista a continuación. En esta clase **class NodoArbol** se crean un nodo con los atributos que hemos indicado.

También se facilitan los métodos para la construcción del camino desde el nodo raiz del árbol a un nodo concreto (línea 19), y la creación de un hijo (línea 28). Se le ha añadido una valoración general del nodo **val**, que se usará posteriormente.

El algoritmo descrito selecciona, del conjunto de nodos hoja del árbol de búsqueda, un nodo para analizar. Primero verifica que no es una solución y posteriormente lo analiza. Este análisis consiste en obtener a partir del problema, con la función sucesor, el conjunto de nuevos nodos hijos e introducirlos en el árbol de búsqueda como nuevas hojas al mismo tiempo que el nodo estudiado deja de ser hoja.

De lo descrito anteriormente el proceso de selección del nodo hoja a **expandir** es de una importancia , ya que de una buena o mala selección dependerá que la búsqueda de un nodo meta sea más o menos eficiente.

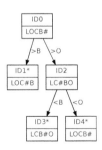

Figura 1.53: Segunda expansión.

Listado 1.11: Clase para el nodo del Árbol de búsqueda

```
1  class NodoArbol:
2      id=0
3      def __init__(self,padre,acc,estado,inf=None,val=0):
4          self.padre=padre
5          self.accion=acc
6          self.estado=estado
7          self.inf=inf
8          self.id=NodoArbol.id
9          self.val=val
10         NodoArbol.id=NodoArbol.id+1
11
12     def __str__(self):
13         if self.padre==None:
14             idpadre=-1
15         else:
16             idpadre=self.padre.id
17         return "[ %i| %i, %s, %s, %s]"%(idpadre,self.id,self.accion,self.estado,self.inf)
18
19     def camino(self):
20         """Retorna la lista de nodos hasta el nodo raiz."""
21         p=[]
22         n=self
23         while n<>None:
24             p.insert(0,n)
25             n=n.padre
26         return p
27
28     def GeneraNodoHijo(self,ac,est):
29         n=NodoArbol(self,ac,est,{'Prof':n.inf['Prof']+1})
30         n.val=n.inf['Prof']
31         return n
```

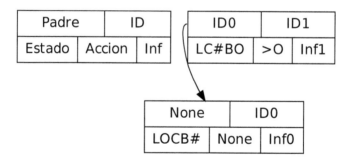

Figura 1.54: Nodo del árbol de búsqueda

Si no se tiene más información, para un problema, que el espacio de estado, las estrategias de búsqueda están limitadas a dos:

1. **Anchura** Las hojas son seleccionadas por antiguedad, es decir, los nodos de menor profundidad.

2. **Profundida** Las hojas son seleccionadas por novedad, es decir, los nodos de mayor profundidad.

Una implentación de las estructuras necesarias para realizar estas dos estrategias son mostradas en las siguientes clases: **AlmacenNodos**, **PilaNodos** y **ColaNodos**.

Listado 1.12: Clases de Cola Pila

```python
class AlmacenNodos:
    """Modela la frontera."""
    def __init__(self,nombre="NoName"):
        self.id=nombre
    def add(self,elem):
        """Introduce un elemento."""
        pass
    def esVacia(self):
        """Retorna True si no tiene ningun elemento."""
        pass
    def get(self):
        """Retorna un elemento."""
        pass
    def esta(self,id):
        """Retorna True si el elemento con Id esta en la estructura."""
        pass

class PilaNodo(AlmacenNodos):
    """Modela un Almacen como una Pila: Ultimo en entrar, primero en salir."""
    def __init__(self,nombre):
        AlmacenNodos.__init__(self,nombre)
        self.p=[]
        self.lest=[]
    def esVacia(self):
        return len(self.p)==0
    def add(self,elem):
        self.p.append(elem)
        self.lest.append(elem.estado)
    def get(self):
        return self.p.pop()
    def esta(self,estado):
        return estado in self.lest

class ColaNodo(AlmacenNodos):
    """ Modela un Almacen como una Cola: Primero en entrar, primero en salir."""
    def __init__(self,nombre):
        AlmacenNodos.__init__(self,nombre)
        self.c=[]
        self.lest=[]
    def esVacia(self):
        return len(self.c)==0
    def add(self,elem):
        self.c.insert(0,elem)
        self.lest.append(elem.estado)
    def get(self):
        return self.c.pop()
    def esta(self,estado):
        return estado in self.lest
```

Al mecanismo seleccionado para la elección del nodo hoja que hay que expandir se denomina **estrategia de búsqueda**.

En el siguiente código se muestra el algoritmo de búsqueda, y como dependiendo del parámetro introducido produce la salida con una estrategia de anchura o de profundidad. Aplicado al problema de la Isla los resultados obtenidos según las estrategias utilizadas son:

- Anchura. (None,LOCB#), (>0,LC#BO), (<B,LCB#O), (<C,L#BOC), (<O,LOB#C), (>L,O#BLC), (<B,OB#LC), (>O,#BLOC). (figura 1.55).

- Profundidad. (None,LOCB#), (>O,LC#BO), (<B,LCB#O), (>L,C#BLO), (<O,OCB#L), (>C,O#BLC), (<B,OB#LC), (>O,#BLOC). (figura 1.56).

Listado 1.13: Algoritmo de búsqueda

```
 1  def BuscaSolucionesSinInf(prob,estrategia):
 2      if estrategia=='PROFUNDIDAD':
 3          frontera=PilaNodo('Profundidad')
 4      elif estrategia=='ANCHURA':
 5          frontera=ColaNodo('Anchura')
 6      n=NodoArbol(None,None,prob.estadoInit(),{'Prof':0})
 7      solucion=None
 8      frontera.add(n)
 9      while (not frontera.esVacia()) and (solucion==None):
10          n=frontera.get()
11          if prob.meta(n.estado):
12              solucion=n
13          else:
14              for ac,est in prob.sucesor(n.estado):
15                  if not frontera.esta(est):
16                      h=GeneraNodo(n,ac,est)
17                      frontera.add(h)
18      return solucion
```

Sobre la eficiencia de estas estrategias hay que destacar que la estrategia de búsqueda en anchura es una estrategia completa, esto es que es capaz de encontrar la solución si existe; pero en el peor de los casos se ha de sarrollar el árbol completo con una complejidad temporal (tiempo de ejecución) del orden $O(b^n)$ para un problema con b acciones en cada estado y una logitud de n acciones hasta un estado meta. La estrategia de profundidad tiene el problema que se puede perder si el árbol de búsqueda es infinito, y no podría garantizar encontrar solución alguna; pero si la encuentra en el camino seleccionado la necesidad de almacenamiento es la menor posible $O(n)$ que es la longitud de la solución.

Para evitar los problemas de perderse por las profundidades de los árboles de búsqueda en estrategias de profundidad, existe la opción de incorporar un **límite de profundidad** y definir una estrategia **profundidad acotada**. Si en una determina cota de la estrategia de profundidad acotada y habiendo expandido el árbol completo hasta dicha cota no se encontrase ninguna solución, por que ésta se encontrase por debajo de dicha cota, se podría volver a comenzar aumentado dicha cota en alguna cantidad. La estrategia que modifica la cota límite de una estrategia en profundidad se denomina **estrategia de profundidad iterativa**.

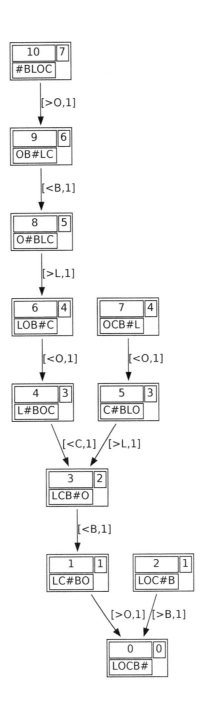

Figura 1.55: Árbol de búsqueda completo Anchura.

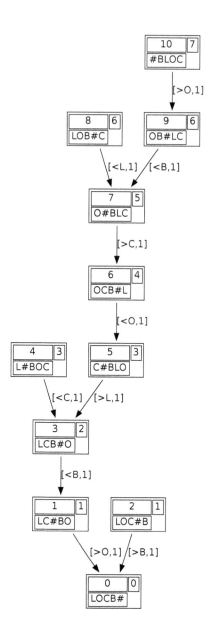

Figura 1.56: Árbol de búsqueda completo Profundidad.

1.3.3. Búsqueda con información

Las estrategias de anchura, profundidad y sus derivadas encuentran una solución al problema planteado. Esta solución puede que no sea única, esto es, que existan una multitud de posibles soluciones; pero estas estrategias obtiene como solución aquella que primero encuentran. En este tipo de problemas sólo son elevantes las soluciones y no su configuración, cualquier solución será válidad siempre que lleve a una situación meta.

La situación cambia si tuviéramos que abonar una cantidad de dinero por cada acción que realizamos, en este caso está claro que entre las soluciones obtenidas para un problema optaríamos por la solución en anchura frente a la de profundidad. Esta decisión se toma en base al conocimiento que una solución obtenida mediante una estrategia en anchura será la de menor profundidad encotrada, esto es, la que menos pasos tendrán que realizar.

Esta situación donde cada acción cuesta igual no es la más normal, por contra en la gran mayoría de las situaciones reales cada una de las acciones que podamos realizar en un estado concreto dependerá del tipo de acción, así como de otras características asociadas al problema concreto. En definitiva, el coste de cada acción normalmente es difente.

En situaciones con diferentes costos, una estrategia de anchura no garatiza que la solución obtenida sea la **mejor** con un coste menor. Para incorporar estos criterios al algoritmo de búsqueda, se definirá una valoración entre las distintas soluciones que permita seleccionar aquella que la maximice.

Una de las valoraciones más sencillas a considerar para una solución es la suma de cada uno de los costes de las acciones que la configuran. Para poder establecer esta valoración añadimos en cada acción posible en un estado el coste asociado a su realización como un valor numérico positivo. La nueva función sucesor devolverá una tupla (Acc,val,estado) y definiremos el costo de un nodo n' obtenido mediante la aplicación de la acción Acc a un nodo n como una función no decreciente $C(n)$:

$$(\{Acc, val\}, n') \in sucesor(n)C(n') = C(n) + val \qquad (1.3)$$

Ahora ya tenemos un valor para decidir que nodo hoja coger, el menor valor de costo de los nodos hoja, o que el conjunto de nodos hojas estén ordenados de forma creciente por el valor del costo.

Con el objeto de generalizar esta estrategia y poder utilizar las estructuras posteriormente, se ha definido una nueva estructura de almacen como una lista ordenada por una valor del nodo. La estructura elegida para realizar la cola ordenada ha sido el montículo, una estructura vectorial donde la posición inicial del vector se encuentran siempre el elemento menor.

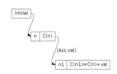

Figura 1.57: Costo asociado a un nodo.

Listado 1.14: Montículo como lista ordenada

```
1  import heapq
2  class ListaOrdenada(Almacen):
3      def __init__(self,nombre):
4      Almacen.__init__(self,nombre)
5      self.p=[]
6
7      def esVacia(self):
8          return len(self.p)==0
9
10     def add(self,elem):
11         print elem
12     valor,n=elem
13     heapq.heappush(self.p,(valor,n))
14
15     def get(self):
16         return heapq.pop(self.p)
```

A la estrategia que selecciona un nodo hoja con valor de costo menor se denomina **estrategia de costo uniforme.**

Como ejemplo definimos un nuevo problema. El problema es el conocido como 8 puzzle donde se tiene un artilugio con 8 piezas numeradas del 1 al 8 y un espacio sin pieza. Las piezas se puden deslizar al espacio en blanco y así cambiar la configuración del puzzle. Si se representa una configuración concreta del 8 puzzle con una cadena de 9 caracteres donde los 3 primeros representan la primera fila, y así sucesivamente y el espacio en blanco por el caracter B, y consideramos que los movimientos son los del espacio blanco. Si consideramos que de los cuatro movimientos posibles el costo de los movimientos hacia arriba e izquierda van a costar 2 unidades frente a la unidad de los movimientos abajo y derecha.

El problema propuesto es definido en el siguiente código ejemplo.

Listado 1.15: Problema del 8 puzzle.

```
1  class Problema8Puzzle(Problema):
2
3      def __init__(self,estadoI,estadoFin,h='DESCOLOCADAS'):
4          Problema.__init__(self,estadoI,"8Puzzle")
5          self.estadoFin=estadoFin
6          self.h=h
7
8      def estadoValido(self,estado):
9          valido=True
10         for ficha in range(1,9):
11             valido=valido and (str(ficha) in estado)
12         valido=valido and (len(estado)==9)
13         valido='B' in estado
14         return valido
15
16     def sucesor(self,estado):
17         if self.estadoValido(estado):
18             PB=estado.find('B')
19             FB=PB/3
20             CB=PB%3
21             mv=[]
22             if FB<2:
23                 NP=(FB+1)*3+CB
24                 est=list(estado[:])
25                 est[PB]=est[NP]
26                 est[NP]='B'
27                 mv.append(({'Acc':'AB','val':1},"".join(est)))
28             if FB>0:
29                 NP=(FB-1)*3+CB
```

```
30              est=list(estado[:])
31              est[PB]=est[NP]
32              est[NP]='B'
33              mv.append(({'Acc':'AR','val':2},"".join(est)))
34          if CB<2:
35              NP=FB*3+CB+1
36              est=list(estado[:])
37              est[PB]=est[NP]
38              est[NP]='B'
39              mv.append(({'Acc':'DE','val':1},"".join(est)))
40          if CB>0:
41              NP=FB*3+CB-1
42              est=list(estado[:])
43              est[PB]=est[NP]
44              est[NP]='B'
45              mv.append(({'Acc':'IZ','val':2},"".join(est)))
46          return mv
47      else:
48          return None
49
50  def meta(self,estado):
51      return estado==self.estadoFin
```

Para un problema del 8puzzle donde la configuración inicial consiste en **1342B5786** y la final **12345678B** el algoritmo de búsqueda con la estrategia de costo uniforme devuelve la solución siguiente:

1342B5786

1. ({'Acc': 'IZ', 'val': 2},134B25786)

2. ({'Acc': 'AB', 'val': 1},134725B86)

3. ({'Acc': 'DE', 'val': 1},1347258B6)

4. ({'Acc': 'DE', 'val': 1},13472586B)

5. ({'Acc': 'AR', 'val': 2},13472B865)

6. ({'Acc': 'AR', 'val': 2},13B724865)

7. ({'Acc': 'IZ', 'val': 2},1B3724865)

8. ({'Acc': 'AB', 'val': 1},1237B4865)

9. ({'Acc': 'DE', 'val': 1},12374B865)

10. ({'Acc': 'AB', 'val': 1},12374586B)

11. ({'Acc': 'IZ', 'val': 2},1237458B6)

12. ({'Acc': 'IZ', 'val': 2},123745B86)

13. ({'Acc': 'AR', 'val': 2},123B45786)

14. ({'Acc': 'DE', 'val': 1},1234B5786)

15. ({'Acc': 'DE', 'val': 1},12345B786)

16. ({'Acc': 'AB', 'val': 1},12345678B)

12345678B

El coste de esta solución es de 23 que podremos asegurar que es el menor coste posible, o en otras palabras, que **no existe otra solución con un coste menor**.

AL considerar el coste que se sufre al generar un nodo, hemos asegurado que el resultado que obtenemos es el mejor de todos; pero no se ha solucionado el problema de la complejidad. La complejidad de la estrategia de costo uniforme se puede equiparar a la de estrategia en anchura haciendo que cada paso sea un incremento Ic del costo $O(b^{(n/Ic)})$.

Considerando que la mejor estrategia, siempre que no se pierda, es la estrategia en profundidad una opción muy interesante podría ser combinar la estrategia de costo uniforme con algo parecida a la estrategia en profundidad. Para poder llevar acabo esta estrategia deberíamos ser capaces de decidirnos por la acción que mejor nos lleve a una solución. En otras palabras, tendríamos que ser capaces de poder **evaluar el coste que nos queda por realizar** desde la situación actual a una meta.

Este valor del costo que nos queda por realizar desde un estado para alcanzar un estado meta se denomina valor de la **heurística**.

Para añadir esta heurística modificaremos la definición de un problema incorporando una nueva función que evalue el valor de la heurística. Dado un estado n la función heuristica $h(n)$ será el valor estimado del costo que queda por realizar hasta un estado meta.

Listado 1.16: Problema Heurística

```
1  class Problema:
2      def __init__(self,estadoInit,nombre="NoDef"):
3          self.id=nombre
4          self.estInit=estadoInit
5
6      def estadoValido(self,estado):
7          pass
8
9      def sucesor(self,estado):
10          pass
11
12      def meta(self,estado):
13          pass
14
15      def estadoInit(self):
16          return self.estInit
17
18      def heuristica(self,estado):
19          pass
```

En el problema del 8puzzle podemos estimar el número de movimientos que tendremos que hacer desde un estado hasta el estado meta con una cota mínima que sería el número de casillas descolocadas. Este valor nos impone una cota mínima para el coste que tendremos que hacer, ya que en una situación idílica con un único movimiento colocásemos cada ficha descolocada. Pero como tenemos que mover cada pieza una posición y sólo son válidos los movimientos horizontales y verticales, otra estimación un poco más exacta sería la suma de las distancias manhattan de cada pieza descolocada a su posición destino.

Incorporado los nuevos métodos a la clase del problema del 8 puzzle, el código queda como se muestra en el siguiente listado.

```
1  class Problema8Puzzle(Problema):
2
3      def __init__(self,estadoI,estadoFin,h='DESCOLOCADAS'):
4      Problema.__init__(self,estadoI,"8Puzzle")
5          self.estadoFin=estadoFin
6          self.h=h
7
8      def estadoValido(self,estado):
9      valido=True
10         for ficha in range(1,9):
11         valido=valido and (str(ficha) in estado)
12     valido=valido and (len(estado)==9)
13     valido='B' in estado
14         return valido
15
16     def sucesor(self,estado):
17     ...............
18
19     def meta(self,estado):
20         return estado==self.estadoFin
21     def posDistintas(self,estado1,estado2):
22     n=0
23         for i in range(len(estado1)):
24             if estado1[i]<>estado2[i]:
25         n=n+1
26         return n
27     def movDistintas(self,estado1,estado2):
28     n=0
29         for i in range(len(estado1)):
30             if estado1[i]<>estado2[i]:
31         py1=i/3
32             px1=i%3
33             pc=estado2.find(estado1[i])
34         py2=pc/3
35             px2=pc%3
36             n=abs(px2-px1)+(py2-py1)
37         return n
38
39     def setHeuristica(self,h='DESCOLOCADAS'):
40         self.h=h
41
42     def heuristica(self,estado):
43         if self.h=='DESCOLOCADAS':
44             return self.posDistintas(estado,self.estadoFin)
45         elif self.h=='CUNIFORME':
46             return 0
47         else:
48             return self.movDistintas(estado,self.estadoFin)
```

Llegados a este punto, y para combinar la información del costo desarrollado con la del costo por desarrollar o función heurística, definiremos el valor del nodo como la suma del costo más el valor de la función heurística.

$$f(n) = C(n) + H(n) \qquad (1.4)$$

A la estrategia que ordena el conjunto de nodos hojas en función del valor f(n) 1.4 se denomina estrategia de búsqueda **A***. Formalmente para poder nombra esta estrategia como A* tendríamos que haber definido la función heurística como h^* la que **mejor** que estima el costo por gastar; pero como normalmente nuestra función h no es tan buena y minora a h^* tendríamos que denominar a esta estrategia como estrategia **A**.

Las características mas relevantes de esta estrategia A* son:

1. Es completa. Si existe solución la encuentra.

2. Es la mejor. La solución que encuentra es la de menor coste.

3. El número de nodos generados para encontrar la solución es el menor que en las estrategias anteriores.

Listado 1.18: Busca soluciones con información Heurística

```
 1  def GeneraNodo(p,n,ac,est,estr='A'):
 2      MUCHO=10000000
 3      prof=n.inf['Prof']+1
 4      coste=n.inf['Coste']+ac['val']
 5      h=p.heuristica(est)
 6
 7      if estr=='A':        val=coste+h
 8      elif estr=='PROF':   val=MUCHO-prof
 9      elif estr=='ANCH':   val=prof
10      elif estr=='COST':   val=coste
11      else:                val=h
12      return NodoArbol(n,ac,est,{'Prof':prof,'Coste':coste,'h':h},val)
13
14  def BuscaSolucionesA(prob,estr='A'):
15      frontera=AlmacenOrdenado()
16      h=prob.heuristica(prob.estadoInit())
17      n=NodoArbol(None,None,prob.estadoInit(),{'Prof':0,'Coste':0,'h':h},0)
18      solucion=None
19      frontera.add((n.val,n.estado,n))
20      while (not frontera.esVacia()) and (solucion==None):
21          n=frontera.get()
22          if prob.meta(n.estado):
23              solucion=n
24          else:
25              for ac,est in prob.sucesor(n.estado):
26                  if not frontera.esta(est):
27                      h=GeneraNodo(prob,n,ac,est,estr)
28                      frontera.add((h.val,h.estado,h))
29      return solucion
```

Las diferentes formas de actuar de las distintas estrategias se han plasmado en el problema del 8 puzzle estudiado con los valores que se muestran en la siguiente tabla.

Estrategia	Num de Nodos	S. Óptima
Profundidad	>30000	No
Anchura	16018	No
Costo Uniforme	14873	Si
A*	2326	Si

1.4. Planificación de caminos

En la actualidad, es muy difícil encontrar un videojuego que no contenga algún tipo de agente o personaje autónomo. Coches que circulan por carreteras, pájaros que vuelan, ratoncillos que corren para esconderse o malvados enemigos que nos persiguen. Estos personajes pueden hacer multitud de cosas; pero si hay una única acción que como mínimo se les puede exigir es la de poder dirigirse de un lugar a otro del mundo que habitan.

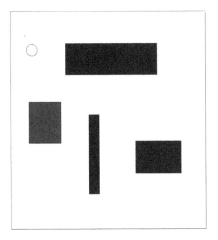
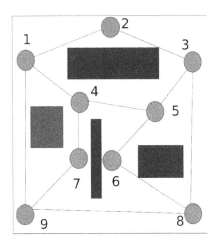

Figura 1.58: A la izquierda, escenario o mapa 2D. A la derecha, grafo de los puntos visibles.

Este proceso de trasladarse de un lugar a otro se divide en un par de procesos más sencillos. El primero de ellos identifica el camino o lugares por donde el actor a de pasar, y el segundo intenta proceder trasladando al personaje siguiendo el plan trazado. Al primero se reconoce como el proceso de **planificación de recorridos** o caminos (pathfinder) y será el objeto de esta sección.

1.4.1. Puntos visibles

Sea un mundo definido en un videojuego de dos dimensiones, como el de la figura 1.58 (izquierda), donde habita un actor que se mueve entre los bloques. Para cada mapa, de este tipo, se puede crear un grafo como el que se muestra en la figura 1.59 donde los nodos son los puntos visibles para dicho mapa y los arcos son la línea de visión directa entre los puntos. El conjunto de puntos que nos permiten una visión completa del escenario o mapa son los denominados **puntos visibles** 1.58 (derecha) que serán identificados por sus coordenadas (x,y) o por un identificador.

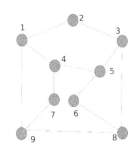

Figura 1.59: Grafo de los puntos visibles.

El movimiento de un actor se desarrolla como el desplazamiento entre puntos visibles. Este movimiento puede generalizarse como el desplazamiento por los nodos de un grafo, y de esta forma definimos el problema de la construcción de un camino desde un punto visible a otro punto visible como un problema de encontrar el camino entre dos nodos de un grafo.

1.4.2. Problema de búsqueda en grafos

Un grafo es una estructura que consta de nodos y arcos. En el siguiente código se define una clase para representar un grafo.

```
1  class Grafo:
2      def __init__(self,tipo='Dir',nombre='Noname'):
3          self.g={}
4          self.tipo=tipo
5          self.id=nombre
6          self.NumNodos=0
7          self.NumArc=0
8
9      def addNodo(self,Nodo):
10         if not Nodo in self.g.keys():
11             self.g[Nodo]=[]
12
13     def addArco(self,NodoOrigen,NodoDestino,InfArco):
14         self.addNodo(NodoOrigen)
15         self.addNodo(NodoDestino)
16         self.g[NodoOrigen].append((InfArco,NodoDestino))
17         if not (self.tipo=='Dir'):
18             self.g[NodoDestino].append((InfArco,NodoOrigen))
19
20     def nodosSucesores(self,Nodo):
21         return self.g[Nodo]
```

Las operaciones básicas definidas son: **añadir un arco**,un **nodo** y obtener los **sucesores** de un nodo. Según sea el acceso de un nodo a otro, encontraremos nodos donde solo es posible en una dirección que denominaremos **grafos dirigidos**; en caso contrario, tendremos **grafos no dirigidos**. Esta diferencia la introducimos en la clase grafo mediante el valor tipo de la clase, que por defecto será dirigido.

Definido la estructura de grafo, podemos construir un problema como se comentó en 1.3.1 para lo que definimos la clase ProblemaGrafo.

```
1  class ProblemaGrafo(Problema):
2      def __init__(self,Grafo,NodoInicial,NodoFinal):
3          Problema.__init__(self,NodoInicial,"Grafo")
4          self.estadoFin=NodoFinal
5          self.graf=Grafo
6      def estadoValido(self,Nodo):
7          return Nodo in self.graf.g.keys()
8      def sucesor(self,Nodo):
9          return self.graf.nodosSucesores(Nodo)
10     def meta(self,Nodo):
11         return Nodo==self.estadoFin
12     def estadoInit(self):
13         return self.estInit
```

Esto proporciona un método eficiente de construir el camino por el grafo, desde un nodo origen a un nodo destino.

Obtenida la secuencia de puntos visibles por donde pasará el actor,el siguiente proceso será el desplazamiento físico entre los puntos. Este proceso puede ser simple, si no hay elementos que puedan interaccionar con las trayectorias elegidas, o por contra, puede ser más complejo si podemos ser interceptados o necesitamos modificar en un momento dado la trayectoria planificada. Estos problemas quedan fuera del alcance de esta sección, así que sólo nos centraremos en encontrar las trayectorias correctas.

La construcción del camino a seguir, se realiza obteniendo la solución al problema de ir de un nodo (punto visible) de un grafo a otro nodo destino. La solución es la secuencia de punto visibles que ha de ir ocupando el agente consecutivamente.

Una forma de mejorar los resultados obtenidos mediante la simple búsqueda de soluciones es considerar un tipo específico de grafo, el grafo de punto visibles, y explotar una serie de características propias de la localización de sus nodos.

La primera de estas característica es que un punto visible P viene definido por unas coordenadas. En un mundo de dos dimensiones $P = (x, y)$ serán dichas coordenadas, mientras que en un escenario en 3 dimensiones vendrá definido por $P = (x, y, z)$. Esta caracteristica permite plantearse, no sólo encontrar el camino que una dos puntos visibles; si no que ese **camino sea bueno**. En un supuesto donde el desplazamiento consume energía del agente (muy generalizado), un buen camino será aquel que menos recorrido tenga que realizar.

El cambio de un punto visible P hacia otro punto visible P' provocará en un actor un desgaste equivalente a trasladarse en linea recta desde P a P'. Este gasto en términos de posiciones será la distancia en línea recta desde P a P', esto es:

$$d(P, P') = d((x, y), (x', y')) = \sqrt{(x - x')^2 - (y - y')^2} \qquad (1.5)$$

Esto establece que la acción de ir de un nodo a otro incurre en un gasto cuantificado por la diferencia de posición (ecuación 1.5), por lo que se pude incorporar a las estrategias de búsqueda informadas 1.3.3. La acción (arco) entre el nodo P y nodo P' vendrá definida como (P->P',d(P,P')), incorporando el valor del costo del nodo P' como la suma de todas las distancias recorridas. En definitiva, el total de distancia recorrida por el agente. De esta forma podremos utilizar una estrategia de costo uniforme.

Otra de las cuestiones que se puede explotar es el conocimiento aproximado de la distancia que nos queda por recorrer. Esta distancia sería la existen desde el nodo **i** al nodo destino final **f**, luego es factible utilizar la distancia que falta por recorrer como valor heurístico para la búsqueda informada con una estrategia A*. Si el movimiento estuviese limitado a los 4 desplazamientos básicos: arriba, abajo, izquierda y derecha, otro aproximación más fiel a la distancia que falta por recorrer es la distancia en vertical más la distancia en horizontal que separa el nodo del destino.

Figura 1.60: Heurísticas para la estrategia A*.

Esta nueva valoración se denomina **distancia manhattan** y su expresión viene definida por la la ecuación 1.6. En la figura 1.60 se puede observar el significado geométrico de cada una de las heurísticas expresadas.

$$dm(P_i, P_f) = |x_i - x_f| + |y_i - y_f| \qquad (1.6)$$

La incorporación de la heurística al problema del grafo se muentra en el siguiente código.

```
1   import map
2
3   class GrafoMapa(Grafo):
4       def __init__(self,map,h='EUCLIDEA'):
5           self.dato=map
6           self.id="Mapa"
7           self.h=h
8       def addNodo(self,Nodo):
9           pass
10      def addArco(self,NodoOrigen,NodoDestinod,InfArco):
11          pass
12      def nodosSucesores(self,Nodo):
13          f,c=Nodo
14          mv=[]
15          anchura,altura=self.dato.tablero
16          if (f<(altura-1)) and (not self.dato.mapa[f+1][c]==1):
17              mv.append(({'Acc':'AB','val':1},(f+1,c)))
18          if (f>0) and (not self.dato.mapa[f-1][c]==1):
19              mv.append(({'Acc':'AR','val':1},(f-1,c)))
20          if (c<(anchura-1)) and (not self.dato.mapa[f][c+1]==1):
21              mv.append(({'Acc':'DE','val':1},(f,c+1)))
22          if (c>0) and (not self.dato.mapa[f][c-1]==1):
23              mv.append(({'Acc':'IZ','val':1},(f,c-1)))
24          return mv
25
26      def heuristica(self,nodo1,nodo2):
27          y1,x1=nodo1
28          y2,x2=nodo2
29          s=0.0
30          if self.h=='EUCLIDEA':
31              s= ((x1-x2)**2.0+(y1-y2)**2.0)**(1.0/2.0)
32          elif self.h=='CUNIFORME':
33              s=0.0
34          else:
35              s= abs(x2-x1)+abs(y2-y1)
36          print "H( %s, %s)=%d" %(str(nodo1),str(nodo2),s)
37          return s
```

Hasta este punto hemos solucionado el problema de encontrar un camino, incluso el mejor, entre un punto visible y otro de nuestro mapa. Siendo capaces de construir o generar el grafo de los puntos visibles, ya tenemos solucionado el problema del movimiento de los actores en el escenario o mapa.

1.4.3. Obtención del grafo de puntos visibles

La primera opción para la obtención del grafo de los puntos visibles es de forma manual. Dado un mapa se señalan en él los puntos y se unen para generar el grafo. Esto obliga a construir un editor de grafos de puntos visibles y adjuntar a cada mapa su grafo correspondiente.

Una alternativa a la construcción manual es construir un grafo de forma automática. El primer método parte de un estructura particular de un mapa. Partamos de un mapa construido con figuras geométricas definidas por unos vertices y unas arístas. Consideremos las figuras que configuran los obstáculos o paredes de nuestro mapa, y extendamos su geometría una distancia igual al tamaño de nuestro agente (figura 1.61).

En estos momentos tendremos un nuevo conjunto de vertices que representarán los puntos visibles de nuestro mapa. Para terminar de construir el grafo, se añadirán las aristas desde un vertice a todos a quellos que tiene visión directa.

De esta forma construimos un grafo deforma automática para el desplazamiento de los agentes en el mapa. Hemos de destacar que los grafo de puntos visibles generados de esta forma originan un movimiento de los agentes siguiendo la geometría de los objetos como obstáculos o paredes.

1.4.4. Aumentando la resolución

Con los GPV (grafos de puntos visibles), obtenidos se tiene un conjunto no muy numeroso de putos visibles y con una distribución no muy uniforme por todo el mapa. Para aumentar el nivel de realismo en el movimiento de los agentes se tendra que aumentar el número de puntos visibles, y que estos estén distribuidos por el mapa de una forma uniforme. En un principio si consideramos una distancia mínima **dm** para separar puntos visibles, tendríamos una forma de ajustar el realismo o nuestra resolución mediante el ajuste del valor de dm.

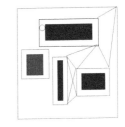

Figura 1.61: Construcción automática del grafo de puntos visibles.

Si además consideramos que los movimientos que poden realizar los agentes están acotados, tendremos un nuevo mecanismo de generar un grafo de puntos visibles. Este nuevo mecanismo es el siguiente:

1. Colocar un punto visible en una posición del mapa.

2. Añadir este punto visible a una lista de PV no visitados.

3. Mientras tengamos punto visibles en la lista de no visitados

4. sacar un punto p

5. añadir a la lista de PV no vistados tantos nuevos puntos como movimientos posibles y distancia dm que no hayamos visitado.

6. añadir el punto analizado a la lista de PV visitados

Figura 1.62: Primeros pasos de la creación de un grid.

En el siguiente código se ha creado un clase mapa, que permite definir un escenario basado en tiles, donde podemos fijar una casilla inicial, muros y una casilla final. Construido el mapa podemos definir un problema de búsqueda en grafo para el grid creado y ver como se comporta los algoritmos para determinar el camino.

Figura 1.63: Tiles utilizados.

Un ejemplo con las primeras iteraciones se muestra en la figura 1.62.

Un caso particular de esta técnica es cuando el propio mapa está diseñado mediante pequeñas celdas o **tiles.**En estos caso el propio escenario es ya el grafo de puntos visbles, y podemos asignar a cada una de las celdas accesibles un punto visible y los movimientos a las celdas adyacentes como los arcos a nuevos puntos visbles.

```
1  import sys,pygame,csv
2
3  class Map:
4      def __init__(self,celda=(20,20),tablero=(50,30),m=None):
5          self.celda= 20,20
6          self.tablero= 50,30
7          self.size = width,height = tablero[0]*celda[0],tablero[1]*celda[1]
8          self.s = pygame.display.set_mode(self.size)
9          loseta=self.CreaCelda((113,132,132))
10         muro=self.CreaCelda((255,181,66))
11         inicio=self.CreaCelda((255,0,0))
12         fin=self.CreaCelda((0,0,255))
13         self.elementos=[loseta,muro,inicio,fin]
14         if m==None:
15             self.CreaMap(self.tablero[0],self.tablero[1])
16         else:
17             self.mapa=m
18
19     def CreaCelda(self,color):
20         s=pygame.Surface((self.celda[0],self.celda[1]),0,16)
21         s.fill(color)
22         pygame.draw.rect(s,(255,181,66),pygame.Rect(0,0,20,20),2)
23         return s
24
25     def AnadeCelda(self,color):
26         self.elementos.append(self.CreaCelda(color))
27
28     def CreaMap(self,w,h):
29         self.mapa=[]
30         for y in range(h):
31             self.mapa.append([])
32             for x in range(w):
33                 self.mapa[y].append(0)
34
35     def PintaMapa(self):
36         for y in range(self.tablero[1]):
37             for x in range(self.tablero[0]):
38                 rect=pygame.Rect(x*self.celda[0],y*self.celda[1],self.celda[0],self.celda[1])
39                 self.s.blit(self.elementos[self.mapa[y][x]],rect)
40
41     def ModificaMapa(self,celdaIndx,infor):
42         titulo=pygame.display.get_caption()
43         pygame.display.set_caption(infor)
44         NoFin=True
45         while NoFin:
46             for event in pygame.event.get():
47                 if event.type == pygame.KEYDOWN and event.key == pygame.K_ESCAPE:
48                     NoFin=False
49             pos=pygame.mouse.get_pos()
50             pos=pos[0]/self.celda[0],pos[1]/self.celda[1]
51             b1,b2,b3= pygame.mouse.get_pressed()
52             rect=pygame.Rect(pos[0]*self.celda[0],pos[1]*self.celda[1],self.celda[0],self.celda
                [1])
53             if b1:
54                 self.s.blit(self.elementos[celdaIndx],rect)
55                 self.mapa[pos[1]][pos[0]]=celdaIndx
56             elif b3:
57                 self.s.blit(self.elementos[0],rect)
58                 self.mapa[pos[1]][pos[0]]=0
59             pygame.display.flip()
60         pygame.display.set_caption(titulo[0])
61
62     def SalvaMapa(self,fn):
63         f=csv.writer(open(fn,"wr"),delimiter=',')
64         for l in self.mapa:
65             f.writerow(l)
66
```

```
67    def CargaMapa(self,fn):
68        f=csv.reader(open(fn,'rb'),delimiter=',')
69        self.mapa=[]
70        for r in f:
71            self.mapa.append([int(x) for x in r])
72    def DefMuros(self):
73        self.ModificaMapa(1,'Definir Muros')
74    def Entrada(self):
75        self.ModificaMapa(2,'Definir Entrada')
76    def Salida(self):
77        self.ModificaMapa(3,'Defir Salida')
```

En la figura 1.64 podemos ver un ejemplo de un mapa construido con la clase mapa y el conjunto de tiles de la figura 1.63.

Finalmente, podemos observar el camino encontrado por la estrategia A* y una heurística de distancia euclídea en la figura 1.65

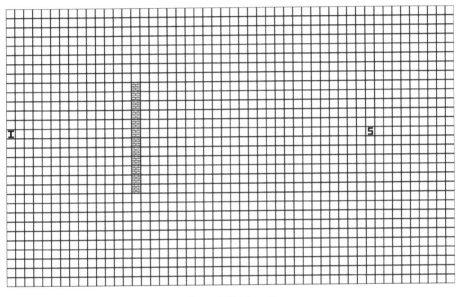

Figura 1.64: Mapa 2D

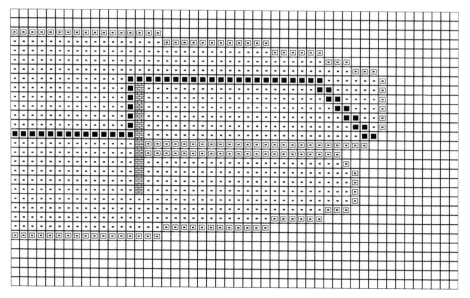

Figura 1.65: Camino con la heurística de la distancia euclídea.

1.5.   Diseño basado en agentes

Figura 1.66: Desde que el Profesor Nick Jennings enunciara la frase *"Los agentes constituyen el próximo avance más significativo en el desarrollo de sistemas y pueden ser considerados como la nueva revolución en el software"*, muchos son los que se han subido al carro indicando que sus aplicaciones son agentes. Los agentes están de moda.

Como ya se ha comentado en la Sección 1.1, en los últimos años ha habido un creciente uso de tecnología relacionada con la IA en la construcción de videojuegos. Este uso ha sido enfocado principalmente desde la perspectiva del desarrollo de agentes inteligentes que hacen uso de algoritmos de IA para chasing (persecución y escape), para búsqueda de rutas, para planificación, para decidir... Cada vez son más los creadores de videjuegos (p.e. Sid Meier (Civilization), Chris Crawford (Balance of Power) y Peter Molyneux (Populous) por citar algunos) que emplean estos agentes inteligentes con capacidad de decisión, para crear en sus juegos personajes virtuales que se comporten de una forma parecida a como lo hace un humano. Se consigue así que los jugadores piensen que se están enfrentando a oponentes reales.

En la mayoría de las ocasiones, en los videojuegos, los agentes no son desarrollados de manera independiente sino como entidades que constituyen un sistema más completo. De este modo, los videojuegos se están convirtiendo en sistemas multiagente, a partir de ahora se hará referencia a ellos como MAS (Multi-Agent Systems). En estos sistemas existirán un conjunto de agentes que son empleados para simular personalidades y caracteres diferentes para los personajes de los juegos y que pueden coordinar sus comportamientos de grupo y colaborar para lograr un fin (p.e. matar, o siendo menos drásticos, hacer prisionero al jugador).

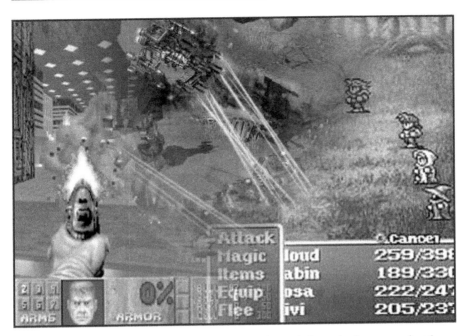

Figura 1.67: Personajes Virtuales dotados con comportamientos similares a los de un personaje real.

En esta sección se mostrará como diseñar agentes que puedan ser empleados en video-juegos, siendo esta última restricción importante ya que no se va a pretender crear agentes que emulen la inteligencia humana, sino que el objetivo será crear agentes que hagan que el usuario **crea** que el videojuego tiene inteligencia, aunque no sea así. Se presentarán dos enfoques distintos de diseño de agentes uno basado en **comportamientos** y otro basado en **objetivos**, prestando mayor atención al primero por ser el más usual. Para ello primero se dará una definición del concepto de agente, y una posible clasificación de los mismos. Después se presentarán los tipos de agente que se suelen construir en los videojuegos. Se finalizará la sección con una discusión sobre las implicaciones que tendría construir sistemas multiagentes completos y unas breves reflexiones sobre hacia donde puede tender el uso de agentes y sistemas multiagentes en el campo de los videojuegos y los retos que hay abiertos.

1.5.1. ¿Qué es un agente?

No existe una definición plenamente aceptada por la comunidad científica del concepto agente inteligente, siendo la más simple la de Russell y Norvig [17], que fue presentada en la sección 1.1.3 y que conviene recordar aquí: *"un agente es una entidad que percibe y actúa sobre un entorno"* (vea la figura 1.7). En términos matemáticos esta definición lleva a pensar en un agente como una función (el comportamiento) que proyecta percepciones en acciones. Cabe notar, que esta definición es tan amplia, que permite que a numerosos sistemas software se les pueda asignar la etiqueta de agente, por otra parte hay que destacar que existe un gran interés tanto académico como industrial en ello (vea la figura 1.66).

Para delimitar un poco más el concepto de agente, comienzan a aparecer en la literatura una serie de calificativos cuyo objetivo es denotar aquellas propiedades que debe cumplir un agente. De este modo Wooldridge y Jennings [25] definen a un agente como un *sistema capaz de actuar de forma autónoma y flexible en un entorno*, donde flexible es entendido como:

- **Reactivo**, con capacidad de respuesta a cambios en el entorno donde está situado.

- **Proactivo**, con capacidad de decidir cómo comportarse para cumplir sus planes u objetivos.

- **Social**, con capacidad de comunicación con otros agentes.

Así, para que un software pudiera ser considerado un "agente" debería de tener las características antes expuestas. No obstante, a lo largo de los años, los investigadores del campo han usado nuevas características para calificar a los agentes, a continuación se citan algunas de las recopiladas por Franklin y Graesser [6]:

- **Continuidad Temporal**, con capacidad para ejecutarse ininterrumpidamente.

- **Racionalidad**, con capacidad de elegir siempre la acción "correcta" en función de lo percibido en el entorno.

- **Adaptabilidad**, con capacidad de cambiar su comportamiento basándose en el aprendizaje que realice.

- **Movilidad**, con capacidad para trasladarse a través de una red telemática.

Otras características que se asumen como propiedades de los agentes son la **Veracidad**, por la que se se supone que un agente no va a proporcionar información falsa a propósito y la **Benevolencia**, que implica que un agente esté dispuesto a ayudar a otros agentes, si esto no entra en conflicto con sus intereses.

Figura 1.68: El profesor Van Dyke Parunak compara un agente con las navajas suizas, la navaja corresponde a la definición básica de agente, y cada accesorio de la navaja con cada una de las propiedades del agente, que son usados solo si se necesitan.

Llegados a este punto, cabe entonces hacerse la siguiente pregunta, "¿qué características debe poseer un sistema para poderle asignar el calificativo de agente?" Al respecto, se debe indicar que no existe un concenso sobre cual es la importancia de cada una de las propiedades que se han enunciado para definir un agente. Sin embargo, si se puede afirmar que son la existencia de estas, en mayor o menor medida, las que distinguen agentes de meros programas informáticos (vea figura 1.68). Desde la perspectiva que nos ocupa, el diseño de videojuegos, cabe otra pregunta, "¿qué características deben poseer los agentes usados en los videojuegos?"

En este sentido a la respuesta antes dada, hay que añadirle un matiz, y este es el siguiente: Mientras en los agentes del campo de la IA académica se pueden emplear máquinas especiales con gran poder de cómputo para ejecutarse (p.e. la famosa deep blue), los agentes diseñados para juegos tienen su poder de cómputo limitado a máquinas más normales y es mucho menor, y además compartido con otros procesos intensivos en CPU, como por ejemplo la simulación física, la generación de los gráficos y el tráfico de red. Esto conduce al desarrollo de agentes más limitados en características o en el despliegue de las mismas, pero que den sensación de inteligencia.

Una de las características que se han presentado como interesante, y que por otra parte es resaltada como necesaria en los agentes cuando se le añade el calificativo de "inteligente", es la de *racionalidad*. Como ya se ha comentado, esta característica implica que el agente haga siempre lo correcto, pero hay que preguntarse ¿qué es lo correcto? Una primera aproximación, y por otra parte usual, es la de definir lo correcto como aquello que le permite al agente obtener un resultado mejor, por lo tanto habrá que medir el éxito. Para ello, es preferible emplear medidas de rendimiento o utilidad, que estén asociadas al entorno, más que de desempeño asociadas a cómo de bien lo hace el agente. Es conveniente resaltar en este punto que no existe una medida universal para todo agente, cada agente tendrá su propia medida y ésta será dependiente del problema.

Un agente racional deberá emprender en cada momento la acción que en principio maximice su medida de desempeño o rendimiento, basándose en las evidencias aportadas por la secuencia de per-

Agente y Problema

Los agentes racionales representan soluciones a problemas.

cepciones de dicho momento y en el conocimiento que el agente mantiene de momentos anteriores. De este modo, la racionalidad de un agente en un instante determinado vendrá dada por:

- El valor de la medida de desempeño, rendimiento o utilidad del agente.

- El conocimiento acumulado por el agente sobre el entorno en el que desempeña su función.

- El conjunto de acciones que puede realizar en ese instante.

- La secuencia de percepciones que ha captado haste ese instante.

En el caso de los videojuegos, un agente racional debería tener una medida de rendimiento asociado al entorno que permitiera guiar su comportamiento. Por ejemplo, en los juegos de acción en primera persona (FPS (First Person Shooter)), los agentes podrían ser empleados para simular comportamientos de adversarios y la medida de rendimiento será inversamente proporcional al nivel de *stamina* que tiene el jugador tras ejecutar la acción. La elección de la siguiente acción se podría realizar en base a la capacidad para reducir este valor, o considerando de las que ya ha ejecutado, aquella que mejor resultado le dio.

1.5.2. ¿Cómo se construye un agente?

Un agente es un programa junto con una arquitectura (vea la figura 1.69). El programa implementará una función que transforma secuencias de percepciones en acciones. La arquitectura define los mecanismos que permiten interconectar los componentes, tanto de software como de hardware, es decir establecen las relaciones que fluyen entre las entradas (sensores), las salidas (actuadores) y el razonamiento interno del agente. La IA permite crear programas de agentes para el razonamiento interno.

En la construcción de agentes, la complejidad del diseño de los mismos vendrá determinada, a parte de por su función (o comportamiento), complejidad de las percepciones, y la medida de desempeño, rendimiento o utilidad empleada para medir como de correcto es su comportamiento, por las características del entorno en el que tenga

Figura 1.69: La relación entre agentes, arquitectura y programas podría resumirse de la siguiente manera: Agente = arquitectura + programa. La construcción de un agente implica desarrollar un programa y desplegarlo sobre una arquitectura.

que llevarla a cabo. Los agentes son sistemas que toman decisiones empotrados en entornos, su conocimiento es por tanto necesario para la construcción eficiente de agentes. Tradicionalmente, en el campo de la IA se han establecido los siguientes tipos de entornos:

- **Totalmente observable / Parcialmente observable**. Será un entorno totalmente observable aquel en el que se tiene acceso a todos los aspectos medibles necesarios para la toma de decisión. Por contra un entorno parcialmente observable no permite captar todo el entorno. En aplicaciones reales, este último tipo de entorno es el más frecuente. En términos de rendimiento el primero es el más recomendable y conveniente.

- **Determinista / Estocástico**. Un entorno es determinista cuando el siguiente estado que se alcanza se puede determinar a partir del estado actual y la acción llevada a cabo, no hay incertidumbre. En un entorno estocástico no siempre se puede determinar con precisión el estado que se alcanza desde el estado actual y la acción del agente. Los entornos reales generalmente son estocásticos, siendo lo preferible tratar con entornos deterministas.

- **Episódico / Secuencial**. En los entornos episódicos un agente divide su función en episodios atómicos que se suceden uno tras otro, no hay dependencia con las acciones anteriores. Cada episodio es una percepción más su acción asociada. En los entornos secuenciales las decisiones y acciones presentes pueden afectar a las decisiones y acciones futuras.

- **Estático / Dinámico**. En el entorno estático, las condiciones no puede cambiar mientras el agente está deliberando, este tipo de entornos son los más fáciles de tratar por no requerir estar pendiente de los cambios que suceden. En los entornos dinámicos, estos pueden cambiar mientras el agente decide que hacer, y puede ocurrir que este tome una decisión sin saber realmente como está el entorno. Los más complejos son los entornos dinámicos.

- **Discreto / Continuo**. Los entornos discretos son aquellos en los que es posible distinguir y establecer un conjunto finito de estados posibles. El caso contrario es un entorno continuo.

El entorno, o mejor dicho la complejidad del mismo, también se ve afectada por la cantidad de agentes que intervienen en él. De este modo se pueden encontrar desde entornos con un único agente o con un conjunto de agentes que no colaboran, a entornos con multitud de agentes que colaboran y forman sistemas multiagente.

Cuanto más simple es el entorno, más llevadera será la tarea de construcción del agente o agentes. En el caso de los videojuegos, y puesto que son entornos controlables, se tiende a trabajar simplificando al máximo el entorno, siendo lo habitual entornos totalmente observables, deterministas y discretos.

La estructura de un programa agente simple, en pseudocódigo, es mostrada en la figura 1.70. A continuación se estudiarán varios tipos de agente en función del programa y arquitectura que se emplean para su construcción:

- **Agente de Razonamiento Simbólico.** Emplean representaciones símbolicas del entorno y de la conducta que se desea que tenga, toda esta representación es manipulada sintácticamente. Este tipo de agentes toman decisiones sobre que es lo que tienen que hacer por medio de manipulaciones simbólicas. El ejemplo típico es el del agente que utiliza la lógica para representar el entorno y el razonamiento lógico explícito para decidir que hacer.

Este tipo de agentes requieren una traducción precisa y adecuada del entorno en una descripción simbólica, lo cual puede ser complejo. Además su coste en tiempo para obtener resultados es también alto, puesto que los algoritmos de manipulación simbólica tienen una complejidad alta. Esto los hace poco aplicables en el caso de los videojuegos.

- **Agente Reactivo Simple (o de Reflejo Simple).** Puede considerarse el programa de agente más sencillo. Su funcionamiento se basa en seleccionar la acción sólo sobre las percepciones actuales del agente, ignorando las percepciones históricas, para ello almacena asociaciones entrada/salida frecuentes en forma de reglas condición-acción: Si <Percepción>entonces <acción>.

  Este tipo de agentes cuentan con una inteligencia limitada y trabajan bien en entornos totalmente observables, lo cual los hace poco útiles en problemas reales medianamente complejos pero si pueden tener utilidad en el mundo de los videojuegos: *Si* detecta un obstáculo *entonces* cambia de dirección.

- **Agente Reactivo basado en modelo.** En gran cantidad de ocasiones un agente no podrá tomar una decisión teniendo en cuenta una única percepción, porque esta no proporciona toda la información necesaria, es por ello necesario emplear estados que de alguna forma guarden información sobre las percepciones históricas o que ya no son observables. Además se necesita información sobre cómo evoluciona el mundo, independiente del agente.

  En este tipo de agentes la percepción actual se interpreta a partir del estado anterior utilizando información sobre: cómo evoluciona el entorno independientemente del agente y la influencia en el entorno de las acciones del agente. Los modelos serán empleados para representar cómo evoluciona el entorno.

- **Agente Reactivo basado en subsunción.** En este tipo de agentes la toma de decisión (la acción) se realiza mediante un conjunto de módulos de comportamiento que realizan tareas. Los comportamientos se agrupan en capas que están organizadas en orden decreciente de prioridad. De este modo los comportamientos de las capas inferiores tendrán más prioridad que las de las capas superiores. No se pueden ejecutar módulos de distintas capas, los de las capas inferiores inhiben a los de las capas superiores. Es decir, cada percepción puede acarrear la ejecución de varios módulos (al satisfacer las condiciones de ejecución de los mismos), se deberá entonces comprobar que comportamientos no son inhibidos por otros y llevarlos a cabo.

- **Agente Deliberativo.** Son una mejora sobre los Agentes de Razonamiento Simbólico, y surgen porque con los estados no es suficiente para tomar una decisión, ya que ésta muchas veces depende de cual es la misión del agente. Por tanto se requiere información sobre el objetivo o meta del agente. Estos agentes se caracterizan por la utilización de modelos de representación simbólica del conocimiento (tanto del entorno como de la meta) y suelen basarse en la teoría clásica de planificación: Parten de un estado inicial y emplean un sistema de planificación que genera un conjunto de pasos (un plan) para lograr el objetivo para el cual fueron diseñados. Por tanto, la búsqueda y la planificación son muy importantes para la construcción de este tipo de agentes.

  La arquitectura deliberativa más estudiada y extendida es la arquitectura BDI (Belief, Desire, Intention). Esta se caracteriza por el hecho de que los agentes que la implementan están dotados de los estados mentales de Creencias (modelo del mundo), Deseos (metas) e Intenciones (plan de acción), y para definir los planes se tienen en cuenta sus creencias y deseos. Su principal problema a la hora de aplicarse es que requieren un elevado tiempo de respuesta, esto lo hace especialmente poco

```
function ESQUELETO-AGENTE (percepciones) returns accion
    static: memoria /*La memoria del agente del entorno*/

    memoria  ←   ACTUALIZAR-MEMORIA(memoria, percepciones);
    accion   ←   ELEGIR-MEJOR-ACCION(memoria);
    memoria  ←   ACTUALIZAR-MEMORIA(memoria, percepciones);
    return accion ;
```

Figura 1.70: Visión abstracta del funcionamiento de un agente.

útiles en el caso de los videojuegos. No obstante, recientemente desde el campo académico se están proponiendo formas de usar la arquitectura BDI para modelar comportamientos de personajes en videojuegos, por ejemplo algunas pruebas se han realizado en el videojuego Quake 2.

En ocasiones, las metas por si solas tampoco son suficientes, ya que no basta con alcanzar una meta sino hacerlo de la mejor forma posible. Para garantizar la selección de la mejor meta es necesario una medida que permita comparar decisiones o planes. Esta medida se denomina utilidad. Una acción puede tener más utilidad que otra, el agente debe ir buscando aquellas que les proporcionen más utilidad.

- **Agente Híbrido.** Este tipo de agentes combinan componentes de tipo reactivo y componentes de tipo deliberativo. Usualmente, la parte reaactiva se encarga de reaccionar en función de lo que ocurra en el entorno sin dedicar demasiado tiempo a razonar y la parte deliberativa es la que se encarga de planificar a más largo plazo y a soportar los procesos de toma de decisión.

1.5.3. Los comportamientos como guía de diseño

Los agentes pueden ser programados en base a sus comportamientos. Un comportamiento especifica las tareas o servicios que realiza un agente para lograr sus objetivos. Cada comportamiento puede realizar una tarea simple, que en el caso de los videojuegos pueden ser, "Lanzar una pregunta" o "Resoplar" aunque también se pueden crear comportamientos más complejos como por ejemplo "Huir" o "Atacar".

Para realizar una programación basada en comportamientos se deben seguir los siguientes pasos (vea figura 1.71):

- Estudiar el entorno.

- Analizar que es lo qué debe ser capaz de hacer el agente. Estudiar cuales son los comportamientos deseados y cuando ocurren en función del entorno.

- Asociar a cada comportamiento una funcionalidad. Establecer que es lo que debe ocurrir como acción asociada a cada comportamiento.

- Relacionar los comportamientos. Establecer las conexiones que existen entre los comportamientos, es decir como se conectan y cuando ocurrren.

```
function ESQUELETO-AGENTE-REACTIVO (percepciones) returns accion
    static: reglas

    estado    ←  INTERPRETAR(percepciones;
    regla     ←  ELEGIR-REGLA(estado,reglas);
    accion    ←  DISPARO(regla);
    return accion;
```

Figura 1.72: Visión abstracta del funcionamiento de un agente reactivo.

Figura 1.71: Pasos en el diseño de agentes empleando los comportamientos como guía de diseño.

El agente reactivo, en alguna de sus variantes, es el más fácil de construir para programar agentes basados en comportamientos, ya que realiza tareas sencillas y de una forma rápida. Es por esto, por lo que resulta más útil en el campo de los videojuegos. El esquema general del programa de agente reactivo es el que se muestra en la figura 1.72.

Como se puede observar su funcionamiento se basa en una recepción de percepciones del entorno (proporcionados por los sensores) que al ser interpretada produce un cambio en el estado interno del agente, lo cual lleva asociada la selección del procedimiento o rutina con la que se debe reaccionar en ese estado a esa percepcion, y por último se produce la reacción propiamente dicha. Ésta consiste en la ejecución del procedimiento o rutina. En este esquema de funcionamiento no hay ningún mecanismo explícito de representación del conocimiento ni hay procesos de manipulación sobre el mismo, es esto lo que simplifica el diseño y construcción del agente, así como su uso con tiempos de respuesta inmediatos.

Este tipo de agente se suele diseñar de forma parecida a los sistemas basados en reglas, en los que existe una base de reglas y un motor de inferencia. Cada regla enlaza una percepción con una acción y el sistema de inferencia determina que regla ejecutar en función de la percepción recibida.

Los agentes reactivos más usados en el campo de los videojuegos son los agentes reactivos basados en modelos. Para el diseño de este tipo de agentes se emplean autómatas de estados finitos (en la Sección 1.1.4 ya se introdujo la idea). Se divide el comportamiento general del objeto o personaje virtual del videojuego en un número finito de estados, cada uno de ellos corresponde a una situación del entorno, que tendrá asociado un comportamiento particular del personaje y se establecen las transiciones que pueden ocurrir entre ellos y las condiciones o reglas que se deben cumplir para pasar de un estado a otro de una manera determinista, lo cual implica que sea predecible el comportamiento.

En la figura 1.73 se muestra cual es el esquema de funcionamiento del agente reactivo basado en un atómata de estados finitos (FSM (Finite State Machine)). El funcionamiento de este agente se basa en a partir del estado actual, almacenado en la memoria, comprobar que regla de las posibles reglas que le permiten cambiar de estado puede ser disparada en función de las percepciones del entorno recibidas. El disparo de esa regla le permite cambiar de estado y ejecutar la acción asociada al nuevo estado que se alcance. Una vez ejecutada esta acción hay que convertir el estado alcanzado como estado actual. Conviene notar que solo será posible disparar una única regla y que por lo tanto en cada instante el autómata se encontrará en un único estado.

```
function ESQUELETO-AGENTE-REACTIVO-FMS (percepcion) returns accion
    static: reglas, estados
    dinamic: memoria

    regla    ← ELEGIR-REGLA(percepcion,memoria,reglas);
    estado   ← REALIZAR-CAMBIO-ESTADO(memoria,regla);
    accion   ← EJECUTAR-ACCION(estado);
    memoria  ← ACTUALIZAR-ESTADO(estado);
    return accion;
```

Figura 1.73: Visión abstracta del funcionamiento de un agente reactivo basado en un atómata de estados finitos (FSM).

La elección de los autómatas como arquitectura de funcionamiento se debe a que:

- **Son simples y rápidos de codificar.** Existen muchas formas de programar un autómata todas ellas razonablemente simples de programar.

- **Son fáciles de depurar.** Al estar formados por estados es fácil de depurar ya que se podría añadir codigo de depuración en cada uno de ellos.

- **Tienen poca carga computacional.** No poseen procesos computacionales complejos, su funcionamiento es muy simple.

- **Son intuitivos.** Se asemeja a la forma de pensar o actuar de los humanos.

- **Son flexibles.** Pueden ser fácilmente ajustados por el programador para proporcionar el comportamiento requerido por el diseñador del juego.

No es objetivo de esta sección dar una definición formal del autómata, para el propósito de este curso basta con saber que es un modelo de comportamiento de un sistema o un objeto complejo y que se compone de estados, eventos y acciones. Un estado representa una situación. Un evento es un suceso que provoca el cambio de un estado a otro. Una acción es un tipo de comportamiento.

 No hay que olvidar que en un instante el autómata solo podrá estar en un único estado.

En realidad, lo que se usa en los videojuegos para modelizar comportamientos no son autómatas de estados finitos, ya que la finalidad de estos autómatas es la de reconocer lenguajes regulares (los lenguajes formales más simples según la Clasificación de Chomsky). Este tipo de autómatas no poseen salida asociada. Lo único que ofrecen es una decisión sobre si una cadena, formada por elementos tomados de un alfabeto, dada como entrada, pertenece o no al lenguaje regular que el autómata reconoce.

El funcionamiento de este tipo de autómatas está dirigido por una función de transición, que a partir de un estado y un elemento de la cadena que se está analizando, desplaza a otro estado del autómata. Si tras leer todos los caracteres a partir del estado inicial del autómata se detiene en un estado final o de aceptación, entonces la cadena es del lenguaje en caso contrario no lo es (vea la figura 1.74).

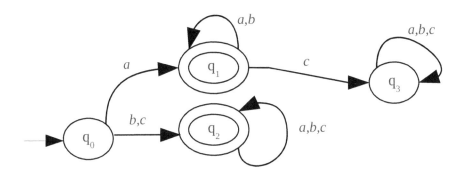

Figura 1.74: Autómata que reconoce el lenguaje $a(a|b)^*|(b|c)(a|b|c)^*$, p.e. la cadena abb pertenecería al lenguaje que reconoce el autómata, sin embargo la cadena acc no pertenecería a dicho lenguaje.

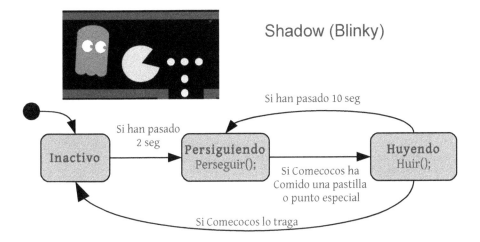

Figura 1.75: Comportamiento del fantasma Shadow (Blinky) del juego del Comecocos (PacMan), modelado por medio de una máquina de Moore.

En los videojuegos se usarán dos tipos especiales de autómatas finitos para modelizar comportamientos, las **máquinas de Moore** y las **máquinas de Mealy**. Estas máquinas o autómatas intentan aumentar la expresividad de los autómatas finitos deterministas generando una salida en función de su estado actual y de la entrada. La máquina de Moore tendrá asociada las salidas al estado y las de Mealy las tendrán asociadas a las transiciones (vea la figura 1.75).

> Se emplearán las máquinas de Moore o Mealy para modelar los comportamientos en los videojuegos. Estas máquinas son autómatas de estados finitos determinista que poseen salida más allá de una decisión sobre si una cadena pertenece o no al lenguaje que reconoce el autómata.

Un ejemplo de uso de autómatas para modelar comportamientos en videojuegos es el PacMan o como se denominó en España, el "Comecocos". En este videojuego clásico creado por Toru Iwatani de la empresa Namco, se emplearon autómatas muy simples para modelar el comportamiento de los fantasmas. Los fantasmas presentaban dos comportamientos principales: "Persiguiendo" y "Huyendo", y un tercero menos importante "Inactivo". En el primero el fantasma perseguía al Comecocos para comerlo y en el segundo tenía que huir del Comecocos ya que este podía tragarlo. El estado "Inactivo" ocurría al comienzo del juego y después de haber sido tragado,

	a	b	c
→ q_0	q_1	q_2	q_2
• q_1	q_1	q_1	q_3
• q_2	q_2	q_2	q_2
q_3	q_3	q_3	q_3

Figura 1.76: Tabla de Transición para el autómata de la figura 1.74.

donde los fantasmas se regeneran en una caja situada en el centro del laberinto durante un tiempo. Existían cuatro fantasmas (Shadow (Blinky), Speedy (Pinky), Bashful (Inky) y Pokey (Clyde)) de colores rojo, rosa, cyan y naranja. Cada uno de ellos tenía sus propias características en la forma de perseguir y huir, por ejemplo, Blinky era muy rápido y tenía la habilidad de encontrar al Comecocos en el escenario, sin embargo Inky era muy lento y muchas veces evitaba el encuentro con el Comecocos.

El autómata tendrá por lo tanto tres estados uno para regenerarse, otro para huir y el tercero para perseguir, el cambio del estado "Persiguiendo" a "Huyendo" se producirá cuando el Comecocos coma unos puntos especiales de tamaño mayor (o en inglés Power Pellets) y el contrario cuando pase un determinado tiempo en ese estado de huida. En la figura 1.75 se muestra la máquina de Moore para modelar el comportamiento del fantasma Shadow, las funcionalidades "Perseguir" y "Huir" serán propias de este fantasma.

Otros ejemplos de uso de los autómatas en videojuegos, son por ejemplo en los juegos FPS, tipo Quake, donde se emplean para modelar los comportamientos de los personajes virtuales que aparecen, con estados como por ejemplo "Huyendo", "Disparando" o "Peleando" en los que el personaje huirá de algo, disparará algún arma o peleará de algún modo contra alguien. Incluso en este tipo de videojuegos se pueden usar los autómatas para dotar de un comportamiento a las armas que se emplean.

En juegos deportivos se emplean para simular el comportamiento de los jugadores virtuales, con estados como "Disparando", "Driblando", "Corriendo", "Parando", ... También se usan los autómatas para modelar el comportamiento del equipo, "Atacando", "Defendiendo",...

En las próximas secciones se profundizará en la idea de uso de máquinas de estado finito en la modelización de comportamientos y se mostrará como se pueden realizar las implementaciones de este tipo de autómatas. Se estudiará como este tipo de autómatas simples se hacen más difíciles de utilizar cuando se ponen en juego muchos estados y se trabaja con requisitos de rehusabilidad. Se mostrará como solución una variante de estos para controlar los comportamientos: los autómatas de estados finitos jerárquicos.

Implementación de autómatas finitos deterministas

Antes de mostrar como se podría hacer la implementación de agentes para su uso en videojuegos, se va a presentar distintas formas de realizar la implementación de un autómata de estados finito. El objetivo de los ejemplos que se muestran a continuación es simplemente describir distintas formas de implementar autómatas, no se busca obtener las implementaciones de la mejor "calidad" posible.

La primera forma que se va a presentar es mediante el uso de funciones (se construye una función por cada estado del autómata) y por medio de estructuras de selección múltiple (como el switch en C) se establecen las transiciones que ocurren entre los estados. A continuación se muestra el código en lenguaje C de la implementación del autómata de la figura 1.74 realizado de esta forma. La implementación de un autómata se puede hacer, de una manera más eficiente que la expuesta antes, empleando una matriz. La matriz tendrá las filas etiquetadas con los estados del autómata y las columnas con los símbolos del alfabeto de entrada. Cada intersección $[i, j]$ informa del estado al que pasará el autómata si estando en el estado i se lee el símbolo j.

Listado 1.23: Autómata de la figura 1.74 (sentencias switch).

```
1  #include <stdio.h>
2
3  int estado_q0(void) {
4    char c;
5    c=getchar();
6    switch (c) {
7    case 'a': return estado_q1();
8      break;
9    case 'b':
10   case 'c': return estado_q2();
11     break;
12   default:  return 0;
13   }
14 }
15
16 int estado_q1(void) {
17   int c;
18   c=getchar();
19   while ((c=='a') || (c=='b')) c=getchar();
20   switch (c) {
21   case '\n': return 1;
22     break;
23   case 'c':   return estado_q3();
24     break;
25   default:    return 0;
26   }
27 }
28
29 int estado_q2(void) {
30   int c;
31   c=getchar();
32   while ((c=='a') || (c=='b') || (c=='c')) c=getchar();
33   switch (c) {
34   case '\n': return 1;
35     break;
36   default:    return 0;
37   }
38 }
39
40 int estado_q3(void) {
41   int c;
42   c=getchar();
43   while ((c=='a') || (c=='b') || (c=='c')) c=getchar();
44   switch (c) {
45   case '\n': return 0;
46     break;
47   default:    return 0;
48   }
49 }
50
51 int main (int argc,char *argv[]) {
52   if(estado_q0())
53     printf("Es una cadena del Lenguaje\n");
54   else
55     printf("\nNo es una cadena del Lenguaje \n");
56   return 1;
57 }
```

La forma más general de la matriz se podría definir de la siguiente forma:

$$estado\_siguiente = matriz[estado\_actual][entrada]$$

Esto no es más que una implementación de la tabla de transiciones del autómata. La matriz asociada al autómata de la figura 1.74, es la que se muestra en la figura 1.76. El código en lenguaje C, que corresponde a la implementación del autómata de la figura 1.74 de esta forma, es el que se muestra a continuación.

Listado 1.24: Autómata de la figura 1.74 (tabla transición).

```
#include <stdio.h>

/* Se define la Tabla de Transicion del automata */

#define N 4 //numero de filas de la tabla de transicion
#define M 3 //numero de columnas de la tabla de transicion

int TablaTrans[N][M] = { 1,2,2,
                         1,1,3,
                         2,2,2,
                         3,3,3};

int AFD() {
  int estado_actual, estado_siguiente;
  int c;

  estado_actual=0;
  c=getchar();

  while (c!='\n') {
    switch (c) {
    case 'a': estado_siguiente=TablaTrans[estado_actual][0];
      break;
    case 'b': estado_siguiente=TablaTrans[estado_actual][1];
      break;
    case 'c': estado_siguiente=TablaTrans[estado_actual][2];
      break;
    default: return 0;
    }
    if (c!='\n') estado_actual=estado_siguiente;
    c=getchar();
  }
  if ((estado_actual==1) || (estado_actual==2)) return 1;
  else return 0;
}

int main (int argc,char *argv[]) {
  if(AFD())
    printf("Es una cadena del Lenguaje\n");
  else
    printf("\nNo es una cadena del Lenguaje \n");
  return 1;
}
```

Otra posibilidad es emplear una sentencia switch para seleccionar el estado y sentencias if-else para determinar las transiciones a partir de cada uno de los estados. En el siguiente código en C++ se muestra como sería la implementación del autómata de la figura 1.74.

```cpp
#include <iostream>
#include <string>

using namespace std;

enum StateType {q0, q1, q2, q3, error};

int main() {
  string palabra;
  int n, i, mensaje=0;
  StateType CurrentState;

  cout << "Introduzca la cadena a analizar: "; cin >> palabra;
  n = palabra.length(); i = 0;
  CurrentState = q0;
  while (i<=n-1) {
    switch(CurrentState) {

    case q0:
      if (palabra[i]=='a') CurrentState=q1;
      else if (palabra[i]=='b' || palabra[i]=='c') CurrentState=q2;
      else CurrentState=error;
      break;

    case q1:
      if (palabra[i]=='a' || palabra[i]=='b') CurrentState=q1;
      else if (palabra[i]=='c') CurrentState=q3;
      else CurrentState=error;
      break;

    case q2:
      if ((palabra[i]=='a') || (palabra[i]=='b') || (palabra[i]=='c'))
CurrentState=q2;
      else CurrentState=error;
      break;

    case q3:
      if ((palabra[i]=='a') || (palabra[i]=='b') || (palabra[i]=='c'))
CurrentState=q3;
      else CurrentState=error;
      break;

    default:
      if (!mensaje) {
cout << "Error alfabeto no valido" << endl;
cout << palabra[i-1] << endl;
mensaje=1;
      }
    }
    i++;
  }

  if ((CurrentState==q1) || (CurrentState==q2))
    cout << "La cadena " + palabra + " pertenece al lenguaje." << endl;
  else cout << "La cadena " + palabra + " NO pertenece al lenguaje." << endl;

  return 0;
}
```

Y para finalizar se mostrará como se puede realizar la implentación de un autómata finito determinista empleando la programación orientada a objetos. En el siguiente código en C++ se muestra como se podría realizar en dicho lenguaje.

```
 1  #include <iostream>
 2  #include <string>
 3
 4  using namespace std;
 5
 6  enum StateType {q0, q1, q2, q3, error};
 7
 8  string palabra;
 9  int n, i, mensaje = 0;
10
11  class automata {
12    StateType CurrentState;
13
14  public:
15    void Inicializar(void);
16    void ChangeState(StateType State);
17    void UpdateState(void);
18    StateType Informar(void);
19  };
20
21  void automata::Inicializar(void) {
22    CurrentState=q0;
23  }
24
25  StateType automata::Informar(void) {
26    return CurrentState;
27  }
28
29  void automata::ChangeState(StateType State) {
30      CurrentState=State;
31  }
32
33  void automata::UpdateState(void) {
34    switch(CurrentState) {
35    case q0:
36      if (palabra[i]=='a') ChangeState(q1);
37      else if (palabra[i]=='b' || palabra[i]=='c') ChangeState(q2);
38      else ChangeState(error);
39      break;
40
41    case q1:
42      if (palabra[i]=='a' || palabra[i]=='b') ChangeState(q1);
43      else if (palabra[i]=='c') ChangeState(q3);
44      else ChangeState(error);
45      break;
46
47    case q2:
48      if ((palabra[i]=='a') || (palabra[i]=='b') || (palabra[i]=='c'))
49        ChangeState(q2);
50      else ChangeState(error);
51      break;
52
53    case q3:
54      if ((palabra[i]=='a') || (palabra[i]=='b') || (palabra[i]=='c'))
55        ChangeState(q3);
56      else ChangeState(error);
57      break;
58
59    default:
60      if (!mensaje) {
61        cout << "Error alfabeto no valido" << endl;
62        cout << palabra[i-1] << endl;
63        mensaje=1;}
64    }
65  }
66
67  int main() {
```

```
68   automata ejemplo;
69   StateType State;
70
71   cout<<"Introduzca la cadena a analizar: ";
72   cin>>palabra;
73   n = palabra.length();
74   i = 0;
75   ejemplo.Inicializar();
76
77   while (i<=n-1) {
78     ejemplo.UpdateState();
79     i++;
80   }
81
82   State=ejemplo.Informar();
83   if ((State==q1) || (State==q2))
84     cout << "La cadena " + palabra + " pertenece al lenguaje." << endl;
85   else cout << "La cadena " + palabra + " NO pertenece al lenguaje." << endl;
86   return 0;
87 }
```

Se ha creado una clase llamada *"automata"*, que se usará para crear un objeto autómata. Esta clase contiene una variable privada, **CurrentState**, que almacenará el estado en el que se encuentra el autómata en cada momento. A esta variable solo se podrá acceder desde las funciones miembro de la clase, que son: **Inicializar()**, **ChangeState()**, **UpdateState()** y **Informar()**. La función **Inicializar(()** es una función empleada para poner al autómata en el estado inicial. La función **ChangeState()** es empleada para cambiar el estado en el que se encuentra el autómata.

La función **Informar()** devuelve el estado en el que está el autómata en un instante cualquiera. Por último, la función **UpdateState()** es la que implementa la tabla de transiciones del autómata. Para conseguir el funcionamiento deseado lo que se hará será crear un objeto de la clase **automata**, posteriormente será inicializado, luego se consultará la tabla de transiciones (ejecuciones de la función **UpdateState()**) mientras la cadena que se esté analizando tenga elementos, momento en el que se consultará el estado en el que se queda el autómata tras leer toda la cadena para chequear si es un estado de aceptación o no.

En todas las implementaciones, la cadena de entrada será aceptada si, una vez leída, el estado que se alcanza es uno perteneciente al conjunto de estados finales. En caso contrario, la cadena no será un elemento del lenguaje que reconoce el autómata.

1.5.4. Implementación de agentes basados en autómatas

En el campo del desarrollo de videojuegos, como ya ha sido comentado, se suele trabajar con unas máquinas especiales, las máquinas de Moore o Mealy, que extienden los autómatas de estados finitos (FSM) para dotarlos de mayor expresividad. En la figura 1.77 se muestra un autómata del tipo de los que se usarán en el diseño de videojuegos.

Los c_i que aparecen en el autómata mostrado son estados, cada uno de los cuales tiene asociado una funcionalidad, o en el caso de los videojuegos un comportamiento, diferente. El autómata que se muestra en la figura 1.77 tiene 4 estados y su funcionamiento contará por lo tanto con otros tantos comportamientos $\{c_0, c_1, c_2, c_3\}$. Las r_{ij} son reglas que son disparadas ante estímulos que ocurren en el entorno y que le permiten cambiar de estado y por lo tanto modificar su comportamiento. Por ejemplo, si estando en el estado c_0 se satisfacen unas condiciones en el entorno que permite el disparo de la regla r_{01}, esto provocará un cambio de estado, del estado c_0 al estado c_1 y por lo tanto un cambio de

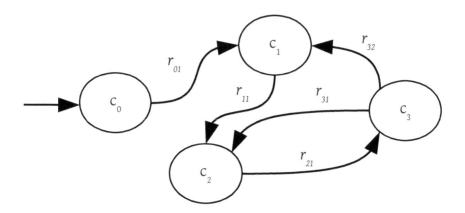

Figura 1.77: Forma de los Autómatas con los que se va a trabajar

comportamiento. También se puede observar como desde el estado c_3 podrían dispararse dos reglas diferentes r_{31} y r_{32}, en estos casos los estímulos que disparan cada regla deben ser diferentes, se recuerda la necesidad de estar en un único estado en cada instante del funcionamiento del autómata (son deterministas).

Los juegos que son desarrollados usando lenguajes de alto nivel, como por ejemplo C o C++, típicamente almacenan todos los datos relacionados a cada agente en una estructura o clase. Esta estructura o clase puede contener variables para almacenar información como la posición, vida, fuerza, habilidades especiales, y armas, entre muchas otras. Por supuesto, junto a todos estos elementos, en la estructura o clase también se almacenará el estado actual del autómata, y será éste el que determine el comportamiento del agente. En el siguiente código se muestra cómo se podría almacenar los datos que definen al agente dentro de una clase.

Listado 1.27: Clase contenedora de los datos de un agente.

```
1  class AIEntity
2  {
3   public:
4    int type;
5    int state;
6    int row;
7    int column;
8    int health;
9    int strength;
10   int intelligence;
11   int magic;
12 };
```

Para implementar este tipo de máquinas de estado finito dotadas con salida, o más concretamente agentes como los comentados en la sección anterior para su uso en video-juegos, existen varias alternativas. Éstas están basadas en las que ya se han presentado en la sección anterior pero con mejoras. La manera más simple es por medio de múltiples sentencias "If-Else" o la mejora inmediata al uso de estas sentencias, por medio de una sentencia "switch". La sentencia **switch(estado_actual)** es una sentencia de selección. Esta sentencia permite seleccionar las acciones a realizar de acuerdo al valor que tome la variable "estado_actual", habrá un "case" para cada estado posible. La forma general de usar esta sentencia para implementar una máquina de estados es la siguiente:

Listado 1.28: Implementación del autómata por medio de sentencias switch.

```
1  switch (estado_actual)
2  {
3      case estado 1:
4          Funcionalidad del comportamiento del estado 1;
5          Transiciones desde este estado;
6          break;
7      case estado 2:
8          Funcionalidad del comportamiento del estado 2;
9          Transiciones desde este estado;
10         break;
11     case estado N:
12         Funcionalidad del comportamiento del estado N;
13         Transiciones desde este estado;
14         break;
15     default:
16         Funcionalidad por defecto;
17 }
```

A modo de ejemplo, se muestra como sería la implementación en C++ del autómata que simula el comportamiento del fantasma Shadow del videojuego del ComeCocos (vea la figura 1.75), partiendo de la implementación más avanzada que se presentó en la sección anterior, es decir con programación orientada a objetos y por medio de una sentencia "switch" y sentencias "if-else". No se entra en detalles sobre como se implementarían las funcionalidades asociadas a cada estado, aunque se recuerda que esas serían específicas de cada fantasma. Tampoco se muestra como sería la implementación de la clase "Ghost".

Listado 1.29: Implementación del autómata que simula el comportamiento del fantasma en el juego del ComeCocos.

```
1  enum StateType{Inactivo, Huyendo, Persiguiendo};
2
3  void Ghost::UpdateState(StateType CurrentState, GhostType GType)
4  {
5
6      switch(CurrentState)
7        {
8
9          case Huyendo:
10             Huir(GType);
11             if (PacManTraga())
12               {
13                  ChangeState(Inactivo);
14               }
15             else if (Temporizador(10)) ChangeState(Persiguiendo);
16             break;
17
18         case Persiguiendo:
19             Perseguir(GType);
20             if (PacManComePastilla()) ChangeState(Huyendo);
21             break;
22
23         case Inactivo:
24             Regenerar();
25             if (Temporizador(2)) ChangeState(Persiguiendo);
26             break;
27       }
28 }
```

Otro ejemplo más sobre esta forma de implementar los autómatas, se muestra en el siguiente código, que corresponde a la implementación de la máquina de estados finitos que podría simular el comportamiento de un soldado que se enfrenta a un francotirador (el jugador) en un juego FPS, tipo Sniper Elite V2 (vea la figura 1.78).

Como se puede observar en el código existen cinco estados: *Huyendo, Patrullando, Persiguiendo, Disparando* e *Inactivo*. El estado inicial podría ser Patrullando. En este estado el soldado estará observando el entorno buscando al francotirador (el jugador). Si lo encuentra lo perseguirá (pasando al estado Persiguiendo). Si por contra recibe un ataque huirá (pasando al estado Huyendo). En

Figura 1.78: Los juegos de francotiradores tienen gran aceptación (p.e. Sniper Elite V2), probablemente por estar conectados con una niñez en la que juegos como el escondite o el pilla-pilla eran toda una aventura.

el estado Persiguiendo intentará poner a tiro al francotirador, si lo consigue le disparará, pasando al estado Disparando. Pero si en la persecución, es el francotirador el que le amenaza por tener una mejor posición, provocará que el soldado pase al estado Huyendo para evitar el ataque. En el estado Disparando, el soldado dispara si cree que puede abatir al francotirador, si no, lo persigue hasta volver a conseguirlo. En el estado Huyendo un soldado huirá hasta que logre ponerse a salvo, momento en el que pasa al estado Patrullando. Si no logra ponerse a salvo es porque haya sido cazado por el francotirador por lo que pasará a un estado de inactividad (estado Inactivo). En este estado el soldado se regenerará y pasado un tiempo se posicionará sobre el escenario, donde volverá a patrullar en el estado Patrullando.

Listado 1.30: Implementación del autómata que simula el comportamiento de un soldado que se enfrenta a un francotirador en un juego de tipo FPS (p.e. Sniper Elite V2)

```
1  enum StateType{Patrullando, Persiguiendo, Disparando, Huyendo, Inactivo};
2
3  void Soldier::UpdateState(StateType CurrentState) {
4    switch(CurrentState) {
5      case Patrullando:
6      Patrullar();
7      if (ObjetivoLocalizado()) ChangeState(Persiguiendo);
8          else (AtaqueRecibido()) ChangeState(Huyendo);
9      break;
10
11     case Persiguiendo:
12         Perseguir();
13         if (ObjetivoVulnerable()) ChangeState(Disparando);
14             else ChangeState(Huyendo);
15         break;
16
17     case Disparando:
18         if (ObjetivoAbatible()) Disparar();
19           else ChangeState(Persiguiendo);
20         break;
21
22     case Huyendo:
23         Huir();
24         if (PuestoaSalvo()) ChangeState(Patrullando);
25           else if (Abatido()) ChangeState(Inactivo);
26         break;
27
28     case Inactivo:
29         Regenerar();
30         if (TranscurridoTiempo()) ChangeState(Patrullando);
31         break;
32   }
33 }
```

Estado	Condición	Estado_Destino
Inactivo	Regenerado	Persiguiendo
Persiguiendo	PastillaComida	Huyendo
Huyendo	TranscurridoTiempo	Persiguiendo
Huyendo	Comido	Inactivo

Tabla 1.6: Tabla de Transición para el autómata implementado para simular el comportamiento del fantasma en el juego del Comecocos (vea Figura 1.75).

Aunque a primera vista, este enfoque puede parecer razonable por lo menos en autómatas no complejos, cuando se aplica a juegos, o mejor aún, a comportamientos de objetos más complejos, la solución presentada se convierte en un largo y tortuoso camino. Cuantos más estados y condiciones se tengan que manejar, más riesgo hay de convertir este tipo de estructura en código spaghetti (vea la figura 1.79), por lo que el flujo del programa será difícil de entender y la tarea de depuración una pesadilla. Además, este tipo de implementación es difícil de extender más allá del propósito de su diseño original. Esta flexibilidad en el diseño es una característica deseable ya que las extensiones son a menudo muy frecuentes en este campo.

Figura 1.79: Código "spaghetti". Término peyorativo para los programas de computación que tienen una estructura de control de flujo compleja e incomprensible.

Con frecuencia habrá que ajustar el comportamiento del agente (por ende el autómata) para hacer frente a las circunstancias no planificadas y conseguir un comportamiento como el que se esperaba.

Otro aspecto que hace poco interesante este tipo de implementación es la asociación de eventos con los estados, es decir puede que interese hacer que ocurra algo cuando se entre o salga de un estado, Por ejemplo, en el juego del Comecocos, cuando el Comecocos come alguna de las pastillas especiales, se puede querer (de hecho es así) que los fantasmas entren en el estado de huída y cambien su color a azul. La inclusión de este tipo de eventos asociados a la entrada y salida en esta implementación por medio de sentencias switch/if-else implican que ocurran en el cambio de estado más que en el estado propiamente dicho, y complicarían aún más el código.

Implementación basada en tabla de transición

El uso de la tabla de transición con alguna modificación podría también ser útil en la implementación de los agentes. La forma de implementar un autómata finito determinista empleando su tabla de transición ya ha sido presentada en la sección anterior. Esta tabla almacenará los cambios de estado que ocurren cuando estando en un determinado estado se satisface alguna condición. La Tabla 1.6 muestra un ejemplo de como sería esta tabla para modelar el comportamiento del fantasma en el juego del Comecocos.

A continuación se muestra como sería la implementación del autómata que modela el comportamiento del fantasma en el juego del Comecocos por medio de la tabla de transiciones (vea la Tabla 1.6 y figura 1.75). Se han añadido las funcionalidades del fantasma y un mecanismo para la recepción de estímulos de una forma muy simplificada, con el objetivo de permitir la comprobación de su funcionamiento.

La tabla será consultada por el agente cada vez que reciba estímulos, éstos serán chequeados para ver si le permite realizar alguna transición con el objeto de cambiar de estado. Cada estado podría ser modelado como un objeto independiente del agente, ofreciendo de esta forma una arquitectura limpia y flexible.

Listado 1.31: Implementación del autómata que simula el comportamiento del fantasma en el juego del Comecocos

```
 1  #include <iostream>
 2  #include <string>
 3
 4  using namespace std;
 5
 6  #define N 4 //numero de filas de la tabla de transicion
 7  #define M 4 //numero de columnas de la tabla de transicion
 8
 9  enum StateType {inactivo, persiguiendo, huyendo, error};
10  enum Rule {regenerado, pastillacomida, transcurridotiempo, comido};
11
12  class ghost {
13
14    StateType CurrentState;
15
16    /* Se define la Tabla de Transicion del automata */
17    StateType TablaTrans[N][M];
18
19  public:
20    void Inicializar(void);
21    void ChangeState(StateType State);
22    void UpdateState(Rule Transicion);
23    StateType Informar(void);
24    void Huir(void);
25    void Perseguir(void);
26    void Regenerar(void);
27    void Error(void);
28  };
29
30  void ghost::Inicializar(void) {
31    CurrentState=inactivo;
32    TablaTrans[0][0] = persiguiendo; TablaTrans[0][1] = error;
33    TablaTrans[0][2] = error;        TablaTrans[0][3] = error;
34    TablaTrans[1][0] = error;        TablaTrans[1][1] = huyendo;
35    TablaTrans[1][2] = error;        TablaTrans[1][3] = error;
36    TablaTrans[2][0] = error;        TablaTrans[2][1] = error;
37    TablaTrans[2][2] = persiguiendo; TablaTrans[2][3] = inactivo;
38    TablaTrans[3][0] = error;        TablaTrans[3][1] = error;
39    TablaTrans[3][2] = error;        TablaTrans[3][3] = error;
40  }
41
42  StateType ghost::Informar(void) {
43    return CurrentState;
44  }
45
46  void ghost::ChangeState(StateType State) {
47      CurrentState=State;
48  }
49
50  void ghost::UpdateState(Rule Transicion) {
51    StateType NextState;
52
53    NextState=TablaTrans[CurrentState][Transicion];
54    ChangeState(NextState);
55
56    switch(CurrentState) {
57    case huyendo:
58      Huir();
59      break;
60    case persiguiendo:
61      Perseguir();
62      break;
63    case inactivo:
64      Regenerar();
65      break;
66    default: Error();
```

```
67    }
68  }
69
70  /* Funciones de prueba */
71  void ghost::Huir(void) {
72    cout << "El fantasma huye!" << endl;
73  }
74
75  void ghost::Perseguir(void) {
76    cout << "El fantasma te persigue!" << endl;
77  }
78
79  void ghost::Regenerar(void) {
80    cout << "El fantasma se regenera!" << endl;
81  }
82
83  void ghost::Error(void) {
84    cout << "El fantasma esta en un estado de error!" << endl;
85  }
86
87  int main() {
88    ghost shadow;
89    StateType State;
90    string palabra;
91    shadow.Inicializar();
92    cout<<"Introduzca la regla: ";
93    cin>>palabra;
94
95    while (palabra.compare("salir")!=0) {
96      if (palabra.compare("regenerado")==0)
97        shadow.UpdateState(regenerado);
98      else if (palabra.compare("pastillacomida")==0)
99        shadow.UpdateState(pastillacomida);
100     else if (palabra.compare("transcurridotiempo")==0)
101       shadow.UpdateState(transcurridotiempo);
102     else if (palabra.compare("comido")==0)
103       shadow.UpdateState(comido);
104     else cout << "Accion no valida" << endl;
105     cout<<"Introduzca la regla: ";
106     cin>>palabra;
107   }
108
109   State=shadow.Informar();
110
111   if (State==error)
112     cout << "El fantasma no funciona bien." << endl;
113   else cout << "El fantasma funciona perfecto." << endl;
114
115   return 0;
116 }
```

Implementación basada en patrones de diseño

Hasta ahora, la mayoría de las implementaciones de autómatas que se han presentado hacen uso de la sentencia switch, que cuando son usadas para modelar comportamientos no muy complejos parece más que adecuado. Sin embargo esta sentencia, que permite una programación tipo goto, se complica cuando los comportamientos son complejos. En estos casos se requerirán muchas ramas, una por estado, y cada una de ellas tendrá largas sentencias condicionales para establecer las transiciones. Cada vez que deba ser cambiada la sentencia switch, porque sea necesario añadir o eliminar algún estado, por lo general acarreará un montón de cambios en el resto de la implementación. A continuación se muestra una posible solución, basada en objetos, para la implementación de autómatas, y por lo tanto de agentes, que evita la sentencia switch.

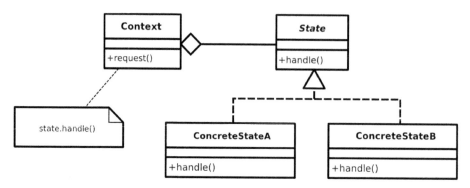

Figura 1.80: Diagrama UML del Patrón de diseño State.

El fin que se prentende lograr con la sentencia switch es controlar el comportamiento en función del estado. En el mundo orientado a objetos un cambio de comportamiento implica un tipo diferente de objeto. Por lo tanto, en este caso, lo que se necesita es un objeto que parezca cambiar su tipo en función de su estado interno. Lo que se va a hacer es intentar describir el comportamiento de un objeto como una colección de estados, de manera que sea el propio objeto el que maneje su comportamiento mediante transiciones de un estado a otro. Para ello se va a hacer uso del patrón de diseño *State*, cuyo diagrama UML es mostrado en la figura 1.80. El patrón de diseño *state* es una solución al problema de cómo hacer que un comportamiento dependa del estado.

 Patrón de diseño: Un patrón de diseño es una solucion simple y elegante a un problema específico y común en el diseño orientado a objetos, que está basada en la experiencia y su funcionamiento ha sido demostrado. Su objetivo es permitir la construcción de software orientado a objetos flexible y fácil de mantener.

Las clases y/o objetos participantes en este patrón son:

- Context Class, esta clase define la interfaz, y es la responsable de mantener el estado actual. Esta será la clase que use la aplicación.

- State Class, esta clase define la interfaz para encapsular el comportamiento asociado con un estado particular de la clase Context.

- ConcreteState Class, cada una de las subclases que implementa un comportamiento asociado con un estado del contexto.

La idea de este patrón es tener una clase, Contexto (Context class), que tendrá un comportamiento dependiendo del estado actual en el que se encuentre, es decir un comportamiento diferente según su estado. También tiene una clase Estado abstracta (State Class) que define la interfaz pública de los estados. En ella, se pondrán todas las funciones del Contexto cuyo comportamiento puede variar. Luego hay una implementación de los estados concretos, que heredarán de la clase Estado abstracto. La clase Contexto, poseerá un puntero sobre el estado actual, que será almacenado en una variable miembro de la clase. Cuando se desea que el Contexto cambie de estado, solo hay que modificar el estado actual.

El uso de este patrón implicará:

- Definir una clase "contexto" para presentar una interfaz simple al exterior.

- Definir una clase base abstracta "estado".

- Representar los diferentes "estados" del autómata como clases derivadas de la clase base "estado".

- Definir la conducta específica de cada estado en la clase apropiada de las definidas en el paso anterior (derivadas de la clase abstracta "estado").

- Mantener un puntero al estado actual en la clase "contexto".

- Para cambiar el estado en el que se encuentra el autómata, hay que cambiar el puntero hacia el estado actual.

La implementación del autómata que simula el comportamiento del fantasma en el juego del Comecocos empleando el patrón de diseño *State* se muestra en el siguiente listado de código. El patrón de diseño State no especifica donde son definidas las transiciones entre estados. Esto se puede hacer de dos formas diferentes: en la clase "Context", o en cada estado individual derivado de la clase "State". En el código mostrado anteriormente se ha realizado de esta segunda forma. La ventaja de hacerlo así es la facilidad que ofrece para añadir nuevas clases derivadas de la clase "State". Su inconveniente es que cada estado derivado de la clase "State" tiene que conocer como se conecta con otras clases, lo cual introduce dependencias entre las subclases.

A modo de resumen, conviene indicar que no hay una única manera de decribir estados. Dependiendo de la situación podría ser suficiente con crear una clase abstracta llamada State que posea unas funciones Enter(), Exit() y Update(). La creación de los estados particulares del autómata que se quiera implementar implicaría crear una subclase de la clase State por cada uno de ellos.

Listado 1.32: Implementación del autómata que simula el comportamiento del fantasma en el juego del Comecocos.

```
1  #include <iostream>
2  #include <string>
3
4  using namespace std;
5
6  class FSM;
7
8  // Clase base State.
9  // Implementa el comportamiento por defecto de todos sus métodos.
10 class FSMstate {
11 public:
12   virtual void regenerado( FSM* ) {
13     cout << "   No definido" << endl; }
14   virtual void pastillacomida( FSM* ) {
15     cout << "   No definido" << endl; }
16   virtual void transcurridotiempo( FSM* ) {
17     cout << "   No definido" << endl; }
18   virtual void comido( FSM* ) {
19     cout << "   No definido" << endl; }
20 protected:
21   void changeState(FSM*, FSMstate*);
22 };
23
24 // Automa context class. Reproduce el intefaz de la clase State y
25 // delega todo su comportamiento a las clases derivadas.
26 class FSM {
27 public:
28   FSM();
```

```
29    void regenerado()         { _state->regenerado(this); }
30    void pastillacomida()     { _state->pastillacomida(this); }
31    void transcurridotiempo() { _state->transcurridotiempo(this); }
32    void comido()             { _state->comido( this ); }
33
34  private:
35    friend class FSMstate;
36    void changeState( FSMstate* s )  { _state = s; }
37    FSMstate* _state;
38  };
39
40  void FSMstate::changeState( FSM* fsm, FSMstate* s ) {
41    fsm->changeState( s ); }
42
43  // Clase derivad de State.
44  class Inactivo : public FSMstate {
45  public:
46    static FSMstate* instance() {
47      if ( ! _instance ) _instance = new Inactivo;
48      cout << "El fantasma se regenera!" << endl;
49      return _instance; };
50    virtual void regenerado( FSM* );
51  private:
52    static FSMstate* _instance; };
53
54  FSMstate* Inactivo::_instance = 0;
55
56  class Persiguiendo : public FSMstate {
57  public:
58    static FSMstate* instance() {
59      if ( ! _instance ) _instance = new Persiguiendo;
60      cout << "El fantasma te persigue!" << endl;
61      return _instance; };
62    virtual void pastillacomida( FSM* );
63  private:
64    static FSMstate* _instance; };
65
66  FSMstate* Persiguiendo::_instance = 0;
67
68  class Huyendo : public FSMstate {
69  public:
70    static FSMstate* instance() {
71      if ( ! _instance ) _instance = new Huyendo;
72      cout << "El fantasma huye!" << endl;
73      return _instance; };
74    virtual void transcurridotiempo( FSM* );
75    virtual void comido( FSM* );
76
77  private:
78    static FSMstate* _instance; };
79  FSMstate* Huyendo::_instance = 0;
80
81  void Inactivo::regenerado( FSM* fsm ) {
82    cout << "Cambio de Estado a Persiguiendo." << endl;
83    changeState( fsm, Persiguiendo::instance()); };
84
85  void Persiguiendo::pastillacomida( FSM* fsm ) {
86    cout << "Cambio de Estado a Huyendo." << endl;
87    changeState( fsm, Huyendo::instance()); };
88
89  void Huyendo::transcurridotiempo( FSM* fsm ) {
90    cout << "Cambio de Estado a Persiguiendo." << endl;
91    changeState( fsm, Persiguiendo::instance()); };
92
93  void Huyendo::comido( FSM* fsm ) {
94    cout << "Cambio de Estado a Inactivo." << endl;
95    changeState( fsm, Inactivo::instance()); };
96
97  // El estado de comienzo es Inactivo
```

```
 98  FSM::FSM() {
 99    cout << "Inicializa:" << endl;
100    changeState( Inactivo::instance() );
101  }
102
103  int main() {
104    FSM    ghost;
105    string  input;
106
107    cout<<"Introduzca regla: ";
108    cin>> input;
109
110    while (input.compare("salir")!=0) {
111      if (input.compare("regenerado")==0)
112        ghost.regenerado();
113      else if (input.compare("pastillacomida")==0)
114        ghost.pastillacomida();
115      else if (input.compare("transcurridotiempo")==0)
116        ghost.transcurridotiempo();
117      else if (input.compare("comido")==0)
118        ghost.comido();
119      else cout << "Regla no existe, intente otra" << endl;
120
121      cout<<"Introduzca regla: ";
122      cin>> input;
123    }
124  }
```

Pros y Contras de cada tipo de implementación

A continuación se determinan los pros y los contras principales de cada uno de estos dos métodos usados para implementar un atómata:

- **Usando sentencias Switch-If/Else**. Como pros hay que destacar dos, la primera es que es muy fácil añadir y chequear condiciones que permitan cambiar de estado, y la segunda es que permite la construcción rápida de prototipos. La principal contra es que cuando se tiene un número elevado de estados, el código se puede hacer con relativa rapidez, muy enredado y díficil de seguir (código "spaghetti"'). Otra contra importante, es que es difícil programar efectos asociados a la entrada salida de un estado (y se recuerda que esto es muy habitual en el desarrollo de videojuegos).

- **Usando una implementación orientada a objetos**. Este método posee como Pros:

  - *Altamente extensible*: Incluir un nuevo estado simplemente implica crear una nueva clase que hereda de la clase abstracta State.

  - *Fácil de mantener*: Cada estado reside en su propia clase, se podrá ver fácilmente las condiciones asociadas a ese estado que le permiten cambiar de estado sin tener que preocuparse acerca de los otros estados.

  - *Intuitivo*: Este tipo de implementación es más fácil de entender cuando se usa para modelar comportamientos complejos.

  Como contra principal, hay que destacar el tiempo de aprendizaje de uso de este método que es superior al anterior.

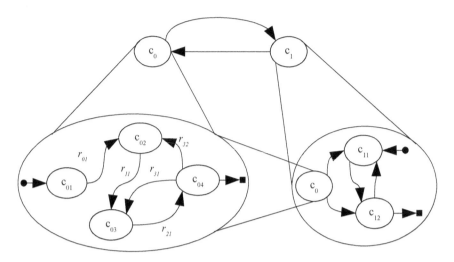

Figura 1.81: Forma de los Autómatas finitos jerárquicos.

Avances en el uso de autómatas

Como ya se ha mostrado a lo largo de esta sección, los autómatas finitos son de gran utilidad a la hora de controlar el comportamiento de los agentes inteligentes, sin embargo, conforme crece el número de estados y se trabaja con requisitos de reusabilidad este tipo de autómatas se hacen más difíciles de utilizar. Una solución a este problema son los autómatas finitos jerárquicos HFSM (Hierarchical Finite State Machine). Estos no son más que autómatas finitos en los que cada estado puede contener otra máquina de estado subordinada. Los estados contenedores se denominan "superestados". El uso de superestados permite la agrupación de comportamientos, facilitando de esta forma la reusabilidad y la tarea de ampliar detalles en los estados.

En esta jerarquía de máquinas de estado, las máquinas de niveles superiores proporcionan el comportamiento general y el marco para ensamblar comportamientos más específicos, modelados por medio de máquinas de estado de niveles inferiores que son anidadas en estados del autómata de nivel superior. El uso de HFSM no reduce el número de estados, más bien al contrario, los aumenta al introducir los superestados. Donde si hay una reducción, y además considerable, es en el número de transiciones. Esta reducción es lo que hace este tipo de autómatas más simples, facilitando de este modo su representación y análisis.

A nivel de funcionamiento las HFSMs no aportan nada al modelo FSM. Existe un conjunto de estados y transiciones que llevan de un estado a otro. Alcanzar un superestado implica emplear el autómata contenido en él. Este autómata tendrá un punto de entrada y uno de salida, el alcanzar un superestado supone la ejecución de su autómata asociado desde su punto de entrada, por contra alcanzar el punto de salida implicará subir un nivel en la jerarquía.

Una transición que quede activa de un superestado a otro interrumpe el proceso que esté actualmente en marcha en grados jerárquicos menores. Respecto al resto de elementos, el funcionamiento es exactamente el mismo a las máquinas de estados finitos definidas anteriormente.

El uso de HFSM para el modelado de comportamientos a la hora de desarrollar agentes permite:

- **Aumentar el nivel de abstracción:** La jerarquía establece distintos niveles de detalle para cada una de las máquinas de estado. La consideración del superestado como una caja negra, permite la ocultación de los detalles presentes en los niveles más bajos de la jerarquía.

- **Facilitar la tarea de desarrollo:** La jerarquía permite seguir un diseño top-down. Se divide el problema en componentes, empezando por los niveles más altos, definiendo superestados abstractos, para posteriormente trabajar dentro de cada uno de esos estados abstractos de la misma manera.

- **Aumentar la modularidad:** Cada máquina de estado de la jerarquía puede ser vista y considerada como un módulo, esto facilita su reuso en otros puntos del desarrollo.

La figura 1.81 muestra un autómata finito jerárquico.

1.5.5. Usando los objetivos como guía de diseño

La manera más usual de implementar agentes, para su uso en videojuegos es, como ya se ha comentado, utilizando aproximaciones reactivas. En estas aproximaciones los agentes reaccionan ante las situaciones del juego mediante una acción o una secuencia de acciones predefinidas. Esto obliga a que los diseñadores de los comportamientos tengan que pensar a priori en todas las posibilidades que pueden darse y cómo deben reaccionar en ellas los agentes. Esto es un problema ya que provoca un comportamiento repetitivo y por lo tanto predecible. Es por ello por lo que en la actualidad se está tendiendo a usar otro tipo de agentes.

En la sección 1.5.2 se presentaron otras posibilidades para construir agentes, una de ellas eran los agentes deliberativos. Estos agentes poseen su propia representación interna del entorno y tienen capacidad para planificar una secuencia de acciones y ejecutarlas para alcanzar el fin para el que han sido diseñados.

La planificación es un área clave en la Inteligencia Artificial. Tradicionalmente se ha tratado como un problema de búsqueda de un plan que permitiera cambiar el estado actual del entorno al estado deseado. Por ejemplo, el planificador STRIPS (Stanford Research Institute Problem Solver), dado un estado inicial, trataba de encontrar un plan para que se cumpliera un conjunto de objetivos.

Un plan puede ser considerado como una secuencia de operadores, cada uno de los cuales constará de:

- Una lista de precondiciones. Estas deben ser ciertas para poder aplicar el operador.

- Una lista de proposiciones a añadir. La aplicación del operador implica añadir estas proposiciones al estado actual.

- Una lista de proposiciones a eliminar. La aplicación del operador implica eliminar estas proposiciones del estado actual.

Normalmente, estos sistemas trabajan en entornos estáticos, es decir el estado del entorno no cambia entre la planificación y la ejecución del plan, lo que supone una limitación en el campo del desarrollo de videojuegos. Un cambio en el estado en el que se hace el plan implica realizar una replanificación, es decir hacer un nuevo plan, partiendo del estado actual. Por otra parte, y como ya se indicó en la sección 1.5.2 el principal

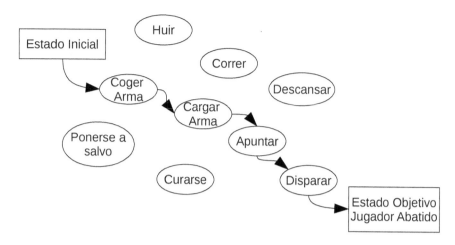

Figura 1.83: Formulación de un Plan.

problema que presentaban los agentes deliberativos es que necesitaban un tiempo elevado de respuesta, lo cual los hacía poco útiles en el campo del desarrollo de videojuegos. Es por ello, por lo que se han tenido que desarrollar versiones simplificadas de planificadores que obtengan respuetas en tiempo real.

Planificación de acciones orientada a objetivos

La modelización de comportamientos basados en aproximaciones reactivas pueden provocar que los personajes del juego muestren comportamientos repetitivos y por ello predecibles. Las aproximaciones deliberativas otorgan mayor libertad a estos personajes, ya que les premiten adaptar sus acciones para que se ajusten a la situación en la que se encuentran.

Figura 1.82: Los desarrolladores del juego S.T.A.L.K.E.R.: Shadow of Chernobyl han usado agentes reactivos basados en FSM, después han empleado agentes basados en HFSM, para acabar usando agentes deliberativos basados en planificadores GOAP jerárquicos.

La planificación de acciones orientada a objetivos, o GOAP (Goal-Oriented Action Planning), permite en tiempo real planificar el comportamiento de personajes en los juegos. Es una técnica de planificación que permite a los personajes decidir, no sólo qué hacer, sino también cómo hacerlo en tiempo real. Encontrarán soluciones alternativas a situaciones que ocurran durante el juego y gestionarán las situaciones no previstas durante el diseño (conviene notar que esto no se permite con las aproximaciones reactivas).

En el diseño basado en objetivos, los agentes son desarrollados sobre arquitecturas deliberativas. Un objetivo es una condición que un agente desea satisfacer. Los agentes pueden ser diseñados con uno o varios objetivos, pero en un instante concreto de tiempo, sólo uno podrá estar activo, y este será el que controle su comportamiento. Las acciones son las que van a permitir al agente satisfacer sus objetivos, y serán organizadas por medio de planes. Cada acción que pueda realizar el agente tendrá asociada unas condiciones que determinan cuando será posible su ejecución (es la precondición) y los efectos que tendrá en el estado del entorno su ejecución. Gracias a esto será posible el secuenciamiento de las acciones y su organización en planes.

El funcionamiento de este tipo de agentes es el siguiente: El sistema de generación de planes o planificador del agente buscará la secuencia de acciones (una acción es la aplicación un operador con unas precondiciones y unos efectos) que permita ir desde el estado inicial hasta el estado objetivo. Por lo general, el proceso de planificación implica buscar operadores cuyos efectos hagan cumplir los objetivos y haciendo de las precondiciones de estos operadores nuevos subobjetivos (encadenamiento hacia atrás).

El plan se ejecutará hasta que se complete, se invalide o hasta que haya un cambio de objetivo. Si cambia el objetivo o no se puede continuar con el plan actual por alguna razón, se aborta el plan actual y se genera uno nuevo. Existe también la posibilidad de que cuando exista más de un plan válido, el planificador obtenga el de menor coste, considerando que cada acción acarrea un coste. En cierto modo, tras todo este proceso lo que hay es una búsqueda de un camino o del camino de menor coste.

En la figura 1.83 se muestra un plan para matar al jugador, en el se pasa del estado inicial al estado objetivo mediante las acciones: Coger Arma, Cargar Arma, Apuntar y Disparar.

Con el uso de GOAP:

- Se consigue dotar a los personajes de comportamientos adaptativos. La capacidad de generación de planes permite ajustar sus acciones a su entorno actual, y encontrar diferentes soluciones a un problema.

- Se consigue comportamientos más simples de diseñar. Es el planificador quien se encarga de analizar las posibles alternativas existentes y encontrar la mejor opción, no hay que prever para cada situación posible la acción a realizar.

- Se consigue comportamientos variables. Los planes no están definidos de antemano, se elaboran en tiempo de ejecución dependiendo del estado actual del entorno.

Ejemplos de juegos que emplean GOAP son:

- Mushroom Men: The Spore Wars (Wii) - Red Fly Studio, 2008

- Los Cazafantasmas (Wii) - Red Fly Studio, 2008

- Silent Hill: Homecoming (X360/PS3) - Double Helix Games / Konami de 2008

- Fallout 3 (X360/PS3/PC) - Bethesda Softworks, 2008

- Empire: Total War (PC) - Creative Assembly / Sega, 2009

- FEAR 2: Project Origin (X360/PS3/PC) - Monolith Productions Bros / Warner, 2009

- Demigod (PC) - Gas Powered Games / Stardock, 2009

- Just Cause 2 (PC/X360/PS3) - Avalanche Studios / Eidos Interactive, 2010

- Transformers: War for Cybertron (PC/X360/PS3) - High Moon Studios / Activision, 2010

- Trapped Dead (PC) - Juegos Headup, 2011

- Deus Ex: Human Revolution (PC/X360/PS3) - Eidos Interactive, 2011

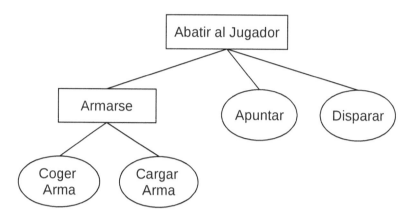

Figura 1.84: Planificador jerárquico.

La tendencia actual en el desarrollo de videojuegos es usar **planificadores jerárquicos**. Un planificador jerárquico primero formula un plan abstracto expresado en términos de tareas de alto nivel, por lo que no puede realizarse directamente. Después refina dicho plan con el objetivo de producir un plan completo en téminos de operadores básicos, o acciones que el agente pueda realizar directamente.

En la figura 1.84 se muestra un ejemplo de uso de planificador jerárquico, en el se indica que para pasar de un estado inicial a un estado en el que el jugador haya muerto, se puede trazar un plan compuesto por una tarea de alto nivel Abatir al Jugador. Esta tarea se descompone en Armarse, Apuntar y Disparar. Apuntar y Disparar son tareas atómicas que el agente puede llevar a cabo, pero Armarse debe descomponerse en acciones atómicas realizables por el agente: Coger Arma y Cargar Arma.

Un ejemplo de uso de planificadores jerárquicos está representado por S.T.A.L.K.E.R.: Shadow of Chernobyl (GSC Game World / THQ, 2007) (vea figura 1.82), que usa jerarquías de planificadores GOAP de una manera muy particular.

Uno de los formalismos que aplican la planificación jerárquica son las redes jerárquicas de tareas (Hierarchical Task Networks o HTNs). Esta se define como *una colección de tareas que se desean que sean realizadas, junto con una serie de restricciones sobre el orden en que pueden llevarse a cabo, la forma en que se instancian sus variables y las condiciones que deben ser ciertas antes o después de que cada tarea se lleve a cabo.* Su uso en el desarrollo de videojuegos es cada vez es más extendido.

1.5.6. Reflexiones sobre el futuro

El algoritmo de búsqueda A* y la Máquina Finita de Estados (FSM) son probablemente las dos técnicas más empleadas de la IA en el desarrollo de videojuegos, para establecer caminos o rutas y para modelar el comportamiento de un personaje, respectivamente.

No obstante, la IA cada vez tiene más importancia en el desarrollo de videojuegos (vea la figura 1.85). Puesto que cada vez se podrá disponer de computación adicional, esto da pie a dedicar un procesador, o parte de él, a la IA y aplicar técnicas más avanzadas (Lógica Difusa, Computación Evolutiva, Redes Neuronales, Modelos Probabilísticos,...).

Figura 1.85: Cuando Resistance 3 fue presentado por Cameron Christian, de Insomniac Games, lo que señaló como la mayor mejora de la secuela era su IA mejorada.

El reto en el desarrollo de los videojuegos, es hacer que estos sean más naturales, más interactivos y más sociables. El uso de la IA en los videojuegos está en una fase de progreso significativo.

Por otra parte hay que indicar que los videojuegos son un gran reto para la IA y representan un campo de investigación en sí mismos, tratando de proponer métodos y técnicas que aporten un tipo de inteligencia que aunque no sea perfecta, si permita mejorar la experiencia de juego.

Hay que tener en cuenta que las situaciones manejadas por la IA son altamente dependientes del tipo juego y de sus requisitos de diseño, por lo que es posible que una solución utilizada en un videojuego no pueda ser aplicable en otro. Esto conduce al desarrollo de técnicas específicas. Por lo tanto, éste es un campo que ofrece un gran potencial en términos de investigación y desarrollo de nuevos algoritmos.

El objetivo de los videojuegos es desarrollar mundos virtuales, con el máximo parecido posible al mundo real, tanto a nivel visual como funcional y de interacción. En este sentido hay que destacar que en el mundo real es habitual el concepto de organización, es decir dos o más personas se juntan para cooperar entre sí y alcanzar objetivos comunes, que no pueden lograrse, o bien cuesta más lograrlos, mediante iniciativa individual.

En el campo del desarrollo de videojuegos este concepto deberá ser tratado, permitiendo a los personajes organizarse y cooperar para lograr un objetivo común, por ejemplo abatir al jugador o conseguir ganar una batalla o un partido. Por una parte, la organización implicará la existencia de una jerarquía y una distribución y especialización en tareas, y por otra la cooperación, implica la existencia de un mecanismo de comunicación común. Además, en el mundo real también es necesario facilitar la movilidad de profesionales, las organizaciones mejoran sus modos de trabajo gracias a la aportación de nuevos miembros que poseen mejor cualificación.

En el campo de los videojuegos, la movilidad implicaría permitir que personajes virtuales con un desempeño demostrado pudieran desplazarse de unas instacias de juego a otras, a través la red. Y esto último permite introducir otro aspecto de suma importancia, la capacidad de adaptabilidad o aprendizaje, un personaje mejorará su desempeño si tiene capacidad para aprender. Todo esto conduce a los sistemas multiagentes que tendrán mucho que aportar en los próximos años en el campo del desarrollo de videojuegos.

Los sistemas multiagentes proporcionan el marco donde un conjunto de agentes con tareas y habilidades claramente definidas colaboren y cooperen para la consecusión de sus objetivos. Existen multitud de metodologías y enfoques para el diseño de sistemas multiagentes así como plataformas para su desarrollo. Estas proporcionan soporte a los diseñadores y desarrolladores para construir sistemas fiables y robustos, pero seguro que será necesaria su adaptación para el mundo de los videojuegos.

1.6.   Caso de estudio. Juego deportivo

El objetivo de la presente sección consiste en plantear el diseño básico para la Inteligencia Artificial de las distintas entidades que participan en un **juego deportivo de equipos**. Aunque la propuesta inicial que se discute es general y se podría reutilizar para una gran parte de los juegos deportivos, en esta sección se ha optado por estudiar el caso concreto del fútbol [4].

El diseño y la implementación de la IA en un juego deportivo en equipo, particularmente en el fútbol, no es una tarea trivial debido a la complejidad que supone crear agentes autónomos capaces de jugar de una forma similar a la de un contrincante humano.

En este contexto, resulta interesante destacar la ***Robocup***[2], una competición que alberga torneos de fútbol entre equipos físicos de robots, por una parte, y entre equipos simulados mediante software, por otra, desde 1996.

Este último tipo de modalidad gira principalmente en torno al desarrollo de componentes de IA con el objetivo de dotar a los jugadores virtuales del mayor realismo posible y, eventualmente, derrotar al equipo virtual contrario.

Figura 1.86: Ejemplo de robot compitiendo en la liga de Robocup de 2010 en Singapur (fuente Wikipedia).

La liga de simulación de fútbol (*Soccer Simulation League*) es una de las competeciones más antiguas de la *Robocup* y está centrada en la IA y las estrategias en equipo. Los jugadores virtuales o agentes se mueven de manera independiente en un terreno de juego virtual simulado en un computador. Dicha liga está compuesta a su vez de dos subligas, una simulada en el espacio 2D y otra en el espacio 3D. El software necesario para llevar a cabo simulaciones e incluso recrear la IA de los equipos virtuales ganadores de las distintas ediciones de estas ligas se puede descargar libremente de Internet[3].

---

[2]http://www.robocup.org/
[3]http://sourceforge.net/projects/sserver/

Estos módulos de IA se han ido modificando hasta convertirse en sofisticados componentes software, los cuales rigen el comportamiento de los jugadores virtuales no sólo a nivel individual, sino también a nivel de equipo. Estos componentes se basan en algunas de las técnicas estudiadas en el presente capítulo, como por ejemplo la lógica difusa, y hacen uso de estructuras de datos no lineales, como los gráfos estudiados en el módulo 3, *Técnicas Avanzadas de Desarrollo*, para llevar a cabo una coordinación multi-agente.

Para facilitar el diseño y desarrollo de comportamientos inteligentes en el caso particular del fútbol, en este capítulo se discuten las bases de un ***framework*** que permite la integración y validación de comportamientos en un entorno 2D. De este modo, el lector podrá dedicar principalmente su esfuerzo a la creación y *testing* de dichos comportamientos con el objetivo de adquirir las habilidades necesarias para desarrollar la IA en un juego deportivo.

Evidentemente, este *framework* representa una versión muy simplificada de las reglas reales del fútbol con el objetivo de no incrementar la complejidad global del mismo y facilitar el desarrollo de comportamientos *inteligentes*.

Antes de pasar a discutir la arquitectura propuesta en la sección 1.6.2, relativa al *framework* que permitirá la implementación de comportamientos para los jugadores virtuales de un equipo de fútbol, en la siguiente sección se realiza una breve introducción a ***Pygame***, un conjunto de módulos de Python creados con el principal objetivo de programar juegos 2D. En este contexto, *Pygame* se ha utilizado para llevar a cabo la representación gráfica de dicho *framework*.

1.6.1. Introducción a *Pygame*

Pygame[4] es un **conjunto de módulos** para el lenguaje de programación Python concebidos para el desarrollo de juegos. Básicamente, *Pygame* añade funcionalidad sobre la biblioteca multimedia SDL (estudiada en el módulo 1, *Arquitectura del Motor*, para el caso particular de la integración de sonido), abstrayendo la representación gráfica, la integración de sonido y la interacción con dispositivos físicos, entre otros aspectos, al desarrollador de videojuegos. *Pygame* es altamente portable y, por lo tanto, se puede ejecutar sobre una gran cantidad de plataformas y sistemas operativos. Además, mantiene una licencia LGPL[5],

Figura 1.87: *Pygame* mantiene la filosofía de Python, simplicidad y flexibilidad a través de un conjunto de módulos de alto nivel para el desarrollo de juegos 2D.

permitiendo la creación de *open source*, *free software*, *shareware* e incluso juegos comerciales.

A continuación se enumeran las **principales características** de *Pygame*:

- Gran nivel funcional, debido a la continuidad del proyecto.

- Independencia respecto a la biblioteca gráfica de bajo nivel, no siendo necesario utilizar exclusivamente OpenGL.

- Soporte multi-núcleo.

- Uso de código C optimizado y de ensamblador para la implementación de la funcionalidad del núcleo de *Pygame*.

- Alta portabilidad.

---

[4]http://pygame.org
[5]http://www.pygame.org/LGPL

- Facilidad de aprendizaje.

- Amplia comunidad de desarrollo.

- Autonomía para controlar el bucle principal de juego.

- No es necesaria una interfaz gráfica para poder utilizar *Pygame*.

- Sencillez en el código, debido a la simplicidad de *Pygame*.

Al igual que ocurre en SDL, uno de los componentes fundamentales en *Pygame* está representado por el concepto de **superficie** (*surface*)[6], debido a que es el objeto contemplado por *Pygame* para la representación de cualquier tipo de imagen. En la tabla 1.7 se resume la lista de módulos que conforman *Pygame* junto a una breve descripción.

La instalación de *Pygame* en Debian GNU/Linux es trivial mediante los siguientes comandos:

```
$ sudo apt-get update
$ sudo apt-get install python-pygame
```

El siguiente listado de código muestra la posible implementación de una clase que encapsula la información básica de un campo de fútbol a efectos de renderizado (ver figura 1.88). Como se puede apreciar en el método constructor (*__init()__*) de la clase *SoccerField*, se crea una variable de clase, denominada *surface*, que representa la superficie de renderizado sobre la que se dibujarán las distintas primitivas que conforman el terreno de juego. Dicha superficie tiene una resolución determinada.

Listado 1.33: Clase SoccerField

```
1  # Incluir módulos de pygame...
2  TOP_LEFT = (50, 50)
3  WIDTH_HEIGHT = (1050, 720)
4
5  class SoccerField:
6
7      def __init__ (self, width, height):
8
9          self.width, self.height = width, height
10
11         pygame.display.set_caption('CEDV - 2011/2012')
12         self.surface = pygame.display.set_mode(
13             (self.width, self.height), 0, 32)
14         # Terreno real de juego.
15         self.playing_area = Rect(TOP_LEFT, WIDTH_HEIGHT)
16
17     def render (self):
18
19         # Renderiza el terreno de juego.
20         self.surface.fill(THECOLORS['green']);
21         pygame.draw.rect(self.surface, THECOLORS['white'],
22                         self.playing_area, 7)
23         pygame.draw.circle(self.surface, THECOLORS['white'],
24                         self.playing_area.center, 10, 5)
25         pygame.draw.circle(self.surface, THECOLORS['white'],
26                         self.playing_area.center, 75, 5)
27         pygame.draw.line(self.surface, THECOLORS['white'],
28                         self.playing_area.midtop,
29                         self.playing_area.midbottom, 5)
```

---

[6]http://www.pygame.org/docs/ref/surface.html

Módulo	Breve descripción
camera	Soporte para el uso de cámaras
cdrom	Manejo de unidades de CD/DVD
color	Representación de colores
cursors	Soporte y gestión de cursores
display	Control sobre dispositivos y ventanas
draw	Renderizado de formas sobre una superficie
event	Interacción con eventos
examples	Módulo con ejemplos básicos
font	Carga y renderizado de fuentes
gfxdraw	Renderizado de formas sobre una superficie
image	Carga y almacenamiento de imágenes
joystick	Interacción con *joysticks*
key	Interacción con el teclado
locals	Constantes usadas por *Pygame*
mask	Soporte de máscaras sobre imágenes
midi	Interacción con dispositivos *midi*
mixer	Carga y reproducción de sonido
mouse	Interacción con el ratón
movie	Carga de vídeo *mpeg*
music	Control de *streaming* de audio
overlay	Soporte para *overlays* gráficos
pixelarray	Acceso directo a píxeles en superficies
pygame	Paquete de alto nivel de *Pygame*
rect	Objeto para gestionar rectángulos
scrap	Soporte para *clipboards*
sndarray	Acceso a *samples* de sonido
sprite	Módulo con objetos básicos
surface	Objeto para representar imágenes
surfarray	Acceso a píxeles de superficies mediante arrays
tests	Paquete para pruebas unitarias
time	Monitorización de tiempo
transform	Transformación de superficies

Tabla 1.7: Resumen de los módulos que conforman *Pygame*.

Por otra parte, el método *render()* contiene las primitivas de *Pygame* necesarias para dibujar los aspectos básicos del terreno de juego. Note cómo se hace uso de las primitivas geométricas *rect*, *circle* y *line*, respectivamente, para dibujar las líneas de fuera y el centro del campo. Además de especificar el tipo de primitiva, es necesario indicar el color y, en su caso, el grosor de la línea.

Figura 1.88: Resultado del renderizado de un terreno de juego simplificado mediante *Pygame*.

Típicamente, el método *render()* se ejecutará tan rápidamente como lo permitan las prestaciones hardware de la máquina en la que se ejecute el ejemplo, a no ser que se establezca un control explícito del número de imágenes renderizadas por segundo.

El siguiente listado de código muestra cómo inicializar *Pygame* (línea 14) e instanciar el terreno de juego (línea 17). El resto de código, es decir, el bucle infinito permite procesar los eventos recogidos por *Pygame* en cada instante de renderizado. Note cómo en cada iteración se controla si el usuario ha cerrado la ventana gráfica, capturado mediante el evento *QUIT*, y se lleva a cabo el renderizado del terreno de juego (línea 27) junto con la actualización de *Pygame* (línea 29).

 Event-oriented: La combinación de un esquema basado en eventos y una arquitectura con varias capas lógicas facilita la delegación y el tratamiento de eventos.

La gestión de la tasa de *frames* generados por segundo es simple mediante la clase *Clock*. De hecho, sólo es necesario especificar la tasa de *frames* deseada mediante la función *clock.tick(FPS)* para obtener una tasa constante.

Listado 1.34: Ejecutando el ejemplo

```
1  # Incluir módulos de pygame...
2  WIDTH, HEIGHT = 1200, 800
3  FPS = 30
4
5  if __name__ == "__main__":
6      pygame.init()
7
8      clock = pygame.time.Clock()
9      soccerField = SoccerField(WIDTH, HEIGHT)
10
11     while True:
12         tick_time = clock.tick(FPS)
13
14         for event in pygame.event.get():
15             if event.type == QUIT:
16                 pygame.quit()
17                 sys.exit()
18
19         soccerField.render()
20         pygame.display.update()
```

1.6.2. Arquitectura propuesta

Como se ha comentado anteriormente, en este caso de estudio se ha llevado a cabo una simplificación de las reglas del fútbol con el objetivo de facilitar la implementación y permitir focalizar el esfuerzo en la parte relativa a la IA. Por ejemplo, se ha obviado la situación de fuera de juego pero sí que se contempla el saque de banda cuando el balón sale del terreno de juego. La figura 1.89 muestra de manera gráfica el estado inicial del juego, con un equipo a la izquierda del centro del campo y otro a la derecha.

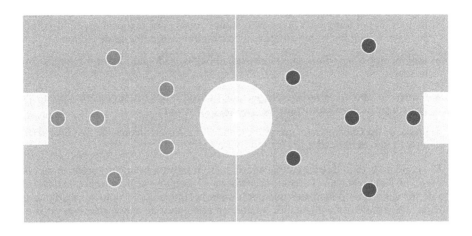

Figura 1.89: Terreno de juego con la posición inicial de los jugadores.

A continuación, en esta subsección se discutirá el diseño de la versión inicial del *framework* propuesto [4]. Más adelante se prestará especial atención a cómo incluir nuevos tipos de comportamiento asociados a los propios jugadores.

La figura 1.90 muestra, desde un punto de vista de alto nivel, el **diagrama de clases** de la arquitectura propuesta. Como se puede apreciar, la clase *SoccerField* aparece en la parte superior de la figura y está compuesta de dos equipos (*SoccerTeam*), dos porterías (*SoccerGoal*), un balón (*SoccerBall*) y un determinado número de regiones (*SoccerRegion*).

Por otra parte, el equipo de fútbol está compuesto por un determinado número de jugadores, cuatro en concreto, modelados mediante la clase *SoccerPlayer*, que a su vez mantiene una relación de herencia con la clase *MovingEntity*. A continuación se realizará un estudio más detallado de cada una de estas clases.

 Simplificación: Recuerde que la simplicidad de una solución facilita la mantenibilidad del código y el desarrollo de nuevos componentes basados en los previamente desarrollados.

El terreno de juego

Una de las clases principales de la arquitectura propuesta es la clase **SoccerField**, la cual mantiene como estado interno referencias a los elementos más importantes que forman parten de dicha arquitectura. Estos elementos son los siguientes:

- **surface**, de tipo *pygame.surface*, que representa la superficie de *Pygame* utilizada para renderizar cada uno de los elementos que forman parte del juego.

- **playing_area**, de tipo *pygame.rect*, que representa el terreno real de juego considerando las líneas de fuera de banda y de córner.

- **walls**, de tipo *lista*, que contiene cuatro instancias de la clase *Wall2d*, las cuales representan las dos bandas y las dos líneas de córner. Estas estructuras se utilizan para detectar cuando el balón sale del terreno de juego.

- **regions**, de tipo *lista*, que contiene estructuras del tipo *SoccerRegion* que facilitan la división del terreno de juego en distintas zonas para gestionar aspectos como la posición inicial de los jugadores o la confección de estrategias de equipo.

- **ball**, de tipo *SoccerBall*, que representa al balón usado para llevar a cabo las simulaciones.

- **teams**, de tipo *diccionario*, que permite indexar a dos estructuras de tipo *Soccer-Team* a partir del identificador del equipo (*red* o *blue*).

- **goals**, de tipo *diccionario*, que permite indexar a dos estructuras de tipo *SoccerGoal* a partir del identificador del equipo (*red* o *blue*).

El siguiente listado de código muestra la parte relativa a la inicialización de la clase *SoccerField*. Note cómo en el método constructor (*_init()_*) se lleva a cabo la instanciación de los elementos principales que conforman la simulación. Como se estudiará más adelante, algunas de estos elementos mantienen relaciones de agregación con otros elementos, como por ejemplo ocurre entre la clase *SoccerTeam* y la clase *SoccerPlayer* (un equipo está compuesto por varios jugadores).

Listado 1.35: Clase SoccerField. Método constructor

```
1  #!/usr/bin/python
2  # -*- coding: utf-8 -*-
3
4  class SoccerField:
5
6      def __init__ (self, width, height):
7
8          self.width, self.height = width, height
9
10         self.surface = pygame.display.set_mode(
11             (self.width, self.height), 0, 32)
12         # Terreno real de juego.
13         self.playing_area = Rect(TOP_LEFT, WIDTH_HEIGHT)
14
15         # Walls.
16         self.walls = []
17         # Cálculo de coordenadas clave del terreno de juego.
18         self.walls.append(Wall2d(top_left, top_right))
19         self.walls.append(Wall2d(top_right, bottom_right))
20         self.walls.append(Wall2d(top_left, bottom_left))
21         self.walls.append(Wall2d(bottom_left, bottom_right))
22
23         # Zonas importantes en el campo.
24         self.regions = {}
25         # Cálculo de las regiones...
26
27         # Bola.
28         self.ball = SoccerBall(Vec2d(self.playing_area.center),
29                                10, 2, Vec2d(0, 0), self)
30
31         # Equipos
32         self.teams = {}
33         self.teams['red'] = SoccerTeam('red', RED, 4, self)
34         self.teams['blue'] = SoccerTeam('blue', BLUE, 4, self)
35
36         # Porterías.
37         self.goals = {}
38         self.goals['red'] = SoccerGoal(
39             'red', RED, self.playing_area.midleft, self)
40         self.goals['blue'] = SoccerGoal(
41             'blue', BLUE, self.playing_area.midright, self)
```

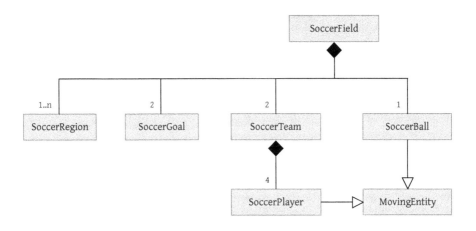

Figura 1.90: Diagrama de clases de la arquitectura del simulador de fútbol.

Inicialización

Recuerde inicializar completamente el estado de una instancia en el proceso de creación. En el caso de Python, el constructor está representado por el método _init()_.

Además de coordinar la creación de las principales instancias del juego, la clase *SoccerField* también es responsable de la coordinación de la parte específica de renderizado o dibujado a través del método *render()*. Este método se expone en el siguiente listado de código.

Entre las líneas 9-17 se puede apreciar cómo se hace uso de ciertas primitivas básicas, ofrecidas por *Pygame*, para renderizar el terreno de juego, las líneas de fuera de banda y el centro del campo. Posteriormente, el renderizado del resto de estructuras de datos que forman parte de la clase se delega en sus respectivos métodos *render()*, planteando así un esquema escalable y bien estructurado. La actualización del renderizado se hace efectiva mediante la función *update()* de *Pygame* (línea 26).

En la figura 1.91 se muestra la división lógica del terreno de juego en una serie de **regiones** con el objetivo de facilitar la implementación del juego simulado, los comportamientos inteligentes de los jugadores virtuales y el diseño de las estrategias en equipo. Internamente, cada región está representada por una instancia de la clase *SoccerRegion*, cuya estructura de datos más relevante es un rectángulo que define las dimensiones de la región y su posición.

Aunque cada jugador conoce en cada momento su posición en el espacio 2D, como se discutirá más adelante, resulta muy útil dividir el terreno de juego en regiones para implementar la estrategia interna de cada jugador virtual y la estrategia a nivel de equipo. Por ejemplo, al iniciar una simulación, y como se muestra en la figura 1.91, cada jugador se posiciona en el centro de una de las regiones que pertenecen a su campo. Dicha posición se puede reutilizar cuando algún equipo anota un gol y los jugadores han de volver a su posición inicial para efectuar el saque de centro.

La región *natural* de un jugador también puede variar en función de la estrategia elegida. Por ejemplo, un jugador que haga uso de un comportamiento defensivo puede tener como meta principal ocupar regiones cercanas a su portería, con el objetivo de evitar un posible gol por parte del equipo contrario.

```python
1  #!/usr/bin/python
2  # -*- coding: utf-8 -*-
3
4  class SoccerField:
5      def render (self):
6          # Renderiza el terreno de juego.
7          self.surface.fill(GREEN)
8          pygame.draw.rect(self.surface, WHITE, self.playing_area, 3)
9          pygame.draw.circle(self.surface, WHITE, self.playing_area.center, 10, 2)
10         pygame.draw.circle(self.surface, WHITE, self.playing_area.center, 75, 2)
11         pygame.draw.line(self.surface, WHITE, self.playing_area.midtop,
12                          self.playing_area.midbottom, 2)
13
14         for g in self.goals.values(): # Porterías.
15             g.render()
16         for t in self.teams.values(): # Equipos.
17             t.render()
18         self.ball.render()            # Balón.
19
20         # Actualización pygame.
21         pygame.display.update()
```

 Más info...   El uso de información o estructuras de datos adicionales permite generalmente optimizar una solución y plantear un diseño que sea más sencillo.

El balón de juego

Una de las entidades más relevantes para recrear la simulación de un juego deportivo es la bola o balón, ya que representa la herramienta con la que los jugadores virtuales interactúan con el objetivo de ganar el juego. Esta entidad se ha modelado mediante la clase **SoccerBall**, la cual hereda a su vez de la clase *MovingEntity*, como se puede apreciar en el siguiente listado de código. Recuerde que el caso de estudio discutido en esta sección se enmarca dentro de un mundo virtual bidimensional.

Desde un punto de vista interno, el balón ha de almacenar la posición actual, la posición del instante de tiempo anterior y la información relevante del terreno de juego, es decir, la información relativa a las líneas de fuera de banda y de córner. El resto de información la hereda directamente de la clase *MovingEntity*, como por ejemplo la velocidad del balón, la velocidad máxima permitida o la dirección.

Una instancia de la clase *SoccerBall* se puede entender como una **entidad pasiva**, ya que serán los propios jugadores o el modelo básico de simulación física los que actualicen su velocidad y, en consecuencia, su posición. Por ejemplo, cuando un jugador golpee el balón, en realidad lo que hará será modificar su velocidad. Esta información se utiliza a la hora de renderizar el balón en cada instante de tiempo.

```
                Listado 1.37: Clase SoccerBall. Método constructor
1    class SoccerBall (MovingEntity):
2
3        def __init__ (self, pos, size, mass, velocity, soccer_field):
4
5            MovingEntity.__init__(
6                self, pos, size, velocity, velocity,
7                Vec2d(soccer_field.playing_area.center), mass)
8
9            self.oldPos = pos
10           self.soccer_field = soccer_field
11           self.walls = soccer_field.walls
12
13   class MovingEntity:
14
15       def __init__ (self, pos, radius, velocity, max_speed,
16                     heading, mass):
17
18           self.pos = pos
19           self.radius = radius
20           self.velocity = velocity
21           self.max_speed = max_speed
22           self.heading = heading
23           # Vector perpendicular al de dirección (heading).
24           self.side = self.heading.perpendicular
25           self.mass = mass
```

Dentro de la clase *SoccerBall* existen métodos que permiten, por ejemplo, detectar cuándo el balón sale fuera del terreno de juego. Para ello, es necesario comprobar, para cada uno de los laterales, la distancia existente entre el balón y la línea de fuera. Si dicha distancia es menor que un umbral, entonces el balón se posicionará en la posición más cercana de la propia línea para efectuar el saque de banda.

```
                Listado 1.38: Clase SoccerBall. Método testCollisionWithWalls
1    def testCollisionWithWalls (self):
2        # Iterar sobre todos los laterales del campo
3        # para calcular si el balón interseca.
4        for w in self.walls:
5            if distToWall(w.a, w.b, self.pos) < TOUCHLINE:
6                self.reset(self.pos)
```

Por otra parte, el balón sufrirá el efecto del golpeo por parte de los jugadores virtuales mediante el método *kick()*. Básicamente, su funcionalidad consistirá en modificar la velocidad del balón en base a la fuerza del golpeo y la dirección del mismo.

```
                Listado 1.39: Clase SoccerBall. Método kick
1    # Golpea el balón en la dirección dada.
2    def kick (self, direction, force):
3        # Normaliza la dirección.
4        direction = direction.normalized()
5        # Calculo de la aceleración.
6        acceleration = (direction * force) / self.mass
7        # Actualiza la velocidad.
8        self.velocity = acceleration
```

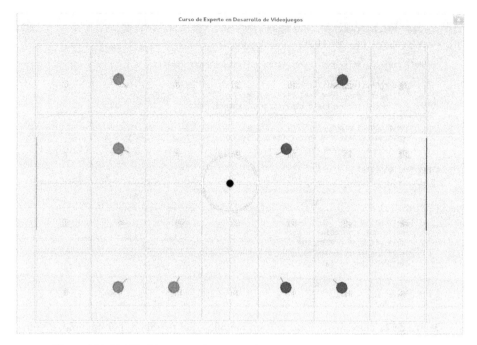

Figura 1.91: División del terreno de juego en regiones para facilitar la integración de la IA.

También resulta muy interesante incluir la funcionalidad necesaria para que los jugadores puedan prever la futura posición del balón tras un intervalo de tiempo. Para llevar a cabo el cálculo de esta futura posición se ha de obtener la distancia recorrida por el balón en un intervalo de tiempo Δt, utilizando la ecuación 1.7,

$$\Delta x = u\Delta t + \frac{1}{2}a\Delta t^2 \qquad (1.7)$$

donde Δx representa la distancia recorrida, u es la velocidad del balón cuando se golpea y a es la deceleración debida a la fricción del balón con el terreno de juego.

Tras haber obtenido la distancia a recorrer por el balón, ya es posible usar esta información para acercar el jugador al balón. Sin embargo, es necesario hacer uso de la dirección del propio balón mediante su vector de velocidad. Si éste se normaliza y se multiplica por la distancia recorrida, entonces se obtiene un vector que determina tanto la distancia como la dirección. Este vector se puede añadir a la posición del balón para predecir su futura posición.

Este tipo de información es esencial para implementar estrategias de equipo y planificar el movimiento de los jugadores virtuales. Dicha funcionalidad, encapsulada en la clase *SoccerBall*, se muestra en el siguiente listado de código.

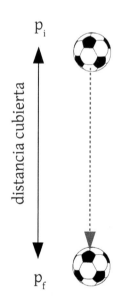

Figura 1.92: Esquema gráfico de la predicción del balón tras un instante de tiempo.

```
1  # Devuelve la posición del balón en el futuro.
2  def futurePosition (self, time):
3
4      # u = velocidad de inicio.
5      # Cálculo del vector ut.
6      ut = self.velocity * time
7
8      # Cálculo de 1/2*a*t*t, que es un escalar.
9      half_a_t_squared = 0.5 * FRICTION * time * time
10
11     # Conversión del escalar a vector,
12     # considerando la velocidad (dirección) de la bola.
13     scalarToVector = half_a_t_squared * self.velocity.normalized()
14
15     # La posición predicha es la actual
16     # más la suma de los dos términos anteriores.
17     return self.pos + ut + scalarToVector
```

El jugador virtual

La entidad base para representar a cualquier jugador de fútbol virtual está representada por la clase *SoccerPlayer*, la cual a su vez es una especialización de la clase *MovingEntity* (al igual que el balón de juego). Esta entidad base se podrá extender para especializarla en función de distintos tipos de jugadores, típicamente jugadores de campo y portero.

El siguiente listado de código muestra una posible implementación básica de esta clase. Note cómo en el método *update()* se actualiza la velocidad interna del jugador en función de los comportamientos que tenga activos, tal y como se discute en la siguiente sección.

Listado 1.41: Clase SoccerPlayer

```
1  class SoccerPlayer (MovingEntity):
2
3      def __init__ (self, team, colour, number, pos, soccer_field):
4          # Inicialización de MovingEntity.
5          self.team = team
6          self.colour = colour
7          self.number = number
8          self.initialPos = pos
9          self.soccer_field = soccer_field
10         aux = (soccer_field.playing_area.center - pos).normalized()
11         self.direction = aux
12
13         # Comportamientos asociados.
14         self.steeringBehaviours = SteeringBehaviours(
15             self, soccer_field.ball)
16
17     # Posición inicial (e.g. kickoff).
18     def reset (self):
19         self.pos = self.initialPos
20
21     # Actualización de la posición del jugador.
22     def update (self):
23         self.velocity = self.steeringBehaviours.calculate()
24         self.pos += self.velocity
```

Precisamente, estos comportamientos son los que determinan las habilidades del jugador y de su implementación dependerá en gran parte el resultado de una simulación.

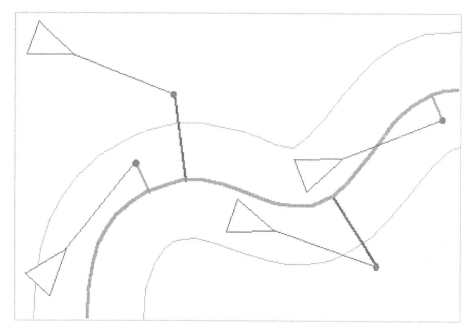

Figura 1.93: Seguimiento de un camino por una entidad basada en un modelo de comportamientos badados en direcciones.

1.6.3. Integración de comportamientos básicos

La figura 1.95 muestra el diagrama de clases con las distintas entidades involucradas en la integración de IA dentro del simulador futbolístico. La parte más relevante de este diagrama está representado por la clase *SteeringBehaviours*, la cual aglutina los distintos comportamientos asociados, desde un punto de vista general, al jugador de fútbol. Note también cómo la clase base asociada al jugador de fútbol, *SoccerPlayer*, ha sido especializada en otras dos clases, *FieldPlayer* y *Goalkeeper*, con el objetivo de personalizar el comportamiento de los jugadores de campo y el portero, respectivamente.

El modelo de comportamientos usado en esta sección se basa en el modelo[7] presentado originalmente por C.W. Reynolds en el *Game Developers Conference* de 1999 [15].

Básicamente, este modelo se basa en la **combinación de múltiples comportamientos** para navegar en un espacio físico de una manera *improvisada*, es decir, guiando el movimiento de la entidad en cuestión en base a las condiciones del entorno en cada instante y en la posición de la propia entidad. Estos comportamientos se plantean de manera independiente a los medios de locomoción de la entidad o el carácter móvil.

Existen distintas herramientas y bibliotecas que facilitan la integración de este tipo de comportamientos en problemas reales, como es el caso de la biblioteca *OpenSteer*[8], una implementación en C++ que facilita el uso, la combinación y la construcción de este tipo de comportamientos.

---

[7] http://www.red3d.com/cwr/steer/
[8] http://opensteer.sourceforge.net/

Este tipo de bibliotecas suelen integrar algún mecanismo de visualización para facilitar la depuración a la hora de implementar comportamientos. En el caso de *OpenSteer* se incluye una aplicación denominada *OpenSteerDemo* que hace uso de OpenGL para llevar a cabo dicha visualización, como se puede apreciar en la figura 1.94.

Retomando el diagrama de clases de la figura 1.95, resulta importante profundizar en la implementación de la clase **SteeringBehaviours**, la cual representa la base para la integración de nuevos comportamientos. Básicamente, la idea planteada en esta clase se basa en los siguientes aspectos:

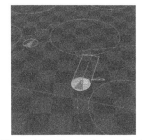

■ Cada comportamiento tiene como objetivo calcular la fuerza que se ha de aplicar al objeto que lo implementa, en el espacio 2D, para materializar dicho comportamiento.

■ Los comportamientos son independientes entre sí, siendo necesario incluir algún tipo de esquema para combinarlos. Por ejemplo, es posible incluir un esquema basado en prioridades o **pesos** para obtener la fuerza global a aplicar a un objeto.

Figura 1.94: Captura de pantalla de un ejemplo en ejecución de la biblioteca *OpenSteer*.

■ La implementación planteada es escalable, siendo necesario implementar un nuevo método en la clase *SteeringBehaviours* para incluir un nuevo comportamiento.

 Se recomienda al lector la descarga y estudio de *OpenSteer* como ejemplo particular de biblioteca para el estudio e implementación de diversos comportamientos sobre entidades virtuales móviles.

El siguiente listado de código muestra el método constructor de la clase *Steering-Behaviours*. Como se puede apreciar, dicha clase incluye como estado un diccionario, denominado *activated*, con los distintos tipos de comportamientos habilitados en la misma que, inicialmente, no están activados.

Listado 1.42: Clase SteeringBehaviours. Método constructor

```
1  class SteeringBehaviours:
2
3      def __init__ (self, player, ball):
4
5          self.player = player
6          self.ball = ball
7
8          self.target = ball
9
10         # Comportamientos activados.
11         self.activated = {}
12         self.activated['seek'] = False
13         self.activated['pursuit'] = False
14         self.activated['arrive'] = False
15         # Más comportamientos aquí...
```

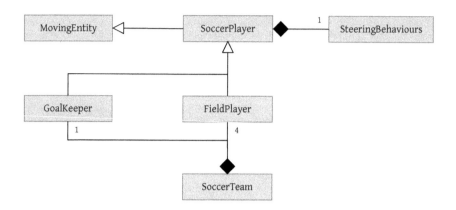

Figura 1.95: Diagrama de clases del modelo basado en comportamientos para la simulación de fútbol.

Típicamente será necesario activar varios comportamientos de manera simultánea. Por ejemplo, en el caso del simulador de fútbol podría ser deseable activar el comportamiento de perseguir el balón pero, al mismo tiempo, recuperar una posición defensiva. En otras palabras, en un determinado instante de tiempo un jugador virtual podría tener activados los comportamientos de *pursuit* (perseguir) y *arrive* (llegar).

 El modelo de *Steering Behaviours* trata de facilitar el diseño de situaciones como la siguiente: *ir de A a B mientras se evitan obstáculos y se viaja junto a otras entidades*.

Desde el punto de vista de la implementación propuesta, la instancia del jugador virtual tendría que activar ambos comportamientos mediante el diccionario denominado *activated*. Posteriormente, sería necesario calcular la fuerza resultante asociada a ambos comportamientos en cada instante de tiempo para ir actualizando la fuerza a aplicar y, en consecuencia, la posición del objeto virtual.

En el siguiente listado de código se muestra la implementación de los métodos *calculate()*, *sumForces()* y *truncate*, utilizados para devolver la **fuerza global** resultante, calcularla en base a los comportamientos activados y truncarla si así fuera necesario, respectivamente.

Listado 1.43: Clase SteeringBehaviours. Cálculo de fuerza

```
1  # Devuelve la fuerza global resultante en base a los comportamientos activados.
2  def calculate (self):
3      steeringForce = self.sumForces()
4      return steeringForce
5
6  # Habría que incluir un esquema basado en prioridades o pesos para combinar comportamientos.
7  def sumForces (self):
8      force = Vec2d(0, 0)
9      if self.activated['seek']:
10         force += self.seek(self.target)
11     if self.activated['pursuit']:
12         force += self.pursuit(self.target)
13     if self.activated['arrive']:
14         force += self.arrive(self.target)
15     # Más comportamientos aquí...
16
17     return force
18
19 # Trunca a una fuerza máxima.
20 def truncate (self, max_force):
21     if self.steeringForce > max_force:
22         self.steeringForce = max_force
```

Como se ha comentado anteriormente, la inclusión de un nuevo comportamiento consiste en implementar un nuevo método dentro de la clase *SteeringBehaviours* y registrar la entrada asociada al mismo en el diccionario *activated*, con el objetivo de que un jugador virtual pueda activarlo o desactivarlo en función del estado de juego actual. El siguiente listado muestra la implementación de los comportamientos *seek* (buscar) y *pursuit* (perseguir).

Listado 1.44: Clase SteeringBehaviours. Seek y pursuit

```
1  # Dado un objetivo, este comportamiento devuelve la fuerza
2  # que orienta al jugador hacia el objetivo y lo mueve.
3  def seek (self, target):
4
5      desiredVelocity = (target - self.player.pos).normalized()
6      desiredVelocity *= self.player.max_speed
7
8      return (desiredVelocity - self.player.velocity)
9
10 # Crea una fuerza que mueve al jugador hacia la bola.
11 def pursuit (self, target):
12
13     toBall = self.ball.pos - self.player.pos
14     self.direction = toBall.normalized()
15     lookAheadTime = 0.0
16
17     if self.ball.velocity.get_length() != 0.0:
18         sc_velocity = self.ball.velocity.get_length()
19         lookAheadTime = toBall.get_length() / sc_velocity
20
21     # ¿Dónde estará la bola en el futuro?
22     target = self.ball.futurePosition(lookAheadTime)
23
24     # Delega en el comportamiento arrive.
25     return self.arrive(target)
```

Ambos comportamientos son esenciales para llevar a cabo la construcción de otros comportamientos más complejos. Note cómo la implementación se basa en geometría 2D básica para, por ejemplo, calcular la velocidad vectorial resultante como consecuencia de orientar a una entidad en una dirección determinada.

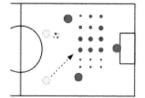 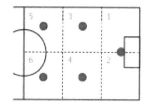 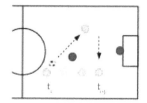

Figura 1.97: A la izquierda, esquema gráfico relativo al cálculo de los mejores puntos de apoyo para recibir un pase. En el centro, esquema defensivo basado en la colocación de los jugadores del equipo que defiende en determinadas regiones clave. A la derecha, esquema de combinación avanzada entre jugadores para sortear al jugador rival mediante *paredes*.

1.6.4. Diseño de la Inteligencia Artificial

El esquema básico planteado hasta ahora representa la base para la implementación del módulo de IA asociado a los distintos jugadores del equipo virtual. En otras palabras, el código fuente base discutido hasta ahora se puede entender como un *framework* sobre el que construir **comportamientos** *inteligentes* a nivel de jugador individual y a nivel de estrategia de equipo.

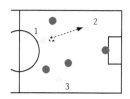

Figura 1.96: Esquema de apoyo de jugadores. El jugador 2 representa una *buena* alternativa mientras que el jugador 3 representa una *mala*.

Por ejemplo, la figura 1.96 muestra un ejemplo clásico en simuladores futbolísticos donde un jugador que no mantiene el balón en un determinado instante de tiempo, es decir, un *jugador de apoyo* (*supporting player*) ha de emplazarse en una buena posición para recibir el balón.

Evidentemente, es necesario garantizar que no todos los jugadores de un equipo que no mantienen el balón se muevan a dicha posición, sino que han de moverse a distintas posiciones para garantizar varias alternativas de pase.

En el ejemplo de la figura 1.96, el jugador 2 representa una mejor alternativa de pase frente al jugador 3. Para evaluar ambas alternativas es necesario establecer un mecanismo basado en **puntuaciones** para computar cuál de ellas es la mejor (o la *menos mala*). Para ello, se pueden tener en cuenta los aspectos como los siguientes:

- Facilidad para llevar a cabo el pase sin que el equipo contrario lo intercepte. Para ello, se puede considerar la posición de los jugadores del equipo rival y el tiempo que tardará el balón en llegar a la posición deseada.

- Probabilidad de marcar un gol desde la posición del jugador al que se le quiere pasar.

- Histórico de pases con el objetivo de evitar enviar el balón a una posición que ya fue evaluada recientemente.

La figura 1.97 (izquierda) muestra de manera gráfica el cálculo de la puntuación de los diversos puntos de apoyo al jugador que tenga el balón con el objetivo de llevar a cabo el siguiente pase. El radio de cada uno de los puntos grises representa la puntuación de dichos puntos y se pueden utilizar para que el jugador de apoyo se mueva hacia alguno de ellos.

El estado de juego determina en gran parte el estado interno de los jugadores, ya que no se debería actuar del mismo modo en función de si el equipo ataca o defiende. Desde el **punto de vista defensivo**, una posible alternativa consiste en retrasar la posición de los jugadores de un equipo con el objetivo de dificultar los pases a los jugadores del equipo contrario en posiciones cercanas a la portería.

Para ello, se puede establecer un sistema defensivo basado en posicionar a los jugadores en ciertas zonas o regiones clave del terreno de juego, utilizando para ello la información espacial de la figura 1.91. En este contexto, se pueden definir una serie de posiciones iniciales o *home positions* a las que los jugadores se replegarán cuando haya una pérdida de balón.

Esta estrategia también puede facilitar el contraataque cuando se recupera el balón. Evidentemente, esta estrategia defensiva no es la única y es posible establecer un esquema defensivo que sea más agresivo. Por ejemplo, se podría plantear un esquema basado en la presión por parte de varios jugadores al jugador del equipo rival que mantiene el balón. Sin embargo, este esquema es más arriesgado ya que si el jugador rival es capar de efectuar un pase, sobrepasando a varios jugadores del equipo que defiende, la probabilidad de anotar un tanto se ve incrementada sustancialmente.

La figura 1.97 (centro) muestra un ejemplo concreto de posicionamiento de los jugadores del equipo que defiende en base a regiones clave del terreno de juego. Este mismo esquema se puede utilizar cuando el jugador contrario realice un saque de centro.

1.6.5. Consideraciones finales

En esta sección se ha planteado una implementación inicial de un simulador de fútbol con el objetivo de proporcionar un enfoque general relativo a este tipo de problemática. A partir de aquí, es necesario prestar especial atención a los siguientes aspectos para incrementar la funcionalidad del prototipo discutido:

- La utilización de la información básica de los jugadores, especialmente la posición, la velocidad y la dirección actuales, junto con el estado del balón, permite integrar una gran cantidad de funcionalidad asociada a los jugadores, desde la interceptación de pases hasta esquemas de combinación avanzados (e.g. *uno-dos* o *paredes*).

- El comportamiento interno a nivel de jugador individual y de equipo debería modelarse utilizando algún tipo de **máquina de estados**, como las discutidas en la sección 1.5.4. Así, sería posible conocer si, por ejemplo, un jugador ataca o defiende. Típicamente, la recuperación o pérdida del balón disparará una transición que condicionará el cambio del estado actual.

- El modelo basado en *Steering Behaviours* representa la base para añadir nuevos comportamientos. En los capítulos 3 y 4 de [4] se discuten estos aspectos más en profundidad prestando especial atención al simulador futbolístico.

- La funcionalidad de los jugadores virtuales se puede extender añadiendo complejidad e integrando técnicas más avanzadas, como por ejemplo el regate o *dribbling*.

- Es posible integrar técnicas como la Lógica Difusa, estudiada en la sección 1.2, para manejar la incertidumbre y, por lo tanto, establecer un marco más realista para el tratamiento de la problemática de esta sección.

1.7.   Sistemas expertos basados en reglas

1.7.1.   Introducción

Los sistemas expertos son una rama de la Inteligencia Artificial simbólica que simula comportamientos humanos razonando con comportamientos implementados por el diseñador del software. Los sistemas expertos se usan desde hace más de 30 años, siendo unos de los primeros casos de éxito de aplicación práctica de técnicas de Inteligencia artificial. Existen diversos tipos: basados en casos, árboles de decisión, basados en reglas, etc. Este último tipo será el que se aplicará al desarrollo de inteligencia artificial para un juego a lo largo del presente apartado.

Los sistemas expertos basados en reglas (*rule-based expert systems* en inglés) están compuestos por los siguientes tres elementos que se observan en la figura 1.98:

Base de conocimiento incluye los *hechos*, información almacenada en el sistema, y las *reglas de inferencia*, que permiten generar nuevo conocimiento a partir de los hechos.

Motor de inferencia es el algoritmo encargado de analizar la satisfacibilidad de las reglas con los hechos presentes en el sistema.

Agenda es el conjunto de reglas del sistema activables en un momento dado. Debe incorporar una *estrategia de resolución de conflictos*, que es un algoritmo para decidir de qué regla activar en caso de que haya varias posibles. Algunos algoritmos típicos son la cola (ejecuta la primera regla activable que se definió en el sistema), aleatorio, activación de la regla menos usada, etc

El funcionamiento del sistema es sencillo: el motor de inferencia comienza evaluando las reglas activables inicialmente en el sistema (aquellas cuyas condiciones de activación se cumplen con los hecho iniciales), pasando a introducirlas en la agenda. De entre las reglas en la agenda, selecciona una de acuerdo a la estrategia de resolución de conflictos definida, y la ejecuta. Dicha ejecución (también llamado *disparo*, del inglés *trigger*) suele provocar cambios en los hechos del sistema. Por lo tanto, es necesario recalcular la agenda, pues habrá reglas que dejen de ser activables (pues alguna de sus condiciones ya no se cumpla) y otras que pasen a serlo (porque ya se cumplan todas sus condiciones). Tras este paso de nuevo se usa la estrategia de resolución de conflictos para elegir la regla a disparar, realizando una nueva iteración. El sistema continuará iterando de esta manera hasta que no tiene reglas que activar en la agenda.

Este proceso podría parecer ineficiente computacionalmente, sobre todo en términos de tiempo necesario para recorrer la lista de reglas evaluando condiciones. Sin embargo, como el conjunto de reglas (y sus condiciones) no cambian a lo largo de la vida del sistema, los entornos de ejecución suelen introducir diversas optimizaciones, siendo la más destacada la creación de una red de reglas que comparten nodos (condiciones).

Dado que el número de hechos que suele cambiar tras cada activación de una regla suele ser bajo, una adecuada organización de condicionantes permite, a nivel práctico, dar unos tiempos de ejecución adecuados. Si se desea ampliar información sobre este asunto, el principal libro de referencia es [8].

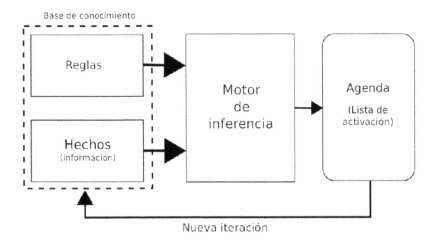

Figura 1.98: Arquitectura básica de un sistema experto basado en reglas.

1.7.2. Caso de estudio: Stratego

Los conceptos presentados anteriormente se aplicarán a una versión simplificada del juego de tablero Stratego [24]. En el juego participan dos jugadores que tienen a su cargo dos ejércitos idénticos de 16 fichas, cada una con un valor. El objetivo es capturar la ficha más débil del rival, la única con valor 1. Las partidas se juegan en un cuadrante de 8x8 casillas, comenzando un ejército en las dos primeras filas del tablero y el otro en las dos últimas. Inicialmente los dos jugadores conocen las posiciones ocupadas por las fichas de los dos ejércitos, pero sólo conocen los valores concretos de sus fichas, que las coloca en el orden que considere más adecuado. Por lo tanto existe un conocimiento parcial del entorno como se observa en la figura 1.99, que muestra un estado inicial de una partida.

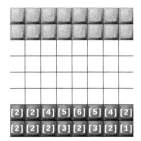

Figura 1.99: Posible estado inicial de una partida.

Los jugadores mueven una ficha propia a una casilla adyacente por turnos. Cada casilla sólo la puede ocupar una ficha, excepto las casillas *obstáculo*, que no las puede ocupar ficha alguna. En caso de que dos fichas de distinto ejército coincidan en la misma casilla la de menor valor queda capturada (eliminándose del tablero) y la de mayor valor se queda en la casilla siendo descubierta su puntuación al jugador contrario. En caso de que colisionen dos fichas de igual valor, se eliminan ambas. En la figura 1.100 se muestra un estado intermedio de la partida con fichas en posiciones distintas a las iniciales, algunas con su valor descubierto y otras capturadas no aparecen.

Para implementar un sistema experto que pueda jugar a este juego se usará CLIPS[9], un entorno para el desarrollo de sistemas expertos basados en reglas que inicialmente fue desarrollado por la NASA y actualmente mantenido por uno de sus creadores, Gary Riley. CLIPS está disponible bajo licencia libre en su web [16], y se puede usar interactivamente desde consola o integrándolo con diversos lenguajes de programación (C/C++, Java, Python, etc).

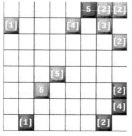

En el listado 1.45 se puede observar diversos hechos de ejemplo. El primero (línea 3) nos indica que se está jugando el turno número 30 de la partida (duración por defecto de la partida es 200 turnos). El segundo hecho tiene dos campos (pos-x y pos-y), e informa que en la casilla $(4, 5)$ del tablero hay un obstáculo. El tercer hecho nos indica que en la esquina inferior izquierda del tablero hay a una ficha con identificador *111* y su valor es 3 puntos. Este valor lo desconoce el otro jugador porque el campo *descubierta* está a 0. El siguiente hecho (línea 10) nos informa que justo arriba de la ficha anterior se tiene otra con el identificador *929* y también de 3 puntos de valor, pero en esta ocasión su valor sí es conocido por el rival. Por último, en las dos lineas de abajo del todo se nos indica que dos fichas del jugador contrario (*equipo B*) rodeando la ficha *929*, una en la casilla $(1, 3)$ cuyo valor no se conoce y otra en la casilla $(2, 2)$ que vale 3 puntos.

Figura 1.100: Posible estado intermedio de una partida.

Listado 1.45: Ejemplos de hechos del sistema

```
 1  ; Esta linea es un comentario
 2
 3  (tiempo 30)
 4
 5  (obstaculo (pos-x 4) (pos-y 5))
 6
 7  (ficha (equipo "A") (num 111) (pos-x 1) (pos-y 1)
 8     (puntos 3) (descubierta 0))
 9
10  (ficha (equipo "A") (num 929) (pos-x 1) (pos-y 2)
11     (puntos 3) (descubierta 1))
12
13  (ficha (equipo "B") (pos-x 1) (pos-y 3)
14        (descubierta 0)
15
16  (ficha (equipo "B") (pos-x 2) (pos-y 2) (puntos 3)
17        (descubierta 1))
```

En el listado 1.46 se puede observar una regla de ejemplo. La regla comienza con la palabra reservada *defrule* seguida de la cadena *EQUIPO-A::*, que indica que la regla pertenece al módulo de inteligencia artificial del ejército. A continuación aparece el nombre de la regla, que suele describir su intención (atacar en este caso). En la segunda línea se indica la prioridad de la regla con la palabra reservada *salience*. CLIPS permite reglas de prioridades desde 1 a 100, de modo que su estrategia de resolución de conflictos sólo ejecutará una regla de una prioridad determinada si no existen reglas de prioridad superior en la agenda. En el caso de este juego se usarán prioridades de 1 a 80 para las reglas de inteligencia artificial, dejando prioridades superiores para el control del *game loop*.

---

[9]No confundir con Common LISP (CLISP), otro lenguaje cuya sintaxis también se basa en paréntesis anidados.

Las siguientes líneas hasta el símbolo => son las condiciones que deben cumplir los hechos del sistema para poder activar la regla. Cada campo de las condiciones puede tener bien una constante (en este caso la letra "A" en la línea 3, pero también se podría fijar la posición X o Y por ejemplo) o una variable. Las variables son cadenas de alfanuméricas sin espacios que comienzan por el símbolo *?*. En este caso concreto la regla busca una ficha propia cualquiera, sobre la que no se imponen restricciones a identificador, posiciones X e Y ni valor en puntos.

La línea después del símbolo => indica la acción a efectuar si la regla se activa. Hay que recordar que de todas las reglas activables en la agenda sólo se activa una en cada paso, pues su activación probablemente cambie hechos del sistema y como consecuencia la composición de la agenda). En nuestro caso se usa la palabra reservada *assert* para indicar que la ficha que se seleccionó anteriormente (porque se usa su mismo identificador, *?n1*) se mueva hacia arriba[10] en el turno actual (*tiempo ?t*).

Listado 1.46: Versión inicial de la regla atacar

```
1  (defrule EQUIPO-A::atacar
2     (declare (salience 30))
3     (ficha (equipo "A") (num ?n1) (pos-x ?x1) (pos-y ?y1)
4            (puntos ?p1))
5     (tiempo ?t)
6     =>
7     (assert (mueve (num ?n1) (mov 3) (tiempo ?t)))
8  )
```

A primera vista, esta regla puede parecer adecuada, al fin y al cabo sólo mueve una ficha hacia delante, que es donde están los contrarios al comenzar la partida. Y como su prioridad es bastante baja, sólo se ejecutará si no hay otra regla de mayor prioridad (que se supone hará una acción mejor). Sin embargo es muy mejorable. Por ejemplo, pudiera ser que la ficha se dirigiera hacia una ficha contraria de mayor puntuación, como podría ser la ficha de 2 puntos del equipo púrpura que está en la primera fila del tablero en la figura 1.101. Si se aplica la regla anterior a dicha ficha se estarían perdiendo varios turnos para suicidarla.

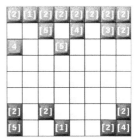

Figura 1.101: Estado de partida para ataque.

Así que se podría cambiar la regla por la que aparece en el listado 1.47. En este caso se han añadido dos condiciones nuevas. La primera (línea 5) busca la existencia de una ficha contraria (*equipo "B"*) en la misma columna (pues es usa la misma variable *?x1* para los dos campos *pos-x* en su línea 5). Y la segunda condición (línea 7) comprueba que la ficha contraria esté arriba de la propia y que tenga menos valor que esta. Nótese el uso de notación prefija, primero aparece el operador y después los operandos.

Puede observarse que la primera vez que aparece una variable se instancia al valor de un hecho del sistema, y a partir de ahí el resto de apariciones en esa y otras condiciones ya se considera ligada a una constante. En caso de que se cumplan todas las condiciones, la regla se considera activable. Si alguna de las condiciones no puede satisfacerse, se intenta satisfacer de nuevo instanciando las variables con otros hechos del sistema.

---

[10]Los movimientos están definidos como 1 avanza en X, 2 retrocede en X, 3 avanza en Y y 4 retrocede en Y.

Listado 1.47: Primera mejora de la regla atacar

```
1  (defrule EQUIPO-A::atacar1
2     (declare (salience 30))
3     (ficha (equipo "A") (num ?n1) (pos-x ?x1) (pos-y ?y1)
4            (puntos ?p1))
5     (ficha (equipo "B") (num ?n2) (pos-x ?x1) (pos-y ?y2)
6            (puntos ?p2) (descubierta 1))
7     (test (and (> ?y1 ?y2) (> ?p1 ?p2)))
8     (tiempo ?t)
9   =>
10    (assert (mueve (num ?n1) (mov 3) (tiempo ?t)))
11 )
```

Parece evidente que la regla ha mejorado respecto a la aproximación anterior. Pero al comprobar simplemente que la contraria está por arriba existe la posibilidad de suicidio (si entre ellas hay fichas contrarias con más puntos entre ellas), y además se ha restringido mucho la posibilidad de aplicar la regla (ya que si la ficha contraria cambia de columna se dejaría de avanzar hacia ella).

Aunque debido al conocimiento parcial del entorno que tienen los jugadores no existen estrategias netamente mejores unas que otras, lo cierto es que las reglas que son más concretas suelen ser muy efectivas, pero se aplican pocas veces en la partida. Mientras que las reglas más generalistas suelen aplicarse más veces, pero su resultado es menos beneficioso. Por ello se suele buscar un equilibrio entre reglas concretas con prioridades altas y otras más generalistas con prioridades más bajas.

Así pues se propone una variante (ojo, que no mejora necesariamente) sobre esta regla para hacerla más aplicable. Simplemente se elimina el condicionante de que estén las dos fichas en la misma columna, resultando la regla del listado 1.48.

Listado 1.48: Segunda mejora de la regla atacar

```
1  (defrule EQUIPO-A::atacar2
2     (declare (salience 20))
3     (ficha (equipo "A") (num ?n1) (pos-y ?y1)
4            (puntos ?p1))
5     (ficha (equipo "B") (num ?n2) (pos-y ?y2)
6            (puntos ?p2) (descubierta 1))
7     (test (and (> ?p1 ?p2) (> ?y1 ?y2)))
8     (tiempo ?t)
9   =>
10    (assert (mueve (num ?n1) (mov 3) (tiempo ?t)))
11 )
```

Para evitar el suicidio hay que el elemento condicional *not*, que comprueba la no existencia de hechos. Si se desea indicar la no existencia de hechos con determinados valores constantes en sus campos simplemente se antepone *not* a la condición. Por ejemplo *(not (ficha (equipo "A") (num 111)))*. Pero si se quieren incluir comprobaciones más complejas hay que incluir la conectiva "Y", &. A continuación se muestra un ejemplo en que se aplicará la una regla de huida del listado 1.49, quedando como ejercicio la aplicación a las reglas anteriores de ataque.

Listado 1.49: Versión inicial de la regla huir

```
1  (defrule EQUIPO-A::huir
2     (declare (salience 20))
3     (ficha (equipo "A") (num ?n1) (pos-x ?x) (pos-y ?y1)
4            (puntos 1))
5     (ficha (equipo "B")            (pos-x ?x) (pos-y ?y2)
6            (puntos 5))
7     (test (> ?y1 ?y2))
8
9     (tiempo ?t)
10  =>
11     (assert (mueve (num ?n1) (mov 4) (tiempo ?t)))
12
13  )
```

Esta regla, sin embargo, adolece los problemas anteriormente comentados: posibilidad de suicidio y aplicación incluso con fichas contrarias muy lejanas (véase estado de la figura 1.102). Se propone como mejora la regla del listado 1.50.

Listado 1.50: Versión final de la regla huir

```
1  (defrule EQUIPO-A::huir5
2     (declare (salience 20))
3     (ficha (equipo "A") (num ?n1) (pos-x ?x) (pos-y ?y1)
4            (puntos 1))
5     (ficha (equipo "B")            (pos-x ?x) (pos-y ?y2)
6            (puntos 5))
7     (test (or (= ?y1 (+ ?y2 1)) (= ?y1 (- ?y2 1))))
8     (not (ficha (equipo "B") (pos-x ?x1) (pos-y (+ 1 ?y1))))
9     (not (ficha (equipo "B") (pos-x ?x1) (pos-y (- 1 ?y1))))
10     (tiempo ?t)
11  =>
12     (assert (mueve (num ?n1) (mov 1) (tiempo ?t)))
13     (assert (mueve (num ?n1) (mov 2) (tiempo ?t)))
14  )
```

En esta regla se observa otro aspecto muy importante: el no determinismo en la acción. En este caso se proponen dos posible escapatorias, pues se considera que las dos posibilidades son igual de interesantes. De este modo, además, se enriquece la experiencia del usuario, al que le resultará más complicado adivinar el comportamiento implementado en el juego[11]

El no determinismo también se puede (y por general se debe) implementar a nivel de reglas: se pueden tener varias reglas con la misma prioridad que compartan ciertas condiciones, o que las condiciones de una regla sean un subconjunto de las condiciones de otra e incluso condiciones exactamente iguales. Sin embargo, hay veces que los programadores se plantean poner reglas que tengan

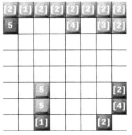

Figura 1.102: Estado de partida para huida.

condiciones excluyentes u ordenar todas las reglas por prioridades. Aunque esta estrategia no es necesariamente mala, se pierde el potencial de los sistemas expertos basados en reglas, pues realmente se estaría implementando un árbol de decisión determinista.

---

[11]Nótese que es un ejemplo un poco forzado para mostrar el no determinismo. Realmente sería mejor tener dos reglas, una con una huida para cada lado, que al tener menos condiciones sería más aplicables.

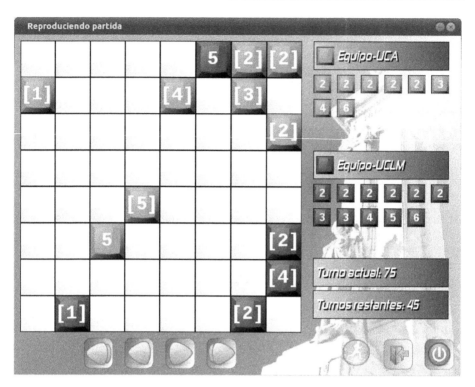

Figura 1.103: Captura de Gades Siege.

Otro aspecto interesante es que también se pueden crear otros hechos para facilitar la planificación de estrategias. Por ejemplo, si una estrategia cambia su comportamiento cuando pierde las fichas de 5 y 6 puntos se añadiría la primera regla del listado 1.51 y el hecho *fase 2* se usaría como condición de las reglas exclusivas de dicho comportamiento.

Listado 1.51: Regla de cambio de fase

```
1  (defrule EQUIPO-A::cambioDeFase
2     (declare (salience 90))
3     (not (ficha (equipo "A") (puntos 5)))
4     (not (ficha (equipo "A") (puntos 6)))
5  =>
6     (assert (fase 2))
7  )
8
9  (defrule EQUIPO-A::despistar
10    (declare (salience 50))
11    (fase 2)
12 ...
13 )
```

Hasta aquí llega este capítulo de introducción. Como se habrá observado en los ejemplos una de las ventajas de los sistemas expertos basados en reglas es la facilidad de modificación. El comportamiento de una estrategia se puede cambiar fácilmente añadiendo, modificando o eliminando condiciones de reglas. Igualmente, la re-priorización de reglas es una forma sencilla de refinar estrategias. CLIPS tiene muchas otras funciones y extensiones que se pueden consultar en la documentación en línea del proyecto [16].

El juego que se ha presentado en este capítulo está implementado en *Gades Siege*, disponible bajo licencia libre en su web [22]. El entorno incluye diversas opciones para facilitar su uso, como jugar partidas entre dos estrategias, jugar un humano contra una estrategia, visualizar partidas jugadas o jugar campeonatos. En el web se encuentran instrucciones de instalación y uso, así como un amplio abanico de estrategias de ejemplo resultado de su uso docente en la asignatura *Diseño de Videojuegos* de la Universidad de Cádiz [14].

## Capítulo 2

Networking

Félix Jesús Villanueva
David Villa Alises

Internet, tal y como la conocemos hoy en día, permite el desarrollo de videojuegos en red escalando el concepto de multi-jugador a varias decenas o centenas de jugadores de forma simultánea. Las posibilidades que ofrece la red al mercado de los videojuegos ha posibilitado:

- La aparición de nuevos tipos de videojuegos directamente orientados al juego en red y que suponen, en la actualidad, una gran parte del mercado.

- Evolucionar juegos ya distribuidos mediante actualizaciones, nuevos escenarios, personajes, etc.

- Permitir nuevos modelos de negocio como por ejemplo, distribuyendo el juego de forma gratuita y cobrando por conexiones a los servidores para jugar en red.

2.1. Conceptos básicos de redes

Internet es posible gracias al conjunto de protocolos denominado «pila TCP/IP (Pila de protocolos de Internet)». Un protocolo es un conjunto de reglas sintácticas, semánticas y de temporización que hacen posible la comunicación entre dos procesos cualesquiera.

En todo proceso de comunicaciones están involucrados un conjunto de protocolos cuyo cometido es muy específico y que tradicionalmente se han dividido en capas. Estas capas nos sirven para, conceptualmente, resolver el problema complejo de las comunicaciones aplicando el principio de divide y vencerás.

Como podemos ver en la figura 2.1 cada funcionalidad necesaria se asocia a una capa y es provista por uno o varios protocolos. Es decir, cada capa tiene la misión específica de resolver un problema y, generalmente, existen varios protocolos que resuelven ese problema de una forma u otra. En función de la forma en la cual resuelve el problema el protocolo, dicha solución tiene unas características u otras. En la capa de aplicación la funcionalidad es determinada por la aplicación.

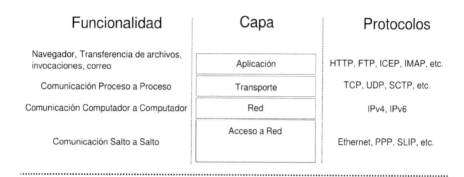

Fibra óptica, 10-Base-TX, Inalámbrica, etc.

Figura 2.1: Funcionalidades, Capas y Protocolos en Internet

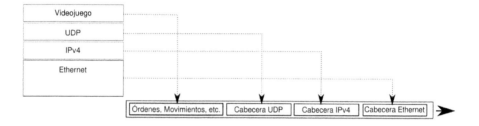

Figura 2.2: Encapsulación de protocolos

La agregación de toda esta información dividida en capas se realiza mediante un proceso de encapsulación en el cual los protocolos de las capas superiores se encapsulan dentro de las capas inferiores y al final se manda la trama de información completa. En el *host* destino de dicha trama de información se realiza el proceso inverso. En la imagen 2.2 podemos ver un ejemplo de protocolo desarrollado para un videojuego (capa de aplicación) que utiliza UDP (User Datagram Protocol) (capa de transporte), IPv4 (Capa de red) y finalmente Ethernet (capa de Acceso a Red).

En las siguientes secciones vamos a dar directrices para el diseño e implementación del protocolo relacionado con el videojuego así como aspectos a considerar para seleccionar los protocolos de las capas inferiores.

2.2.   Consideraciones de diseño

Desde el punto de vista de la red, los juegos multijugador se desarrollan en tiempo real, esto es, varios jugadores intervienen de forma simultánea, y por tanto son mas exigentes. Su desarrollo y diseño tiene que lidiar con varios problemas:

- Sincronización, generalmente, identificar las acciones y qué está pasando en juegos de tiempo real requiere de una gran eficiencia para proporcionar al usuario una buena experiencia. Se debe diseñar el sistema de transmisión y sincronización así como los turnos de red para que el juego sea capaz de evolucionar sin problemas.

- Identificación de las actualizaciones de información y dispersión de dicha información necesaria a los jugadores específicos para que, en cada momento, todos las partes involucradas tengan la información necesaria del resto de las partes.

- Determinismo que asegure que todas las partes del videojuego son consistentes.

La forma en la que se estructura y desarrolla un videojuego en red, puede determinar su jugabilidad desde el principio del proceso de diseño.

Se debe identificar, desde las primeras fases del desarrollo, qué información se va a distribuir para que todas las partes involucradas tengan la información necesaria para que el juego evolucione.

Al mas bajo nivel, debemos diseñar un protocolo de comunicaciones que, mediante el uso de *sockets* (como veremos en las siguientes secciones), nos permita transmitir toda la información necesaria en el momento oportuno. Como cualquier protocolo, éste debe definir:

Sintaxis Qué información y cómo se estructura la información a transmitir. Esta especificación va a definir la estructura de los mensajes, su longitud, campos que vamos a tener, etc. El resultado de esta fase de diseño debe ser una serie de estructuras a transmitir y recibir a través de un *socket* TCP (Transport Control Protocol) o UDP.

Semántica Qué significa la información transmitida y cómo interpretarla una vez recibida. Directamente relacionada con la sintaxis, la interpretación de la información de este proceso se realiza mediante el parseo de los mensajes transmitidos e interpretando la información recibida. De igual forma, se construyen los mensajes a transmitir en función de la semántica que queramos transmitir.

Temporización El modelo de temporización expresa la secuencia de mensajes que se deben recibir y transmitir en función de los mensajes recibidos y enviados con anterioridad y de la información que necesitemos o queramos transmitir. La temporización y la semántica generalmente se traducen en una máquina de estados cuyo salto entre estados lo determina los mensajes recibidos y transmitidos y la información contenida en ellas.

 El protocolo de un videojuego debe especificar la sintaxis, semántica y temporización

---

Un aspecto determinante en el diseño es qué información es necesario transmitir. Esta pregunta es específica del videojuego a desarrollar y por lo tanto tiene tantas respuestas como videojuegos en red existen. De forma genérica, debemos identificar:

- Aquella información relacionada con el aspecto visual de un objeto y su estado como puede ser: posición, orientación, movimiento, acción que está realizando, etc.

- Información relativa a la lógica del juego siempre y cuando sea necesario su transmisión en red.

- Aquellos eventos que un jugador puede realizar y que afectan al resto y al propio juego (es decir, al estado del mismo).

La eficiencia en la transmisión y procesamiento de la información de red, así como minimizar la información transmitida, deben regir el diseño y la implementación de la parte de *networking*

Aunque es posible plantear arquitecturas de comunicaciones P2P (Peer To Peer) o con múltiples servidores (como veremos posteriormente), en la mayor parte de los juegos en red, cliente y servidor tienen tareas bien diferenciadas. El cliente envía su posición y representa al enemigo en la posición que recibe. Se encarga también del tratamiento de la información hacia y desde los periféricos del computador (teclado, ratón, jostick, micrófono, etc.) y la envía al servidor. El servidor por su parte mantiene el mundo en el que están representados todos los jugadores, calcula la interacciones entre ellos y envía a los clientes información de forma constante para actualizar su estado.

Podemos ver un ejemplo de esta implementación de *networking* en los motores de juego de VALVE [5] que simulan eventos discretos para su mundo virtual entorno a 33 veces por segundo. El motor del juego del servidor envía actualizaciones de estado unas 20 veces por segundo a los clientes que guardan los 100 últimos milisegundos recibidos. De forma simultánea cada cliente envía el estado del ratón y teclado entorno a 20 veces por segundo (no se genera un evento por cada cambio de estado sino que se discretiza a intervalos periódicos).

Obviamente estos datos pueden modificarse de forma estática en función del tipo de juego que estemos desarrollando (por ejemplo, en los juegos de estrategia suelen ser mas amplios) o de forma dinámica en función de los clientes conectados. Es necesario resaltar que en el caso de clientes conectados con diversas características en conexiones de red, la velocidad se debe ajustar al mas lento (dentro de una calidad aceptable). Estos ajustes dinámicos se suelen hacer mediante pruebas de *ping* que ayudan a ver el retardo completo existente en la red. Habitualmente jugadores con un retardo excesivo son rechazados puesto que degradarían el rendimiento global del juego.

En cualquier caso, cada tipo de juego tiene unos requerimientos aceptables en cuanto a latencia y el estudio del comportamiento de los jugadores nos pueden dar indicaciones en cuanto a frecuencia de envío de comandos, latencia aceptable, etc.

A pesar de la evolución en ancho de banda de las redes actuales, es necesario establecer mecanismos para mejorar la eficiencia de las comunicaciones y dotar a clientes y servidores de mecanismos para proporcionar un rendimiento aceptable aún en presencia de problemas y pérdidas en la red. Este tipo de mecanismos son, principalmente [5]:

Compresión de datos La compresión de datos entendida como las técnicas destinadas a reducir el ancho de banda necesario para el juego multijugador. Entre las técnicas utilizadas podemos citar:

- Actualizaciones incrementales, es decir, enviar a los clientes sólo y exclusivamente la información que ha cambiado con respecto a la última actualización enviada. En esta técnica, de forma general, cada cierto tiempo se envía un estado completo del mundo para corregir posibles pérdidas de paquetes.

- Seleccionar el destino de la información transmitida en función de qué clientes se ven afectados por el cambio de estado de los objetos en lugar de transmitir toda la información a todos.

- agregación: envío de datos comunes a varios jugadores con un solo paquete gracias, por ejemplo, el uso de comunicaciones multicast.

Interpolación La interpolación permite obtener nuevos estados del mundo virtual del juego en el cliente a partir de los datos recibidos del servidor. En función de la complejidad de estos nuevos estados siempre son una aproximación al estado que tendríamos si obtuviéramos eventos de estado del servidor a una altísima frecuencia. Esta técnica nos permite actualizar el estado del juego en el cliente mas a menudo que las actualizaciones enviadas por el SERVIDOR y, al mismo tiempo, poder inferir información perdida en la red.

Predicción La predicción nos ayuda a obtener nuevos estados futuros del mundo virtual del juego en el cliente a partir de los datos recibidos del servidor. La diferencia respecto a la interpolación es que la ésta genera nuevos estados entre dos estados recibidos por el servidor de cara a la renderización mientras que la predicción se adelanta a los eventos recibidos desde el servidor. Para ello, el cliente puede predecir su movimiento en función de la entrada que recibe del usuario y sin que el servidor se lo comunique.

Compensación del retardo A pesar de las técnicas anteriores siempre las acciones cuentan con un retardo que se debe compensar, en la medida de lo posible, guardando los eventos recibidos por los clientes y sincronizando el estado del mundo de forma acorde a como estaba el mundo cuando el evento fue originado, es decir, eliminando el intervalo de comunicación.

Una vez implementadas estas técnicas se debe estimar y medir los parámetros de *networking* para ver la efectividad de las técnicas, estudiar el comportamiento de la arquitectura, detectar cuellos de botella, etc... Por lo tanto, las estimaciones de retardo y en general, todos los parámetros de red deben ser incluidos en los tests.

Con estas técnicas en mente, la responsabilidad del cliente, a grandes rasgos, queda en un bucle infinito mientras se encuentre conectado. En dicho bucle, para cada turno o intervalo de sincronización, envía comandos de usuario al servidor, comprueba si ha recibido mensajes del servidor y actualiza su visión del estado del juego si es así, establece los cálculos necesarios: predicción, interpolación, etc. y por último muestra los efectos al jugador: gráficos, mapas, audio, etc.

El servidor por su parte, actualiza el estado del mundo con cada comando recibido desde los clientes y envía las actualizaciones a cada uno de los clientes con los cambios que se perciben en el estado del juego.

En ambos casos se necesita un algoritmo de sincronización que permita a clientes y servidores tener consciencia del paso del tiempo. Existen varios algoritmos y protocolos empleados para esta sincronización (a menudo heredados del diseño y desarrollo de sistemas distribuidos).

Un algoritmo básico espera a obtener comandos de todos los clientes involucrados en el juego, realiza los cómputos necesarios y a continuación salta al siguiente *slot* de sincronización donde, de nuevo, espera todos los comandos de los clientes.

Otro de los algoritmos básicos consta de una espera fija que procesa sólo los comandos recibidos hasta ese momento, a continuación, pasa al siguiente slot.

En cualquier caso, siempre existe un retardo en las comunicaciones por lo que los comandos de los usuarios llegan con retardo al servidor. De cara a compensar este retardo y que no influya en el juego se suelen realizar compensaciones de retardo que, junto con estimaciones locales de las consecuencias de los comandos de usuario, permiten mitigar completamente este retardo de la experiencia del jugador.

2.3. Eficiencia y limitaciones de la red

Diseñar e implementar un videojuego implica realizar un uso eficiente de los recursos del computador, que atañe principalmente a la capacidad de cómputo, la memoria, la representación gráfica, sonido e interfaces de interacción física con el usuario.

Si además el juego requiere que sus distintos componentes se ejecuten en varios computadores conectados en red, el diseño y la propia arquitectura de la aplicación puede cambiar drásticamente. Existen tres modelos de comunicación básicos que se utilizan en los «juegos en red».

2.3.1. Peer to peer

Varias instancias idénticas del programa colaboran intercambiándose información. El programa que ejecuta el usuario tiene toda la lógica y el modelo del juego y puede funcionar de forma completamente autónoma. Era una técnica muy utilizada en los juegos de los 90, especialmente en los RTS (Real-Time Strategy) y los juegos sobre LAN (Local Area Network)[1], como por ejemplo Starcraft, de Blizzard®.

Cada instancia del juego comparte información con todas las demás. El modelo del juego suele corresponder con una secuencia de *turnos* (denominado *peer-to-peer lockstep*) al comienzo de los cuales se produce un intercambio de mensajes que define el *estado* del juego. En principio, esto garantiza un estado global determinista, pero en la práctica supone problemas graves:

- Dado que supone un aumento exponencial del número de mensajes (todos hablan con todos) es un modelo que escala mal para cantidades de pocas decenas de usuarios, si no se está utilizando una LAN.

- Además, como se requiere el *visto bueno* de todos los *pares*, la duración de cada turno estará determinada por el *par* con mayor latencia.

- Como existen n instancias concurrentes del juego que evolucionan de forma independiente, es relativamente fácil que haya discrepancias en la evolución del juego en distintas máquinas resultando en situaciones de juego diferentes a partir de un estado inicial supuestamente idéntico.

- Añadir una nueva instancia a un juego en marcha suele ser problemático puesto que puede resultar complicado identificar y transmitir un estado completamente determinista al nuevo jugador.

Además, el modelo *peer-to-peer* es vulnerable a varias técnicas de *cheating*:

- Latencia falsa (*fake latency* o *artificial lag*). Consiste en crear problemas de conectividad o carga en la red hacia la instancia que utiliza el jugador tramposo (*cheater*) para alterar el funcionamiento de todas las otras instancias. Como todos los jugadores han de esperar los comandos de estado de los demás jugadores, el resultado es una grave pérdida de fluidez dejando el juego aparentemente bloqueado al final de cada turno. El *tramposo* puede aprovechar esta situación para dificultar a otros que su personaje sea localizado o alcanzado por disparos en un *shooter*. Se puede implementar sin necesidad de acceder al código fuente del juego, en ocasiones con un método tan rudimentario como un pulsador físico en el cable de red.

---

[1]Los juegos de esta época utilizaban normalmente el protocolo IPX para las comunicaciones en LAN

- Look-ahead. Con esta técnica el tramposo retrasa sus mensajes de estado a los otros pares hasta que conoce la información que le interesa: posición y estado de los oponentes. Después crea un mensaje de estado con una marca de tiempo en el pasado, que corresponde al momento en el que debió enviarla realmente. Las otras instancias del juego interpretan que el mensaje llegó tarde debido a la latencia y puede ser difícil de detectar que se trata de un mensaje sintético.

2.3.2. Cliente-servidor

Con la llegada de los primeros FPS y la adopción masiva de internet (mediante módem) a mediados de los 90, los efectos de la latencia de los que adolece especialmente el modelo *peer-to-peer* obligaron a los desarrolladores a buscar otras alternativas. Uno de los primeros juegos en probar algo diferente fue Quake, de «id Software®»

En el modelo cliente-servidor muchos jugadores se conectan a un único servidor que controla el juego y mantiene la imagen global de lo que ocurre. Este modelo elimina muchos de los problemas y restricciones del modelo *peer-to-peer*: ya no se requiere mantener una realidad coherente compartida por todos los jugadores, puesto que únicamente el servidor determina el estado del juego. Los clientes muestran dicho estado con pequeñas modificaciones que representan la evolución inmediata del escenario en función de la entrada del usuario. La topología lógica pasó de ser una malla completa a una estrella de modo que mejoró la escalabilidad y redujo la latencia; ya no era necesario esperar al cliente más lento. También simplifica la incorporación de nuevos jugadores a una partida en curso.

Este modelo desacopla en muchos casos el desarrollo del juego y las interacciones entre los jugadores simplificando las tareas de la parte cliente.

2.3.3. Pool de servidores

Cuando la cantidad de jugadores es muy grande (cientos o miles) se utilizan varios servidores coordinados de modo que se pueda balancear la carga. Sin embargo, su sincronización puede ser compleja. Se podría ver como un modelo híbrido que incorpora características de los dos anteriores. Sin embargo, no adolece de los problemas que el modelo *peer-to-peer* (o al menos no a la misma escala) puesto que los servidores que forman el *pool* se ejecutan en computadores de alto rendimiento, con conexiones de alto ancho de banda y bajo el control de la compañía y su número es mucho menor que uno por usuario.

2.4. Restricciones específicas de los juegos en red

Cuando la red entra en juego debemos tener en cuenta tres limitaciones adicionales además de las habituales:

2.4.1. Capacidad de cómputo

Aunque la utilización de la CPU ya es por sí misma un factor determinante en la mayoría de los videojuegos modernos, en el caso de un juego en red debemos tener en cuenta además la sobrecarga de cómputo que implica el procesamiento y generación de los mensajes, aparte de las relativamente costosas técnicas de compensación de la latencia que veremos a continuación.

2.4.2. Ancho de banda

Es la tasa de transferencia efectiva (en bits por segundo) entre los distintos computadores que alojan partes del juego. Si existen flujos asimétricos deben considerarse por separado. Es también habitual que entre dos componentes existan flujos de control y datos diferenciados. Resulta determinante cuando se deben soportar grandes cantidades de jugadores y es el aspecto que más limita la escalabilidad de la arquitectura cliente-servidor.

2.4.3. Latencia

Es el tiempo que tarda un mensaje desde que sale del nodo origen hasta que llega al nodo destino. Hay muchos factores que afectan a la latencia: las limitaciones físicas del medio, los procedimientos de serialización de los mensajes, el sistema operativo, el tiempo que los paquetes pasan en las colas de los encaminadores, los dispositivos de conmutación, etc.

Muy relacionado con la latencia está el *tiempo de respuesta*, que es el tiempo total desde que se envía un mensaje hasta que se recibe la respuesta. En ese caso se incluye también el tiempo de procesamiento del mensaje en el servidor, además de la latencia de ida y vuelta. Un juego con restricciones importantes debería evitar depender de información que se obtiene como respuesta a una petición directa. Es frecuente utilizar mensajes con semántica *oneway*, es decir, que no implican esperar una respuesta en ese punto.

Aún hay otra consideración muy importante relacionada con la latencia: el *jitter*. El jitter es la variación de la latencia a lo largo del tiempo. Cuando se utilizan redes basadas en conmutación de paquetes con protocolos *best-effort* —como IP— las condiciones puntuales de carga de la red en cada momento (principalmente los encaminadores) afectan decisivamente al retardo de modo que puede cambiar significativamente entre un mensaje y el siguiente.

La latencia y el jitter permisible dependen mucho del tipo de juego y están muy influenciados por factores psicomotrices, de percepción visual del espacio, etc. Los juegos más exigentes son los que requieren control continuo, como la mayoría de los *shotters*, simuladores de vuelo, carreras de coches, etc., que idealmente deberían tener latencias menores a 100 ms. El punto de vista subjetivo aumenta la sensación de realismo y provoca que el jugador sea mucho más sensible, afectando a la jugabilidad. En otros tipos de juegos como los de estrategia o que dependen de decisiones colaborativas, el retardo admisible puede ser de hasta 500 ms o incluso mayor.

La evolución de los modelos de comunicaciones en los videojuegos en red y la mayoría de las técnicas que veremos a continuación tienen un único objetivo: compensar los efectos que la latencia tienen en la experiencia del usuario.

2.5. Distribución de información

Existen muchas técnicas para reducir el impacto de las limitaciones del ancho de banda y la latencia en las comunicaciones. Por ejemplo, para reducir el ancho de banda necesario se pueden comprimir los mensajes, aunque eso aumenta la latencia y el consumo de CPU tanto en el emisor como en el receptor.

También se puede mejorar la eficiencia agrupando mensajes (*message batching*). La mayor parte de los mensajes que se intercambian los componentes de un juego son bastante pequeños (apenas unos cientos de bytes). Utilizar mensajes mayores (cercanos a la MTU (Maximum Transfer Unit)) normalmente es más eficiente, aunque de nuevo eso puede afectar negativamente a la latencia. El primer mensaje de cada bloque tendrá que esperar a que la cantidad de información sea suficiente antes de salir del computador. Obviamente eso puede ser prohibitivo dependiendo de la información de que se trate. La posición del jugador debería notificarse lo antes posible, mientras que su puntuación actual puede esperar varios segundos.

Como en tantas otras situaciones, las técnicas que permiten mejorar un aspecto a menudo son perjudiciales para otros. Por ese motivo no se pueden dar pautas generales que sean aplicables en todos los casos. En cada juego, y para cada flujo de información habrán de analizarse las opciones disponibles.

Una de las técnicas más útiles consiste en modelar el estado de los objetos —en particular los jugadores y el mundo virtual— de modo que los cambios puedan ser notificados de forma asíncrona, es decir, limitar al mínimo las situaciones en las que la progresión del juego dependa de una respuesta inmediata a una petición concreta o de un evento asíncrono (como el protocolo *lockstep*). Como se ha visto en otros capítulos, la mayoría de los juegos se pueden modelar como un sistema dirigido por eventos y no es diferente en el caso de la interacción con componentes remotos.

Una petición asíncrona es aquella que no bloquea al programa, habitualmente al cliente. Eso se puede conseguir realizando la petición en un hilo de ejecución adicional y especificando un *callback*, permitiendo así progresar al juego. Cuando llega la respuesta, se trata como un evento asíncrono más.

Otra posibilidad interesante —siguiendo la misma idea— es utilizar comunicaciones *oneway*, es decir, enviar mensajes que anuncian cambios (hacia o desde el servidor) pero que no implican una respuesta de vuelta a la fuente del mensaje. Los mensajes *oneway* (que podemos llamar *eventos*) permiten diseñar estrategias mucho más escalables. Una comunicación basada en intercambio de mensajes petición–respuesta solo se puede implementar con un sistema de entrega *unicast* (un único destino por mensaje) mientras que una comunicación basada en eventos puede aprovechar los mecanismos de difusión multicast de TCP/IP y otros protocolos.

Es bien sabido que Internet tiene un soporte de multicast bastante limitado debido a que hay relativamente pocas operadoras que ofrezcan ese servicio de forma generalizada. Además, IP multicast solo es aplicable si se utiliza UDP como protocolo de transporte (aunque es los más frecuente en los juegos en red). Incluso con estas restricciones, es posible utilizar mecanismos de propagación de eventos que permiten que las comunicaciones del juego resulten mucho más eficientes y escalables. En juegos con miles de jugadores y decenas de servidores, la comunicación basada en eventos simplifica la sincronización de estos y los algoritmos de consistencia.

2.6. Modelo de información

En un juego en red hay mucha información estática (como el mapa del nivel en un *shotter*), pero también muchos datos que se actualizan constantemente. La responsabilidad de almacenar, actualizar y transmitir toda esa información lleva a implementar diferentes modelos, que obviamente están muy relacionados con los modelos de comunicaciones que vimos en la sección anterior:

Centralizado Es el modelo más sencillo. Un único componente (el servidor) recoge la información procedente de los jugadores, actualiza el estado global del juego, comprueba que es completo y correcto aplicando las reglas del juego y otras restricciones y distribuye el resultado a los jugadores. Esto incluye evaluar la interacción entre los jugadores, detectar errores o trucos ilegales (*cheats*) o actualizar las puntuaciones. Habrá información que interese a todos los jugadores por igual y deba ser transmitida a todos ellos, pero habrá ciertos datos que pueden implicar únicamente a algunos de los jugadores. Por ejemplo, la orientación y ángulo exacto del arma de cada jugador solo es importante para aquellos que pueden verlo o ser alcanzados si dispara. Este tipo de análisis puede ahorrar muchos mensajes innecesarios. En resumen, en el modelo centralizado únicamente el servidor conoce el mundo completo y cada jugador solo tiene la información que le atañe.

Replicado En este caso, varios (incluso todos) los participantes en el juego tienen una copia del mundo virtual. Eso implica la necesidad de sincronizar esa información entre los participantes. Por eso, resulta conveniente cuando la mayor parte del estado del juego puede ser determinada de forma aislada, es decir, con poca interacción con los participantes.

Distribuido Cada participante tiene una parte del estado global del juego, normalmente la que más le afecta, de modo que se reducen los mensajes necesarios para determinar la situación de cada jugador. El modelo distribuido es adecuado cuando el estado depende mucho de variables difíciles de prever. Lógicamente, es menos adecuado para evitar inconsistencias.

2.7.   Uso de recursos de red

El uso que cualquier aplicación hace de los recursos de red se puede cuantificar en función de ciertas variables objetivas [20]:

- El número de mensajes transmitidos.
- La cantidad media de destinatarios por mensaje.
- El ancho de banda medio requerido para enviar un mensaje a cada destinatario.
- La urgencia de que el mensaje llegue a cada destinatario.
- La cantidad de procesamiento necesario para procesar cada mensaje entrante.

Estos valores pueden ser medidos en una situación de funcionamiento óptimo o bien pueden ser calculados a partir de un modelo teórico del juego. También es posible determinar cómo afectarán a estas variables los posibles cambios respecto a una situación de partida. Por ejemplo, en qué medida crece la cantidad o el tamaño de los mensajes en función del número de jugadores, el tamaño del mapa, la latencia del jugador más lento, etc.

2.8.   Consistencia e inmediatez

La consistencia se puede cuantificar en función de las diferencias entre el estado del juego que percibe cada jugador respecto al estado de referencia que mantiene el servidor. Estas diferencias se deben a la dificultad de compartir la misma información con todos los nodos en el mismo instante. Existen algoritmos distribuidos que permiten obtener un estado global consistente, por ejemplo utilizando reglas de orden causal. Sin embargo, la obtención de ese estado global lleva demasiado tiempo, aumentando sensiblemente la latencia. Por eso muchas veces es preferible sacrificar algo de consistencia en favor de la inmediatez.

La inmediatez (del inglés *responsiveness*) es el tiempo que necesita un participante para procesar un evento que afecta al estado global. Si cada nodo procesa cada evento tan pronto como le llega, el jugador tendrá realimentación inmediata de sus acciones y las de otros, pero si lo hace sin verificar que el evento ha llegado también a los demás participantes se producirán inconsistencias. Es decir, consistencia e inmediatez son propiedades esenciales, pero contrapuestas.

Cuanto menor sea el ancho de banda, mayor la latencia y el número de participantes, más difícil será mantener un equilibrio razonable entre consistencia e inmediatez.

Desde el punto de vista del jugador es determinante que el juego reaccione inmediatamente, al menos a las acciones que realiza él. En el modelo cliente-servidor puro las acciones del jugador (ej. pulsaciones de teclas) se envían al servidor y la representación de sus acciones en su interfaz gráfica no ocurre hasta que el servidor las valida y determina la posición y estado del jugador. Esto supone entre 100 y 200 ms en el mejor de los casos si intervienen conexiones WAN. Algunos juegos cliente-servidor utilizan un pequeño «truco» que se aprovecha de la percepción humana. Si el sistema sensorial humano percibe un estímulo visual y otro sonoro que se supone que son simultáneos (ej. una puerta que se cierra y el sonido que produce) el cerebro lo interpreta así a pesar de que no se produzcan realmente en el mismo instante. La tolerancia máxima que parece aplicar el cerebro ronda los 100-150 ms. Este efecto se denomina «vinculación multisensorial».

Una mejora obvia es conseguir que el cliente calcule los cambios en el estado que estima corresponden a la interacción con el jugador previendo lo que más tarde anunciará el servidor. Obviamente, el servidor dispone de la información de todos los participantes mientras que el participante solo dispone de la interacción con el jugador y la historia pasada.

Vinculación multisensorial

El jugador dispara su arma, el cliente reproduce el sonido del disparo inmediatamente y envía un mensaje al servidor. El servidor envía un mensaje indicando la rotura de un cristal como efecto del disparo. Si todo ello ha ocurrido en un lapso de alrededor de 100 ms, el cerebro del jugador interpretará que todo ha ocurrido simultáneamente.

Veamos un ejemplo. El jugador presiona el botón de avance, la aplicación calcula la nueva posición del personaje y la representa. Al mismo tiempo un mensaje que incluye esa acción se ha enviado al servidor. El servidor realiza el mismo cálculo y envía a todos los clientes involucrados la nueva posición del personaje. En condiciones normales, habrá relativamente poca variación entre la posición calculada por el cliente y por el servidor y no será necesario que el cliente tome ninguna acción adicional.

Pero puede presentarse otra situación. En el preciso momento en el que el jugador avanzaba el personaje recibe un disparo. El servidor descarta el mensaje con la acción de avance y notifica la muerte de ese personaje. Todos los participantes han visto morir al personaje mientras que el jugador ha sido testigo de la inconsistencia, primero lo vio avanzar normalmente y luego de pronto aparecer muerto unos metros atrás.

Es una mejora obvia pero compleja de implementar. Para que el cliente pueda determinar el estado previsible de personaje necesita aplicar todas las restricciones físicas del escenario. En el caso de un juego 3D eso implica colisiones, gravedad, inercia, ..., cosas que no eran necesarias con un modelo cliente-servidor puro.

Un modelo altamente consistente no puede hacer este tipo de predicciones, pero tendrá poca inmediatez (es decir alta latencia) porque las acciones deben ser corroboradas por el servidor antes de ser consideradas válidas. Si en lugar de un modelo centralizado utilizamos un modelo distribuido la situación es más grave porque la acción deberá ser corroborada por todos los implicados.

 Eco local: Un ejemplo cotidiano de la relación entre consistencia e inmediatez lo tenemos en las aplicaciones de shell o escritorio remoto. En estas aplicaciones suele existir la opción de utilizar *eco local* o *eco remoto*, es decir, si la aparición de las pulsaciones o posición del ratón depende directamente de nuestras acciones o de la realimentación que dé el servidor.

2.9.   Predicciones y extrapolación

Cuando la inmediatez es un requisito más importante que la consistencia, la solución pasa por predecir. Para conseguir mayor inmediatez se requiere mínima latencia, y dado que se trata de una restricción física la única alternativa es predecir. A partir de los valores previos de las propiedades de un objeto, se extrapola el siguiente valor probable. De ese modo, el usuario percibirá un tiempo de respuesta cercano a cero, similar al de un juego monojugador. En la sección anterior vimos un esbozo para conseguir predecir la consecuencias de las acciones del usuario (esto se denomina «predicción del jugador»), pero también podemos predecir las acciones de las otras partes activas del juego, que se denomina en general «predicción del oponente» o «del entorno» [1].

2.9.1.   Predicción del jugador

Veamos en detalle el algoritmo que aplica el cliente para predecir cómo las acciones del usuario afectan al estado del juego:

1. Procesar eventos procedentes de los controles (teclado, ratón, joystick, etc.).

2. Serializar las acciones del usuario y enviarlas al servidor.

3. Determinar qué elementos del mundo virtual serán influidos con la acción del usuario y calcular las modificaciones en su estado.

4. Renderizar la nueva situación del juego.

5. Esperar las actualizaciones de estado del servidor.

6. Si hay diferencias, modificar el estado del juego para compensar los errores cometidos.

Aunque el usuario tiene realimentación inmediata de sus acciones, el tiempo transcurrido entre el paso 4 y el 6 (el tiempo de respuesta) sigue siendo determinante. Si las predicciones no son rápidamente corroboradas o corregidas con la información procedente del servidor, el error cometido por la predicción se irá acumulando aumentando las diferencia entre el estado real del juego (mantenido por el servidor) y el estimado por el cliente.

Nótese que el cliente puede además enviar la predicción al servidor, de modo que éste pueda validarla. Así el servidor solo enviará datos si detecta que el error ha superado determinado umbral. Mientras el cliente sea capaz de predecir correctamente la trayectoria, el servidor simplemente tiene que dar el visto bueno, y no tiene porqué hacerlo constantemente. Esto reduce el tráfico desde el servidor hacia los clientes, pero le supone una carga de trabajo adicional.

El problema surge cuando el servidor envía correcciones respecto a la predicción. La corrección tendrá una marca de tiempo en el pasado, de modo que el cliente debería desechar todos las modificaciones que ha hecho sobre el estado el juego desde la marca hasta el presente. Después debe volver a aplicar todos los eventos que se han producido desde ese instante para estimar el nuevo estado.

Eso significa que el estado previsto por el cliente que no han sido corroborada por el servidor debe considerarse tentativo, y los eventos que se han producido desde el último instante verificado deben almacenarse temporalmente.

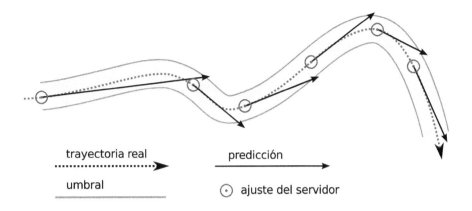

trayectoria real

predicción

umbral

⊙ ajuste del servidor

Figura 2.3: Cuando la predicción calcula una posición fuera del umbral permitido (fuera de la línea roja), el servidor envía una actualización (marcas azules) que incluye la posición, dirección y velocidad real actual. El cliente recalcula su predicción con la nueva información

2.9.2. Predicción del oponente

Esta técnica (también conocida como *dead reckoning* [1, § 9.3]) se utiliza para calcular el estado de entidades bajo el control de otros jugadores o del motor del juego.

Para predecir la posición futura de un objeto se asume que las características de su movimiento (dirección y velocidad) se mantendrán durante el siguiente ciclo. Como en la predicción del jugador, el cliente puede publicar sus predicciones. El servidor (o los otros participantes si es una arquitectura distribuida) verifica el error cometido y decide si debe enviar la información real para realizar las correcciones. Esta información puede incluir la posición, dirección y sentido, velocidad e incluso aceleración. De ese modo, el cliente no necesita estimar o medir esos parámetros, puede utilizar los que proporciona la fuente, sea otro jugador o el propio motor del juego, ahorrando cálculos innecesarios. La figura 2.3 ilustra este proceso.

Conocido el vector de dirección y la velocidad es sencillo predecir la operación con física elemental (ver formula 2.1), siendo t_0 el instante en que se calculó la posición anterior y t_1 el instante que se desea predecir.

$$e(t_1) = e(t_0) + v(t_1 - t_0) \tag{2.1}$$

Si además se desea considerar la aceleración se utiliza la formula para un movimiento uniformemente acelerado y rectilíneo:

$$e(t_1) = e(t_0) + v(t_1 - t_0) + \frac{a(t_1 - t_1)^2}{2} \tag{2.2}$$

Considerar la aceleración puede llevar a cometer errores de predicción mucho mayores si no se tiene realimentación rápida, por lo que se desaconseja con latencias altas. El cliente puede medir continuamente el RTT (Render To Texture) (Round Trip Time) al servidor y en función de su valor decidir si es conveniente utilizar la información de aceleración.

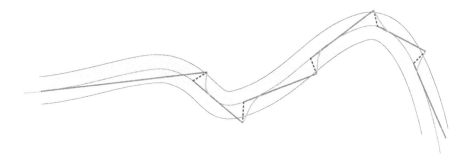

Figura 2.4: Cuando se reajusta la posición se producen saltos (líneas discontinuas azules) mientras que aplicando un algoritmo de convergencia (líneas verdes) el objeto sigue una trayectoria continua a pesar de no seguir fielmente la trayectoria real y tener que hacer ajustes de velocidad

Dependiendo del tipo de juego, puede ser necesario predecir la posición de partes móviles, rotaciones o giros que pueden aumentar la complejidad, pero no hacerlo podría llevar a situaciones anómalas, como por ejemplo un personaje que debe apuntar continuamente a un objetivo fijado.

Cuando la diferencia entre el estado predicho y el real (calculado por el servidor) es significativa no es admisible modificar sin más el estado del juego (*snap*). Si se trata, por ejemplo, de la posición de un personaje implicaría saltos (se *teletransporta*), que afectan muy negativamente a la experiencia de juego. En ese caso se utiliza un algoritmo de *convergencia* que determina los ajustes necesarios para llegar a un estado coherente con el estado real desde la posición incorrecta en el pasado en un tiempo acotado. Si se trata de posiciones se habla de «trayectoria de convergencia lineal». La figura 2.4 ilustra la diferencia entre aplicar o no un algoritmo de convergencia de trayectoria para el ejemplo anterior.

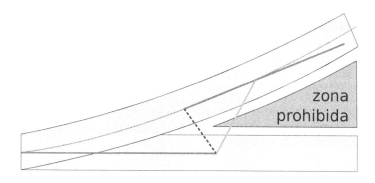

Figura 2.5: Ejemplo de trayectoria de convergencia incorrecta debido a un obstáculo

Aunque es una técnica muy efectiva para evitar que el usuario sea consciente de los errores cometidos por el algoritmo de predicción, pueden presentarse situaciones más complicadas. Si en un juego de carreras, la ruta predicha implica que un coche sigue en línea recta, pero en la real toma un desvío, la ruta de convergencia llevaría el coche a atravesar una zona sin asfaltar, que puede transgredir las propias reglas del juego. Este escenario es muy común en los receptores de GPS (Global Positioning System) que utilizan una técnica de predicción muy similar (ver figura 2.5).

2.10. Sockets TCP/IP

La programación con *sockets* es la programación en red de mas bajo nivel que un desarrollador de videojuegos generalmente realizará. Por encima de los *sockets* básicos que veremos a lo largo de esta sección se pueden usar librerías y middlewares, algunos de los cuales los veremos mas adelante.

Estas librerías y middlewares nos aportan un nivel mas alto de abstracción aumentando nuestra productividad y la calidad del código, a costa, en algunas ocasiones, de una pérdida de la eficiencia.

Conceptualmente, un *socket* es un punto de comunicación con un programa que nos permite comunicarnos con él utilizando, en función del tipo de *socket* que creemos, una serie de protocolos y, a más alto nivel, mediante un protocolo que nosotros mismo diseñamos. En función del rol que asuma el programa, cabe distinguir dos tipos de programas:

- Cliente: Que solicita a un servidor un servicio.

- Servidor: Que atiende peticiones de los clientes.

En la literatura tradicional, hablamos de mecanismos de IPC (InterProcess Communication) (*Inter-Process Communication*) a cualquier mecanismo de comunicación entre procesos. Cuando los procesos a comunicar se encuentran dentro del mismo computador, hablamos de programación concurrente. Cuando hay una red de ordenadores entre los dos procesos a comunicar, hablamos de programación en red.

En ambos casos se pueden utilizar *sockets*, no obstante, nosotros vamos a tratar con un tipo específico de *sockets* denominados *Internet Sockets* y que nos permiten comunicar un proceso en nuestra máquina con cualquier otra máquina conectada a Internet.

2.10.1. Creación de *Sockets*

Aunque, por norma general, los *sockets* desarrollados en los sistemas operativos no son exactamente iguales, es cierto que casi todos los sistemas operativos han seguido los denominados *Berkeley Sockets* como guía de diseño y por lo tanto, como API (Application Program Interface) para la programación de aplicaciones en red. En esta sección vamos a seguir los pasos de programación de un entorno GNU/Linux que es extensible a toda la familia UNIX. Con matices mas amplios sirve para entender el interfaz de programación *socket* en general.

Veamos paso a paso la creación de *sockets*, si vemos la primitiva para crear un *socket*:

sockfd = socket(int socket_family, int socket_type, int protocol);

Admite tres argumentos de entrada, el *socket_family* define la familia del *socket* que vamos a crear, aunque en esta sección nos vamos a centrar en la familia AF_INET relacionada con los *sockets* para comunicaciones entre procesos a través de Internet (usando IPv4), es necesario resaltar que se pueden usar *sockets* para cualquier tipo de comunicación inter-proceso. El parámetro que devuelve es un descriptor del *socket* que utilizaremos para referirnos a él.

Siguiendo la filosofía de diseño de los sistemas operativos Unix y Linux, los descriptores de *sockets* son también descriptores de archivos.

En concreto, tenemos las familias de *sockets* AF_UNIX y AF_LOCAL para la comunicación local donde la dirección de comunicación es el nombre de un archivo, AF_INET6 para IPv6, AF_NETLINK para comunicar el kernel con el espacio de usuario o procesos entre ellos (en este caso similar a la familia AF_UNIX), etc.

El segundo argumento nos especifica qué tipo de *socket* vamos a crear dentro de la familia seleccionada en el argumento anterior. Para AF_INET *socket* tenemos como principales opciones:

- SOCK_STREAM : indica un tipo de *socket* que soporta una comunicación entre procesos confiable, orientada a la conexión y que trata la comunicación como un flujo de bytes.

- SOCK_DGRAM : indica un tipo de *socket* que soporta una comunicación entre procesos no confiable, no orientada a la conexión y que trata la comunicación como un intercambio de mensajes.

Dentro de esta familia también se incluyen otro tipo de *sockets* como SOCK_RAW que permite al programador acceder a las funciones de la capa de red directamente y poder, por ejemplo, construirnos nuestro propio protocolo de transporte. El otro tipo de *socket* que nos podemos encontrar es SOCK_SEQPACKET que proporciona una comunicación fiable, orientada a conexión y a mensajes. Mientras que las tres familias anteriores están soportadas por la mayoría de los sistemas operativos modernos, la familia SOCK_SEQPACKET no tiene tanta aceptación y es más difícil encontrar una implementación para según qué sistemas operativos.

Si nos fijamos, los tipos de *sockets* nos describen qué tipo de comunicación proveen. El protocolo utilizado para proporcionar dicho servicio debe ser especificado en el tercer parámetro. Generalmente, se asocian SOCK_DGRAM al protocolo UDP, SOCK_STREAM al protocolo TCP, SOC_RAW directamente sobre IP. Estos son los protocolos que se usan por defecto, no obstante, podemos especificar otro tipos de protocolos siempre y cuando estén soportados por nuestro sistema operativo.

Como ya hemos comentado, cada tipología de *socket* nos proporciona una comunicación entre procesos con unas determinadas características y usa unos protocolos capaces de proporcionar, como mínimo, esas características. Normalmente, esas características requieren de un procesamiento que será más o menos eficiente en cuanto a comunicaciones, procesamiento, etc.

Es imprescindible que el desarrollador de la parte de networking conozca el coste de esas características de cara a diseñar un sistema de comunicaciones eficiente y que cumpla con las necesidades del videojuego. La decisión de qué tipo de comunicación quiere determina:

- El tipo de estructura del cliente y servidor.

- La eficiencia en las comunicaciones

- Otras características asociadas al tipo de servicio como pueden ser si es orientada a la conexión o no, comunicación mediante bytes o mensajes, capacidad de gestionar QoS o no, etc.

Esta decisión, a groso modo está relacionada con si queremos una comunicación confiable o no, es decir, en el caso de Internet, decidir entre usar un SOCK_STREAM o SOCK_DGRAM respectivamente y por ende, en la mayoría de los casos, entre TCP o UDP.

El uso de SOCK_STREAM implica una conexión confiable que lleva asociado unos mecanismos de reenvío, ordenación, etc. que consume tiempo de procesamiento a cambio de garantizar la entrega en el mismo orden de envío. En el caso de SOCK_DGRAM no se proporciona confiabilidad con lo que el tiempo de procesamiento se reduce.

¿Qué tipo de comunicación empleo? En función del tipo de datos que estemos transmitiendo, deberemos usar un mecanismo u otro. Como norma general todos aquellos datos en tiempo real que no tiene sentido reenviar irán sobre SOCK_DGRAM mientras que aquellos tipos de datos más sensibles y que son imprescindibles para el correcto funcionamiento deben ir sobre SOCK_STREAM.

Algunos ejemplos de uso de ambos protocolos nos pueden clarificar qué usos se le dan a uno y otro protocolo. En las últimamente populares conexiones multimedia en tiempo real, por ejemplo una comunicación VoIP, se suele usar para la transmisión del audio propiamente dicho el protocolo RTP (Real Time Protocol) que proporciona una conexión no confiable. Efectivamente, no tiene sentido reenviar una porción de audio que se pierde ya que no se puede reproducir fuera de orden y almacenar todo el audio hasta que el reenvío se produce generalmente no es aceptable en las comunicaciones. No obstante, en esas mismas comunicaciones el control de la sesión se delega en el protocolo (SIP (Session Initiation Protocol)) encargado del establecimiento de la llamada. Este tipo de datos requieren de confiabilidad y por ello SIP se implementa sobre TCP.

Podemos trasladar este tipo de decisiones al diseño de los módulos de networking de un determinado videojuego. Una vez decidida la información necesaria que se debe transmitir entre los diversos participantes, debemos clasificar y decidir, para cada flujo de información si va a ser mediante una conexión confiable no confiable.

Es difícil dar normas genéricas por que, como adelantamos en la introducción, cada videojuego es diferente, no obstante, generalmente se utilizará comunicaciones no confiables para:

- Aquella información que por su naturaleza, lleven el tiempo implícito en su validez como información. Generalmente toda la información de tiempo real como movimientos de granularidad fina , audio y vídeo, etc.

- Información que pueda ser inferida a partir de datos que recibimos antes o después. Por ejemplo, si el movimiento de un personaje se compone de varios movimientos intermedios y se puede inferir uno de esos movimiento intermedios a partir del resto (o incluso ignorar), esa información es candidata a ser transmitida mediante una conexión o confiable.

El resto de información que no cae en estas dos secciones puede ser susceptible de implementarse utilizando comunicaciones confiables.

Este primer paso de decisión de qué tipo de comunicación se necesita es importante ya que determina la estructura del cliente y el servidor.

2.10.2. Comunicaciones confiables

Las comunicaciones confiables garantizan la llegada de la información transmitida, sin pérdidas y la entrega al destino en el orden en el cual fueron enviados. La configuración por defecto de los *sockets* utiliza TCP y la estructura asociada a los clientes tiene la siguientes primitivas:

- *struct hostent *gethostbyname(const char *name)*: Esta estructura nos sirve para identificar al servidor donde nos vamos a conectar y puede ser un nombre (e.j. ejemplo.nombre.es), dirección IPv4 (e.j. 161.67.27.1) o IPv6. En el caso de error devuelve null.

- *int connect(int sockfd, const struct sockaddr
  serv_addr, socklen_t addrlen): Esta primitiva nos permite realizar la conexión con un servidor especificado por serv_addr usando el *socket* sockfd. Devuelve 0 si se ha tenido éxito.

- *ssize_t
  send(int s, const void *msg, size_t len, int flags)*: esta primitiva es utilizada para mandar mensajes a través de un *socket* indicando, el mensaje (*msg*), la longitud del mismo (*len*) y con unas opciones definidas en *flags*. Devuelve el número de caracteres enviados.

- *ssize_t
  recv(int s, void *buf, size_t lon, int flags)*: esta primitiva es utilizada para recibir mensajes a través de un *socket* ((s)), el mensaje es guardado en *buf*, se leen los bytes especificados por lon y con unas opciones definidas en *flags*. Devuelve el número de caracteres recibidos.

- *close(int sockfd)*: cierra un *socket* liberando los recursos asociados.

Con estas primitivas podemos escribir un cliente que se conecta a cualquier servidor e interacciona con él. Para la implementación del servidor tenemos las mismas primitivas de creación, envío, recepción y liberación. No obstante, necesitamos algunas primitivas más:

- *int bind(int sockfd, struct sockaddr *my_addr,
  socklen_t addrlen)*: Una vez creado un *socket* que nos va a servir de servidor necesitamos asociarle una dirección local (my_addr y su longitud addrlen).

- int listen(int s, int backlog): Con esta primitiva se indica que el *socket* s va a aceptar conexiones entrantes hasta un límite de conexiones pendientes definido en *backlog*.

- *int accept(int s, struct sockaddr *addr,
  socklen_t *addrlen)*: Esta función acepta una conexión pendiente, le asocia un nuevo *socket* que será devuelto por la función y que se empleará para la transmisión y recepción de datos propiamente dicho con el cliente que se acaba de aceptar. Llamaremos a este nuevo *socket*, *socket* de servicio.

Veamos una implementación de ejemplo que nos sirva para inscribir a un personaje en una partida gestionada por un servidor. En este primer ejemplo un usuario se desea registrar en un servidor de cara a enrolarse en una partida multijugador. La información de usuario será expresada por una estructura en C que podemos ver en el listado 2.1 conteniendo el nick del jugador, su tipo de cuenta y su clave. Este tipo de información es necesario transmitirlo por una conexión confiable ya que queremos que el proceso se realice de forma confiable.

Listado 2.1: Estructura de registro de jugadores

```
1  struct player{
2      char nick[10];
3      int account_type;
4      char passwd[4];
5  };
```

En las estructuras definidas para su transmisión en red no se deben usar punteros. Es necesario resaltar que los punteros sólo tienen sentido en el espacio de memoria local y al transmitirlo por la red, apuntan a datos distintos en la máquina destino. Salvo mecanismo que tenga en cuenta este aspecto, el uso de punteros no tiene sentido en este tipo de estructuras

La implementación relativa al proceso de comunicación por parte del servidor se muestra, a groso modo, en el listado 2.2. Por motivos didácticos y de simplificación no se ha introducido código de gestión de errores. Cada una de las invocaciones relativas a *sockets*, retornan códigos de error que el desarrollador debe tratar de forma adecuada.

En el servidor podemos ver la definición de las variables necesarias para las comunicaciones, incluidas las direcciones del propio servidor y del cliente que se le ha conectado. Definimos, con la constante PORT, el puerto donde estaremos a la escucha. Inicializaremos la dirección a la cual vamos a vincular el *socket* servidor de forma apropiada (líneas 17 a 20). Desde un punto de vista práctico en *sockets* de red, las direcciones locales y remotas se representan mediante la estructura *sockaddr_in*, donde existen tres campos cruciales, *sin_family* que indica el tipo de familia al cual pertenece la dirección, el *sin_port* que es el puerto y la estructura *sin_addr* dentro de la cual el campo *s_addr* nos indica la dirección IP remota a la cual vamos asociar al *socket*. Si indicamos, como en el ejemplo INADDR_ANY indicamos que aceptamos conexiones de cualquier dirección.

Listado 2.2: Servidor de registro de jugadores

```
1  int main(int argc, char *argv[])
2  {
3
4      struct sockaddr_in serverAddr;
5      int serverSocket;
6      struct sockaddr_in clientAddr;
7      int serviceSocket;
8      int read_bytes=0;
9      unsigned int serverPort;
10     unsigned int len_client=0;
11     struct player *new_player;
12
13
14     serverPort = PORT;
15     serverSocket = socket(PF_INET, SOCK_STREAM, IPPROTO_TCP);
16
17     memset(&serverAddr, 0, sizeof(serverAddr));
18     serverAddr.sin_family = AF_INET;
19     serverAddr.sin_addr.s_addr = htonl(INADDR_ANY);
20     serverAddr.sin_port = htons(serverPort);
21
22     bind(serverSocket, (struct sockaddr *)&serverAddr, sizeof(serverAddr));
23     listen(serverSocket, MAXCONNECTS);
24     while(1)
25     {
26        printf("Listening clients..\n");
27        len_client = sizeof(clientAddr);
28        serviceSocket = accept(serverSocket, (struct sockaddr *) &clientAddr, &(len_client));
29        printf("Cliente %s conectado\n", inet_ntoa(clientAddr.sin_addr));
30        new_player = (struct player *)malloc(sizeof(struct player));
31        read_bytes= recv(serviceSocket, new_player,sizeof(struct player) ,0);
32        printf("Nuevo jugador registrado %s con cuenta %d y password %s\n", new_player->nick,
                    new_player->account_type, new_player->passwd);
33        close(serviceSocket);
34     }
35
36  }
```

Para evitar problemas con el orden de los bytes (utilizando *bit_endian* o *little_indian*) se pasan a un formato de red utilizando las funciones *htons* y *htonl* que convierten del formato host, a un formato de red. Existen de igual manera *ntohl* y *ntohs* para realizar el proceso inverso. La l y la s al final de las funciones indican si es el tipo *sort* o *long*.

Una vez creado y vinculado un *socket* a una dirección, estamos listos para entrar en un bucle de servicio donde, se aceptan conexiones, se produce el intercambio de mensajes con el cliente conectado y con posterioridad se cierra el *socket* de servicio y se vuelven a aceptar conexiones. Si mientras se atiende a un cliente se intenta conectar otro, queda a la espera hasta un máximo especificado con la función *listen*. Si se supera ese máximo se rechazan las conexiones. En este caso la interacción se limita a leer los datos de subscripción del cliente.

El cliente, tal y como vemos en el listado 2.3, sigue unos pasos similares en cuanto a la creación del *socket* e inicialización de las direcciones. En este caso se debe introducir la dirección IP y puerto del servidor al cual nos queremos conectar. En este caso *localhost* indica que van a estar en la misma máquina (linea 19). A continuación nos conectamos y enviamos la información de subscripción.

En este ejemplo, el diseño del protocolo implementado no podría ser más simple, la sintaxis de los paquetes están definidos por la estructura, la semántica es relativamente simple ya que el único paquete que se envía indican los datos de registro mientras que la temporización también es muy sencilla al ser un único paquete.

Listado 2.3: Cliente que registra un usuario en el servidor

```
1  int main(int argc, char *argv[])
2  {
3
4      struct sockaddr_in serverAddr;
5      struct hostent    *server_name;
6      int serviceSocket;
7      unsigned int serverPort;
8      struct player myData;
9      int send_bytes=0;
10     int len_server=0;
11
12     strncpy(myData.nick,"Carpanta",sizeof("Carpanta"));
13     myData.account_type = PREMIUM;
14      strncpy(myData.passwd,"123",sizeof("123"));
15
16     serverPort = PORT;
17     serviceSocket = socket(PF_INET, SOCK_STREAM, IPPROTO_TCP);
18
19     server_name = gethostbyname("localhost");
20     memset(&serverAddr, 0, sizeof(serverAddr));
21     memcpy(&serverAddr.sin_addr, server_name->h_addr_list[0], server_name->h_length);
22     serverAddr.sin_family = AF_INET;
23     serverAddr.sin_port = htons(serverPort);
24
25     len_server = sizeof(serverAddr);
26     printf("Connecting to server..");
27     connect(serviceSocket,(struct sockaddr *) &serverAddr,(socklen_t)len_server);
28     printf("Done!\n Sending credentials.. %s\n", myData.nick);
29     send_bytes = send(serviceSocket, &myData, sizeof(myData),0);
30     printf("Done! %d\n",send_bytes);
31     close(serviceSocket);
32     return 0;
33  }
```

2.10.3. Comunicaciones no confiables

En el caso de las comunicaciones no confiables, y tal y como vimos al principio de esta sección, se utilizan para enviar información cuya actualización debe ser muy eficiente y en la cual, la pérdida de un paquete o parte de la información, o no tiene sentido un proceso de reenvío o bien se puede inferir. Para mostrar este ejemplo podemos ver, para un juego FPS, como un cliente va a enviar información relativa a su posición y orientación, y el servidor le envía la posición y orientación de su enemigo.

Asumiremos que la información de la posición del enemigo siempre es relevante de cara a la representación del juego. En el listado 2.4 podemos ver la estructura *position* que nos sirve para situar un jugador en un juego tipo FPS. Este es un ejemplo de estructura que podemos asociar a comunicaciones no confiables ya que:

- Cada cambio en la posición y orientación del jugador debe generar una serie de mensajes al servidor que, a su vez, debe comunicarlo a todos los jugadores involucrados.

- Al ser un tipo de información que se modifica muy a menudo y vital para el juego, se debe notificar con mucha eficiencia.

- En principio la pérdida ocasional de algún mensaje no debería plantear mayores problemas si se diseña con una granularidad adecuada. La información perdida puede inferirse de eventos anteriores y posteriores o incluso ignorarse.

Listado 2.4: Estructura que representa la posición y orientación de un jugador

```
1  struct position{
2      int userID;
3      float x; // x coordenate
4      float y; // y coordenate
5      float z; // z coordenate
6      float rotation[3][3]; // 3x3 rotation matrix
7  };
```

El servidor (listado 2.5) en este caso prepara una estructura que representa la posición de un jugador (lineas 10-14), que podría ser un jugador manejado por la IA del juego, a continuación se crea el *socket* de servicio y se prepara para aceptar paquetes de cualquier cliente en el puerto 3000. Finalmente se vincula el *socket* a la dirección mediante la operación *bind* y se pone a la espera de recibir mensajes mediante la operación *recvfrom*. Una vez recibido un mensaje, en la dirección *clientAddr* tenemos la dirección del cliente, que podemos utilizar para enviarle mensajes (en este caso mediante la operación *sendto*).

 Información de estado: La información de estado que un servidor le envía a un cliente es sólo aquella información relativa a su visión parcial del estado del juego. Es decir, la mínima imprescindible para que el cliente pueda tener la información de qué le puede afectar en cada momento

Listado 2.5: Servidor de estado del juego

```
1  int main(int argc, char *argv[])
2  {
3    int serviceSocket;
4    unsigned int length;
5    struct hostent *server_name;
6    struct sockaddr_in localAddr, clientAddr;
7    struct position otherplayer;
8    struct position player;
9
10   otherplayer.userID=9;
11   otherplayer.x=10;
12   otherplayer.y=10;
13   otherplayer.z=0;
14   otherplayer.rotation[0][0]=2;
15
16   serviceSocket = socket( AF_INET, SOCK_DGRAM, 0 );
17   localAddr.sin_family = AF_INET;
18   localAddr.sin_port = htons(3000);
19   localAddr.sin_addr.s_addr = htonl(INADDR_ANY);
20
21   length = sizeof(clientAddr);
22   bind( serviceSocket, (struct sockaddr *)&localAddr, sizeof(localAddr) );
23   recvfrom(serviceSocket, &player, sizeof(struct position), 0, (struct sockaddr *)&clientAddr, &
            length );
24   printf("Player ID:%d is in position %f,%f,%f with orientation %f",player.userID,player.x,
            player.y, player.z, player.rotation[0][0]);
25   sendto(serviceSocket, &otherplayer, sizeof(struct position), 0, (struct sockaddr *)&clientAddr
            , length );
26   return 0;
27 }
```

El cliente en este caso guarda muchas similitudes con el servidor (listado 2.6). En primer lugar se prepara la estructura a enviar, se crea el *socket*, y se prepara la dirección de destino, en este caso, la del servidor que se encuentra en el mismo host (lineas 21-25), una vez realizada la vinculación se envía la posición y se queda a la espera de paquetes que provienen del servidor mediante la función *recvfrom*.

Listado 2.6: Cliente de un jugador

```
1  int main(int argc, char *argv[])
2  {
3    int serviceSocket;
4    unsigned int length;
5    struct hostent *server_name;
6    struct sockaddr_in localAddr, serverAddr;
7    struct position mypos;
8    struct position enemy;
9
10   mypos.userID=10;
11   mypos.x=23;
12   mypos.y=21;
13   mypos.z=0;
14   mypos.rotation[0][0]=1;
15
16   serviceSocket = socket( AF_INET, SOCK_DGRAM, 0 );
17   localAddr.sin_family = AF_INET;
18   localAddr.sin_port = 0;
19   localAddr.sin_addr.s_addr = htonl(INADDR_ANY);
20
21   server_name = gethostbyname("localhost");
22   memset(&serverAddr, 0, sizeof(serverAddr));
23   memcpy(&serverAddr.sin_addr, server_name->h_addr_list[0], server_name->h_length);
24   serverAddr.sin_family = AF_INET;
25   serverAddr.sin_port = htons(3000);
```

```
26
27    memset( &( serverAddr.sin_zero), '\0', 8 );
28    length = sizeof( struct sockaddr_in );
29    bind( serviceSocket, (struct sockaddr *)&localAddr, length );
30    sendto(serviceSocket, &mypos, sizeof(struct position), 0, (struct sockaddr *)&serverAddr,
          length );
31    recvfrom(serviceSocket, &enemy, sizeof(struct position), 0, (struct sockaddr *)&serverAddr, &
          length );
32    printf("My enemy ID: %d is in position %f,%f,%f with orientation %f\n",enemy.userID,enemy.x,
          enemy.y, enemy.z, enemy.rotation[0][0]);
33    return 0;
34  }
```

A lo largo de esta sección hemos visto las funciones básicas de envío y recepción mediante *sockets* TCP/IP. Aunque ya tenemos la base para construir cualquier tipo de servidor y cliente, en la parte de servidores hace falta introducir algunas características adicionales de cara al desarrollo de servidores eficientes y con la capacidad de atender a varios clientes de forma simultánea.

2.11. *Sockets* TCP/IP avanzados

Cuando hablamos de programación multijugador es necesario la gestión de varios clientes de forma simultánea. Existen dos alternativas a la atención de peticiones simultáneas de diversos clientes:

- Crear un nuevo proceso por cada petición. El *socket* servidor recibe una petición de conexión y crea un *socket* de servicio. Este *socket* de servicio se pasa a un proceso creado de forma expresa para atender la petición. Este mecanismo desde el punto de vista del diseño es muy intuitivo con la consiguiente ventaja en mantenibilidad. De igual manera, para sistemas que sólo tienen un sólo procesador, este sistema adolece de problemas de escalabilidad ya que el número de cambios de contexto, para números considerables de clientes, hace perder eficiencia a la solución.

- Utilizar un mecanismo que nos permita almacenar las peticiones y notificar cuando un cliente nos manda una petición al servidor.

En el caso de acumular peticiones y atenderlas de forma secuencial necesitamos utilizar un mecanismo que nos permita saber qué *sockets* necesitan ser atendidos. Para ello tenemos la función select. La función select tiene la siguiente definición:

int select(int n, fd_set *readfds, fd_set *writefds, fd_set *exceptfds, struct timeval *timeout);

Donde el primer argumento n, es el mayor descriptor de los monitorizados más uno, timeout es un límite de tiempo de espera antes de que la función retorne, con 0 la función retorna de manera inmediata mientras que si se especifica NULL la función select es bloqueante. readfds, writefds y exceptfds son tres conjuntos de descriptores de archivos (*sockets*) donde se esperará para ver si hay datos de lectura (readfds), para escribir (writefds) o donde existen excepciones (exceptfds).

La idea del select es que cuando retorna en cada uno de esos conjuntos se encuentran los identificadores de los *sockets* de los cuales puedes leer, escribir o hay alguna excepción. Con las operaciones FD_ZERO, FD_SET, FD_CLR y FD_ISSET se limpian, añaden y eliminan descriptores y se pregunta por un descriptor concreto en cualquiera de los conjuntos respectivamente.

La función select nos permite realizar entrada/salida asíncrona.

Supongamos que queremos atender distintos tipos de conexiones en varios *sockets*, en principio no hay un orden de llegada de los paquetes y por lo tanto, no podemos bloquearnos en uno sólo de los *sockets*. La función select nos puede ayudar. Podemos evolucionar nuestro servidor UDP desarrollado anteriormente para incluir la función select (listado 2.7).

Listado 2.7: Utilización del select en monitorización de *sockets*

```
1
2   fd_set readSet;
3   FD_ZERO(&readSet);
4   FD_SET(serviceSocket,&readSet);
5
6   while(select(serviceSocket+1, &readSet,0,0,NULL)){
7     if (FD_ISSET(serviceSocket,&readSet)){
8       recvfrom(serviceSocket, &player, sizeof(struct position), 0, (struct sockaddr *)&
              clientAddr, &length );
9       printf("Player ID:%d is in position %f,%f,%f with orientation %f",player.userID,player.x,
              player.y, player.z, player.rotation[0][0]);
10      sendto(serviceSocket, &otherplayer, sizeof(struct position), 0, (struct sockaddr *)&
              clientAddr, length );
11    }
12  }
13  return 0;
14 }
```

Debemos tener en cuenta los siguientes puntos a la hora de utilizar la función select

- Debemos añadir a los conjuntos monitorizados por el select todos aquellos descriptores de archivos que creemos y deseemos usar, bien sea para lectura o para escritura.

- En el caso de TCP, si añadimos el *socket* al cual se nos conectan los clientes, debemos añadir el *socket* de servicio creado al aceptar esa conexión a los conjuntos monitorizados si queremos hacer un seguimiento de este *socket*.

- El select nos retorna un número de descriptores en los cuales hay datos nuevos.

- Después del select debemos comprobar con FD_ISSET qué descriptor concreto se ha originado.

- Los descriptores no tienen por que ser solamente de *sockets*, pueden ser también descriptores de archivos.

Un aspecto a tener en cuenta con la función select es la semántica asociada a la estructura *timeval*. Algunos sistemas operativas actualizan el valor almacenado en esa estructura para reflejar la cantidad de tiempo que quedaba antes del timeout asociado. El problema es que otros sistemas operativos no actualizan este valor por lo que esta semántica puede variar.

2.11.1. Operaciones bloqueantes

De las funciones que estamos viendo, muchas de ellas son bloqueantes, es decir, se invocan y duermen el hilo que la invoca hasta que algo relevante sucede. Por ejemplo, el accept es una función bloqueante, recv, recvfrom, etc.

Más que las funciones, la propiedad de que las operaciones sean o no bloqueantes está asociada a la creación del *socket*. Por defecto en la creación de un *socket*, se establece la propiedad de que las operaciones relacionadas con ese descriptor de *socket* sean bloqueantes. Para cambiar esta propiedad, debemos hacer uso de la función *int fcntl(int fd, int cmd, long arg);* que coge como argumento un descriptor de archivo (fd), un comando y una serie de opciones. La función fcntl se dedica a los descriptores de archivo en general, para establecer un *socket* no bloqueante hay que invocarla con el identificador del *socket*, FS_SETFL para el comando y O_NONBLOCK como argumento.

Las operaciones realizadas sobre el *socket* no serán bloqueantes por lo que habrá que gestionar apropiadamente esta condición y consultar el estado de los *sockets* de forma continua. Esta configuración es muy útil, por ejemplo, para hacer periódico el acceso de las comunicaciones haciéndolas más predecibles y mientras seguir realizando otras tareas.

Hay que tener en cuenta que, en entornos Linux, las operaciones bloqueantes duermen el hilo que las invoca mientras no pase algo asociado a la funcionalidad de la función bloqueante (por ejemplo, accept, recv, etc.). Si optamos por operaciones no bloqueantes y por ello nos vemos obligados a realizar continuas consultas, deberemos gestionar nosotros mismos nuestros periodos dormidos si no queremos consumir recursos de CPU de forma innecesaria.

De igual manera, el valor devuelto por las operaciones realizadas sobre *socket* no bloqueantes generalmente será un error si no hay nada interesante asociado (por ejemplo, no hay datos que leer o conexión que aceptar). El valor al cual se asocia *errno* es EWOULD-BLOCK (no obstante, en función de la implementación y sistema operativo utilizado debe consultarse este valor).

2.11.2. Gestión de buffers

Los *buffers* son estructuras que se utilizan para almacenar información de forma temporal para su procesado. Son estructuras necesarias para muchos cometidos como puede ser asociar procesos que tienen distintas velocidades en el procesamiento de la información, almacenamiento temporal, etc.

Cuando realizamos operaciones con *sockets*, los datos pasan realmente por una sucesión de *buffers* en el kernel que permiten el tratamiento de flujos continuos de bytes mediante operaciones parciales. Por lo tanto cuando recibimos información de un *socket* puede que no se nos proporcione toda la información recibida al igual que cuando enviamos una información puede que no se mande de forma completa en la misma operación. Esta gestión de cuando procesar la información tiene que ver con decisiones del kernel.

En el caso de *send*, tenemos la operación *sendall* que, con la misma semántica que el *send*, nos permite enviar todo un *buffer*.

Existen otros casos en el cual la gestión de *buffers* puede ralentizar las prestaciones ya que se necesitan copiar de forma continua. Por ejemplo si leemos de un archivo, la operación *read* sobre un descriptor de archivo almacena la información en un *buffer* interno al kernel que es copiado al *buffer* en espacio de usuario. Si a continuación queremos enviar esa información por un *sockets*, invocaríamos la función *send* y esa función copiaría ese *buffer*, de nuevo a un *buffer* interno para su procesado. Este continuo trasiego de información ralentiza la operación si lo que queremos es transmitir por completo el archivo. Lo ideal sería que las dos operaciones entre los *buffers* internos al *buffer* de aplicación se convirtiera en una única operación entre *buffers* internos.

Un ejemplo de función que implementa la filosofía zero-copy y lidia con el problema descrito de copia entre *buffers* es la operación *transferTo(..)* del paquete *java.nio.channels.FileChannel*. De igual forma algunos sistemas operativos *ix tienen una llamada al sistema sendfile(..) que tiene la misma semántica.

La técnica que minimiza las copias innecesarias entre *buffers* se denomina *zero-copy* y, a menudo, puede obtener una considerable mejora de las prestaciones. Es difícil estudiar esta técnica en profundidad porque depende del sistema operativo y de la aplicación concreta.

2.11.3. Serialización de datos

La amplia variedad de sistemas y configuraciones posibles hacen que la representación de datos y portabilidad de cualquier programa sea un aspecto importante a tener en cuenta en el desarrollo de sistemas multiplataforma. La programación con *sockets* no escapa a este problema y, al ser una programación de bajo nivel, tenemos que ocuparnos de aspectos como la representación de datos binarios en distintas plataformas y como transmitir este tipo de datos. A este nivel la principal distinción es el ordenamiento de los bytes (*little-endian* y *big-endian*).

En los listados anteriores, esta característica la omitíamos a excepción de la utilización de las funciones *htons()* y *ntohs()* que utilizamos para pasar a una codificación común denominada *Network Byte Order*. Estas funciones nos permiten lidiar con un formato común en muchas plataformas y las podemos utilizar para la gestión de enteros y flotantes:

```
1  #include <arpa/inet.h>
2  uint32_t htonl(uint32_t hostlong);
3  uint16_t htons(uint16_t hostshort);
4  uint32_t ntohl(uint32_t netlong);
5  uint16_t ntohs(uint16_t netshort);
```

 Si queremos trabajar con ordenaciones concretas deberíamos consultar el archivo endian.h

A más alto nivel se puede usar XDR (eXternal Data Representation), un estándar para la descripción y representación de datos utilizado por ONC (Open Network Computing)-RPC (Remote Procedure Call) pero el cual se puede usar de forma directa mediante las librerías adecuadas. Como veremos más adelante, una de las principales labores que nos ahorra el uso de middlewares es precisamente, la gestión de la representación de datos.

2.11.4. Multicast y Broadcast

Los modelos de comunicación vistos hasta ahora están asociados a una comunicación cliente-servidor uno a uno. Este tipo de comunicaciones entre pares iguales se denomina unicast. Existen otros paradigmas de comunicación como son las comunicaciones uno a muchos (*Multicast*) y uno a todos (*Broadcast*). En el caso de comunicaciones *Multicast*, el servidor comunica a un grupo de clientes identificados por un identificador (en IP existen un grupo de direcciones especiales para identificar estos grupos) de forma común algún dato de su interés. Este tipo de comunicación es mucho más efectiva ya que substituye, para un grupo de n clientes, a n conexiones *unicast*. En el caso de las comunicaciones *Broadcast* la comunicación se establece dentro de una subred entre el servidor y todos los computadores de ese dominio. Por motivos obvios las comunicaciones *broadcast* nunca atraviesan un *router*.

Para implementar la comunicación multicast se debe subscribir el cliente y el servidor a una dirección de grupo común. El rango de direcciones IPv4 para grupos multicast va desde 224.0.0.0 hasta la 239.255.255.255. Es necesario consultar la página web de la IANA (Internet Assigned Numbers Authority) ya que muchas de esas direcciones están asignadas a grupos preestablecidos.

El envío de un mensaje a un grupo multicast no se diferencia, en el código fuente, salvo por la dirección a la cual se envía que pertenece al rango anteriormente descrito. En la parte del receptor hay ligeras variaciones con dos objetivos principales:

- Abrir un *socket* que pertenece a un grupo multicast.

- Indicarle al sistema operativo que se una al grupo para recibir sus mensajes.

Para abrir un *socket* que pertenece a un grupo multicast:

```
1  setsockopt(fd,SOL_SOCKET,SO_REUSEADDR,&argument,sizeof(argument))
```

en esta llamada a *setsockopt* (que nos ayuda a establecer las opciones de los *socket*) donde básicamente se especifica que para una dirección multicast, vamos a reutilizar la dirección compartiendo varios *socket* el mismo puerto. En este caso *argument* es un u_int con un valor de 1. Faltaría la segunda parte:

```
1  struct ip_mreq multreq;
2  multreq.imr_multiaddr.s_addr=inet_addr("224.0.1.115");
3  multreq.imr_interface.s_addr=htonl(INADDR_ANY);
4  if (setsockopt(fd,IPPROTO_IP,IP_ADD_MEMBERSHIP,&multreq,sizeof(multreq)) < 0) {
5    perror("setsockopt");
6    exit(1);
7  }
```

donde de nuevo se indica mediante *setsockopt*, que el kernel se añada al grupo especificado en la estructura multreq. Con la función *getsockopt* podríamos consultar las opciones del *socket*.

La emisión en broadcast sería de forma similar:

```
1  setsockopt(sock, SOL_SOCKET, SO_BROADCAST, (void *) &argument,
2             sizeof(argument))
```

De nuevo, *argument* es un u_int con un valor 1 e indicamos que vamos a utilizar una dirección broadcast. Las direcciones broadcast tienen la parte de host puesto a uno y dependen de la red/subred.

No obstante, desde el punto de vista de la programación de videojuegos, los mensajes *broadcast* no tienen tanta utilidad como los mensajes multicast ya que, como dijimos anteriormente, los paquetes broadcast se quedan en el dominio de difusión por lo que no llegarían a jugadores fuera de la red/subred donde son emitidos.

2.11.5.   Opciones de los *sockets*

Aunque a lo largo de estas secciones hemos visto algunas de las opciones, representamos a continuación un breve resumen de las opciones más comunes que podrían ser de interés en la implementación con *sockets*:

- SO_DONTROUTE: Evitar el uso de la tabla de rutas

- SO_ERROR: Identifica el error relacionado con el *socket*.

- SO_KEEPALIVE :Comprobación periódica de conexión.

- SO_LINGER: Indica qué hacer con los datos pendientes una vez cerrada la conexión.

- SO_RCVLOWAT: Tamaño en bytes que un *socket* debe recibir para que select reaccione. El valor por defecto es 1.

- SO_REUSEADDR: Reutilización de la dirección de máquina.

- SO_SNDLOWAT: lo mismo que SO_RCVLOWAT pero en envío.

- SO_RCVBUF: Indica el tamaño en bytes del *buffer* de recepción

- SO_SNDBUF: Especifica el tamaño en bytes del buffer de envío en conexiones confiables.

- SO_SNDTIMEO: timeout de envío.

- SO_RCVTIMEO: timeout de recepción.

- SO_BROADCAST: Permitir mensajes broadcast.

Aunque la implementación con *sockets* es muy eficiente, el programador debe realizar un diseño e implementación de bajo nivel. Existen alternativas que nos permiten elevar el nivel de abstracción de las comunicaciones. Estas alternativas serán objeto de estudio en las siguientes secciones.

2.12.   Middlewares de comunicaciones

Un middleware de comunicaciones es un sofisticado sistema de IPC (Inter Process Communication) orientado a mensajes. A diferencia de los otros IPC como los sockets, los middlewares suelen ofrecer soporte para interfaces concretas entre las entidades que se comunican, es decir, permiten definir estructura y semántica para los mensajes.

Existen muchísimos middlewares: RPC (Remote Procedure Call), CORBA, Java RMI (Remote Method Invocation), .Net Remoting, etc. En todos ellos, el programador puede especificar un API. En el caso de RPC se indican un conjunto de funciones que podrán ser invocadas remotamente por un cliente. Los demás, y la mayoría de los actuales, son RMI (Remote Method Invocation), es decir, son middlewares orientados a objetos. La figura 2.6 muestra el esquema de invocación remota a través de un núcleo de comunicaciones típico de este tipo de middlewares.

Objeto distribuido

Es un objeto cuyos métodos (algunos al menos) pueden ser invocados remotamente.

En un diseño orientado a objetos, el ingeniero puede decidir qué entidades del dominio serán accesibles remotamente. Puede «particionar» su diseño, eligiendo qué objetos irán en cada nodo, cómo

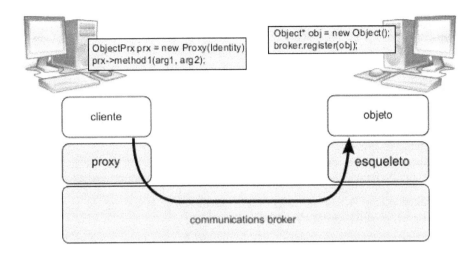

Figura 2.6: Invocación a método remoto

se comunicarán con los demás, cuáles serán los flujos de información y sus tipos. En definitiva está diseñando una aplicación distribuida. Obviamente todo eso tiene un coste, debe tener muy claro que una invocación remota puede suponer hasta 100 veces más tiempo que una invocación local convencional.

Un videojuego en red, incluso sencillo, se puede diseñar como una aplicación distribuida. En este capítulo veremos cómo comunicar por red las distintas partes del juego de un modo mucho más flexible, cómodo y potente que con sockets.

Obviamente, el middleware se basa en las mismas primitivas del sistema operativo y el subsistema de red. El middleware no puede hacer nada que no se pueda hacer con sockets. Pero hay una gran diferencia; con el middleware lo haremos con mucho menos esfuerzo gracias a las abstracciones y servicios que proporciona, hasta el punto que habría muchísimas funcionalidades que serían prohibitivas en tiempo y esfuerzo sin el middleware. El middleware encapsula técnicas de programación de sockets y gestión de concurrencia que pueden ser realmente complejas de aprender, implementar y depurar; y que con él podemos aprovechar fácilmente. El middleware se encarga de identificar y numerar los mensajes, comprobar duplicados, retransmisiones, comprobaciones de conectividad, asignación de puertos, gestión del ciclo de vida de las conexiones, despachado asíncrono y un largo etcétera.

2.12.1. ZeroC Ice

Ice (Internet Communication Engine) (Internet Communication Engine) es un middleware de comunicaciones orientado a objetos desarrollado por la empresa ZeroC Inc[2]. Ya hemos visto algunas utilidades de Ice en los capítulos de concurrencia y patrones. Aquí lo utilizaremos con su finalidad principal, y la que le da el nombre.

Ice soporta múltiples lenguajes (Java, C#, C++, ObjectiveC, Python, Ruby, PHP, etc.) y multiplataforma (Windows, GNU/Linux, Solaris, Mac OS X, Android, iOS, etc.) lo que proporciona una gran flexibilidad para construir sistemas muy heterogéneos o integrar sistemas existentes.

---

[2]http://www.zeroc.com

Además ofrece *servicios comunes* muy valiosos para la propagación de eventos, persistencia, tolerancia a fallos, seguridad,

2.12.2. Especificación de interfaces

Cuando nos planteamos una interacción con un objeto remoto, lo primero es definir el «contrato», es decir, el protocolo concreto que cliente y objeto (servidor) van a utilizar para comunicarse.

Antes de las RPC cada nueva aplicación implicaba definir un nuevo protocolo (independientemente si es público o no) y programar las rutinas de serialización y desserialización de los parámetros de los mensajes para convertirlos en secuencias de bytes, que es lo que realmente podemos enviar a través de los sockets. Esta tarea puede ser compleja porque se tiene que concretar la ordenación de bytes, el padding para datos estructurados, las diferencias entre arquitecturas, etc.

Los middleware permiten especificar la interfaz mediante un lenguaje de programación de estilo declarativo. A partir de dicha especificación, un compilador genera código que encapsula toda la lógica necesaria para (des)serializar los mensajes específicos produciendo una representación externa canónica de los datos. A menudo el compilador también genera «esqueletos» para el código dependiente del problema. El ingeniero únicamente tiene que rellenar la implementación de los funciones o métodos.

SLICE

El lenguaje SLICE (Specification Language for Ice) al igual que otros muchos lenguajes para definición de interfaces (como IDL (Interface Definition Language) o XDR) son puramente declarativos, es decir, no permiten especificar lógica ni funcionalidad, únicamente interfaces.

El lenguaje de especificación de interfaces de Ice se llama SLICE (Specification Language for Ice) y proporciona compiladores de interfaces (*translators*) para todos los lenguajes soportados dado que el código generado tendrá que compilar/enlazar con el código que aporte el programador de la aplicación. En cierto sentido, el compilador de interfaces es un generador de protocolos a medida para nuestra aplicación.

2.12.3. Terminología

Conviene definir algunos conceptos básicos que se utilizan habitualmente en el desarrollo de sistemas distribuidos:

Servidor
Es la entidad pasiva, normalmente un programa que inicializa y activa los recursos necesarios para poner objetos a disposición de los clientes.

Objeto
Los objetos son entidades abstractas que se identifican con un identidad, que debería ser única al menos en la aplicación. Los objetos implementan al menos una interfaz remota definida en una especificación Slice.

Sirviente
Es el código concreto que respalda la funcionalidad del objeto, es quién realmente hace el trabajo.

Cliente
Es la entidad activa, la que solicita servicios de un objeto remoto mediante invocaciones a sus métodos.

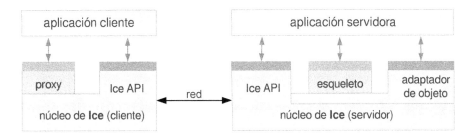

Figura 2.7: Componentes básicos del middleware

Proxy

Es un representante de un objeto remoto. El cliente en realidad interacciona (invoca) a un *proxy*, y éste se encarga con la ayuda del núcleo de comunicaciones, de llevar el mensaje hasta el objeto remoto y después devolverle la respuesta al cliente.

 Nótese que *servidor* y *cliente* son roles en la comunicación, no tipos de programas. Es bastante frecuente que un mismo programa sirva objetos a la vez que invoca servicios de otros.

La figura 2.7 muestra los componentes principales del middleware y su relación en una aplicación típica que involucra a un cliente y a un servidor. Los componentes de color azul son proporcionados en forma de librerías o servicios. Los componentes marcados en naranja son generados por el compilador de interfaces.

El diagrama de secuencia de la figura 2.8 describe una interacción completa correspondiente a una invocación remota síncrona, es decir, el cliente queda bloqueado hasta que la respuesta llega de vuelta. En el diagrama, el cliente efectúa una invocación local convencional a un método sobre el proxy. El proxy funciona como una referencia remota al objeto distribuido alojado en el servidor y por ello implementa la misma interfaz. El proxy serializa la invocación y construye un mensaje que será enviado al host servidor mediante un socket. Al tratarse de una llamada síncrona, el proxy queda a la espera de la respuesta lo que bloquea por tanto a la aplicación cliente.

Ya en el nodo servidor, el cabo (*stub*) del servidor recibe el mensaje, lo des-serializa, identifica el objeto destino y sintetiza una llamada equivalente a la que realizó al cliente. A continuación realiza una invocación local convencional a un método del objeto destino y recoge el valor de retorno. Lo serializa en un mensaje de respuesta y lo envía de vuelta al nodo cliente. El proxy recoge ese mensaje y devuelve el valor de retorno al cliente, completando la ilusión de una invocación convencional.

2.12.4. «Hola mundo» distribuido

En esta aplicación, el servidor proporciona un objeto que dispone del método remoto puts() que imprimirá en la salida estándar la cadena que el cliente pase como parámetro.

Tal como hemos visto, lo primero que necesitamos es escribir la especificación de la interfaz remota de nuestros objetos. El siguiente listado corresponde al fichero Hello.ice y contiene la interfaz *Hello* en lenguaje SLICE.

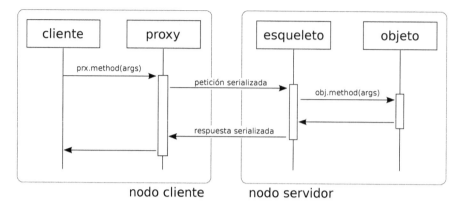

Figura 2.8: Diagrama de secuencia de una invocación a un objeto remoto

Listado 2.8: Especificación SLICE para un «Hola mundo» distribuido: Hello.ice

```
1  module Example {
2    interface Hello {
3      void puts(string message);
4    };
5  };
```

Lo más importante de este fichero es la declaración del método `puts()`. El compilador de interfaces generará un cabo que incluirá una versión del la interfaz *Hello* en el lenguaje de programación que el programador decida. Cualquier clase que herede de esa interfaz *Hello* deberá definir un método `puts()` con la misma signatura, que podrá ser invocado remotamente. De hecho, en la misma aplicación distribuida puede haber varias implementaciones del mismo interfaz incluso en diferentes lenguajes.

El compilador también genera el proxy para el cliente y, del mismo modo, clientes escritos en distintos lenguajes o sobre distintas arquitecturas podrán usar los objetos remotos que cumplan la misma interfaz.

Para generar los cabos de cliente y servidor C++ (para este ejemplo) usamos el *translator* `slice2cpp`.

`$ slice2cpp Hello.ice`

Esto genera dos ficheros llamados `Hello.cpp` y `Hello.h` que deben ser compilados para obtener las aplicaciones cliente y servidor.

Sirviente

El compilador de interfaces ha generado una clase *Example::Hello*. La implementación del *sirviente* debe heredar de esa interfaz proporcionando una implementación (por sobrecarga) de los métodos especificados en la interfaz SLICE.

El propio compilador de interfaces puede generar un esqueleto (una clase «hueca») que sirva al programador como punto de partida para implementar el sirviente:

`$ slice2cpp --impl Hello.ice`

De este modo genera además los ficheros `HelloI.cpp` y `HelloI.h`. La letra `'I'` hace referencia a «Implementación del interfaz». El fichero de cabecera generado (`HelloI.h`) tiene el siguiente aspecto:

Listado 2.9: Sirviente de la aplicación Hello: `HelloI.h`

```cpp
1  #ifndef __HelloI_h__
2  #define __HelloI_h__
3
4  #include <Hello.h>
5
6  namespace Example {
7
8    class HelloI : virtual public Hello {
9    public:
10     virtual void puts(const ::std::string&,
11               const Ice::Current&);
12   };
13 }
14
15 #endif
```

Y el fichero de implementación `HelloI.cpp`:

Listado 2.10: Sirviente de la aplicación Hello: `HelloI.cpp`

```cpp
1  #include <iostream>
2  #include "HelloI.h"
3
4  void
5  Example::HelloI::puts(const ::std::string& message,
6                const Ice::Current& current) {
7    std::cout << message << std::endl;
8  }
```

La única modificación respecto al fichero generado es la línea 7.

Servidor

Nuestro servidor consiste principalmente en la implementación de una clase que hereda de *Ice::Application*. De ese modo ahorramos parte del trabajo de inicialización del communicator[3]. En esta clase debemos definir el método `run()`. Vea el listado 2.11.

En la línea 9 se crea el sirviente (una instancia de la clase *HelloI*). Las líneas 11–12 crea un adaptador de objetos, que es el componente encargado de multiplexar entre los objetos alojados en el servidor. El adaptador requiere un endpoint —un punto de conexión a la red materializado por un protocolo (TCP o UDP), un host y un puerto. En este caso esa información se extrae de un fichero de configuración a partir de el nombre del adaptador (`HelloAdapter` en este caso).

En las lineas 13–14 registramos el sirviente en el adaptador mediante el método `add()` indicando para ello la identidad que tendrá el objeto (`hello1`). En este ejemplo la identidad es un identificador bastante simple, pero lo recomendable es utilizar una secuencia globalmente única. El método `add()` devuelve una referencia al objeto distribuido recién creado, que llamamos `proxy`. La línea 16 imprime en consola su representación textual. A partir de esa representación el cliente podrá obtener a su vez un proxy para el objeto remoto.

---

[3]El `communicator` representa el *broker* de objetos del núcleo de comunicaciones.

Listado 2.11: Servidor de la aplicación Hello: Server.cpp

```cpp
1  #include <Ice/Ice.h>
2  #include "HelloI.h"
3
4  using namespace std;
5  using namespace Ice;
6
7  class Server: public Application {
8    int run(int argc, char* argv[]) {
9      Example::HelloPtr servant = new Example::HelloI();
10
11     ObjectAdapterPtr adapter = \
12         communicator()->createObjectAdapter("HelloAdapter");
13     ObjectPrx proxy = adapter->add(
14         servant, communicator()->stringToIdentity("hello1"));
15
16     cout << communicator()->proxyToString(proxy) << endl;
17
18     adapter->activate();
19     shutdownOnInterrupt();
20     communicator()->waitForShutdown();
21
22     return 0;
23   }
24 };
25
26 int main(int argc, char* argv[]) {
27   Server app;
28   return app.main(argc, argv);
29 }
```

La línea 18 es la activación del adaptador, que se ejecuta en otro hilo. A partir de ese momento el servidor puede escuchar y procesar peticiones para sus objetos. El método waitForShutown() invocado en la línea 20 bloquea el hilo principal hasta que el comunicador sea terminado. El método shutdownOnInterrupt(), que se invoca en la línea 19, le indica a la aplicación que termine el comunicador al recibir la señal SIGQUIT (Control-C). Por último, las líneas 26–29 contienen la función main() en la que se crea una instancia de la clase Server y se invoca su método main().

Cliente

La aplicación cliente únicamente debe conseguir una referencia al objeto remoto e invocar el método puts(). El cliente también se puede implementar como una especialización de la clase *Ice::Application*.

El código completo del cliente aparece a continuación:

Listado 2.12: Cliente de la aplicación Hello: `Cliente.cpp`

```cpp
1  #include <Ice/Ice.h>
2  #include "Hello.h"
3
4  using namespace Ice;
5  using namespace Example;
6
7  class Client: public Ice::Application {
8    int run(int argc, char* argv[]) {
9      ObjectPrx proxy = communicator()->stringToProxy(argv[1]);
10     HelloPrx hello = HelloPrx::checkedCast(proxy);
11
12     hello->puts("Hello, World!");
13
14       return 0;
15   }
16  };
17
18  int main(int argc, char* argv[]) {
19    Client app;
20    return app.main(argc, argv);
21  }
```

El programa acepta por línea de comandos la representación textual del proxy del objeto remoto. A partir de ella se obtiene un objeto proxy (línea 9). Sin embargo esa referencia es para un proxy genérico. Para poder invocar los métodos de la interfaz *Hello* se requiere una referencia de tipo `HelloPrx`, es decir, un proxy a un objeto remoto *Hello*.

Para lograrlo debemos realizar un moldeado del puntero (*downcasting*[4]) mediante el método estático `HelloPrx::checkedCast()` (línea 10). Gracias al soporte de introspección de los objetos remotos, Ice puede comprobar si efectivamente el objeto remoto es del tipo al que tratamos de convertirlo. Esta comprobación no se realizaría si empleáramos la modalidad `uncheckedCast()`.

Una vez conseguido el proxy del tipo correcto (objeto `hello`) podemos invocar el método remoto `puts()` (línea 12) pasando por parámetro la cadena `"Hello, World!"`.

Compilación

La figura 2.9 muestra el esquema de compilación del cliente y servidor a partir del fichero de especificación de la interfaz. El ficheros marcados en amarillo corresponden a aquellos que el programador debe escribir o completar, mientras que los ficheros generados aparecen en naranja. Para automatizar el proceso de compilación utilizamos un fichero `Makefile`, que se muestra en el listado 2.13.

Ejecutando el servidor

Si ejecutamos el servidor obtendremos un error:

```
$ ./Server
!! 03/10/12 19:52:05.733 ./Server: error: ObjectAdapterI.cpp:915: Ice::InitializationException:
   initialization exception:
   object adapter 'HelloAdapter' requires configuration
```

---

[4]Consiste en moldear un puntero o referencia de una clase a una de sus subclases asumiendo que realmente es una instancia de ese tipo.

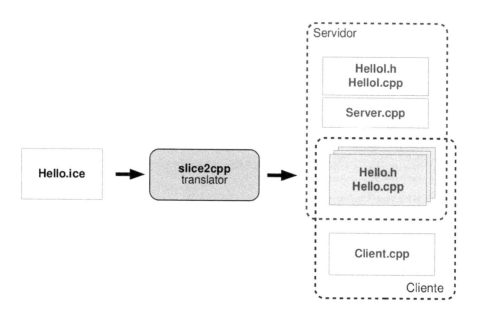

Figura 2.9: Esquema de compilación de cliente y servidor

Listado 2.13: Aplicación Hello: Makefile

```
 1  CC=g++
 2  CXXFLAGS=-I.
 3  LDLIBS=-lIce -lIceUtil -pthread
 4
 5  APP=Hello
 6  STUBS=$(addprefix $(APP), .h .cpp)
 7
 8  all: Server Client
 9
10  Server: Server.o $(APP)I.o $(APP).o
11  Client: Client.o $(APP).o
12
13  Server.cpp Client.cpp: $(STUBS)
14
15  %.cpp %.h: %.ice
16      slice2cpp $<
17
18  clean:
19      $(RM) Server Client $(STUBS) *.o *~
20      $(RM) *.bz2 IcePatch2.sum
```

Como vimos en la sección 2.12.4, el servidor necesita información específica que le indique los *endpoint* en los que debe escuchar el adaptador HelloAdapter. Para ello se debe proporcionar escribir un fichero adicional (hello.cfg) cuyo contenido aparece en el siguiente listado:

Listado 2.14: Servidor de la aplicación Hello: `hello.cfg`

```
1  HelloAdapter.Endpoints=tcp -p 9090
```

Este tipo de ficheros contiene definiciones de *propiedades*, que son parejas clave=valor. La mayoría de los servicios de Ice puede configurarse por medio de propiedades, lo que le otorga gran flexibilidad sin necesidad de recompilar el código. Esta propiedad en concreto indica que el adaptador debe utilizar un socket TCP en el puerto 9090.

Para que el servidor cargue las propiedades del fichero de configuración ejecuta:

```
$ ./Server --Ice.Config=hello.cfg
hello1 -t:tcp -h 192.168.0.12 -p 9090:tcp -h 10.1.1.10 -p 9090
```

En esta ocasión el programa arranca sin problemas y queda ocupando la shell como corresponde a cualquier servidor. Lo que aparece en consola es, como ya vimos, la representación textual del proxy para el objeto distribuido. La línea contiene varios datos:

- La identidad del objeto: `hello1`.

- El tipo de proxy (`-t`), que corresponde a *twoway*. Existen otros tipos que implican semánticas de llamada diferentes: `-o` para *oneway*, `-d` para *datagram*, etc.

- Una lista de endpoints separados con el carácter :, que corresponden con sockets. Para cada uno de ellos aparece el protocolo, la dirección IP indicada con el parámetro `-h` y el puerto indicado con el parámetro `-p`.

Concretamente, el adaptador de nuestro servidor escucha en el puerto TCP de dos interfaces de red puesto que el fichero de configuración no lo limitaba a una interfaz concreta.

Ejecutando el cliente

Para ejecutar el cliente debemos indicar el proxy del objeto remoto en línea de comandos, precisamente el dato que imprime el servidor. Nótese que se debe escribir entre comillas para que sea interpretado como un único parámetro del programa:

```
$ ./Client "hello1 -t:tcp -h 192.168.0.12 -p 9090"
```

El programa se ejecuta y retorna inmediatamente y veremos como la cadena *Hello, World!* aparece en la consola del servidor.

2.12.5. *twoway, oneway* y *datagram*

ICE puede realizar diferentes tipos de invocaciones:

- twoway: Son las que ICE trata de realizar por defecto. La invocación twoway implica el uso de un protocolo de transporte confiable (TCP) y es obligatorio si el método invocado tiene un valor de retorno.

- oneway: Las invocaciones *oneway* sólo pueden utilizarse cuando los métodos no retornan ningún valor (`void`) y no tienen parámetros de salida. También requieren de un protocolo confiable, pero en determinadas circunstancias pueden fallar la entrega.

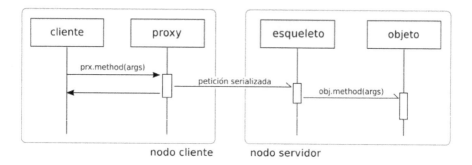

Figura 2.10: Diagrama de secuencia de una invocación datagram

- datagram: Igual que las oneway únicamente pueden utilizase para invocar métodos sin valor de retorno y sin parámetros de salida. Utilizan un protocolo de transporte no confiable (UDP). A su vez eso implica que el tamaño del mensaje está limitado al máximo de un paquete IP (64KiB) y sufran de todas la otras limitaciones de UDP: no hay control de orden, duplicados ni garantía de entrega.

La principal diferencia entre las invocaciones twoway con respecto a los otros tipos es que el cliente recupera el control del flujo de ejecución tan pronto como el mensaje de invocación es enviado, sin necesidad de esperar ningún tipo de confirmación o respuesta desde el servidor (ver figura 2.10).

A partir de un proxy válido es posible obtener proxies adicionales que pueden utilizarse para efectuar los distintos tipos de llamadas, siempre que el adaptador disponga de los endpoints adecuados. Para ello, el proxy dispone de los métodos ice_twoway(), ice_oneway() e ice_datagram().

Existen otras dos modalidades de proxy: *batched oneway*, que se obtiene con el método ice_batchOneway(), y *batched datagram* que se maneja a través del método ice_batch-Datagram(). Estos proxies pueden almacenar temporalmente los mensajes de invocación dirigidos al mismo destino, agruparlos en un solo segmento y enviarlos como una sola entidad. Este procedimiento aumenta sensiblemente la eficiencia y el servidor los procesa del mismo modo que si se tratara de invocaciones convencionales.

2.12.6. Invocación asíncrona

Una llamada síncrona o bloqueante (lo habitual en un middleware RMI) implica una espera explícita no determinista, algo que obviamente degrada gravemente el desempeño de una aplicación que debe tener un algo grado de inmediatez. La solución tradicional cuando este tipo de interacción con el servidor es ineludible es realizar estas invocaciones en un hilo de ejecución diferente, de modo que el hilo principal, que se encarga de actualizar la interfaz gráfica y de leer la entrada del usuario, puede seguir progresando normalmente.

Este mecanismo lo incorpora ICE de forma transparente, de modo que el programador no se tiene que preocupar del manejo de los hilos ni el tratamiento de las respuestas. El programador puede realizar llamadas remotas a los mismos métodos definidos en la interfaz utilizando un procedimiento diferente que involucra un objeto que permite obtener el estado de la invocación y, eventualmente, obtener el resultado de la operación. A este mecanismo es a lo que denominamos invocación asíncrona.

De hecho ICE proporciona varias modalidades para realizar invocaciones asíncronas. La que vemos aquí es probablemente la más limpia y se basa en la creación de objetos *callback*. Para realizar la invocación remota, el cliente utiliza un método del proxy con el prefijo begin que acepta un parámetro adicional: el *callback object*. Esta invocación retorna inmediatamente y el cliente puede seguir ejecutando otras operaciones.

Cuando la invocación remota se ha completado, el núcleo de ejecución de la parte del cliente invoca el método indicado en el objeto *callback* pasado inicialmente, proporcionando los resultados de la invocación. En caso de error, invoca otro método en el que proporciona información sobre la excepción asociada.

En el listado 2.15 se muestra el código completo para el cliente que crea y proporciona un *callback* según la técnica indicada.

Listado 2.15: Cliente AMI que recibe la respuesta mediante un *callback*
(cpp-ami/Client-callback.cpp)

```cpp
1  #include <Ice/Ice.h>
2  #include <factorial.h>
3
4  using namespace std;
5  using namespace Ice;
6  using namespace Example;
7
8  class FactorialCB : public IceUtil::Shared {
9  public:
10   void response(const Ice::Long retval) {
11     cout << "Callback: Value is " << retval << endl;
12   }
13
14   void failure(const Exception& ex) {
15     cout << "Exception is: " << ex << endl;
16   }
17 };
18
19 class Client: public Ice::Application {
20 public:
21   int run(int argc, char* argv[]) {
22
23     ObjectPrx proxy = communicator()->stringToProxy(argv[1]);
24     MathPrx math = MathPrx::checkedCast(proxy);
25
26     Callback_Math_factorialPtr factorial_cb =
27       newCallback_Math_factorial(new FactorialCB,
28                   &FactorialCB::response,
29                   &FactorialCB::failure);
30
31     math->begin_factorial(atoi(argv[2]), factorial_cb);
32     return 0;
33   }
34 };
35
36 int main(int argc, char* argv[]) {
37   if (argc != 3) {
38     cerr << "usage: " << argv[0] << "<server> <value>" << endl;
39     return 1;
40   }
41
42   Client app;
43   return app.main(argc, argv);
44 }
```

Las líneas ⟨8-17⟩ corresponden con la definición de la clase *callback* `FactorialCB`. El método `response()` será invocado por el núcleo de ejecución cuando el método remoto haya terminado y el resultado esté de vuelta. También se define un método `failure()` que será invocado con una excepción en el caso de producirse.

En la línea ⟨26⟩ se crea la instancia del *callback*, mediante una función específica para este método: `newCallback_Math_factorial()` pasándole una instancia de nuestra clase `FactorialCB` y sendos punteros a los métodos definidos en ella. Esa función y todos los tipos nombrados siguiendo el patrón `Callback_{interface}_{método}` son generados automáticamente por el compilador de interfaces en el espacio de nombre *Example*.

Por último en la línea ⟨31⟩ aparece la invocación al método remoto pasando la instancia del *callback* (`factorial_cb`) como segundo parámetro.

2.12.7. Propagación de eventos

Uno de los servicios más sencillos y útiles de ICE es ICESTORM. Se trata de un servicio de propagación de eventos, pero a diferencia de otros servicios similares en otros middlewares, ICESTORM propaga invocaciones en lugar de datos. Es a todos los efectos una implementación distribuida del patrón de diseño publicación/subscripción u observador.

Para utilizar el servicio de eventos se requiere un proxy a un *TopicManager*. Este objeto permite listar, crear y destruir canales (*topics*). Los canales también son objetos, que residen en el mismo servidor en el que se encuentre el *TopicManager*.

Para recibir eventos procedentes de un canal necesitamos subscribir un objeto. Para enviar invocaciones a un canal necesitamos el proxy al *publicador del canal*. El publicador es un objeto especial que no tiene interfaz concreta. Podemos invocar cualquier método sobre él. El canal enviará esa invocación a todos sus subscriptores. Sin embargo, si el subscriptor no soporta la invocación elevará una excepción y el canal lo des-suscribirá inmediatamente. Por esa razón debemos crear canales diferentes para cada interfaz de la que queramos propagar eventos.

Los canales solo pueden propagar invocaciones oneway o datagram, es decir, que no tengan valores de retorno, dado que sería complejo tratar las respuestas de todos los subscriptores. El canal es un intermediario que desacopla completamente a publicadores y suscriptores. Todos conocen el canal, pero no se conocen entre sí.

Veamos su funcionamiento sobre un ejemplo. Crearemos un canal de eventos para la interfaz *Exam::Hello* del ejemplo anterior. Empezamos por codificar el subscriptor; es básicamente un servidor: crea un sirviente y un adaptador, y lo añade el primero al segundo (líneas 39–42) del siguiente listado. El código completo para el subscriptor aparece el en siguiente listado:

Listado 2.16: Subscriptor

```
1   #include <Ice/Application.h>
2   #include <IceStorm/IceStorm.h>
3   #include <IceUtil/UUID.h>
4   #include "Hello.h"
5
6   using namespace std;
7   using namespace Ice;
8   using namespace IceStorm;
9   using namespace Example;
10
11
12  class HelloI : public Hello {
13    void puts(const string& s, const Current& current) {
14      cout << "Event received: " << s << endl;
```

```
15   }
16 };
17
18 class Subscriber : public Application {
19   TopicManagerPrx get_topic_manager() {
20     string key = "IceStormAdmin.TopicManager.Default";
21     ObjectPrx base = communicator()->propertyToProxy(key);
22     if (!base) {
23       cerr << "property " << key << " not set." << endl;
24       return 0;
25     }
26
27     cout << "Using IceStorm in: '" << key << "' " << endl;
28     return TopicManagerPrx::checkedCast(base);
29   }
30
31 public:
32   virtual int run(int argc, char* argv[]) {
33     TopicManagerPrx topic_mgr = get_topic_manager();
34     if (!topic_mgr) {
35       cerr << appName() << ": invalid proxy" << endl;
36       return EXIT_FAILURE;
37     }
38
39     ObjectPtr servant = new HelloI;
40     ObjectAdapterPtr adapter = \
41       communicator()->createObjectAdapter("Hello.Subscriber");
42     ObjectPrx base = adapter->addWithUUID(servant);
43
44     TopicPrx topic;
45     try {
46       topic = topic_mgr->retrieve("HelloTopic");
47       topic->subscribeAndGetPublisher(QoS(), base);
48     }
49     catch(const NoSuchTopic& e) {
50       cerr << appName() << ": " << e
51         << " name: " << e.name << endl;
52       return EXIT_FAILURE;
53     }
54
55     cout << "Waiting events... " << base << endl;
56
57     adapter->activate();
58     shutdownOnInterrupt();
59     communicator()->waitForShutdown();
60
61     topic->unsubscribe(base);
62
63     return EXIT_SUCCESS;
64   }
65 };
66
67 int main(int argc, char* argv[]) {
68   Subscriber app;
69   return app.main(argc, argv);
70 }
```

Podemos destacar la obtención del proxy al *TopicManager* (línea 33), que se delega a un método privado (get_topic_manager()).

Después se obtiene una referencia al canal "HelloTopic" (línea 46), que debería existir. Si no existe se produce una excepción y el programa termina. Si el canal existe, se subscribe el objeto (linea 47). Por último se activa el adaptador y el servidor queda a la espera de recibir eventos como en ejemplo anterior.

Si el subscriptor es un objeto, el publicador es un cliente. En este caso le hemos dado al publicador la responsabilidad de crear el canal si no existe (líneas 10–13 del siguiente listado). Solo se muestra el método `run()` puesto que el resto del código es prácticamente idéntico.

Lo más interesante es la obtención del publicador del canal a partir de la referencia al canal (línea 19) y el *downcast* para poder invocar sobre él método de la interfaz *Example::Hello*. Nótese que este molde usa la modalidad `uncheckedCast()` dado que el publicador no implementa realmente ninguna interfaz.

Por último utilizamos el proxy `hello` para enviar diez eventos con la cadena `"Hello World!"`.

Listado 2.17: Publicador

```
1   virtual int run(int argc, char*[]) {
2     TopicManagerPrx topic_mgr = get_topic_manager();
3     if (!topic_mgr) {
4       cerr << appName() << ": invalid proxy" << endl;
5       return EXIT_FAILURE;
6     }
7
8     TopicPrx topic;
9     try {
10      topic = topic_mgr->retrieve("HelloTopic");
11    } catch (const NoSuchTopic& e) {
12      cerr << appName()
13        << ": no sucho topic found, creating" << endl;
14      topic = topic_mgr->create("HelloTopic");
15    }
16
17    assert(topic);
18
19    ObjectPrx prx = topic->getPublisher();
20    HelloPrx hello = HelloPrx::uncheckedCast(prx);
21
22    cout << "publishing 10 'Hello World' events" << endl;
23    for (int i = 0; i < 10; ++i)
24      hello->puts("Hello World!");
25
26    return EXIT_SUCCESS;
```

Arranque del servicio

IceStorm está implementado como un servicio ICE. Los servicios son librería dinámicas que deben ser lanzadas con el servidor de aplicaciones cuyo nombre es IceBox. Vemos la configuración de IceBox en el siguiente listado:

Listado 2.18: Configuración de IceBox para lanzar IceStorm

```
1   IceBox.Service.IceStorm=IceStormService:createIceStorm --Ice.Config=icestorm.config
2   IceBox.ServiceManager.Endpoints=tcp -p 7000
```

Sólo se definen dos propiedades: La carga del servicio IceStorm y los endpoints del gestor remoto de IceBox. La configuración de IceStorm a la que se hace referencia (`icestorm.config`) es la siguiente:

```
        Listado 2.19: Configuración de IceStorm

1   IceStorm.TopicManager.Endpoints=tcp -p 10000
2   IceStormAdmin.TopicManager.Default=IceStorm/TopicManager:tcp -p 10000
3   IceStorm.Publish.Endpoints=tcp -p 2000
4   Freeze.DbEnv.IceStorm.DbHome=db
5
6   Hello.Subscriber.Endpoints=tcp
```

Las líneas 1–3 especifican los endpoints para los adaptadores del *TopicManager*, el objeto de administración y los publicadores de los canales. La línea 4 es el nombre del directorio donde se almacenar la configuración del servicio (que es persistente automáticamente). La línea 6 es el endpoint del adaptador del publicador, que se ha incluido en este fichero por simplicidad aunque no es parte de la configuración de IceStorm.

Una vez configurado podemos lanzar el servicio y probar el ejemplo. Lo primero es arrancar el icebox (en *background*):

```
$ icebox --Ice.Config=icebox.config &
```

A continuación podemos usar la herramienta de administración en línea de comando para crear el canal, asumiendo que no existe:

```
$ icestormadmin --Ice.Config=icestorm.config -e "create HelloTopic"
```

Es momento de arrancar el suscriptor:

```
$ ./subscriber --Ice.Config=icestorm.config
```

Y por último en una consola diferente ejecutamos el publicador:

```
$ ./publisher --Ice.Config=icestorm.config
```

Hecho lo cual veremos los eventos llegar al suscriptor:

```
$ ./subscriber --Ice.Config=icestorm.config
Event received: Hello World!
Event received: Hello World!
Event received: Hello World!
Event received: Hello World!
Event received: Hello World!
Event received: Hello World!
Event received: Hello World!
Event received: Hello World!
Event received: Hello World!
Event received: Hello World!
```

Este servicio puede resultar muy útil para gestionar los eventos de actualización en juegos distribuidos. Resulta sencillo crear canales (incluso por objeto o jugador) para informar a los interesados de sus posición o evolución. El acoplamiento mínimo que podemos conseguir entre los participantes resulta muy conveniente porque permite que arranquen en cualquier orden y sin importar el número de ellos, aunque obviamente una gran cantidad de participantes puede degradar el desempeño de la red.

También resulta muy interesante que los eventos estén modelados como invocaciones. De ese modo es posible eliminar temporalmente el canal de eventos e invocar directamente a un solo subscriptor durante las fases iniciales de modelado del protocolo y desarrollo de prototipos.

Capítulo 3

Sonido y Multimedia

Guillermo Simmross Wattenberg
Francisco Jurado Monroy

En este capítulo se discuten dos aspectos que son esenciales a la hora de afrontar el desarrollo de un videojuego desde el punto de vista de la inmersión del jugador. Uno de ellos está relacionado con la edición de audio, mientras que el otro está asociado a la integración y gestión de escenas de vídeo dentro del propio juego.

El **apartado sonoro** es un elemento fundamental para dotar de realismo a un juego, y en él se aglutinan elementos esenciales como son los efectos sonoros y elementos que acompañan a la evolución del juego, como por ejemplo la banda sonora. En este contexto, la primera parte de esta capítulo describe la importancia del audio en el proceso de desarrollo de videojuegos, haciendo especial hincapié en las herramientas utilizadas, el proceso creativo, las técnicas de creación y aspectos básicos de programación de audio.

Respecto a la **integración de vídeo**, en la segunda parte del capítulo se muestra la problemática existente y la importancia de integrar escenas de vídeo dentro del propio juego. Dicha integración contribuye a la evolución del juego y fomenta la inmersión del jugador en el mismo.

3.1. Edición de Audio

3.1.1. Introducción

Videojuegos, música y sonido

Tanto la música como los efectos sonoros son parte fundamental de un videojuego, pero en ocasiones el oyente no es consciente de la capacidad que ambos tienen para cambiar por completo la experiencia lúdica. Una buena combinación de estos elementos aumenta enormemente la percepción que el usuario tiene de estar inmerso en la acción que sucede en el juego. La **capacidad de la música** para cambiar el estado de ánimo del oyente es clave en el papel que ejerce en un videojuego: permite transportar al jugador al mundo en el que se desarrolla la acción, influirle en su percepción del contenido visual y transformar sus emociones.

Proceso de inmersión

La música es una herramienta única para hacer que el jugador se implique, viva y disfrute del videojuego.

Dependiendo del momento del juego, de la situación y de las imágenes que muestre nuestro juego, la música debe ser acorde con las sensaciones que se desee generar en el oyente: en un juego de estrategia militar, se optará por utilizar instrumentos musicales que nos evoquen al ejército: cornetas, tambores... si el juego es de estrategia militar futurista, sería buena idea combinar los instrumentos mencionados con otros instrumentos sintéticos que nos sugieran estar en un mundo del futuro.

Pero la música no es el único recurso disponible que permite llevar al jugador a otras realidades, los efectos de sonido también son una pieza fundamental en la construcción de realidades virtuales.

La realidad cotidiana de nuestras vidas está repleta de sonidos. Todos ellos son consecuencia de un cambio de presión en el aire producido por la vibración de una fuente. En un videojuego se intenta que el jugador reciba un estímulo similar al de la realidad cuando realiza una acción. Cualquier sonido real se puede transportar a un videojuego, pero ¿y los sonidos que no existen? ¿cómo suena un dragón? y lo más interesante ¿cómo se crean los sonidos que emitiría un dragón? ¿serían diferentes esos sonidos dependiendo del aspecto del dragón? El trabajo del creador de audio en un videojuego es hacer que el jugador crea lo que ve, y un buen diseño del sonido en un videojuego ayudará de forma definitiva a conseguir este objetivo.

El artista, por tanto, debe utilizar una buena combinación de las dos herramientas de las que dispone —música y efectos sonoros— para conseguir ambientar, divertir, emocionar y hacer vivir al jugador la historia y la acción que propone el videojuego.

Interactividad y no linealidad

Elaborar el sonido de un videojuego tiene puntos en común a elaborar el de una película, pero dos características fundamentales de los videojuegos hacen que el planteamiento de una labor y otra sean totalmente diferentes: la interactividad y la no linealidad.

 La interactividad en un videojuego es la capacidad que este tiene de reaccionar a acciones realizadas por el jugador.

Las acciones que se llevan a cabo al jugar a un videojuego pueden ser pulsaciones de teclas, movimientos del ratón o del joystick, movimientos de un volante o de mando inalámbrico y hoy en día hasta movimientos corporales del propio jugador. Todas estas acciones pueden producir una reacción en un videojuego.

 La no linealidad en un videojuego es la capacidad que este tiene de reaccionar a largo plazo a acciones realizadas por el jugador.

La no linealidad en un videojuego es consecuencia de su interactividad: subir los impuestos en un simulador de ciudades puede aumentar el descontento de la población a largo plazo.

En el cine, una **banda sonora** es siempre de principio a fin una obra estática e in-variante, independientemente del momento en el que el músico la componga (antes o después de rodar la película): en el montaje final es donde se decidirá en qué momento sonará cada pieza.

En un videojuego el artista debe componer pensando en los diferentes ambientes que puede haber en el videojuego, en si las situaciones serán relajadas o de acción trepidante, y muchas veces con una exigencia extra sobre la composición para el cine: la acción está por determinar. En la mayoría de los casos no se podrá saber de antemano cuánto tiempo tiene que durar la pieza musical, lo cual obliga al autor a hacer que pueda repetirse indefinidamente sin cansar al jugador, o a componer diferentes piezas que puedan encajar entre sí sin que el jugador note un corte brusco.

Lo mismo que pasa con la música sucederá con los efectos sonoros de forma más pronunciada. En el cine, los **efectos sonoros** siempre se montan sobre lo ya grabado por la cámara. Esto permite conocer de antemano desde qué ángulo ve el espectador al elemento que produce el sonido en cada momento. Diseñar el sonido que produciría un avión al despegar en una escena de una película se reduce a un solo sonido que responda exactamente a la imagen (ya sea un sonido estereofónico o envolvente).

Por el contrario, diseñar el sonido que se debe producir en un videojuego conlleva trabajar con el programador del motor de sonido para conocer las exigencias técnicas de éste y conocer qué sonidos serán necesarios y qué técnicas habrá que aplicar. Muy proba-blemente será necesaria la utilización de diferentes técnicas de tratamiento de audio y la creación de varios sonidos que tengan continuidad entre sí y puedan repetirse indefinida-mente sin que lo parezca.

En contraposición a lo dicho hasta ahora, en muchos juegos actuales existen escenas no interactivas, en las que la forma de trabajar será muy similar a la utilizada en la creación de audio para películas.

 El creador de audio para videojuegos debe conocer el funcionamiento interno del videojuego en lo que se refiere a la forma que este tiene de tratar y generar el sonido.

Por todo lo anterior, la composición musical y el diseño de sonido para videojuegos requiere de ciertas aptitudes complementarias sobre la creación de audio general.

La música en la industria del videojuego

En el **proceso de creación** de música y efectos sonoros para videojuegos no solo influ-yen los factores relacionados directa y estrictamente con materias musicales y de sonido. Este proceso es solo una parte del proyecto que supone la creación de un videojuego, cuyo tamaño, presupuesto, objetivo y fecha de entrega pueden variar en función de otras muchas características.

Dependiendo del tamaño de la compañía y del proyecto, una misma persona puede ejecutar varios de los roles típicos de este equipo: diseñador de sonido, encargado de diálogos, director de contratación, compositores y programadores de audio.

El **compositor** se encarga de la creación de la música del videojuego y en muchas ocasiones de orquestar esta música. También suele encargarse de contratar y dirigir las grabaciones en directo que se necesiten para el juego. El diseñador de sonido trabaja conjuntamente con los desarrolladores de herramientas sonoras del videojuego, creando, integrando y supervisando las tomas de audio y las librerías de sonido que se utilizarán, que pueden ser libres, compradas a una empresa externa o elaboradas por la propia compañía para su futura utilización en otros proyectos.

El **encargado de los diálogos** se ocupa de contratar, grabar y dirigir a los actores que pondrán su voz a los personajes del juego. Los programadores de audio desarrollan las herramientas de audio e integran los sonidos en el juego, tomando muchas veces el rol de diseñadores de sonido. Las herramientas que programan pueden ser externas al videojuego -para facilitar la integración de las grabaciones de audio- o internas, formando parte del motor de sonido del videojuego, que a su vez se integrará con los demás motores: el de inteligencia artificial, el de gráficos y el de física.

Durante el proceso de desarrollo de un videojuego, es muy probable que evolucione en cierta manera la visión del videojuego que tengan el jefe de proyecto o el director artístico y se vean obligados a replantear la ambientación y aspecto de este, y por tanto las exigencias para la banda sonora o los efectos de sonido. Es una situación muy común que piezas musicales que ya se habían aceptado como integrantes del videojuego tengan que ser recompuestas, adaptadas, recortadas, reorquestadas, reinstrumentalizadas o en el peor de los casos descartadas para satisfacer las nuevas características del juego o de un nuevo giro en su planteamiento.

Por todo lo anterior, el **músico y diseñador de sonido** debe cumplir una serie de aptitudes muy especiales para ser capaz de desarrollar tareas muy diversas, tanto técnicas como artísticas, para las que se necesitan conocimientos variados. Además de estas aptitudes, debe ser creativo, innovador, perseverante, trabajar rápido y ser meticuloso.

 Por lo general, no se comienza a trabajar en el sonido de un videojuego hasta que están bien sentadas las bases del diseño y se ha comenzado el desarrollo.

3.1.2.   Herramientas para la creación de audio

Hoy día el ordenador es la parte central del conjunto de elementos necesarios para construir un estudio de creación musical. En él se realizan todas las tareas de secuenciación, edición del sonido, grabación multipista, masterización y exportación a diferentes formatos.

Dependiendo del software que se prefiera, determinaremos las capacidades mínimas necesarias de nuestro ordenador. Eso sí, si deseamos que las tareas se realicen con fluidez, cuanto más potente sea la máquina, mayor productividad tendremos. Un procesador más rápido, más memoria RAM y un disco duro de gran capacidad nos facilitarán la vida enormemente, ya que los ficheros de audio suelen ocupar mucho espacio y las tareas de procesamiento necesitan de altas velocidades de proceso si se desea que lleven poco tiempo (o incluso puedan aplicarse y modificarse en tiempo real).

Software

La herramienta principal con la que contamos hoy día para la creación de audio es el software musical. Existen multitud de programas de audio en el mercado con muy diferentes utilidades:

Figura 3.1: Para comenzar a crear un estudio casero sólo necesitaremos un ordenador con una buena tarjeta de sonido. Poco a poco podremos complementarlo con instrumentos reales, diferente hardware y nuevo software.

- **Secuenciadores**: son programas capaces de grabar y reproducir una serie de eventos MIDI, asignándoles diferentes muestras de sonido. Gracias a este tipo de software podremos memorizar los eventos MIDI procedentes de diferentes instrumentos. Ejemplos de este tipo de software son Linux Multimedia Studio (LMMS), Rosegarden, Steinberg Cubase, Cakewalk Sonar, Avid Pro Tools, Apple Logic o Propellerheads Reason. Muchos secuenciadores son también multipistas en los que se pueden crear pistas de audio además de pistas MIDI. Esto permite mezclar instrumentos reales con instrumentos generados en el ordenador.

- **Multipistas**: permite reproducir y controlar diferentes instrumentos o sonidos de forma independiente o conjunta, facilitando las labores de mezcla. Ejemplos de este tipo de software son Ardour, Digidesign Pro Tools, Steinberg Cubase, Cakewalk Sonar, Adobe Audition y Sony Vegas.

- **Editores**: permiten grabar, manipular y procesar archivos de sonido provenientes de ficheros en diferentes formatos y guardarlos en otros formatos. Las dos características más importantes de estos programas -la edición y la conversión a diferentes formatos- son esenciales en el mundo de la creación de audio para videojuegos. Ejemplos de este tipo de software son Audacity, Adobe Audition o Sony Sound Forge.

- **Software de masterización**: permiten retocar y ajustar un grupo de ficheros de sonido para que todos ellos estén igualados en volumen y funcionen como un único conjunto de piezas de audio. Aunque este tipo de software está más orientado a la producción de discos musicales, puede ser también útil para que, una vez creado el material sonoro que se incluirá en el videojuego, adaptemos sus niveles y retoquemos por última vez la ecualización y compresión en caso de ser necesario. Entre este tipo de programas podemos encontrar Sony CD Architect, Steinberg Wavelab o T-RackS.

- **Plug-ins**: son pequeñas extensiones de la funcionalidad de un programa anfitrión. Por lo general, en el ámbito de la música por ordenador, los plug-ins suelen ser módulos de efectos para el procesado de sonido o instrumentos virtuales. Hoy día existen todo tipo de plug-ins para añadir reverberación, delay, procesado dinámico, modulación, efectos de guitarra, filtrado, etc y para simular sintetizadores e instrumentos reales.

- **Software de loops**: este tipo de software permite crear música superponiendo diferentes bloques que pueden repetirse una y otra vez. Estos programas resultan útiles para crear bucles que serán incluidos en otras piezas musicales. Ejemplos de este tipo de software son Sony Acid, Propellerhead Recycle, Ableton Live o FL Studio.

 SW libre y audio: Existen multitud de alternativas de software libre para la creación de audio: LMMS (secuenciación y software de loops), Ardour, energyXT, Qtractor (secuenciación, multipistas y masterización), Audacity (edición), mda plugin collection (plug-ins) y otros muchos.

Hardware

El apoyo necesario para facilitar la composición y la configuración del software de audio puede conseguirse con diferentes tipos de hardware:

- **Instrumentos y controladores MIDI**: el instrumento por excelencia para dinamizar la comunicación con el ordenador es el teclado. La casi totalidad de los teclados actuales son capaces de comunicarse con otros dispositivos mediante el protocolo MIDI. Gracias a él, la introducción de notas y la composición en general será notablemente más fácil y fluida. Además de otros muchos tipos de instrumentos MIDI como baterías o guitarras, también pueden encontrarse controladores de diferentes formas y utilidades: pads, mesas de mezclas, trackballs, superficies...

- **Samplers**: son dispositivos electrónicos que pueden almacenar y modificar muestras de sonidos. El usuario puede cargar o grabar sonidos y crear tablas para asignarlos a notas musicales y poder así utilizar un teclado, un secuenciador u otro dispositivo para lanzar los sonidos almacenados.

- **Otros instrumentos**: además del teclado como instrumento central para componer música por ordenador, la utilización de instrumentos clásicos, especialmente los que son difíciles de emular digitalmente, como guitarras, vientos y voz, dará a nuestra música una nueva dimensión, aportando riqueza, humanidad y realismo a las piezas musicales que compongamos, además de abrirnos nuevas posibilidades y estimular nuestra creatividad.

Figura 3.2: Existen multitud de controladores MIDI en el mercado. En la imagen, Native Instruments Maschine (que es además un sampler y un secuenciador).

3.1.3. El proceso creativo

Actualmente las empresas desarrolladoras de videojuegos han realizado un esfuerzo considerable para adaptar la música a las diferentes situaciones de los videojuegos, creando tensión si algún suceso importante va a suceder en el desarrollo del juego o tranquilizando el estilo musical si la acción que se desarrolla se corresponde con un instante relajado de la historia.

Este enfoque no siempre es posible, y otros juegos simplemente se sirven de la música para crear una ambientación que se adapte al estilo del juego o para mantener su ritmo. El compositor de música para videojuegos debe ser capaz de dominar muchos de los procesos involucrados en la creación musical: compositor, arreglista, ingeniero, productor, músico, mezclador... Cada uno de estos procesos se llevan a cabo en diferentes fases del proceso creativo.

Preproducción

El proceso creativo comienza con la fase de preproducción, donde se comienza a elaborar el documento de diseño del juego. Este documento detalla todos los aspectos relevantes: historia, diálogos, mapas, sonido, gráficos, animaciones y programación. En este momento se fija el tipo de música y su papel en el videojuego y se elabora una lista que defina la música que tendrá cada parte del juego, si habrá un tema principal, si la música deberá cambiar dependiendo de ciertas variables del videojuego o cómo ciertos elementos musicales deben transmitir o corresponderse con detalles o situaciones concretas.

Producción

Una vez que el editor del juego aprueba el documento de diseño, el equipo de desarrollo comienza su trabajo. La persona o personas encargadas de crear el audio de un videojuego se incorpora al proyecto en las últimas fases de desarrollo (al finalizar la fase de producción normalmente). Hasta este momento, lo más probable es que el equipo de programadores habrá utilizado placeholders para los sonidos y su música favorita para acompañar al videojuego.

El creador de audio tiene que enfrentarse a la dura labor de crear sonidos y música lo suficientemente buenos como para conseguir que todo el equipo de desarrollo dé por buenos el nuevo material (aunque la decisión final no sea del equipo de desarrollo, pueden ejercer una gran influencia sobre el veredicto final).

En esta fase debe comprobarse tanto la validez técnica de los sonidos y música (si se adaptan a las especificaciones) como la calidad del material entregado. Es muy común que se cambien, repitan o se añadan sonidos y/o composiciones en este momento, por lo que el creador de audio debe estar preparado para estas contingencias (previéndolo en el presupuesto o creando a priori más material del entregado).

Al finalizar el proceso de producción, se determina cómo y en qué momentos se reproducirá qué archivo de sonido y con qué procesado en caso de utilizar procesamiento en tiempo real. Por lo general, y pese a lo que pudiera parecer en primera instancia, este proceso puede llevar hasta la mitad del tiempo dedicado a todo el conjunto de la producción.

Las consolas de última generación incluyen procesadores digitales de señal (DSPs) que permiten modificar en tiempo real efectos de sonido, o sus CPUs son lo suficientemente potentes como para hacer estos cálculos por sí mismas. A partir de un sonido de partida (un golpe metálico, por ejemplo), se puede generar una versión del mismo sonido con eco o reverberación (si el golpe se produjese en una caverna), ocluida (si el golpe se produjese detrás de una pared), enfatizada (si el golpe se produce más cerca del jugador), etc.

Actualmente ha aumentado la tendencia a la utilización de distintas APIs (paquetes de programación a modo de librerías de software), como son FMOD o ISACT, ya que disminuyen el tiempo necesario para llevar a cabo esta fase del proceso.

El posicionamiento del sonido en un **entorno tridimensional** también ha cobrado gran importancia en los últimos tiempos. La mayoría de las videoconsolas y ordenadores personales actuales soportan sonido surround, lo que permite crear un entorno más realista e inmersivo en los videojuegos. Este tipo de tecnologías dan una nueva dimensión a los videojuegos y otra variable con la que jugar durante el proceso de diseño: el sonido tridimensional puede convertirse en otro elemento protagonista para el jugador, ya que puede permitirle posicionar cualquier fuente de sonido en un mundo virtual (un enemigo, un objeto, etc.).

Post-producción

Durante el proceso de post-producción se lleva a cabo la **masterización** y mezcla de los archivos de sonido una vez incluidos en el videojuego. Los sonidos y música que se reproducen durante una partida compiten simultáneamente por ser oídos por el jugador. Es necesario tener en cuenta qué sonidos son más o menos importantes en cada momento del juego, y asignar un volumen adecuado a cada uno de ellos.

Al realizar la mezcla de los diferentes sonidos creados, debe tenerse en cuenta el espectro de frecuencias de cada uno de los sonidos, para no acumular demasiados sonidos en un mismo rango frecuencial. El proceso de mezclado también puede ser dinámico y ser llevado a cabo automáticamente por el motor de sonido. Los efectos de sonidos pueden ser ecualizados o procesados en función de diferentes variables del videojuego, pero también puede modificarse dinámicamente una partitura añadiendo o eliminando instrumentos según lo que suceda en el juego.

Una forma práctica de preparar el mezclado final y evitar posibles problemas es decidir desde un principio —durante el proceso de pre-producción incluso— qué frecuencias se asignarán a cada tipo de efecto de sonido, a la música y a los diálogos. Durante la producción se tendrá en cuenta esto para ya asignar bandas de frecuencias durante el retoque de los sonidos, facilitando el posterior proceso de post-producción.

El **proceso de mezclado** no consiste en aumentar el volumen de determinados sonidos, sino de atenuar los menos importantes en cada momento. El problema es decidir cuál es la prioridad de la gran cantidad de sonidos que existen en un juego, incluida música y diálogos. Una vez más, la naturaleza de los videojuegos hace enormemente difícil la obtención de una solución óptima. La interactividad da un grado de libertad al jugador que permite que coincidan varios sonidos o partes de la música importantes con diálogos clave para el desarrollo del juego. Esto obliga al encargado de mezclar o de priorizar los sonidos a tomar la decisión menos mala o más óptima para los casos más probables.

El **proceso creativo de sonido** en los videojuegos no solo se refiere a la creación de audio, sino que una gran parte del tiempo se invierte en la implementación y acoplamiento de los sonidos y música creada. Esta implementación es especialmente importante, puesto que determina cómo y cuándo se reproducirán los sonidos durante el videojuego. Además, la complicación que supone generar una mezcla de sonidos adecuada hace aún más determinante esta parte del proceso creativo.

Por tanto, no solo debemos tener en cuenta la parte creativa y musical cuando pensemos en el audio de un videojuego, los aspectos técnicos también son muy importantes y harán que una buena pieza musical, unos efectos sonoros realistas y una buena grabación de diálogos destaquen adecuadamente en el videojuego.

3.1.4. Técnicas de creación

Interactividad e inmersión

El sonido y la música de un videojuego pueden tener diferentes funciones. En ciertos juegos, el sonido y tiene un papel fundamental, afectando directamente a la narrativa o al desarrollo del juego. En otros, la música es un acompañamiento a la acción y, aunque puede ser más o menos adaptativa, no constituye un elemento del juego en sí misma.

La música también puede utilizarse para realzar la estructura del videojuego, utilizando temas principales en momentos diferentes de la acción o ciertos leitmotifs. Los efectos sonoros pueden tener, además de su función normal de responder directamente a ciertas acciones del juego, una función simbólica. En algunos juegos, los sonidos son utilizados para dar pistas o dirigir al jugador hacia un lugar o para advertirle de un peligro inminente. También pueden utilizarse para centrar la atención del jugador en un elemento concreto de la acción.

Figura 3.3: Un sonido que responde exactamente a la realidad no es siempre el más acertado en un videojuego. Muchas veces se exageran las cualidades de un sonido para producir el efecto deseado en el jugador.

Una **regla de oro** a tener en cuenta a la hora de crear efectos sonoros es que el sonido más real no es necesariamente más verosímil. Intuitivamente nuestro cerebro puede asociar sonidos a seres fantásticos (de los que no tiene por qué conocer su sonido) o asociar sonidos irreales a situaciones cotidianas (el golpe de un puñetazo en una película de acción). Lo anterior es aplicable también a la música: ¿qué música es más apropiada para un videojuego ambientado en un mundo virtual?

Nuestro cerebro es capaz de identificar elementos presentes en el videojuego y asociarlos a épocas históricas, películas o experiencias que hacen más verosímiles ciertos tipos de música que otros en cada tipo de juego según su ambientación. El objetivo es, por tanto, crear audio creíble por el jugador, ya que dará un valor añadido a la capacidad de inmersión del videojuego.

Tipos y estilos de música

En un videojuego, el tipo de música se diferencia por el momento o parte del juego en la que suena. Puede ir desde la necesaria para una escena cinemática, un tema principal para el título, la música ambiental que suena durante el juego, escenas cinemáticas, eventos especiales, etc. El estilo de música depende de las necesidades del videojuego, siendo muy común encontrarse en la necesidad de componer muy diferentes estilos para un mismo proyecto.

Composición

Aunque no hay una receta mágica que asegure un buen resultado cuando se trabaja en la música de un videojuego, pueden seguirse una serie de buenas prácticas que harán el trabajo más fácil.

Crear una paleta de sonidos, escuchar música de otros autores en el estilo que pide el videojuego, guardar ideas sueltas que puedan ser útiles en un momento de poca creatividad, buscar inspiración en librerías de sonidos, experimentar con combinaciones de sonidos o configuración que no hayamos probado antes o, cuando sea posible, jugar a una versión de prueba del videojuego en el que trabajemos, pueden ser formas de agilizar el trabajo y estimular la creatividad para encontrar la inspiración necesaria. Seleccionar una serie de sonidos adecuados a la ambientación y dinámica del videojuego en el que estemos trabajando, además de facilitarnos el trabajo de composición y evitarnos perder tiempo buscando un sonido concreto, nos llevará a crear una banda sonora coherente, conexa y con una personalidad constante durante el juego.

 Stingers (fanfarrias): Son piezas musicales de pocos segundos que dan respuesta a acciones concretas del jugador para llamar su atención. Para mantener la ambientación musical del juego, estas piezas se componen con las mismas características e instrumentación que la música de fondo, pero son mucho más llamativas y sonoras.

Creación de efectos sonoros

Hasta que el diseño y programación no están lo suficientemente avanzados, es probable que el equipo desarrollador no sepa concretar cuántos sonidos y con qué características concretas son necesarios en el videojuego. Cuanto más grande sea el proyecto, más difícil será concretar la lista de sonidos necesarios, por lo que el proceso de creación de efectos sonoros debe aplazarse lo máximo posible en la planificación del proyecto.

Antes de comenzar a trabajar, debemos tener claro el **género del videojuego**, la calidad sonora y el tamaño máximo de los archivos de sonido, qué motor de sonido se va a utilizar y si procesará los sonidos en tiempo real, si debemos crear sonidos ambientales y cuál debe ser su duración, qué prioridad tienen unos sonidos sobre otros, si el juego tendrá diálogos y en qué idiomas, cuál será el equipo de reproducción típico que tendrá el jugador del videojuego, si los efectos sonoros sonarán sobre música de fondo, si hay librerías de sonido a nuestra disposición y cuáles son, qué nombres deben tener los ficheros a entregar o qué reglas de nombrado siguen y si podemos trabajar con una versión de prueba de videojuego.

Figura 3.4: El estilo orquestal es uno de los estilos de música más utilizados hoy día en las grandes producciones, muchas veces grabado con orquestas reales cuando se dispone de suficiente presupuesto.

Una buena forma de empezar a trabajar es crear una **paleta de sonidos**. Esta tarea consiste en buscar unos cien o doscientos sonidos que tengamos previamente en nuestro ordenador, procedentes de librerías de sonidos o que hayamos grabado previamente para otros videojuegos y que sean del estilo del videojuego en el que vayamos a trabajar.

Debemos tratar de que estos sonidos peguen entre sí y que tengan una calidad similar. En caso de no disponer de librerías de sonidos o de trabajo anterior, debemos obtener estos sonidos por otros medios: grabándolos nosotros mismos, adquiriendo alguna de las múltiples librerías de efectos sonoros que existen, o generándolos a partir de instrumentos virtuales o samplers.

Esta paleta de sonidos no tiene por qué contener necesariamente los sonidos que elegiremos para el videojuego, sino que serán la base a partir de la cual trabajaremos. Superponer (un software multipistas facilitará esta tarea), mezclar, procesar, combinar, cambiar de tono, texturizar, reorganizar, cortar, dar la vuelta, invertir, comprimir o expandir son técnicas que podemos utilizar de diferentes formas sobre todos estos sonidos base y que nos permitirán muy probablemente ser capaces de crear los sonidos que se nos haya pedido. En caso de encontrar nuevos tipos de sonido que no podamos conseguir con las anteriores técnicas a partir de nuestra paleta de sonidos, tendremos que crearlos desde cero.

Coordinando el trabajo

Una tarea a realizar antes y durante la creación de efectos sonoros es mantener un contacto constante con los desarrolladores y tratar de recopilar la mayor información posible que nos pueda ayudar en nuestro trabajo.

No existen fórmulas mágicas para crear efectos de sonido: combinando las técnicas mencionadas con sonidos de la vida real grabados de diferentes formas o generados con sintetizadores o samplers se pueden conseguir cualquier sonido imaginable. Combinar sonidos que a priori pueden parecer no tener nada que ver y experimentar con cualquier idea son también prácticas claves en la creación de efectos sonoros.

 La utilización de librerías de sonidos, aunque sea muy tentador para los desarrolladores, casi nunca es la mejor opción. Si nos fijamos, en muchas películas, anuncios, trailers y videojuegos, podemos encontrar los mismos sonidos repetidos una y otra vez. Crear sonidos originales para un videojuego da la exclusividad y adaptación necesaria que el jugador busca y agradece.

3.1.5. Programación de audio

Un videojuego es un programa, normalmente grande y complejo. Parte de este programa debe estar dedicada a ejecutar las órdenes necesarias para que el ordenador, videoconsola, teléfono móvil o plataforma en la que se ejecute el videojuego reproduzca en el momento necesario los sonidos y música creados por el compositor.

El sonido, por lo general, no es la parte a la que se presta mayor atención en un videojuego. Durante años, al audio se le ha dado aproximadamente un 10 % del total de memoria, espacio, procesado, personal, presupuesto y publicidad en los videojuegos. Los **primeros videojuegos** se ejecutaban en máquinas en las que la mayor parte de recursos se dedicaban a la presentación de imágenes en la pantalla. Esto ha sido una tónica común en la evolución de las plataformas en las que se ejecutan los videojuegos, pero según han avanzado tecnológicamente estas plataformas, y según se han ido mejorando su capacidad de vídeo, más protagonismo ha ido tomando el sonido.

En lo que se refiere a la **programación del sonido**, la evolución ha sido lenta y tortuosa hasta llegar a las técnicas y posibilidades actuales. En un principio, las herramientas de desarrollo o bien no existían o eran particulares de la plataforma para la que se desarrollaba. Los programas que reproducían música y sonidos se desarrollaban en lenguaje ensamblador y compiladores específicos de la plataforma, y los músicos estaban limitados enormemente tanto por la propia plataforma como por su habilidad como programadores. Todo ello, a causa de la íntima relación que existía entre el contenido y el programa.

Con el tiempo, y paralelamente a la evolución tecnológica de las plataformas, las herramientas para crear contenido fueron madurando. Esto permitió la separación progresiva de contenido y software propiamente dicho, y comenzaron a aparecer motores y editores de contenido por separado.

Hoy en día, y con la complejidad que han adquirido los videojuegos, es posible comprar motores software de todo tipo para crear videojuegos, permitiendo a grupos de desarrolladores centrarse en programar las partes del videojuego que lo diferenciarían de otros delegando en estos motores para el resto de partes, y a los creadores de contenido dedicarse únicamente a su labor: crear música y sonidos sin tener que ser expertos en programación.

Uno de los mayores problemas con el que se encuentran los equipos desarrollo de videojuegos a la hora de crear un título multiplataforma es que no existe consistencia en las características de audio entre las múltiples plataformas de videojuegos, y esto provoca tener que desarrollar motores de sonido específicos para cada una de ellas por separado. En cierta medida, la utilización de APIs de terceros puede solucionar este problema.

Motores y APIs

En un videojuego, el sonido debe adaptarse a las acciones y decisiones que tome el jugador. Idealmente, el **motor de audio** de un videojuego debería ser capaz de reproducir, pausar y parar un sonido en cualquier instante, cambiar su volumen y panorama (lugar estereofónico que ocupa), reproducirlo indefinidamente, saltar a otro punto del sonido o música durante su reproducción o pasar de una pieza musical a otra mediante una transición.

Dado que un videojuego puede desarrollarse para varias plataformas, debe minimizarse la creación de contenido e implementaciones específicas para cada plataforma, proporcionando ciertos comportamientos consistentes en todas ellas.

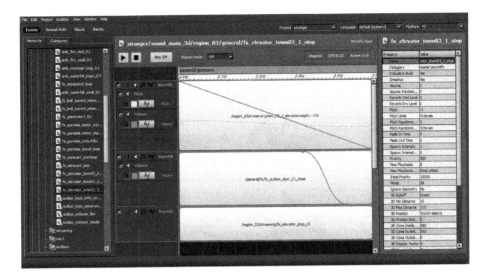

Figura 3.5: Algunos motores y APIs de audio vienen acompañadas de herramientas para la creación y organización del material sonoro de un videojuego. En la imagen, FMOD Designer.

 Los motores y APIs de audio permiten a los desarrolladores no perder tiempo en programar código específico para diferentes plataformas y a los creadores de contenido ser capaces de familiarizarse con el proceso de integración del sonido en los videojuegos. Todo ello, con el objetivo final de aumentar la productividad, la eficiencia y la calidad del producto final.

Los programadores encargados del audio pueden elegir utilizar una de las diferentes **herramientas software** que existen en el mercado para facilitar su tarea o programar desde cero un motor de sonido. Esta decisión debe tomarse en las primeras fases del ciclo de creación del videojuego, para que en el momento en el que el desarrollador o grupo de desarrolladores especializados en audio que llevarán a cabo esta labor sepan a qué tipo de reto deben enfrentarse.

Desde el punto de vista del creador de contenido, esta información también resulta relevante, ya que en multitud de ocasiones serán estas APIs las encargadas de reproducir este contenido, y porque algunas de ellas vienen acompañadas de herramientas que debe conocer y ser capaz de manejar.

Existe un amplio número de **subsistemas de audio** en el mercado escritos explícitamente para satisfacer las necesidades de una aplicación multimedia o un videojuego. Estos sistemas se incorporan en librerías que pueden asociarse al videojuego tanto estática como dinámicamente en tiempo de ejecución, facilitando la incorporación de un sistema de audio completo al programador sin conocimientos especializados en este ámbito.

La facilidad de integración de estas librerías varía según su desarrollador y la plataforma a la que van dirigidas, por lo que siempre existirá una cierta cantidad de trabajo a realizar en forma de código que recubra estas librerías para unir el videojuego con la funcionalidad que ofrecen.

Algunas de las **librerías más utilizadas** hoy día son OpenAL, FMOD, Miles Sound System, ISACT, Wwise, XACT, Beatnik Audio Engine o Unreal 3 Sound System.

Figura 3.6: Imágenes de la serie de fotografías de Muybridge. A lo largo de la pista, se dispusieron 16 cámaras de alta velocidad. Al pasar ante cada una ellas, el caballo rompía el hilo que la accionaba provocando el disparo. La sucesión de cada fotograma permite generar el movimiento.

3.2. Video digital en los videojuegos

A lo largo de los capítulos y módulos previos, han quedado pantentes algunos de los importantes avances realizados en el marco de los gráficos 3D en los últimos años.

Por su parte, los avances en el ámbito del vídeo digital no han sido menos. Así, estamos acostumbrados a reproducir videos en nuestros dispositivos portátiles de mp4, ver video a través de flujos (del inglés *streamming*) bajo demanda por internet, tener televisión en alta definición y reprodutores de DVDs y discos Blue-Ray en el salón de nuestros hogares, etc. Es decir, el video sea o no de alta definición (del inglés *High Definition*, HD), es algo común en nuestros días.

El mundo de los videojuegos puede aprovecharse del efecto sinérgico conseguido mediante la integración de las tecnologías de video digital junto a las de gráficos 3D. Con ello, a lo largo del resto del capítulo, se verá como pueden enriquecerse escenarios 3D mediante la integración de video digital.

3.3.   Gráficos 3D y video digital

Los gráficos 3D y el video digital son tecnologías complementarias, y un buen ejemplo de ello son los Videojuegos. Con gráficos en 3D, se pueden crear mundos y personajes imaginarios que nunca existieron, e incluso interactuar con ellos. Sin embargo, en ocasiones es difícil que estos gráficos sean lo suficientemente realistas. Es en este punto donde el video digital entra en escena. Aunque el video no sea interactivo, es capaz de captar el mundo real con gran cantidad de detalles e incluso con características tridimensionales, como ha quedado patente en numerosas producciones cinematográficas recientes.

Ambas tecnologías tienen mucho en común. En los gráficos 3D los objetos son matemáticamente transformados a coordenadas 2D para su visualización en la pantalla. Las texturas de las superficies de los objetos están almacenados en imagenes (mapas de bist) que son adheridas a los objetos.

Cuando se desea mostrar un video por pantalla, un área determinada de la pantalla se designa para mostrar el vídeo, ya sea en un rectángulo dentro de una ventana o a pantalla completa. Este video está formado por fotogramas (figura 3.6), y cada fotograma es un mapa de bits que se *"estira"* para adaptarse al rectángulo de destino.

Como puede verse, la principal diferencia entre gráficos 3D y video digital, radica en que el mapa de bits es actualizado varias veces por segundo en el caso del video, mientras que la mayoría de los modelos 3D usan texturas estáticas.

En las próximas secciones se mostrarán algunos conceptos esenciales necesarios para entender los formatos de video digital para posteriormente pasar a ver cómo puede realizarse su integración dentro de escenarios creados mediante Ogre 3D.

3.4.   Estándares en video digital

En este capítulo nos centraremos en la integración del video digital junto a gráficos 3D. El video digital es aquel que emplea una representación digital –en lugar de analógica– de la señal de video.

Al hablar de video digital, es conveniente destacar dos factores clave que intervienen directamente sobre la calidad del vídeo: la captura y el almacenamiento. La captura de vídeo está fuera del alcance de este capítulo. En lo que respecta al almacenamiento, el video digital puede grabarse directamente sobre soportes digitales –como DVDs, discos duros o memorias flash– o bien sobre soportes analógicos –como cintas magnéticas– y posteriormente distribuirse en soportes digitales.

Para la edición de video digital, al principio se requería digitalizar una fuente de vídeo analógica a un formato digital que pudiera manipularse por ordenador. Posteriormente, el empleo de los formatos digitales para cinta conocidos como DV y miniDV, posibilitó el hecho de grabar directamente en formato digital simplificando así el proceso de edición.

Figura 3.7: Quicktime fue el primer formato de video digital para ordenadores de mercado no profesional en hogares.

El primer formato de video digital para el ordenador orientado al mercado no profesional en hogares fue introducido por Apple Computer en 1991. Nos referimos al formato Quicktime. A partir de este punto, el vídeo digital no sólo fue mejorando rápidamente en calidad, sino en facilidad de procesamiento y manipulación gracias a la introducción de estándares como MPEG-1, MPEG-2 y MPEG-4. Tal fue el éxito de estos estándares que fueron rápidamente adoptados por industrias como la televisión (tanto digital como satélite), soportes como DVD, la distribución de video on-line y *streaming* bajo demanda, etc.

Los principales estándares de codificación de audio y video y su uso fundamental son los que se enumeran a continuación:

- **MPEG (Moving Picture Experts Group)-1:** Es el nombre de un grupo de estándares desarrollado por el grupo de expertos en imágenes en movimiento (del inglés *Moving Pictures Experts Group* MPEG) de ISO/IEC. Para el audio, el MPEG definió el MPEG-1 *Audio Layer 3*, más conocido como MP3. Es el estandar usado en el soporte de disco Video CD y en los reproductores MP3.

- **MPEG-2:** Es la designación para el grupo de estándares publicados como ISO 13818. MPEG-2 es usado para codificar audio y vídeo en señales de Televisión Digital Terrestre (TDT (Televisión Digital Terrestre) o DVB (Digital Video Broadcasting) de sus siglas en inglés *Digital Video Broadcasting*), por Satélite o Cable. Es también el formato de codificación empleado para los soportes de discos SVCD y DVD comerciales de películas y el estándar actual de las transmisiones en televisión de alta definición (HDTV (High Definition Television)).

- **MPEG-4:** Aún en desarrollo, conforma el estándar ISO/IEC 14496. Se trata del heredero de muchas de las características de MPEG-1, MPEG-2 y estándares como soporte de VRML (Virtual Reality Modeling Language) para renderizado 3D, soporte para la gestión digital de derechos externa y variados tipos de interactividad. Es el implementado por algunos *codecs* populares como DivX, Xvid, Nero Digital y Quicktime –en sus versiones 6 y 7– y en vídeo de alta definición como Blu-ray. Los principales usos de este estándar son los *streaming* en medios audiovisuales como los canales de video on-line bajo demanda, la grabación y distribución de video en memorias flash, la transmisión bidireccional como videoconferencia y emisión de televisión.

- **Ogg:** Surgido como alternativa libre al MPEG-4, se encuentra estandarizado pero aún en desarrollo por la Fundación Xiph.org. Así, permite trabajar con audio y vídeo sin tener que emplear formatos propietarios o de pago. Ogg emplea Theora para implementar la capa de vídeo y Vorbis, Speex, FLAC u OggPCM para la capa de audio. Al igual que MPEG-4, es empleado principalmente en *streaming* de medios audiovisuales y video bajo demanda.

Cuando se desarrollan aplicaciones que deben procesar vídeo digital ya sea para su creación, edición o reproducción, debe tenerse en cuenta cuál es el estándar que se está siguiendo, dado que de ello depende el formato de archivo contenedor que se manipulará.

Cuando se habla de *formato contenedor multimedia* o simplemente formato contenedor, se está haciendo referencia a un formato de archivo que puede contener varios tipos diferentes de datos que han sido codificados y comprimidos mediante lo que se conocen como *códecs*. Los ficheros que están codificados siguiendo un formato contenedor son conocidos como *contenedores*. Éstos almacenan todos aquellos elementos necesarios para la reproducción, como el audio, el vídeo, los subtítulos, los capítulos, etc., así como los elementos de sincronización entre ellos. Algunos de los formatos contenedores más conocidos son AVI (Audio Video Interleave), MOV, MP4, Ogg o Matroska.

Dada la complejidad que implicaría elaborar una aplicación que interprete los ficheros contenedores así como los datos multimedia contenidos en ellos y codificados mediante *codecs*, para poder manipular el vídeo de modo que pueda ser integrado en cualquier aplicación –en nuestro caso junto a gráficos 3D–, suelen emplearse librerías o APIs (*Application Programming Interface*) que nos faciliten la tarea. En las siguientes secciones nos adentraremos en algunas de ellas.

3.5. *Plugins* de vídeo para Ogre

La librería de Ogre no proporciona manipulación de vídeo. Sin embargo, existen dos *plugins* que permiten el uso de vídeo en texturas de Ogre. El primero de ellos es Theora, el cual funciona bajo sistemas Win32 y Linux y permite reproducir ficheros Ogg. El segundo es Directshow, que sólo funciona bajo sistemas Win32 y permite reproducir cualquier vídeo de Windows.

3.5.1. Instalación de TheoraVideoPlugin

En primer lugar se deberán instalar las librerías Ogg, Vorbis y Theora. Pueden descargarse de `http://xiph.org/downloads/` o podemos emplear los repositorios de paquetes del sistema y usar comandos como:

```
apt-get install libogg-dev libvorbis-dev libtheora-dev
```

Además es preciso instalar la librería *C++ Portable Types* (ptypes) descargable de `http://www.melikyan.com/ptypes/`. Una vez descargado el *tarball*, puede descomprimirse y compilarse con la siguiente secuencia de comandos:

```
tar zxvf ptypes-2.1.1.tar.gz
cd ptypes-2.1.1
make
sudo make install
```

Finalmente ya se puede instalar el plugin de Theora disponible en `http://ogrevideo.svn.sf.net/`. Una vez descargado el código, bien empleando subversión o bien descargando directamente el *tarball* o fichero .tar.gz, en el directorio *trunk* ejecutamos la siguiente secuencia de comandos:

```
./autogen.sh
export CXXFLAGS=-I/usr/include/OGRE/
./configure
make
sudo make install
ln -s /usr/local/lib/Plugin_TheoraVideoSystem.so \
/usr/lib/OGRE/Plugin_TheoraVideoSystem.so
```

3.5.2. Incluyendo vídeo en texturas

Para emplear vídeo en texturas, bastará con incluir en el bloque *texture_unit* un bloque *texture_source ogg_video*, para indicar que se desea introducir el vídeo codificado mediante Theora en un contenedor ogg. Este bloque permite definir:

- *filename*: nombre del fichero. Este parámetro es imprescindible.

- *play_mode*: establece el estado *play/pause* de comienzo. Por defecto es *play*.

- *precache*: cuántos frames debe renderizar de antemano. Por defecto es 16.

- *output*: modo de salida (rgb, yuv, grey).

En el ejemplo de la figura 3.8 se define un material *SimpleVideo* donde en su textura se ha definido un *texture_source ogg_video* con un fichero contenedor ogg indicado en el parámetro *filename*.

```
material VideoMaterial {
  technique {
    pass {
      texture_unit {
        texture_source ogg_video {
          filename clip.ogg
          precache 16
          play_mode play
        }
      }
    }
  }
}
```

Figura 3.8: Material que incluye textura con vídeo.

3.6.   Reproducción de vídeo con GStreamer

El uso de plugins de Ogre puede llevarnos a limitaciones a la hora de reproducir vídeo junto a gráficos 3D. Existe una alternativa a ellos: el empleo de entornos de desarrollo de vídeo digital especializados.

En esta sección se mostrará uno de ellos, concretamente GStreamer, y se verá cómo puede integrarse dentro de nuestros gráficos 3D con Ogre.

3.6.1.   Instalación del *framework* de desarrollo y librerías necesarias

Antes de comenzar a trabajar con GStreamer deberán instalarse el *framework* y las librerías en el sistema. Para ello, en sistemas basados en Debian bastará con ejecutar indicarle a *apt-get*:

```
# apt-get install gstreamer0.10-alsa gstreamer0.10-plugins-base \
    gstreamer0.10-plugins-good libgstreamer0.10-dev \
    libgstreamer-plugins-base0.10-dev gstreamer0.10-tools
```

Si no se dispone de un sistema de gestión de paquetes, podrán descargarse de la dirección http://gstreamer.freedesktop.org/.

A la hora de compilar las aplicaciones, deberán añadirse a los flags de compilación aquellos devueltos por:

```
# pkg-config --cflags gstreamer-0.10
```

para la compilación y

```
# pkg-config --libs gstreamer-0.10
```

para el enlazado.

3.6.2. Introducción a GStreamer

GStreamer es un entorno de desarrollo (*framework*) para la creación de editores y reproductores de vídeo, aplicaciones de emisión de *streamming* de vídeo, etc. Está basado en el *pipeline* de vídeo del OGI (Oregon Graduate Institute) y en DirectShow, por lo que muchos de los conceptos que se verán en esta sección podrán extrapolarse a éste último.

GStreamer puede conectarse a otros *frameworks* multimedia con el fin de permitir re-utilizar *codecs*, además de emplear los mecanismos de entrada-salida de cada plataforma. Así, usa OpenMAX-IL mediante gst-openmax para funcionar en Linux/Unix, DirectShow para plataformas Windows y QuickTime para Mac OS X.

La principal característica de GStreamer es que está constituido por varios *codecs* y funcionalidades que pueden ser cargados a modo de *plugins*. Del mismo modo, puede extenderse por medio de nuevos *plugins*. Esto le permite poder trabajar con multitud de formatos contenedores, protocolos de *streaming* bajo demanda, *codecs* de vídeo y audio, etc.

Los *plugins* de GStreamer pueden clasificarse en:

- gestores de protocolos

- fuentes de audio y vídeo

- manejadores de formatos con sus correspondientes *parsers*, formateadores, *muxers*, *demuxers*, metadatos, subtítulos, etc.

- *codecs*, tanto de codificación como de decodifiación

- filtros, como conversores, mezcladores, efectos, etc.

- *sinks* para volcar la salida de audio y vídeo resultante de todo el proceso

En la figura 3.9 se muestra un esquema de la arquitectura de GStreamer. En la parte superior de la figura puede verse cómo tanto las herramientas de GStreamer como otras aplicaciones multimedia como reproductores de video y audio, herramientas de VoIP y video/audio conferencia, servidores de *streaming* de audio y/o video, etc., emplean el *framework* de GStreamer. Dicho *framework* tiene a su disposición un conjunto de *plugins* (gestores de protocolos, fuentes de audi y video, manejadores de formatos, etc.) tal y como se muestra en la parte inferior de la figura. Por su parte, el *framework* de GStreamer consta de una arquitectura de en *pipeline* o flujos de información. Los *plugins* pueden entrelazarse e interactuar por medio de estos *pipelines*, de manera que es posible escribir complejas aplicaciones para la gestión de audio y vídeo.

La herramienta en línea de comandos *gst-launch* resulta muy útil para realizar algunas pruebas y prototípos rápidos de construcción de *pipelines*. Veamos algunos ejemplos.

Playbin2 es un *plugin* de GStreamer que proporciona un reproductor tanto de audio como de vídeo. Así, un comando sencillo para la reproducción de un fichero en la correspondiente ventana de *playbin2* es:

```
# gst-launch-0.10 playbin2 uri=''file:///path/to/file.ogg''
```

El siguiente comando produce la misma salida, pero especifica toda la *pipe*, en lugar de dejarlo en manos del reproductor *playbin2*. Fíjese cómo ha creado un *demux* de ogg al que se le ha asignado un nombre. A continuación su salida se pasa tanto a una cola para el decodificador de Theora para el vídeo, como a un decodificador de Vorbis para el audio:

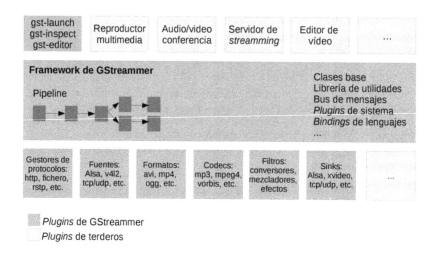

Figura 3.9: Arquitectura de GStreamer.

```
# gst-launch-0.10 filesrc location=''/path/to/file.ogg'' \
  ! oggdemux name="demux" \
  demux. ! queue ! theoradec ! xvimagesink   \
  demux. ! vorbisdec ! audioconvert ! pulsesink
```

Para trabajar con la cámara web se empleará *v4l2* para capturar frames de la cámara. Un ejemplo es el siguiente comando donde se captura un frame desde *v4l2src*, se procesa por *ffmpegcolorspace* para que no aparezca con colores "extraños", transforma a formato png con *pngenc* y se pasa a un fichero llamado *picture.png* con *filesink*

```
# gst-launch-0.10 v4l2src ! ffmpegcolorspace ! pngenc \
  ! filesink location=picture.png
```

Si lo que queremos es mostrar todos los frames que recoja la cámara web directamente en una ventana, podemos hacerlo mediante el siguiente *pilepile*:

```
# gst-launch-0.10 v4l2src ! ffmpegcolorspace ! ximagesink
```

3.6.3.   Algunos conceptos básicos

Antes de adentrarnos en la programación de aplicaciones con GStreamer es preciso describir algunos conceptos básicos.

- **Elementos.** Son los objetos más importantes en GStreamer. Las aplicaciones que empleen GStreamer especificarán cadenas de elementos unidos unos a otros para construir el *pipeline*. Los elementos harán fluir la información a través de la cadena. Cada elemento tiene una función concreta y bien definida, que puede ser leer datos de un fichero, decodificar los datos o poner los datos en la tarjeta de vídeo.

- **Pads.** Son las conexiones de entradas y salidas de los elementos. Cada *pad* gestiona datos de tipo específico, es decir, restringen el tipo de datos que fluye a través de ellos. Son el elemento que permiten crear las *pipelines* entre elementos.

- **Bins y Pipelines.** Un *bin* es un contenedor de elementos. Una *pipeline* es un tipo especial de *bin* que permite la ejecución de todos los elementos que contiene. Un *bin* es un elemento, y como tal puede ser conectado a otros elementos para construir una *pipeline*.

- **Comunicación.** Como mecanismos de comunicación GStreamer proporciona:

  - **Buffers.** Objetos para pasar datos entre elementos de la *pipeline*. Los buffers siempre van desde los fuentes hasta los *sinks*

  - **Eventos.** Objetos enviados entre elementos o desde la aplicación a los elementos.

  - **Mensajes.** Objetos enviados por los elementos al bus de la *pipeline*. Las aplicaciones pueden recoger estos mensajes que suelen almacenar información como errores, marcas, cambios de estado, etc.

  - **Consultas.** Permiten a las aplicaciones realizar consultas como la duración o la posición de la reproducción actual.

3.6.4.   GStreamer en Ogre

Una vez introducidos los principios de funcionamiento de GStreamer, así como los objetos que maneja, se pasará a mostrar cómo puede integrarse en Ogre. Para ello se irá desgranando un ejemplo en el que se usa *playbin2* de GStreamer para reproducción de vídeo en una textura Ogre, que será mostrada mediante el correspondiente *overlay*. Comenzaremos escribiendo el método *createScene*.

Listado 3.1: Método createScene para cargar vídeo en un overlay

```
1  void GStreamerPlayer::createScene(){
2    // Establecer cámara, luces y demás objetos necesarios
3    ...
4
5    mVideoTexture = Ogre::TextureManager::getSingleton().createManual(
6              "VideoTexture",
7          ResourceGroupManager::DEFAULT_RESOURCE_GROUP_NAME,
8          TEX_TYPE_2D,
9          1, 1,
10         0, PF_B8G8R8A8,
11         TU_DYNAMIC_WRITE_ONLY);
12
13   mVideoMaterial = MaterialManager::getSingleton().create(
14          "VideoMaterial",
15          ResourceGroupManager::DEFAULT_RESOURCE_GROUP_NAME);
16   Ogre::Technique* technique = mVideoMaterial->createTechnique();
17   technique->createPass();
18   mVideoMaterial->getTechnique(0)->getPass(0)->
19     createTextureUnitState(mVideoTexture->getName());
20
21   mVideoOverlay = OverlayManager::getSingleton().create("overlay");
22   OverlayContainer* videoPanel =
23     static_cast<OverlayContainer*>(OverlayManager::getSingleton().
24                createOverlayElement("Panel", "videoPanel"));
25
26   mVideoOverlay->add2D(videoPanel);
27   mVideoOverlay->show();
28   videoPanel->setMaterialName(mVideoMaterial->getName());
29
30   gst_init(0, 0);
31
32   if (!g_thread_supported()){
33     g_thread_init(0);
```

```
34   }
35
36   mPlayer = gst_element_factory_make("playbin2", "play");
37
38   GstBus* bus = gst_pipeline_get_bus(GST_PIPELINE(mPlayer));
39   gst_bus_add_watch(bus, onBusMessage, getUserData(mPlayer));
40   gst_object_unref(bus);
41
42   mAppSink = gst_element_factory_make("appsink", "app_sink");
43
44   g_object_set(G_OBJECT(mAppSink), "emit-signals", true, NULL);
45   g_object_set(G_OBJECT(mAppSink), "max-buffers", 1, NULL);
46   g_object_set(G_OBJECT(mAppSink), "drop", true, NULL);
47
48   g_signal_connect(G_OBJECT(mAppSink), "new-buffer",
49               G_CALLBACK(onNewBuffer), this);
50
51   GstCaps* caps = gst_caps_new_simple("video/x-raw-rgb", 0);
52   GstElement* rgbFilter = gst_element_factory_make("capsfilter",
53                           "rgb_filter");
54   g_object_set(G_OBJECT(rgbFilter), "caps", caps, NULL);
55   gst_caps_unref(caps);
56
57   GstElement* appBin = gst_bin_new("app_bin");
58
59   gst_bin_add(GST_BIN(appBin), rgbFilter);
60   GstPad* rgbSinkPad = gst_element_get_static_pad(rgbFilter,
61                           "sink");
62   GstPad* ghostPad = gst_ghost_pad_new("app_bin_sink", rgbSinkPad);
63   gst_object_unref(rgbSinkPad);
64   gst_element_add_pad(appBin, ghostPad);
65
66   gst_bin_add_many(GST_BIN(appBin), mAppSink, NULL);
67   gst_element_link_many(rgbFilter, mAppSink, NULL);
68
69   g_object_set(G_OBJECT(mPlayer), "video-sink", appBin, NULL);
70   g_object_set(G_OBJECT(mPlayer), "uri", uri, NULL);
71
72   gst_element_set_state(GST_ELEMENT(mPlayer), GST_STATE_PLAYING);
73 }
```

1. **Inicialización de cámara, luces, etc.** Como siempre, al comienzo del método se inicializará la cámara, las luces y en general todo aquello que sea necesario para construir la escena.

2. **Creación de textura, material y overlay.** En el método *createScene* se deberán crear la textura, el material al que aplicar el *overlay*, y el overlay en el que se reproducirá el vídeo. Todo esto puede verse en las líneas $\boxed{5\text{-}11}$, $\boxed{13\text{-}19}$ y $\boxed{21\text{-}28}$ respectivamente.

3. **Inicialización de GStreamer y soporte multihilo.** A continuación, dado que toda aplicación que emplee las librerías de GStreamer deberán comenzar por inicializarlo, se hará uso de la función *gst_init*. La llamada a esta función inicializará la librería y procesará los parámetros específicos de GStreamer. Así, tras la creación de la textura, el material y el overlay se invocará a la función *gst_init* $\boxed{30}$, y se activará el soporte multihilo invocando $\boxed{32\text{-}34}$.

4. **Captura de mensajes.** Para poder recoger los mensajes producidos por *playbin2* desde el bus del *pipeline*, se añadirá el método que se invocará cada vez que se reciba un mensaje mediante la función *gst_bus_add_watch* aplicada sobre el bus, tal y como se muestra en las líneas $\boxed{38\text{-}40}$.

5. **Creación y configuración de objeto *appsink*.** El siguiente paso es el de crear un objeto *appsink* que hará que el vídeo sea pasado a la textura de Ogre ⌨42⌨. A continuación se hará que *appsink* emita señales de manera que nuestra aplicación conozca cuándo se ha producido un nuevo *frame* ⌨44⌨, hacer que el tamaño del buffer sea de uno ⌨45⌨, y finalmente volcarlo ⌨46⌨. Al final habrá que indicar cuál es la función que se encargará de procesar los *frames* que genere *appsink* mediante la función *g_signal_connect* ⌨48⌨.

6. **Creación de filtro *video/x-raw-rgb*.** A continuación se deberá crear un filtro que produzca datos RGB (Red Green Blue) tal y como se muestra en las líneas ⌨51-55⌨.

7. **Creación de un *bin* que conecte el filtro con *appsink*.** Seguidamente se deberá crear un *bin* ⌨57⌨ al que se le añadirá el filtro y un *pad* que conecte la salida del filtro con la entrada de *appsink* ⌨59-64⌨. A continuación se añadira el *appsink* al *bin*.

8. **Reempazo de la ventana de salida** El paso final es el de reemplazar la ventana de salida por defecto conocida por *video-sink*, por nuestra aplicación ⌨69⌨ e indicar la uri del vídeo a ejecutar ⌨70⌨

9. **Comienzo de la visualización del vídeo** Bastará poner el estado de nuestro objeto *playbin2* a *"play"*.

Como ha podido verse, a lo largo del código anterior se han establecido algunos *callbacks*. El primero de ellos ha sido *onBusMessage* en la línea ⌨39⌨ del listado anterior. En el listado siguiente es una posible implementación para dicho método, el cual se encarga de mostrar el mensaje y realizar la acción que considere oportuna según el mismo.

Listado 3.2: Método onBusMessage para captura de mensajes

```
1  gboolean GStreamerPlayer::onBusMessage(
2      GstBus* bus, GstMessage* message, gpointer userData){
3
4      GstElement* player = getPlayer(userData);
5
6      switch (GST_MESSAGE_TYPE(message)){
7      case GST_MESSAGE_EOS:
8          std::cout << "End of stream" << std::endl;
9          gst_element_set_state(GST_ELEMENT(player), GST_STATE_NULL);
10         break;
11
12     case GST_MESSAGE_ERROR:
13         std::cout << "Error" << std::endl;
14         gst_element_set_state(GST_ELEMENT(player), GST_STATE_NULL);
15         break;
16
17     default:
18         break;
19     }
20     return true;
21 }
```

El otro *callback* es *onNewBuffer* en la línea ⌨49⌨ del mismo listado. Este método será invocado por GStreamer cada vez que haya un nuevo *frame* disponible. Una posible implementación puede verse en el listado 3.3 continuación, donde se pone un atributo booleano llamado *mNewBufferExists* a verdadero cada vez que llega un nuevo frame.

Listado 3.3: Método onNewBuffer

```
1  GstFlowReturn GStreamerPlayer::onNewBuffer(GstAppSink *sink, gpointer userData){
2
3    GStreamerPlayer* mediaPlayer = reinterpret_cast<GStreamerPlayer*>(userData);
4    assert(mediaPlayer);
5    mediaPlayer->mNewBufferExists = true;
6    return GST_FLOW_OK;
7  }
```

Para hacer que Ogre actualice la textura dinámicamente, se debera construir un *Listener* que herede de *ExampleFrameListener* e implemente los métodos *frameStarted* y *frameRenderingQueued*. El método *frameRenderingQueued* es aquel desde donde se actualizará la textura dinámicamente. Una posible implementación puede ser la siguiente.

Listado 3.4: Método frameRenderingQueued y frameStarted del Listener

```
1  bool GStreamerPlayer::Listener::frameRenderingQueued(
2                              const FrameEvent& evt){
3    mMediaPlayer->updateVideo();
4    return ExampleFrameListener::frameRenderingQueued(evt);
5  }
6
7  bool GStreamerPlayer::Listener::frameStarted(
8                              const FrameEvent& evt){
9    return mMediaPlayer->mRunning &&
10     ExampleFrameListener::frameStarted(evt);
11 }
```

El método *frameRenderingQueued* encargado de actualizar la textura, invoca al método *updateVideo* del objeto *mMediaPlayer*. Una implementación es la siguiente.

Listado 3.5: Método updateVideo

```
1  void GStreamerPlayer::updateVideo(){
2    if (mNewBufferExists){
3      GstBuffer* buffer;
4      g_signal_emit_by_name(mAppSink, "pull-buffer", &buffer);
5
6      GstCaps* caps = gst_buffer_get_caps(buffer);
7
8      int width = 0;
9      int height = 0;
10     int ratioNum;
11     int ratioDen;
12     float pixelRatio = 1.0;
13
14     for (size_t i = 0; i < gst_caps_get_size(caps); ++i){
15       GstStructure* structure = gst_caps_get_structure(caps, i);
16       gst_structure_get_int(structure, "width", &width);
17       gst_structure_get_int(structure, "height", &height);
18
19       if (gst_structure_get_fraction(structure,
20                   "pixel-aspect-ratio",
21                   &ratioNum, &ratioDen)){
22         pixelRatio = ratioNum / static_cast<float>(ratioDen);
23       }
24     }
25
26     if (width && height &&
27     (width != mVideoWidth || height != mVideoHeight)){
28       mVideoWidth = width;
29       mVideoHeight = height;
30
31       TextureManager* mgr=Ogre::TextureManager::getSingletonPtr();
```

```
32
33        if (!mVideoTexture.isNull()){
34      mgr->remove(mVideoTexture->getName());
35        }
36
37        mVideoTexture = Ogre::TextureManager::getSingleton().
38      createManual(
39              "VideoTexture",
40              ResourceGroupManager::DEFAULT_RESOURCE_GROUP_NAME,
41              TEX_TYPE_2D,
42              mVideoWidth, mVideoHeight,
43              0, PF_B8G8R8A8,
44              TU_DYNAMIC_WRITE_ONLY);
45
46        mVideoMaterial->getTechnique(0)->getPass(0)->
47      removeAllTextureUnitStates();
48        mVideoMaterial->getTechnique(0)->getPass(0)->
49      createTextureUnitState(mVideoTexture->getName());
50
51        float widthRatio =
52      mVideoWidth / static_cast<float>(mWindow->getWidth()) * pixelRatio;
53        float heightRatio =
54      mVideoHeight / static_cast<float>(mWindow->getHeight());
55        float scale =
56      widthRatio > heightRatio ? widthRatio : heightRatio;
57
58        mVideoOverlay->setScale(widthRatio/scale, heightRatio/scale);
59      }
60
61      HardwarePixelBufferSharedPtr pixelBuffer =
62        mVideoTexture->getBuffer();
63      void* textureData = pixelBuffer->lock(
64                  HardwareBuffer::HBL_DISCARD);
65      memcpy(textureData, GST_BUFFER_DATA(buffer),
66        GST_BUFFER_SIZE(buffer));
67      pixelBuffer->unlock();
68
69      gst_buffer_unref(buffer);
70      mNewBufferExists = false;
71    }
72  }
```

En el anterior listado puede verse cómo lo primero que se hace en la línea [2] es comprobar si hay nuevo buffer, establecido a verdadero en el listado de *onNewBuffer*. En caso afirmativo, recoge el buffer desde la señal emitida por *appsink* [3-4]. Seguidamente, recogerá información relativa a las dimensiones del vídeo [8-24] y (en nuestro caso) si el vídeo ha cambiado de tamaño crea una nueva textura borrando la previamente existente [26-49] y calculará el factor para escalar la imagen [51-58]. A continuación bloqueará el buffer de la textura, copiará los datos del nuevo frame y desbloqueará de nuevo [61-67]. Finalmente, liberará el de la memoria reservada para los datos del buffer [69] y pondrá el atributo *mNewBufferExists* a falso [70].

3.7. Comentarios finales sobre vídeo digital

En estas secciones del capítulo se ha mostrado cómo es posible sacar provecho del efecto sinérgico entre el mundo de los gráficos 3D y el vídeo digital.

Con ello, tras una introducción a algunos conceptos fundamentales, se han analizado diferentes estándares a fin de ofrecer una panorámica que ayude a tener una mejor perspectiva a la hora de seleccionar el mejor formato, atendiendo a diversas necesidades y requisitos.

Desde el punto de vista práctico, se ha abordado la integración de vídeo digital en Ogre mediante el uso de *plugins* –más concretamente el de Theora– que permitan incrustar vídeo en texturas Ogre. Además, se ha mostrado cómo sacar partido del empleo de *frameworks* de desarrollo de aplicaciones de vídeo digital, analizando con cierta profundidad GStreamer.

## Capítulo 4

Interfaces de Usuario Avanzadas

Francisco Jurado Monroy
Carlos González Morcillo

L as Interfaces Naturales de Usuario (del inglés *Natural User Ingerface*) son aquellas que emplean los movimientos gestuales para permitir una interacción con el sistema sin necesidad de emplear dispositivos de entrada como el ratón, el teclado o el joystick. Así, el cuerpo, las manos o la voz del usuario se convierten en el mando que le permite interactuar con el sistema.

Este es el paradigma de interacción en el que se basan tecnologías como las pantallas capacitivas tan empleadas en telefonía movil y tabletas, sistemas de reconocimiento de voz como el implantado en algunos vehículos para permitir "hablar" al coche y no despistarnos de la conducción, o dispositivos como Kinect de Xbox que nos permite sumergirnos en mundos virtuales empleando nuestro cuerpo.

Figura 4.1: Las interfaces naturales ya no pertenecen sólo al mundo de la ciencia ficción

Este capítulo se centrará en la construcción de interfaces naturales que empleen movimientos gestuales mediante la aplicación de técnicas de Visión por Computador o Visión Artificial y el uso de dispositivos como el mando de la Wii de Nintendo y el Kinect de XBox, abordando temas como la identificación del movimiento, el seguimiento de objetos o el reconocimiento facial, que puedan emplearse en el diseño y desarrollo de videojuegos que sigan este paradigma de interacción.

4.1. Introducción a la Visión por Computador

Quizá, lo primero que puede sugerir el término "Visión por Computador" es que se trata de aquellas técnicas que permiten "ver a través del ordenador", es decir, ver como lo haría un ordenador. Lo cierto es que la ciencia ficción se ha encargado de darnos algunas ideas al respecto, y de algún modo no va desencaminada.

Figura 4.2: La visión de uno de los computadores más famosos del cine: El Terminator

Las técnicas de Visión por Computador permiten extraer y analizar ciertas propiedades del mundo real a partir de un conjunto de imágenes obtenidas por medio de una cámara. A día de hoy, cuenta con algoritmos suficientemente probados y maduros, permitiéndo construir aplicaciones que se aprovechen de todo su potencial. Además, el abaratamiento de las cámaras digitales, por otro lado cada vez más potentes, permite obtener unos resultados cada vez más sorprendentes en este campo.

En el caso que nos ocupa, las técnicas de Visión por Computador pueden ser empleadas para el tratamiento de aquellas propiedades que permitan identificar los movimientos del usuario, dotando así a la aplicación de la capacidad de actuar en consecuencia.

4.2.   Introducción a OpenCV

Figura 4.3: Logo de OpenCV

OpenCV es una librería de código abierto multiplataforma (GNU/Linux, Windows y Mac OS X) escrita en los lenguajes de programación C/C++ y distribuida bajo licencia BSD. Sus orígenes parten de una iniciativa de Intel Reseach con caracter libre, para ser empleada con fines comerciales, educativos y de investigación.

Fue diseñada para ser eficiente en aplicaciones de tiempo real y proveer de un *framework* de Visión por Computador que fuera sencillo de usar, permitiendo así la construcción rápida de aplicaciones de Visión por Computador que fueran potentes y robustas. Cuenta además con interfaces para otros lenguajes de programación como Python, Ruby, Java, Matlab, entre otros.

A pesar de todo, si se desea un mayor rendimiento y optimización, pueden adquirirse las librerías Intel's IPP (Integraed Performance Primitives), un conjunto de rutinas optimizadas de bajo nivel para arquitecturas Intel.

Las librerías OpenCV están compuestas por cinco modulos:

- **CV**: Contiene las funciones principales de OpenCV, tales como procesamiento de imágenes, análisis de la estructura de la imagen, detección del movimiento y rastreo de objetos, reconocimiento de patrones, etc.

- **Machine Learning**: Implementa funciones para agrupación (*clustering*), clasificación y análisis de datos.

- **CXCORE**: Define las estructuras de datos y funciones de soporte para algebra lineal, persistencia de objetos, tranformación de datos, manejo de errores, etc.

- **HighGUI**: Empleada para construcción de interfaces de usuario sencillas y muy ligeras.

- **CVAUX**: Formada por un conjunto de funciones auxiliares/experimentales de OpenCV.

4.2.1. Instalación de OpenCV

La librería OpenCV está disponible a través de la dirección Web `http://sourceforge.` `net/projects/opencvlibrary/` y pueden encontrarse documentación y ejemplos en `http:` `//opencv.willowgarage.com/wiki/` y `http://code.opencv.org/projects/OpenCV/wiki/WikiStart`.

Para realizar la instalación de la librería, podemos descargar el código fuente directamente del enlace anterior y proceder posteriormente a su compilación para la plataforma correspondiente, o bien podemos emplear los repositorios de paquetes del sistema. Así, en un sistema basado en Debian los comandos a ejecutar serían:

```
# apt-get install build-essential
# apt-get install libavformat-dev
# apt-get install ffmpeg
# apt-get install libcv2.1 libcvaux2.1 libhighgui2.1 opencv-doc \
libcv-dev libcvaux-dev libhighgui-dev python-opencv
```

Con esto tendremos los requisitos mínimos para poder desarrollar, compilar y ejecutar nuestras aplicaciones con OpenCV.

La distribución viene acompañada de una serie de programitas de ejemplo en diferentes lenguajes de programación. Estos pueden resultar de mucha utilidad en una primera toma de contacto. Si se ha realizado la instalación mediante el sistema de paquetes, el paquete opencv-doc es el encargado de añadir dichos ejemplos. Para poder copiarlos y compilarlos haremos:

```
# cp -r /usr/share/doc/opencv-doc/examples .
# cd examples
# cd c
# sh build_all.sh
```

4.3. Conceptos previos

Antes de adentrarnos en los conceptos del procesamiento de imagen que nos ofrece la Visión por Computador con OpenCV, es preciso introducir algunos conceptos como aclaraciones sobre las nomenclaturas de las funciones, las estructuras de datos, cómo construir sencillas interfaces de usuario para testear nuestros desarrollos, etc.

4.3.1. Nomenclatura

Como nemotécnico general para la interfaz de programación en C, puede apreciarse cómo las funciones de OpenCV comienzan con el prefijo *cv* seguido de la operación y el objeto sobre el que se aplicará. Veamos algunos ejemplos:

- cvCreateImage: función OpenCV para crear una imagen.

- cvCreateMat: función OpenCV para crear una matriz.

- cvCaptureFromAVI: función OpenCV para realizar una captura de un fichero AVI.

- cvLoadImage: función OpenCV para cargar una imagen.

- cvShowImage: función OpenCV para mostrar una imagen.

- cvConvertImage: función OpenCV para convertir una imagen.

- cvSetImageROI: función OpenCV para establecer una región de interés (ROI) sobre una imagen.

- ...

4.3.2. Interfaces ligeras con HighGUI

El módulo HighGUI, permite la construcción de interfaces de usuario multiplataforma, ligeras y de alto nivel. Estas suelen estár destinadas a probar los procesamientos que se realicen con OpenCV.

HighGUI tiene funciones para permitir a los desarrolladores interactuar con el sistema operativo, el sistema de archivos, la WebCam, construir ventanas en las que mostrar imágenes y vídeos, leer y escribir ficheros (imágenes y vídeo) desde y hacia ficheros, gestión sencilla del ratón y teclado, etc.

Ventanas

Las primitivas más interesantes y comunes en una aplicación que necesite gestión de ventanas son:

- **Crear**: *cvNamedWindow("window", CV_WINDOW_AUTOSIZE)*

- **Redimensionar**: *cvResizeWindow("window", width, heigh);*

- **Posicionar**: *cvMoveWindow("window", offset_x, offset_y)*

- **Cargar imagen**: *IplImage* img=cvLoadImage(fileName)*

- **Visualizar imagen**: *cvShowImage("window",img);*

- **liberar imagen**: *cvReleaseImage(&img)*

- **Destruir**: *cvDestroyWindow("window");*

Como puede apreciarse, ninguna de las anteriores primitivas devuelve una referencia a la ventana o recibe por parámetro una referencia. Esto es debido a que HighGUI accede a las ventanas que gestiona mediante su nombre. De esta manera, cada vez que se desee acceder a una ventana concreta, habrá que indicar su nombre. Esto evita la necesidad de emplear y gestionar estructuras adicionales por parte de los programadores.

Recibir eventos del teclado

Para el teclado no existe manejador. Tan sólo se dispone de una primitiva *cvWaitKey(interval)*. Si *interval* vale 0, la llamada es bloqueante, y se quedará esperando indefinidamente hasta que se pulse una tecla. Si *interval* tiene un valor positivo, este representará el número de milisegundos que esperará a recibir un evento del teclado antes de continuar con la ejecución.

Capturando eventos del ratón

Como en la mayoría de las librerías para la construcción de interfaces de usuario, los eventos del ratón son manipulados a través del correspondiente manejador. Un ejemplo de manejador del ratón puede verse en el siguiente código:

```
1  void mouseHandler(int event, int x, int y, int flags, void* param){
2    switch(event){
3    case CV_EVENT_LBUTTONDOWN:
4      if(flags & CV_EVENT_FLAG_CTRLKEY)
5        printf("Pulsado boton izquierdo con CTRL presionada\n");
6      break;
7
8    case CV_EVENT_LBUTTONUP:
9      printf("Boton izquierdo liberado\n");
10     break;
11   }
12 }
```

Como puede apreciarse, el manejador recibe una serie de parámetros:

- **x, y**: Las coordenadas de los pixels en los que se produce el evento

- **event**: El tipo de evento.

  - CV_EVENT_LBUTTONDOWN, CV_EVENT_RBUTTONDOWN, CV_EVENT_MBUTTONDOWN, CV_EVENT_LBUTTONUP, CV_EVENT_RBUTTONUP, CV_EVENT_RBUTTONDBLCLK, CV_EVENT_MBUTTONDBLCLK, CV_EVENT_MOUSEMOVE, CV_EVENT_MBUTTONUP, CV_EVENT_LBUTTONDBLCLK,

- **flags**: El flag que modifica al evento.

  - CV_EVENT_FLAG_CTRLKEY, CV_EVENT_FLAG_SHIFTKEY, CV_EVENT_FLAG_ALTKEY, CV_EVENT_FLAG_LBUTTON, CV_EVENT_FLAG_RBUTTON, CV_EVENT_FLAG_MBUTTON

Para registrar el manejador y así poder recibir los eventos del ratón para una ventana concreta, deberá emplearse la función *cvSetMouseCallback("window",mouseHandler, &mouseParam);*.

Barra de progreso

Otro elemento interesante en las interfaces construidas con HighGUI son las barras de progreso o *trackbar*. Estas suelen ser muy útiles para introducir valores enteros "al vuelo" en nuestra aplicación. Por ejemplo, para posicionar la visualización de un vídeo en un punto determinado de la visualización o para establecer los valores de determinados umbrales en los procesados (brillos, tonos, saturación, matices, etc.).

El manejador del evento del *trackbar* tiene el siguiete aspecto:

```
1  void trackbarHandler(int pos)
2  {
3    printf("Trackbar en la posicion: %d\n",pos);
4  }
```

Para registrarlo bastará con invocar a la primitiva *cvCreateTrackbar("bar1", "window", &trackbarVal ,maxVal , trackbarHandler)*. Si se desea establecer u obtener la posición del *trackbar* durante un momento dado de la ejecución, se emplearán las funciones *cvGetTrackbarPos("bar1","window")* y *cvSetTrackbarPos("bar1", "window", value)*, respectivamente.

4.3.3.   Estructura de la imagen

Las imágenes son la piedra angular en la visión por computador. OpenCV proporciona la estructura *IplImage* heredada de la *Intel Image Processing Library*. Se encuentra definida en el fichero *cxtypes.h* y la estructura es la que se muestra en el listado:

Listado 4.3: Estructura *IplImage*

```
 1  typedef struct _IplImage
 2  {
 3      int  nSize;              /* sizeof(IplImage) */
 4      int  ID;                 /* version (=0)*/
 5      int  nChannels;          /* Most of OpenCV functions support
 6                                  1,2,3 or 4 channels */
 7      int  alphaChannel;       /* Ignored by OpenCV */
 8      int  depth;              /* Pixel depth in bits: IPL_DEPTH_8U,
 9                                  IPL_DEPTH_8S,  IPL_DEPTH_16S,
10                                  IPL_DEPTH_32S, IPL_DEPTH_32F and
11                                  IPL_DEPTH_64F are supported.  */
12      char colorModel[4];      /* Ignored by OpenCV */
13      char channelSeq[4];      /* ditto */
14      int  dataOrder;          /* 0 - interleaved color channels,
15                                  1 - separate color channels.
16                                  cvCreateImage can only create
17                                  interleaved images */
18      int  origin;             /* 0 - top-left origin,
19                                  1 - bottom-left origin (Windows
20                                          bitmaps style).*/
21      int  align;              /* Alignment of image rows (4 or 8).
22                      OpenCV ignores it and uses widthStep instead.*/
23      int  width;              /* Image width in pixels.*/
24      int  height;             /* Image height in pixels.*/
25      struct _IplROI *roi;     /* Image ROI.
26                      If NULL, the whole image is selected. */
27      struct _IplImage *maskROI;    /* Must be NULL. */
28      void  *imageId;                  /* "            " */
29      struct _IplTileInfo *tileInfo; /* "            " */
30      int  imageSize;          /* Image data size in bytes
31                                  (==image->height*image->widthStep
32                                  in case of interleaved data)*/
33      char *imageData;         /* Pointer to aligned image data.*/
34      int  widthStep;          /* Size of aligned image row
35                                  in bytes.*/
36      int  BorderMode[4];      /* Ignored by OpenCV.*/
37      int  BorderConst[4];     /* Ditto.*/
38      char *imageDataOrigin;   /* Pointer to very origin of image data
39                                  (not necessarily aligned) -
40                                  needed for correct deallocation */
41  }
42  IplImage;
```

Así, para acceder a un pixel concreto para una imagen multicanal puede emplearse el siguiente código:

```
Listado 4.4: Acceso a los pixels de una imagen
1   IplImage* img  = cvCreateImage(cvSize(640,480),IPL_DEPTH_32F,3);
2
3   int height     = img->height;
4   int width      = img->width;
5   int step       = img->widthStep/sizeof(float);
6   int channels   = img->nChannels;
7   float * data   = (float *)img->imageData;
8
9   data[i*step+j*channels+k] = 111;
```

Del mismo modo, para acceder a todos los pixels de una imagen, bastará con implementar un bucle anidado, tal y como se muestra en el siguiente código de ejemplo encargado de convertir una imagen a escala de grises:

```
Listado 4.5: Operación directa sobre pixels. Convirtiendo a escala de grises.
1   #include "highgui.h"
2   #include "cv.h"
3   #include "stdio.h"
4
5   int main(int argc, char **argv) {
6       IplImage *img = cvLoadImage( argv[1], CV_LOAD_IMAGE_COLOR );
7
8       if (!img)
9           printf("Error while loading image file\n");
10
11      int width     = img->width;
12      int height    = img->height;
13      int nchannels = img->nChannels;
14      int step      = img->widthStep;
15      uchar *data   = ( uchar* )img->imageData;
16
17      int i, j, r, g, b, byte;
18      for( i = 0 ; i < height ; i++ ) {
19          for( j = 0 ; j < width ; j++ ) {
20              r = data[i*step + j*nchannels + 0];
21              g = data[i*step + j*nchannels + 1];
22              b = data[i*step + j*nchannels + 2];
23
24              byte = ( r + g + b ) / 3;
25
26              data[i*step + j*nchannels + 0] = byte;
27              data[i*step + j*nchannels + 1] = byte;
28              data[i*step + j*nchannels + 2] = byte;
29          }
30      }
31
32      cvNamedWindow( "window", CV_WINDOW_AUTOSIZE );
33      cvShowImage("window",img);
34
35      cvWaitKey(0);
36
37      cvReleaseImage(&img);
38      cvDestroyWindow("window");
39
40      return 0;
41  }
```

4.3.4.   Almacenes de memoria y secuencias

En algunas de las operaciones que realizan los algoritmos de OpenCV, será necesario hacer la correspondiente reserva de memoria, de manera que nuestra aplicación sea capaz de construir objetos de manera dinámica. Además, se introducirá en este apartado la "secuencia" como una estructura de datos en la que almacenar nuestros objetos dinámicos o donde recibir la salida de determinados procesamientos realizados por las funciones de OpenCV.

Almacenes de memoria: *MemStorage*

Existen funciones en OpenCV que requieren de una reserva de memoria para almacenar cálculos intermedios o de salida. Por esto, OpenCV dispone de una estructura específica a la que denomina almacén de memoria *MemStorage* para permitir la gestión de memoria dinámica.

Las funciones principales para gestión de almacenes de memoria son:

- **Reservar**:

  - *CvMemStorage* cvCreateMemStorage(int block_size = 0)*
  - *void* cvMemStorageAlloc(CvMemStorage* storage, size_t size)*

- **Liberar**: *void cvReleaseMemStorage(CvMemStorage** storage)*

- **Vaciar**: *void cvClearMemStorage(CvMemStorage* storage)*

Con esto se dispone de todo lo necesario para poder trabajar con memoria dinámica en OpenCV.

Secuencias: *CVSeq*

Un tipo de objeto que puede ser guardado en los almacenes de memoria son las secuencias. Estas son listas enlazadas de otras estructuras, de manera que se pueden crear secuencias de cualquier tipo de objeto. Por su implementación, las secuencias permiten incluso el acceso directo a cada uno de los elementos.

Algunas de las principales primitivas para su manipulación son:

- **Crear**: *CvSeq* cvCreateSeq(int seq_flags,*
  int header_size, int elem_size, CvMemStorage* storage)

- **Eliminar**: *void cvClearSeq(CvSeq* seq)*

- **Acceder**: *char* cvGetSeqElem(seq,index)*

- **Comprobar**: *int cvSeqElemIdx(const CvSeq* seq,*
  const void* element, CvSeqBlock** block = NULL)

- **Clonar**: *CvSeq* cvCloneSeq(const CvSeq* seq,*
  CvMemStorage* storage)

- **Ordenar**: *void cvSeqSort(CvSeq* seq, CvCmpFunc func,*
  void* userdata = NULL)

- **Buscar**: *char* cvSeqSearch(CvSeq* seq,*
  const void* elem, CvCmpFunc func, int is_sorted,
  int* elem_idx, void* userdata = NULL)

4.4. Primera toma de contacto con OpenCV: mostrando vídeo

A modo de una primera toma de contacto, se verá un pequeño ejemplo que muestra en una ventana el contenido de un archivo de video pasado por parámetro a la aplicación, o bien la captura de la WebCam en su ausencia.

Listado 4.6: Mostrando imágenes de una captura

```
1   #include "highgui.h"
2   #include "cv.h"
3
4   int main( int argc, char** argv ) {
5     CvCapture* capture;
6     if( argc != 2 || !(capture = cvCreateFileCapture(argv[1])) )
7       capture = cvCreateCameraCapture(0);
8
9     cvNamedWindow( "Window", CV_WINDOW_AUTOSIZE );
10
11    IplImage* frame;
12    while(1) {
13      frame = cvQueryFrame(capture);
14      if(!frame) break;
15
16      cvShowImage("Window", frame);
17
18      char c = cvWaitKey(33);
19      if(c==27) break;
20    }
21
22    cvReleaseCapture(&capture);
23    cvDestroyWindow("Window");
24
25    return 0;
26  }
```

Aclarado esto, puede que el código resulte bastante autodescriptivo. Así, las líneas [1-2] muestran la inclusión de los ficheros con las definiciones de las funciones tanto para OpenCV como para Highgui. Lo primero que hace la aplicación es una mínima comprobación de parámetros [6-7]. Si se ha introducido un parámetro, se entenderá que es la ruta al fichero a visualizar y se creará una captura para extraer la información del mismo mediante la llamada a *cvCreateFileCapture*. En caso de que no se hayan introducido parámetros o el parámetro no sea un fichero de video, se realizará la captura desde la WebCam empleando la llamada a *cvCreateCameraCapture*.

A continuación, en la línea [9] se creará una ventana llamada *Window* mediante la llamada a *cvNamedWindow*. Como puede verse, esta función no devuelve ningún puntero a la estructura que permita acceder a la ventana, sino que construye una *ventana con nombre*. Así, cada vez que deseemos acceder a una ventana concreta, bastará con indicar su nombre, evitando emplear estructuras adicionales.

Los *frames* de los que consta el vídeo serán mostrados en la ventana mediante el bucle de las líneas [12-20]. En él, se realiza la extracción de los *frames* desde la captura (fichero de video o cámara) y se muestran en la ventana. El bucle finalizará porque se haya extraido el último *frame* de la captura línea14 o se haya pulsado la tecla de escape [18-19] por parte del usuario. Finalmente, se liberan las estructuras mediante las correspondientes llamadas del tipo *cvRelease** [22-23].

Como puede verse, en sólo unas pocas líneas de código se ha implementado un reproductor de vídeo empleando OpenCV. En las siguientes secciones se mostrará cómo sacarle algo de partido al potencial que nos ofrece la Visión por Computador.

4.5. Introducción a los filtros

En la mayoría de las ocasiones, al trabajar con visión por computador no nos limitaremos a "mostrar video por pantalla", sino que se querrá realizar algún tipo de procesamiento sobre las imágenes que estemos capturando.

En esta sección veremos cómo realizar unas pequeñas modificaciones sobre el ejemplo anterior, pasando una serie de filtros a cada uno de los *frames* recogidos de un vídeo, a fin de mostrar sólo la silueta de las figuras. El código que lo implementa es el del siguiente listado:

Listado 4.7: Identificando bordes y siluetas

```
 1  #include "highgui.h"
 2  #include "cv.h"
 3
 4  int main( int argc, char** argv ) {
 5    CvCapture* capture;
 6    if( argc != 2 || !(capture = cvCreateFileCapture(argv[1])) )
 7      capture = cvCreateCameraCapture(0);
 8
 9    cvNamedWindow( "Window_1", CV_WINDOW_AUTOSIZE );
10    cvNamedWindow( "Window_2", CV_WINDOW_AUTOSIZE );
11
12    IplImage* frame;
13    while(1) {
14      frame = cvQueryFrame( capture );
15      if( !frame ) break;
16
17      IplImage *smooth, *edge, *out;
18      smooth = cvCreateImage(cvGetSize(frame), IPL_DEPTH_8U, 3);
19      edge   = cvCreateImage(cvGetSize(frame), IPL_DEPTH_8U, 1);
20      out    = cvCreateImage(cvGetSize(frame), IPL_DEPTH_8U, 1);
21
22      cvSmooth  (frame, smooth, CV_GAUSSIAN, 11, 11, 0, 0);
23      cvCvtColor(smooth, edge, CV_BGR2GRAY);
24      cvCanny   (edge, out, 10, 50, 3 );
25
26      cvShowImage( "Window_1", frame );
27      cvShowImage( "Window_2", out );
28
29      cvReleaseImage(&out);
30      cvReleaseImage(&edge);
31      cvReleaseImage(&smooth);
32
33      char c = cvWaitKey(33);
34      if( c == 27 ) break;
35    }
36
37    cvReleaseImage(&frame);
38    cvReleaseCapture( &capture );
39    cvDestroyWindow( "Window_1" );
40    cvDestroyWindow( "Window_2" );
41
42    return 0;
43  }
```

En las líneas 9-10 se han creado dos ventanas, de manera que se puedan apreciar los frames de entrada y de salida del ejemplo. Para almacenar las transformaciones intermedias, se crearán una serie de imágenes mediante la primitiva *cvCreateImage* 17-20, cuyo tamaño es siempre el tamaño del *frame* original.

Figura 4.4: Salida del ejemplo. A la izquierda la imagen antes del proceso de filtrado. A la derecha los bordes detectados tras el proceso de filtrado.

La primitiva *cvCreateImage* será una de las que más se empleen cuando desarrollemos aplicaciones con OpenCV. Esta crea la cabecera de la imagen y reserva la memoria para los datos de la misma. Para ello toma tres parámetros: el tamaño (*size*) que a su vez se compone de alto y ancho, la profundidad (*depth*) y el número de canales (*channels*).

El proceso de filtrado está codificado en las líneas 22-24. Como puede apreciarse son tres los filtros que se le aplican:

1. *Smooth* o suavizado. El primer paso es el de aplicar a cada *frame* capturado una operación de suavizado Gaussiano 11x11. Este filtro producirá una imagen más suave a la que se le ha eliminado el posible "ruido" y cambios bruscos en el color.

2. Escala de grises. Esta transformación permite pasar la imagen de RGB a escala de grises. De ahí que la imagen creada para almacenar esta transformación intermedia tenga una profundidad de 1 en la línea 19. Este es en realidad un paso intermedio requerido para generar la entrada al algoritmo de detección de contornos.

3. *Canny* o detección de contornos. El cuál permite aplicar el algoritmo *Canny* para la identificación de contornos en una imagen. Este algoritmo toma como entrada una imagen de un solo canal (la imagen en escala de grises del paso anterior), y genera otra imagen de un solo canal en la que se almacenan las siluetas o contornos identificados.

En la figura 4.4 puede verse cuál será la salida final de la ejecución de nuestra aplicación.

Lo que se consigue aplicando el algoritmo *Canny* es identificar aquellos pixels que conforman el "borde" de los objetos, es decir, aquellos que separan segmentos diferentes de la imagen. Se trata de pixels aislados, sin una entidad propia. En realidad, un contorno es una lista de puntos que representan una curva en una imagen.

En OpenCV un contorno se representa mediante secuencias de pixels, y la estructura de datos que la implementa es *CvSeq*. A través de esta estructura podrá recorrerse el contorno completo tan sólo siguiendo la secuencia.

Listado 4.8: Uso de *cvFindContours*

```
1  IplImage* image = /*inicializada previamente*/;
2  int thresh = 100;
3
4  IplImage* gray = cvCreateImage( cvGetSize(image), 8, 1 );
5  CvMemStorage* storage = cvCreateMemStorage(0);
6
7  cvCvtColor(image, gray, CV_BGR2GRAY);
8  cvThreshold(gray, gray, thresh, 255, CV_THRESH_BINARY);
9  CvSeq* contours = 0;
10 cvFindContours(gray, storage, &contours, sizeof(CvContour),
11           CV_RETR_TREE,
12           CV_CHAIN_APPROX_SIMPLE, cvPoint(0,0) );
13 cvZero(gray);
14 if( contours )
15    cvDrawContours(gray, contours, cvScalarAll(255),
16              cvScalarAll(255), 100, 3, CV_AA, cvPoint(0,0) );
17 cvShowImage( "Contours", gray );
```

Un modo de ensamblar todos esos pixels aislados en contornos es mediante la aplicación de la función *cvFindContours*. Esta función calcula los contornos a partir de imágenes binarias. Así, toma como entrada imágenes creadas con *cvCanny*, *cvThreshold* o *cvAdaptiveThreshold* y devuelve todos los contornos que ha identificado y los cuales pueden ser accedidos mediante la correspondiente estructura *CvSeq*.

4.6. Detección de objetos mediante reconocimiento

A la hora de proporcionar una interacción natural, uno de los elementos que deben tenerse en cuenta es el de detectar que aquello con lo que interactua nuestro computador es un rostro, de manera que pueda actuar en consecuencia.

OpenCV reconoce (o clasifica) regiones que cumplan con determinadas características aprendidas, tales como rostros, cuerpos, etc.

Para esto se hará uso del módulo de aprendizaje automático (*Machine Learning*) que incluye OpenCV. Así, el procedimiento habitual es el de entrenar un clasificador con aquellos patrones que se deseen reconocer. Tras el entrenamiento y la validación del mismo, el clasificador estará listo para identificar los patrones para los que fue entrenado.

En las siguientes subsecciones veremos cómo realizar el reconocimiento de objetos mediante el uso de clasificadores, y cómo pueden ser empleados para proporcionar interacción con el usuario.

4.6.1. Trabajando con clasificadores

Tal y como se ha mencionado, el empleo de clasificadores implica un proceso de *"aprendizaje"* de los mismos. En dicho proceso, se *"entrena"* al clasificador con una serie de ejemplos (tanto buenos como malos) ya clasificados, y al que se le conoce comúnmente como *"conjunto de entrenamiento"*. Posteriormente se *"valida"* dicho entrenamiento analizando y contrastando la salida con un *"conjunto de validación"* tambien clasificado de antemano. Contrastar en qué medida ha clasificado los casos del conjunto de validación, dará una idea de la precisión del clasificador.

Tanto el conjunto de entrenamiento como el de validación, deben contar un número importante de elementos clasificados a fin de que el proceso de aprendizaje proporcione una precisión razonable. Esto hace que el proceso de entrenamiento suela ser costoso en tiempo, tanto en la construcción de los conjuntos para el aprendizaje como en el cómputo a realizar por los diferentes algoritmos de clasificación.

Afortunadamente, existen diferentes especificaciones para los clasificadores ya entrenados de uso más común para OpenCV, que pueden ser integrados directamente en nuestras aplicaciones.

Si se ha hecho la instalación a través del sistema de gestión de paquetes de nuestro sistema, en aquellos basados en Debian podrán encontrarse en */usr/share/doc/opencv-doc/examples/haarcascades/*. Si se ha descargado directamente el fichero *tarball*, una vez descomprimido, estos pueden encontrarse en el directorio *OpenCV-X.X.X/data/haarcascades*. En este directorio se pueden encontrar las especificaciones de clasificadores para reconocimiento facial, reconocimiento de ojos, nariz, boca, etc.

Analicemos un ejemplo donde se muestra el uso de un reconocedor facial para una imagen.

Listado 4.9: Aplicación de clasificadores para detectar objetos

```
1  #include <cv.h>
2  #include <highgui.h>
3
4  int main(int argc, char** argv ){
5    static CvScalar colors[] = { {{0,0,255}}  , {{0,128,255}},
6                     {{0,255,255}}, {{0,255,0}},
7                     {{255,128,0}}, {{255,255,0}},
8                     {{255,0,0}}  , {{255,0,255}} };
9
10   IplImage* img = cvLoadImage("./media/The-Beatles.jpg", 1);
11   CvMemStorage* storage = cvCreateMemStorage(0);
12   CvHaarClassifierCascade* classifier = cvLoadHaarClassifierCascade
13     ("./media/haarcascade_frontalface_alt.xml", cvGetSize(img));
14
15   cvClearMemStorage(storage);
16   CvSeq* faces = cvHaarDetectObjects
17     (img, classifier, storage, 1.1, 4, 0, cvSize( 40, 50 ), cvSize( 40, 50 ));
18
19   CvRect* r; int i;
20   for( i = 0; i < (faces? faces->total : 0); i++ ){
21     r = (CvRect*)cvGetSeqElem(faces, i);
22     cvRectangle(img, cvPoint(r->x, r->y),
23         cvPoint(r->x + r->width, r->y + r->height),
24         colors[i%8], 3, 10, 0);
25   }
26
27   cvNamedWindow("Window", CV_WINDOW_AUTOSIZE );
28   cvShowImage("Window", img );
29   cvWaitKey(0);
30
31   cvReleaseImage(&img);
32   cvDestroyWindow("Window");
33
34   return 0;
35 }
```

En la línea 5 se definen una serie de colores que serán empleados para marcar con un rectángulo los objetos detectados. En las líneas 10-12, cargamos la imagen desde un fichero, reservamos memoria para llevar a cabo el proceso de clasificación y cargamos la especificación del clasificador.

Seguidamente, en las líneas 15-17 se limpia la memoria donde se realizará el proceso de detección, y se pone a trabajar al clasificador sobre la imagen mediante la llamada a la función *cvHaarDetectObjects*. Finalizado el proceso de detección por parte del clasificador, se obtiene una secuencia de objetos (en nuestro caso caras) almacenada en *faces* de tipo *CvSeq* (estructura de datos para almacenar secuencias en OpenCV).

Bastará con recorrer dicha secuencia e ir creando rectángulos de diferentes colores (empleando *cvRectangle*) sobre cada una de las caras identificadas. Esto es lo que se realiza en el bucle de las líneas (19-25). Finalmente se muestra la salida en una ventana y espera a que el usuario pulse cualquier tecla antes de liberar la memoria reservada (27-32).

La salida de la ejecución puede apreciarse en la figura 4.5, donde puede verse la precisión del clasificador. Incluso la cara de la chica del fondo ha sido identificada. La del hombre del fondo a la izquierda no ha sido reconocida como tal, porque no corresponde con una "cara completa" y por tanto no cumple con los patrones aprendidos.

4.6.2.   Interacción con el usuario

Una vez visto cómo realizar detección de objetos con OpenCV, a nadie se le escapa que el hecho de identificar un cuerpo humano, un rostro (o cualquier otra parte del cuerpo humano), etc., puede permitir a nuestras aplicaciones realizar acciones en función de dónde se encuentren dichos objetos.

Así, imagíne que pudieramos ejecutar unas acciones u otras según la posición del usuario ante la cámara, o que atendiendo al parpadeo de éste fuera posible desencadenar la realización de unas acciones u otras en el computador. Introducir los conceptos asociados a estas cuestiones es el objeto de esta subsección.

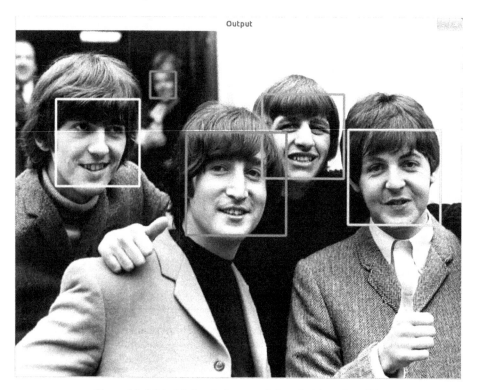

Figura 4.5: Salida del ejemplo de reconocimiento facial con OpenCV.

Veamos un sencillo ejemplo en el que se realiza la detección del rostro en los frames extraidos de un fichero de video pasádo por parámetro a la aplicación, o de la WebCam en ausencia de este parámetro. En función de dónde se encuentre el rostro, se mostrará un mensaje identificando en qué esquina se encuentra.

Como aclaración previa para entender el ejemplo, cabe matizar que el proceso de identificación resulta costoso en cuanto a memoria y CPU. Para optimizar dicho proceso, una técnica a emplear es la de manipular imágenes en escala de grises y que además sean de menor tamaño que la original. Con ello, el tiempo de cómputo se reduce considerablemente, permitiendo una interacción más cómoda.

Llegados a este punto, el lector entenderá gran parte del código, de modo que nos centraremos en aquellas partes que resultan nuevas. Así, en el bucle que recoge los frames de la captura, el clasificador es cargado sólo la primera vez 32-34. A continuación, para cada frame capturado, se realizará una transformación a escala de grises 36-37, se reducirá la imagen a otra más pequeña 39-42 y finalmente se ecualizará el histograma 43. Este último paso de ecualizar el histograma, sirve para tratar de resaltarán detalles que pudieran haberse perdido en los procesos de transformación a escala de grises y reducción de tamaño.

Tras finalizar el proceso de identificación de rostros invocando la primitiva *cvHaarDetectObjects* 45-47, si no se ha encontrado ninguno se muestra por pantalla el mensaje *"Buscando objeto..."* empleando para ello la primitiva de *cvPutText* 39, la cual recibe la imagen donde se pondrá el texto, el texto propiamente dicho, la fuente que se empleará y que fue inicializada en la línea 25, y el color con el que se pintará. Si se han identificado rostros en la escena, mostrará el mensaje *"Objetivo encontrado!"* 53. Si el rostro está en el cuarto derecho o izquierdo de la pantalla, mostrará el mensaje oportuno 59-64, además de identificarlo mediante un recuadro 66.

Listado 4.10: Interacción mediante reconocimiento

```
1   #include "highgui.h"
2   #include "cv.h"
3   #include "stdio.h"
4
5   int main( int argc, char** argv ) {
6     CvCapture* capture;
7     if( argc != 2 || !(capture = cvCreateFileCapture(argv[1])) )
8       capture = cvCreateCameraCapture(0);
9
10    static CvScalar colors[] = { {{0,0,255}},   {{0,128,255}},
11                {{0,255,255}}, {{0,255,0}},
12                {{255,128,0}}, {{255,255,0}},
13                {{255,0,0}},   {{255,0,255}} };
14
15    cvNamedWindow( "Window", CV_WINDOW_AUTOSIZE );
16
17    IplImage *frame, *gray, *small_img;
18    double scale = 2;
19
20    CvMemStorage* storage = cvCreateMemStorage(0);
21    cvClearMemStorage( storage );
22    CvHaarClassifierCascade* classifier = NULL;
23
24    CvFont font;
25    cvInitFont(&font, CV_FONT_HERSHEY_SIMPLEX,
26        0.75, 0.75, 0, 2, CV_AA);
27
28    while(1) {
29      frame = cvQueryFrame(capture);
30      if( !frame ) break;
31
32      if (classifier == NULL)
```

```
33       classifier = cvLoadHaarClassifierCascade
34     ("./media/haarcascade_frontalface_alt.xml", cvGetSize(frame));
35
36     gray = cvCreateImage( cvGetSize(frame), 8, 1 );
37     cvCvtColor( frame, gray, CV_BGR2GRAY );
38
39     small_img = cvCreateImage( cvSize( cvRound (gray->width/scale),
40                         cvRound (gray->height/scale)),
41                 8, 1 );
42     cvResize( gray, small_img, CV_INTER_LINEAR );
43     cvEqualizeHist( small_img, small_img );
44
45     CvSeq* faces = cvHaarDetectObjects
46       (small_img, classifier, storage, 1.1, 4, 0,
47        cvSize( 40, 50 ), cvSize( 40, 50 ));
48
49     if (!faces->total)
50       cvPutText(frame, "Buscando objetivo...",
51         cvPoint(10, 50), &font, cvScalar(255, 255, 255, 0));
52     else
53       cvPutText(frame, "Objetivo encontrado!",
54         cvPoint(10, 50), &font, cvScalar(0, 0, 255, 0));
55
56     int i; CvRect* r;
57     for( i = 0; i < (faces ? faces->total : 0 ); i++ ){
58       r = (CvRect*)cvGetSeqElem(faces, i);
59       if (r->x < (small_img->width*0.25))
60     cvPutText(frame, "En la izquierda!",
61             cvPoint(10, 100), &font, cvScalar(0, 255, 255, 0));
62       if ((r->x+r->width) > (small_img->width*0.75))
63     cvPutText(frame, "En la derecha!",
64             cvPoint(10, 100), &font, cvScalar(0, 255, 255, 0));
65
66       cvRectangle(frame, cvPoint( r->x * scale, r->y * scale ),
67             cvPoint((r->x + r->width) * scale,
68                 (r->y + r->height) * scale),
69             colors[i%8],3,10,0);
70     }
71
72     cvShowImage( "Window", frame );
73     cvReleaseImage( &gray );
74     cvReleaseImage( &small_img );
75
76     char c = cvWaitKey(5);
77     if(c == 27) break;
78   }
79
80   cvReleaseCapture(&capture);
81   cvDestroyWindow("Window");
82
83   return 0;
84 }
```

En la figura 4.6 puede verse la salida de la aplicación cuando identifica un rostro a la izquierda o a la derecha.

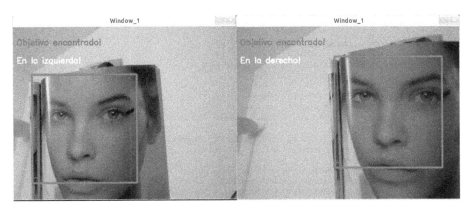

Figura 4.6: La aplicación muestra cuándo ha identificado un rostro y si este se encuentra a la izquierda o a la derecha.

4.7. Interacción mediante detección del color de los objetos

La detección de objetos es un proceso costoso en tiempo y cómputos. Además, si es necesaria una interacción mediante objetos de los cuales no disponemos de un clasificador ni de ejemplos suficientes con los que realizar su entrenamiento para la posterior fase de reconocimiento, existen otras alternativas. Una de ellas es identificar objetos que tengan un determinado color único en la escena. Para ello, deberán realizarse diferentes transformaciones sobre la imagen, de modo que se filtre todo aquello que tenga un color diferente al del objeto que se desea detectar.

Figura 4.7: Triángulo HSV donde se representa el matiz (en la ruleta), la saturación y el valor (en el triángulo)

A modo de ejemplo, se construirá una sencilla aplicación en la que se irá pintando el trazo por el lugar por donde va pasando un objeto rastreado. El código es el que se lista a continuación:

Listado 4.11: Detección de objeto con determinado color

```
1  #include <cv.h>
2  #include <highgui.h>
3
4  int main(){
5    CvCapture *capture = cvCaptureFromCAM(0);
6
7    if(!capture) return -1;
8
9    cvNamedWindow("Window", CV_WINDOW_FULLSCREEN);
10
11   IplImage* frame = NULL;
12   IplImage* imgScribble = NULL;
13   while(1){
14     frame = cvQueryFrame(capture);
15     if(!frame) break;
16
17     if(imgScribble == NULL)
```

```
18      imgScribble = cvCreateImage(cvGetSize(frame), 8, 3);
19
20      cvSmooth(frame, frame, CV_GAUSSIAN, 11, 11, 0, 0);
21
22      IplImage* imgHSV = cvCreateImage(cvGetSize(frame), 8, 3);
23      cvCvtColor(frame, imgHSV, CV_BGR2HSV);
24
25      IplImage* imgThreshed = cvCreateImage(cvGetSize(frame), 8, 1);
26      cvInRangeS(imgHSV, cvScalar(25, 100, 100, 0),
27              cvScalar(40, 255, 255, 0), imgThreshed);
28
29      CvMoments *moments = (CvMoments*)malloc(sizeof(CvMoments));
30      cvMoments(imgThreshed, moments, 0);
31
32      double moment10 = cvGetSpatialMoment(moments, 1, 0);
33      double moment01 = cvGetSpatialMoment(moments, 0, 1);
34      double area     = cvGetCentralMoment(moments, 0, 0);
35
36      static int posX = 0; static int posY = 0;
37      int lastX = posX; int lastY = posY;
38      posX = moment10/area; posY = moment01/area;
39
40      if(lastX>0 && lastY>0 && posX>0 && posY>0)
41        cvLine(imgScribble,
42            cvPoint(posX, posY), cvPoint(lastX, lastY),
43            cvScalar(255, 255, 0, 0), 5, 1, 0);
44
45      cvAdd(frame, imgScribble, frame, 0);
46      cvShowImage("Window", frame);
47
48      char c = cvWaitKey(5);
49      if(c==27) break;
50
51      cvReleaseImage(&imgHSV);
52      cvReleaseImage(&imgThreshed);
53      free(moments);
54    }
55
56    cvReleaseCapture(&capture);
57    cvDestroyWindow("Window");
58
59    return 0;
60  }
```

En él puede verse cómo, una vez seleccionado el color del objeto a detectar, el procedimiento a llevar a cabo es el siguiente (la salida de su ejecución aparece en la figura 4.9):

1. Realizar un proceso de suavizado para eliminar el posible "ruido" en el color [21].

2. Convertir la imagen RGB del frame capturado a una imagen HSV (Matiz, Saturación, Valor) de modo que sea más fácil identificar el color a rastrear [23-24]. La salida de este filtro es la que se muestra en la parte izquierda de la figura 4.8.

3. Eliminar todos aquellos pixels cuyo matiz no corresponda con el del objeto a detectar. Esto devolverá una imagen en la que serán puestos a 0 todos los pixels que no estén dentro de nuestro criterio. En definitiva, la imagen sólo contendrá aquellos pixels cuyo color deseamos detectar [25-27] en color blanco y el resto todo en negro. La salida de este proceso es la que se muestra en la parte derecha de la figura 4.8.

4. Identificar el "momento" de los objetos en movimiento, es decir, su posición en coordenadas [29-34].

5. Pintar una linea desde el anterior "momento" hasta el "momento" actual [29-43] en una capa (en el código es una imagen denominada *"imgScribble"*).

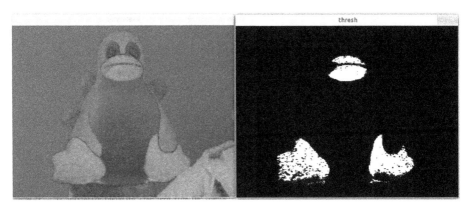

Figura 4.8: A la izquierda, se muestra la imagen HSV del Tux capturado con la cámara. A la derecha sólo aquello que coincida con el valor del color de las patas y el pico (amarillo en nuestro caso)

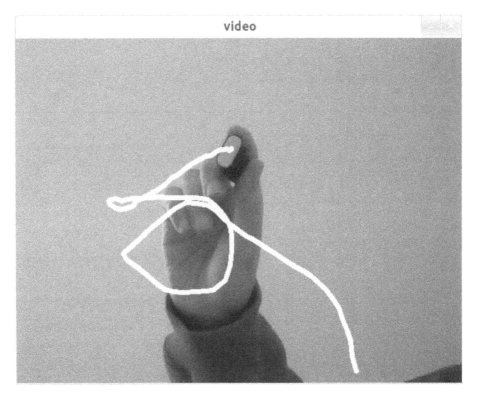

Figura 4.9: Salida de la ejecución del ejemplo de detección de objeto con determinado color. Puede verse cómo se superpone a la imagen el trazo realizado por el rastreo de un pequeño objeto amarillo fluorescente.

6. Unir la capa que contiene el trazo, con aquella que contiene la imagen capturada desde la cámara ⁴⁵ y mostrarlo por pantalla ⁴⁶.

4.8.   Identificación del movimiento

Para explicar la identificación del movimiento, tomaremos uno de los ejemplos que se proporcionan junto a la librería OpenCV. Se trata del ejemplo *motempl*, del cual se dispone de implementación en C y Python. En él se analiza tanto el proceso de identificación del movimiento, como el de la detección de la dirección y sentido del mismo.

Listado 4.12: Bucle principal del ejemplo *motempl.c*

```
 1  for(;;)
 2  {
 3      IplImage* image = cvQueryFrame( capture );
 4      if( !image )
 5        break;
 6
 7      if( !motion )
 8        {
 9        motion = cvCreateImage( cvSize(image->width,image->height), 8, 3 );
10        cvZero( motion );
11        motion->origin = image->origin;
12        }
13
14      update_mhi( image, motion, 30 );
15      cvShowImage( "Motion", motion );
16
17      if( cvWaitKey(10) >= 0 )
18        break;
19  }
```

Para realizar el análisis de dicho código debemos comenzar por el bucle principal. En él puede verse cómo se captura la imagen, y si aún no existe movimiento detectado, se crea una nueva imagen cuyo origen se hará coincidir con el del primer *frame* capturado 7-12. A continuación, se actualiza el historial de movimiento (MHI (Motion History Image)) en la función *update_mhi* y se muestra la imagen por pantalla 15. La función *update_mhi* recibe tres parámetros: la imagen actual procedente de la captura, la imagen resultante del movimiento y un umbral que establece a partir de cuándo la diferencia entre dos frames se considerará movimiento.

Listado 4.13: Identificación de silueta en *motempl.c*:

```
 1  void  update_mhi(IplImage* img, IplImage* dst, int diff_threshold) {
 2      ...
 3      // allocate images at the beginning or reallocate them if the frame size is changed
 4      ...
 5      cvCvtColor( img, buf[last], CV_BGR2GRAY ); // convert frame to grayscale
 6
 7      idx2 = (last + 1) % N; // index of (last - (N-1))th frame
 8      last = idx2;
 9
10      silh = buf[idx2];
11      cvAbsDiff( buf[idx1], buf[idx2], silh ); // get difference between frames
12
13      cvThreshold( silh, silh, diff_threshold, 1, CV_THRESH_BINARY ); // and threshold it
14      cvUpdateMotionHistory( silh, mhi, timestamp, MHI_DURATION ); // update MHI
15
16      // convert MHI to blue 8u image
17      cvCvtScale( mhi, mask, 255./MHI_DURATION,
18                  (MHI_DURATION - timestamp)*255./MHI_DURATION );
19      cvZero( dst );
20      cvMerge( mask, 0, 0, dst );
21      ...
22  }
```

En el código de la función *update_mhi* puede verse cómo se inicializan algunas variables y se reserva la memoria para las imágenes. Tras esto lo interesante viene a continuación. En la línea ⑥ puede verse cómo la imagen de entrada es transformada a escala de grises y almacenada al final de una lista circular (en este caso de sólo cuatro elementos dado que N está declarado como *const int N = 4*). Tras actualizar los índices de la lista circular, se obtiene la diferencia entre los *frames* ⑫ mediante la llamada a la primitiva *cvAbsDiff*.

Ésta proporciona una imagen donde la salida es la diferencia de los pixels entre una imagen y la siguiente. Aquellos pixels con diferencia distinta de cero, son los que han cambiado y por tanto los que se han movido. Bastará con aplicar un filtrado *threshold* binario ⑭ al resultado de la operación anterior, de manera que todos aquellos pixels cuya diferencia sea mayor que un determinado umbral tomarán el valor 1 y en caso contrario el valor 0. En este punto se dispone de la "silueta" de aquella parte de la imagen que se ha movido (aquí la imagen llamada *silh*).

El siguiente paso es el de actualizar la imagen del movimiento con la silueta obtenida. Para ello se emplea la primitiva *cvUpdateMotionHistory* que recibe como parámetros:

- Máscara de la silueta que contiene los pixels que no están puestos a 0 donde ocurrió el movimiento.

- Historia de imágenes del movimiento, que se actualiza por la función y debe ser de un único canal y 32 bits.

- Hora actual.

- Duración máxima para el rastreo del movimiento.

Una vez obtenida la silueta en movimiento (el MHI), se crea una imagen donde se mostrará la misma en color azul ⟨17-21⟩.

El siguiente reto del código incluido en *motempl.c* es el de determinar cuál es la dirección y sentido del movimiento realizado. El fragmento de código encargado de esta funcionalidad puede verse en el siguiente listado.

En él puede apreciarse cómo para obtener la dirección comienza calculando el gradiente de la orientación del MHI con *cvCalcMotionOrientation* ②. A continuación trocea todo el movimiento en partes separadas, a fin de identificar los diferentes componentes en movimientos con la función *cvSegmentMotion* ⑪. Así, iterando sobre cada uno de los componentes del movimiento identificados, puede calcular la dirección concreta del movimiento de cada componente con la función *cvCalcGlobalOrientation* ㊲ empleando la máscara extraída para cada componente concreto. Para pasar a la función sólo aquellas partes de la imagen que intervienen en cada componente, en el código se extraen las regiones de interés (ROI) ⟨30-34⟩.

Finalmente marcará con un reloj la dirección de cada componente del movimiento. Para ello construye un círculo en torno a cada componente y dibuja una línea en su interior para indicar el ángulo del movimiento ⟨51-57⟩. En la figura 4.10 puede encontrarse una salida con la imagen en azul del MHI y el resto de elementos estáticos en negro.

Listado 4.14: Calculando dirección del movimiento en *motempl.c*

```
1   // calculate motion gradient orientation and valid orientation mask
2   cvCalcMotionGradient( mhi, mask, orient, MAX_TIME_DELTA, MIN_TIME_DELTA, 3 );
3
4   if( !storage )
5     storage = cvCreateMemStorage(0);
6   else
7     cvClearMemStorage(storage);
8
9   // segment motion: get sequence of motion components
10  // segmask is marked motion components map. It is not used further
11  seq = cvSegmentMotion( mhi, segmask, storage, timestamp, MAX_TIME_DELTA );
12
13  // iterate through the motion components,
14  // One more iteration (i == -1) corresponds to the whole image (global motion)
15  for( i = -1; i < seq->total; i++ ) {
16
17    if( i < 0 ) { // case of the whole image
18      comp_rect = cvRect( 0, 0, size.width, size.height );
19      color = CV_RGB(255,255,255);
20      magnitude = 100;
21    }
22    else { // i-th motion component
23      comp_rect = ((CvConnectedComp*)cvGetSeqElem( seq, i ))->rect;
24      if( comp_rect.width + comp_rect.height < 100 ) // reject very small components
25    continue;
26      color = CV_RGB(255,0,0);
27      magnitude = 30;
28    }
29
30    // select component ROI
31    cvSetImageROI( silh, comp_rect );
32    cvSetImageROI( mhi, comp_rect );
33    cvSetImageROI( orient, comp_rect );
34    cvSetImageROI( mask, comp_rect );
35
36    // calculate orientation
37    angle = cvCalcGlobalOrientation( orient, mask, mhi, timestamp, MHI_DURATION);
38    angle = 360.0 - angle;  // adjust for images with top-left origin
39
40    count = cvNorm( silh, 0, CV_L1, 0 ); // calculate number of points within silhouette ROI
41
42    cvResetImageROI( mhi );
43    cvResetImageROI( orient );
44    cvResetImageROI( mask );
45    cvResetImageROI( silh );
46
47    // check for the case of little motion
48    if( count < comp_rect.width*comp_rect.height * 0.05 )
49      continue;
50
51    // draw a clock with arrow indicating the direction
52    center = cvPoint( (comp_rect.x + comp_rect.width/2),
53              (comp_rect.y + comp_rect.height/2) );
54
55    cvCircle( dst, center, cvRound(magnitude*1.2), color, 3, CV_AA, 0 );
56    cvLine( dst, center, cvPoint( cvRound( center.x + magnitude*cos(angle*CV_PI/180)),
57              cvRound( center.y - magnitude*sin(angle*CV_PI/180))), color, 3, CV_AA, 0 );
58  }
```

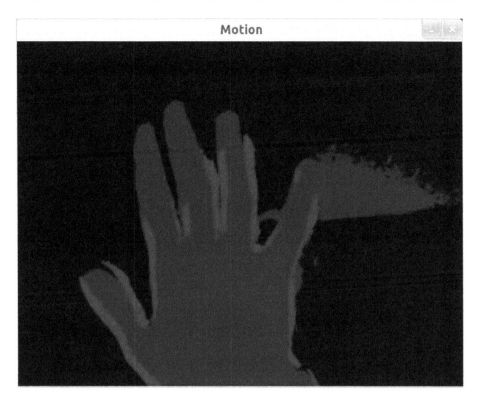

Figura 4.10: Detección del movimiento capturado. En azul aquellos pixels donde se ha localizado movimiento. En negro el fondo estático.

4.9.   Comentarios finales sobre Visión por Computador

A lo largo de las secciones anteriores se han introducido algunos de los conceptos básicos de las técnicas de visión por computador y de cómo estas pueden ayudarnos a construir interfaces naturales que nos permitan interactuar con nuestras aplicaciones y juegos.

Para ello se ha abordado la librería OpenCV, centrándonos desde el comienzo en el procesamiento de vídeo y en la captura del mismo procedente de una WebCam. Así, tras hacer una introducción al filtrado y procesamiento de los frames que componen el vídeo, se han mostrado algunos conceptos básicos sobre interacción a partir de identificación de objetos como rostros, ojos, etc., reconocimiento de objetos con un determinado color y detección del movimiento. Si desea profundizar más en algunos temas relacionados con la visión por computador, animamos a la lectura de [3].

Con esto esperamos que el alumno haya adquirido una panorámica general sobre las capacidades que la visión por computador puede ofrecer al paradigma de la interacción natural aplicada al mundo de los videojuegos.

4.10. Caso de estudio: Wiimote

En el año 2006, Nintendo lanzó su consola Wii con un dispositivo hardware que permitía realizar interacción natural con el usuario: el Wiimote o mando a distancia de Wii.

El Wiimote realiza la detección del movimiento del usuario y transfiere esta información al computador o la consola. La correcta interpretación de los datos que se reciben desde este dispositivo, permitirá que las aplicaciones puedan implementar interfaces de usuario naturales, en las que un elemento externo al juego o a la aplicación, pueda interaccionar con el mundo virtual.

Entender el funcinamiento interno del mando y conocer el funcionamiento de librerías que nos permitan manipular el mando será el objetivo de las siguientes secciones.

4.11. Descripción del mando de Wii

Aunque a simple vista el Wiimote tenga un aspecto parecido al del mando a distancia de la televisión, éste cuenta con multitud de elementos sensores, actuadores y de comunicación que permiten detectar e identificar los movimientos gestuales de los usuarios.

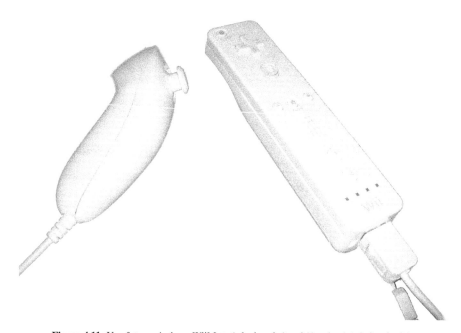

Figura 4.11: Una fotograría de un WiiMote (a la derecha) y el *Nunchunk* (a la izquierda).

Enumerándolos, los elementos de los que consta el WiiMote son:

1. Elementos sensores

    ▪ Tres acelerómetros para medir la fuerza ejercida en cada uno de los ejes.

- Una cámara infrarroja (IR) de cuatro puntos sencibles situada en el frontal superior para determinar el lugar al que el Wiimote está apuntando.

- Siete botones pulsables distribuidos a lo largo del mando ("A", "1", "2", "+", "-", "HOME" y "POWER").

- Cuatro botones de dirección en cruz (arriba, abajo, izquierda, derecha) situados en la zona superior.

2. Elementos actuadores

- Cuatro luces LED (Light Emitter Diode) localizados en la zona inferior.

- Un pequeño altavoz para emitir sonidos al usuario en base a respuestas de la aplicación, y que se encuentra en la zona central del mando.

- Un motor de vibracion para enviar "zumbidos" al usuario en función de la interacción de este.

3. Interfaces de comunicación

- Un puerto de expansion para permitir conectar otros dispositivos (como el Nunchuk) en el frontal inferior.

- Una interfaz de conectividad Bluetooth, gracias a la cuál es posible emparejarlo con cualquier computador e implementar aplicaciones que interaccionen con él.

Adicionalmente, el Wiimote viene acompañado de una barra de emisión de luz infrarroja (IR). Esta barra se coloca en la parte superior o inferior de la pantalla con la que se desee interactuar. Tiene 20 cm de longitud y cuenta con diez LED infrarrojos divididos en dos grupos, cinco en cada extremo de la barra. En cada grupo de cinco, los que se encuentran más al exterior están apuntando ligeramente hacia afuera, mientras que los más interiores apuntan ligeramente al centro. Los cuatro restantes apuntan hacia adelante. Esto permite conformar dos fuentes de luz IR bien diferenciadas.

Como se ha mencionado, el Wiimote cuenta con un sensor de IR localizado en el frontal superior del mando. Así, este sensor es capaz de localizar las dos fuentes de luz IR procedentes de los extremos de la barra y saber a qué posición concreta de la pantalla está apuntando el usuario hasta una distancia de unos cinco metros respecto de la barra.

A través del puerto de expansión situado en la parte inferior del mando, pueden conectarse una serie de dispositivos adicionales para permitir incrementar las posibilidades de interacción que proporciona. Entre estos dispositivos caben destacar el *Nunchunk*, el cuál consiste en un *joystick* analógico con dos botones más (comúnmente utilizado para controlar el movimiento de los personajes), la *Wii Wheel*, que transforma el mando en un volante para aquellos juegos de simulación de vehículos, o el *Wii Zapper*, que convierte al Wiimote+Nunchuk en una especie de "pistola".

El objetivo de todos estos elementos es siempre el mismo: *"proporcionar una interacción lo más cómoda y natural posible al usuario a partir de sensores y actuadores que obtengan información acerca del movimiento que éste está realizando"*.

Interpretar esta información de forma correcta y crear los manejadores de eventos apropiados para programar la aplicación en función de las necesidades de interacción, corre a cargo de los programadores de dichas apliciaciones. Para podeer capturar desde nuestras aplicaciones la información procedente de un dispositivo Wiimote, este dispone del puerto Bluetooth. Así, podrán programarse sobre la pila del protocolo Bluetooth las correspondientes librerías para comunicarse con el mando. En el siguiente apartado se abordará cómo trabajar con éste tipo de librerías.

4.12.   Librerías para la manipulación del Wiimote

Lo cierto es que dependiendo del sistema operativo en el que nos encontremos deberemos optar por unas librerías u otras. Sin embargo, existen similitudes muy estrechas entre todas ellas, por lo que no resulta nada complicado migrar de una a otra.

Para los siguientes ejemplos se hará uso de la librería *libwiimote* disponible bajo licencia GPL en `http://libwiimote.sourceforge.net/`. Esta se encuentra escrita en C y proporciona un API para sistemas GNU/Linux.

Libwiimote aporta mecanismos para leer los datos de los acelerómetros, del sensor de IR de los estados de pulsación de los botones, del estado de la batería y del *nunchuk* (su botón, acelerómetros y estados del joystick). Asimismo, permite enviar señales o eventos hacia el mando para activar y desactivar los actuadores, de modo que se puedan establecer los LEDs a encendido/apagado, lanzar "zumbidos" o reproducir sonidos en el pequeño altavoz.

En las siguientes subsecciones se mostrará como manipular dicha librería.

Estructura *wiimote_t*

Libwiimote define una estructura directamente accesible desde nuestra aplicación en la que se almacena el estado de los distintos elementos del mando. En nuestras aplicaciones necesitaremos una estructura de este tipo por cada uno de los Wiimotes que se encuentren conectados.

Esta estructura es la *wiimote_t* que se encuentra definida en el fichero *wiimote.h*. Todos los elementos del mando se encuentran directamente accesibles a través de los campos de esta estructura. Su definición es la que se muestra en el siguiente listado:

Listado 4.15: Estructura *wiimote_t*

```
 1  typedef struct {
 2      wiimote_mode_t mode; /* Current report mode of wiimote. */
 3      wiimote_keys_t keys;      /* Current key state. */
 4      wiimote_point3_t axis;    /* Current accelerometer data. */
 5      wiimote_ir_t ir1;         /* First detected IR source. */
 6      wiimote_ir_t ir2;         /* Second detected IR source. */
 7      wiimote_ir_t ir3;         /* Third detected IR source. */
 8      wiimote_ir_t ir4;         /* Fourth detected IR source. */
 9
10      wiimote_cal_t cal;        /* Wiimote calibration data */
11      wiimote_ext_port_t ext; /* Current extension port state. */
12
13      wiimote_link_t link;      /* Current link state. */
14      wiimote_led_t led;        /* Current state of the leds. */
15      uint8_t rumble;           /* Current state of rumble. */
16      uint8_t speaker;          /* ... */
17      uint8_t battery;          /* Current battery status. */
18
19      wiimote_float3_t tilt;  /* The tilt of the wiimote in degrees*/
20      wiimote_float3_t force; /* The force in g on each axis. */
21
22      struct {
23          wiimote_mode_t mode;
24          wiimote_keys_t keys;
25          wiimote_led_t led;
26          uint8_t rumble;
27      } old;
28  } __attribute__((packed)) wiimote_t;
```

Puede verse cómo quedan representados los botones, los acelerómetros, ángulos de inclinación, fuerzas de gravedad, el altavoz, la batería, etc.

Bucle principal de captura de datos y comunicación con el mando

Toda aplicación que manipule el Wiimote deberá contar con un bucle de captura/envío de datos desde y hacia el mando. Este tiene el aspecto que se muestra en el listado analizado a continuación.

En él código se incluye la cabecera de la librería y en un momento dado se inicializa la estructura *wiimote_t* ⑤ y se conecta con el mando mediante la primitiva *wiimote_connect* ⑥, a la que se le pasa una referencia a la anterior estructura y la dirección MAC del mando. Si desconocemos la dirección del mando, en GNU/Linux podemos emplear el comando *hcitool* mientras pulsamos simultaneamente los botones 1 y 2 del mando.

```
# hcitool scan
```

En caso de error, mediante la primitiva *wiimote_get_error*, podrá obtenerse información de la causa. Si todo ha ido bien, mientras la conexión siga abierta (*wiimote_is_open*) ⑬, la aplicación permanecerá dentro de un bucle en el que se resincronizará con el mando mediante *wiimote_update* ⑭, capturando información del mando y provocando la activación de los actuadores si procede. Como se muestra en el código, el usuario puede desconectarse del mando mediante la primitiva *wiimote_disconect* ⑯, que en el caso del ejemplo se ejecuta cuando se pulsa el botón *home*.

Listado 4.16: Bucle principal de captura/envío de datos

```
1  #include "wiimote_api.h"
2  ...
3
4  wiimote_t wiimote = WIIMOTE_INIT;
5  if (wiimote_connect(&wiimote, "XX:XX:XX:XX:XX:XX")<0){
6    fprintf(stderr, "Error al conectar con el mando: %s\n", wiimote_get_error());
7    exit(1);
8  }
9
10 //Establecer el modo de captura
11 while (wiimote_is_open(&wiimote)) {
12   wiimote_update(&wiimote);// sincronizar con el mando
13   if (wiimote.keys.home) {    // alguna comprobación para salir
14     wiimote_disconnect(&wiimote);
15   }
16
17   //Realizar captura de datos según el modo
18   //Realizar envío de datos
19 }
```

Captura de pulsación de botones

Para detectar si el usuario está pulsando alguno de los botones del mando o del Nunchuk (incluido el joystick), podemos hacerlo comprobando directamente sus valores a través de los campos que se encuentran en *wiimote.keys* y *wiimote.ext.nunchuk* de la variable de tipo *wiimote_t*, tal y como se muestra en el ejemplo.

Listado 4.17: Detección de botones y joystick

```
1  #include <stdio.h>
2  #include <stdlib.h>
3  #include "wiimote_api.h"
4
5  int main(int argc, char **argv) {
6      if (argc!=2){
7          printf("Introduzca la mac del mando");
8          exit(0);
9      }else{
10         printf("Pulse 1+2 para sincronizar");
11     }
12
13     wiimote_t wiimote = WIIMOTE_INIT;
14     wiimote_connect(&wiimote, argv[1]);
15     while (wiimote_is_open(&wiimote)) {
16         wiimote_update(&wiimote);
17         if (wiimote.keys.home) {
18             wiimote_disconnect(&wiimote);
19         }
20
21         printf("WIIMOTE: KEYS %04x 1=%d 2=%d A=%d B=%d <=%d >=%d ^=%d v=%d +=%d -=%d home=%d ",
22                 wiimote.keys.bits,
23                 wiimote.keys.one,   wiimote.keys.two,
24                 wiimote.keys.a,     wiimote.keys.b,
25                 wiimote.keys.left,  wiimote.keys.right,
26                 wiimote.keys.up,    wiimote.keys.down,
27                 wiimote.keys.plus,  wiimote.keys.minus,
28                 wiimote.keys.home);
29
30         printf("NUNCHUK: JOY1 joyx=%03d joyy=%03d keys.z=%d keys.c=%d\n",
31                 wiimote.ext.nunchuk.joyx,
32                 wiimote.ext.nunchuk.joyy,
33                 wiimote.ext.nunchuk.keys.z,
34                 wiimote.ext.nunchuk.keys.c);
35     }
36
37     return 0;
38 }
```

Captura de datos de los acelerómetros

Para cada uno de los ejes, el Wiimote proporciona valores recogidos por un acelerómetro. De este modo, si ponemos el Wiimote en horizontal sobre una mesa los valores recogidos por los acelerómetros tenderán a cero.

Es preciso tener en cuenta que los acelerómetros, como su nombre indica, miden la "aceleración", es decir, la variación de la velocidad con respecto del tiempo. No miden la velocidad ni la posición. Valores altos de uno de los acelerómetros indicará que el mando está variando muy deprisa su velocidad en el eje correspondiente. Que el acelerómetro proporcione un valor cero, indicará que la velocidad permaneciera constante, no que el mando esté detenido.

Además de la aceleración, resulta interesante medir los ángulos de inclinación del mando, y en consecuencia, la dirección en la que se ha realizado un movimiento. En el Wiimote, estos ángulos se conocen como cabeceo (*Pitch*) arriba y abajo en el eje x, balanceo o alabeo (*Roll*) en el eje y, y guiñada o viraje a izquierda y derecha (*Yaw*) en el eje z (ver figura 4.12).

Los movimientos de cabeceo (*Pitch*) y balanceo (*Roll*) pueden medirse directamente por los acelerómetros, pero la guiñada (*Yaw*) precisa de la barra de LEDs IR para permitir estimar el ángulo de dicho movimiento.

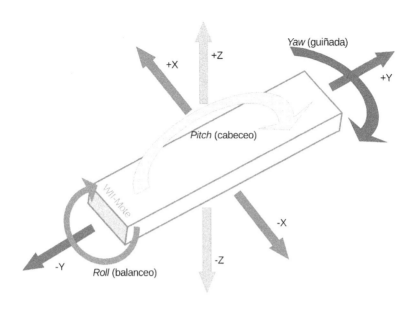

Figura 4.12: Ejes y ángulos de balanceo, viraje y cabeceo en el Wiimote.

Afortunadamente, el cálculo para la obtención de datos como la aceleración, las fuerzas G de la gravedad, y los ángulos de orientación, son funciones que habitualmente implementan las APIs que controlan el Wiimote. Así, para capturar los datos procedentes del acelerómetro, el modelo de trabajo es idéntico al mostrado con anterioridad. La salvedad es que antes de comenzar la captura de los datos, deberá activarse el flag *wiimote.mode.acc*. Una vez hecho esto, la librería pone a nuestra disposición tres grupos de valores x, y y z accesibles a través de la estructura *wiimote_t*:

- Ejes (*axis*): para proporcionar la aceleración en cada uno de los ejes, es decir, su vector aceleración.

- Ángulos (*tilt*): para indicar el ángulo de inclinación del acelerómetro para el balanceo, el cabeceo y el viraje.

- Fuerzas (*force*): para representar al vector fuerza de la gravedad en sus componentes (x, y, z).

El siguiente ejemplo muestra la recogida de estos datos.

Listado 4.18: Recoger datos del acelerómetro

```
1  #include <stdio.h>
2  #include <stdlib.h>
3  #include "wiimote_api.h"
4
5  int main(int argc, char **argv) {
6      if (argc!=2){
7          printf("Introduzca la mac del mando");
8          exit(0);
9      }else{
10         printf("Pulse 1+2 para sincronizar");
11     }
12
13     wiimote_t wiimote = WIIMOTE_INIT;
14     wiimote_connect(&wiimote, argv[1]);
15     wiimote.mode.acc = 1; // habilitar acelerometro
16
17     while (wiimote_is_open(&wiimote)) {
18         wiimote_update(&wiimote);
19         if (wiimote.keys.home) {
20             wiimote_disconnect(&wiimote);
21         }
22
23         printf("AXIS x=%03d y=%03d z=%03d "
24                "FORCE x=%.3f y=%.3f z=%.3f "
25                "TILT x=%.3f y=%.3f z=%.3f\n",
26                wiimote.axis.x, wiimote.axis.y, wiimote.axis.z,
27                wiimote.force.x,wiimote.force.y,wiimote.force.z,
28                wiimote.tilt.x, wiimote.tilt.y, wiimote.tilt.z);
29     }
30
31     return 0;
32 }
```

Envio de eventos al mando

Para enviar eventos al mando, tales como activar y desactivar los LEDs, provocar "zumbidos" o reproducir sonidos en el altavóz, bastará con activar el correspondiente flag de la estructura *wiimote_t*, lo que accionará el actuador correspondiente en el Wiimote.

En el siguiente código se muestra cómo provocar determinados eventos en el mando al pulsar el correspondiente botón del mismo.

Listado 4.19: Enviando acciones al mando

```
1  #include <stdio.h>
2  #include <stdlib.h>
3  #include "wiimote_api.h"
4
5  int main(int argc, char **argv) {
6      if (argc!=2){
7          printf("Introduzca la mac del mando");
8          exit(0);
9      }else{
10         printf("Pulse 1+2 para sincronizar");
11     }
12
13     wiimote_t wiimote = WIIMOTE_INIT;
14     wiimote_connect(&wiimote, argv[1]);
15
16     while (wiimote_is_open(&wiimote)) {
17         wiimote_update(&wiimote);
18         if (wiimote.keys.home) {
19             wiimote_disconnect(&wiimote);
```

```
20              }
21
22              if (wiimote.keys.up)wiimote.led.one = 1;
23              else wiimote.led.one = 0;
24
25              if (wiimote.keys.down) wiimote.led.two = 1;
26              else wiimote.led.two = 0;
27
28              if (wiimote.keys.left) wiimote.led.three = 1;
29              else wiimote.led.three = 0;
30
31              if (wiimote.keys.right) wiimote.led.four = 1;
32              else wiimote.led.four = 0;
33
34              if (wiimote.keys.a) wiimote.rumble = 1;
35              else wiimote.rumble = 0;
36          }
37
38          return 0;
39  }
```

Datos a interpretar del Wiimote según la interacción

Con lo que se ha expuesto hasta el momento, es fácil ver cómo programar aplicaciones que tengan en cuenta los datos procedentes del mando de Wii. Veamos algunas líneas guía:

- Para empelar el mando como puntero sobre la pantalla de modo que se puedan acceder a los diferentes menus de una aplicación o apuntar a un objetivo concreto en la pantalla, solo tendrá que conocerse la posición a la que se señala.

- Si se desea emplear el mando a modo de "volante" para una aplicación de simulación automovilística, bastará procesar la variación de la fuerza sobre el eje y y quizá implementar algunas funciones mediante los botones para frenar, acelerar, etc.

- Suponga que desea implementar un juego donde se deba lanzar una caña de pescar o simular el golpe de un palo de golf. Deberá tomar e interpretar del modo adecuado el "viraje" de la mano. Así, para el caso de la caña de pescar se monitorizará la fuerza de la gravedad ejercida en el eje z para saber si está hacia adelante y hacia atrás, siempre y cuando la inclinación en el eje y sea negativo (la caña debe estar arriba). Además, deberá calcularse la fuerza a partir de las componentes del vector gravedad.

- Si lo que se desea implementar es la simulación de un gesto para "golpear" algo (quizá a un adversario en un combate de boxeo), será preciso analizar no sólo la fuerza, sino también la información para posicionar el puño.

- Emular objetos como espadas, baras, etc. implica que deberá procesarse tanto la fuerza como el valor de la inclinación en cada uno de los ejes para poder posicionar perfectamente el objeto en el mundo virtual.

Listado 4.20: Usando el mando como volante

```
1   while (wiimote_is_open(&wiimote)) {
2       wiimote_update(&wiimote);
3       if (wiimote.keys.home) {
4           wiimote_disconnect(&wiimote);
5       }
6
7       if (wiimote.force.y>0)
8           printf ("< %.3f grados ", wiimote.force.y);
9       else if (wiimote.force.y<0)
10          printf ("> %.3f grados ", wiimote.force.y);
11      else
12          printf ("= %.3f grados ", wiimote.force.y);
13
14      if (wiimote.keys.one){
15          printf ("frenando");
16          wiimote.rumble = 1;
17      }else{
18          wiimote.rumble = 0;
19      }
20      if (wiimote.keys.two) printf ("acelerando");
21      if (wiimote.keys.a)   printf ("nitro");
22
23      printf ("\n");
24  }
```

Listado 4.21: Usando el mando como caña de pescar

```
1   while (wiimote_is_open(&wiimote)) {
2       wiimote_update(&wiimote);
3       if (wiimote.keys.home) {
4           wiimote_disconnect(&wiimote);
5       }
6
7       if (wiimote.tilt.y>0){ //Balanceo positivo ==>caña arriba
8           printf ("ca~na abajo %.3f\n", wiimote.tilt.y);
9       }else{
10          if (wiimote.force.z<0)
11              printf ("atras %.3f\n", wiimote.force.z);
12          else
13              printf ("adelante %.3f\n", wiimote.force.z);
14      }
15  }
```

Como puede verse las posibilidades son múltiples, solo es cuestión de identificar cuáles son los datos procedentes del mando que son imprescindibles para nuestra aplicación, posibilitándo de este modo la construcción de interfaces de usuario naturales, donde un elemento del mundo real externo a la aplicación, puede interaccionar con el mundo virtual dentro del computador.

Si en ocasiones no resulta evidente el conocer qué elementos deben procesarse y con qué valores, existen aplicaciones que pueden ayudar a testear cuáles son las variables que intervienen en un movimiento. En la figura 4.13 puede verse el aspecto de una de ellas: WmGui. Se trata de una aplicación para GNU/Linux donde podemos monitorizar parámetros como los botones pulsados, la variación sobre los ejes x, y, z, la acceleración como composición del vector gravedad, la rotación, el balanceo, etc.

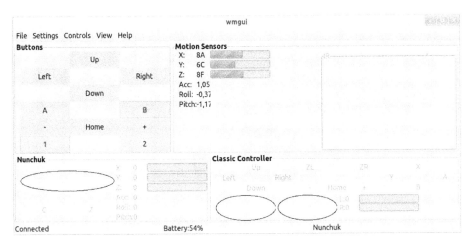

Figura 4.13: Captura de la aplicación WmGui.

4.13. Caso de estudio: Kinect

Siguiendo en la linea de dispositivos que permiten al usuario realizar una interacción natural con la consola o el computador, se encuentra Kinect. Se trata de un dispositivo desarrollado por Microsoft para su videoconsola Xbox 360, el cual permite a los programadores implementar aplicaciones capaces de reconocer gestos y emplear comandos mediante la voz.

El dispositivo Kinect está diseñado para poder localizarlo encima o debajo del monitor o del televisor con el que se interactuará. Como puede verse en la imagen 4.14, Kinect tiene una composición horizontal en la que se albergan:

- Una cámara RGB que proporciona una resolución VGA (Video Graphics Adapter) de 8 bits (640x480).

- Un sensor de profundidad monocromo de resolución VGA de 11 bist que proporcina $2^{11} = 2048$ niveles de sensibilidad.

- Un array de cuatro micrófonos.

El sensor de profundidad consiste en una convinación de un laser infrarrojo y un sensor monocromo CMOS (Complementary Metal-Oxide-Semiconductor) de infrarrojos. Esto le permite capturar video 3D bajo cuálquier tipo de luz ambiental. El laser infrarrojo se proyecta sobre cada uno de los objetos que se encuentre a su alcance. El sensor recibe el infrarrojo reflejado por los objetos. Analizando las longitudes de onda de la señal reflejada, el dispositivo calcula la distancia a la que se encuentran los objetos.

Kinect cuenta además con un motor en su base, el cual le permite modificar su inclinación. Además dispone de una conexión USB (Universal Serial Bus), gracias a la cuál es posible comunicarnos con él e implementar aplicaciones que manipulen los datos que proporciona.

Hasta ahora Kinect no había tenido muchos rivales, sin embargo, cabe mencionar un par de competidores interesantes: ASUS Xtion Motion y PrimeSense Carmine. El primero ha sido desarrollado por ASUS y PrimeSense; el segundo, íntegramente por PrimeSense, la empresa que diseñó el sensor de profundidad de Kinect.

Figura 4.14: El dispositivo Kinect para XBox 360

Desde el punto de vista de la programación, Kinect cuenta con un API desarrollada por Microsoft capaz de realizar detección y seguimiento de objetos –como cuerpo, cabeza, manos–, identificación de gestos, etc. Además, desde su aparición, tanto la liberación por parte de PrimeSense del código de los drivers del sensor de profundidad, como la labor de ingeniería inversa desarrollada por algunas comunidades, han permitido que los desarrolladores puedan implementar APIs con las que poder manipular el dispositivo Kinect empleando alternativas libres.

En las siguientes secciones se abordarán algunas de las principales APIs y *Middlewares* de libre disposición más empleadas y robustas.

4.14.   Comunidad OpenKinect

OpenKinect [1] es una comunidad interesada en manipular Kinect en sus aplicaciones. Desarrollan librerías de código abierto bajo licencia Apache2.0 y GPL2, para poder implementar aplicaciones que hagan uso de Kinect desde sistemas Windows, Linux y Mac. Su principal desarrollo es la librería *libfreenect*.

El código de *libfreenect* se encuentra disponible en la dirección `https://github.com/OpenKinect/libfreenect`, aunque se pueden encontrar los paquete para sistemas Ubuntu/-Debian a través del correspondiente sistema de gestión de paquetes. Así, para instalar *libfreenect*, el paquete de desarrollo con sus cabeceras y las demos, bastará escribir desde consola:

```
# sudo add-apt-repository ppa:floe/libtisch
# sudo apt-get update
# sudo apt-get install freenect libfreenect libfreenect-dev libfreenect-demos
```

libfreenect requiere que el usuario que accede a Kinect pertenezca a los grupos *plugdev* y *video*. Deberá garantizarse que el usuario pertenece a estos grupos mediante los comandos:

```
# sudo adduser <USER> plugdev
# sudo adduser <USER> video
```

---

[1]`http://openkinect.org/wiki/Main_Page`

Tras esto, tendrá que cerrarse la sesión para volver a acceder de nuevo y hacer así efectivos los grupos a los que se ha añadido el usuario. Con ello, podrán ejecutarse las aplicaciones que manipulen Kinect, como las que se incluyen en el paquete de demostración para probar la captura realizada por las cámaras de Kinect:

```
# freenect-glview
```

En la figura 4.15 puede verse la salida de dicha aplicación. A la derecha se aprecia la imagen procedente de la cámara RGB, mientras que a la izquierda se muestran los niveles de profundidad representados por la escala de color.

Figura 4.15: Catura de pantalla de la ejecución de freenect-glview.

Con todo, lo que OpenKinect proporciona con *libfreenect* es un API para el acceso a los datos procedentes de Kinect y para el control del posicionamiento del motor. Sin embargo, procesar los datos leídos es responsabilidad de la aplicación, por lo que es común su empleo junto a librerías como OpenCV para la identificación del movimiento, reconocimiento de personas, etc.

Si lo que se desea es poder disponer de un API de más alto nivel, deberemos hacer uso de algún *framework*, como el de OpenNI que pasaremos a describir en la siguiente sección.

4.15. OpenNI

OpenNI (*Open Natural Interaction*) surgió como una organización sin ánimo de lucro promovida por la industria y liderada por PrimeSense, para favorecer la compatibilidad e interoperabilidad de dispositivos, aplicaciones y *middlewares* que permitieran la construcción de Interfaces Naturales.

La organización liberó el OpenNI *Software Development Kit* (SDK) (`https://github.com/OpenNI/`) para el desarrollo de aplicaciones, el cual permite tanto la comunicación a bajo nivel con los dispositivos de vídeo y audio de Kinect, como el uso de soluciones de alto nivel que emplean visión por computador para realizar seguimiento de manos, cabeza, cuerpo, etc.

El OpenNI SDK se distribuyó bajo licencia GNU Lesser General Public License (LGPL (Lesser General Public License)) hasta la versión 1.5, pasando a distribuirse bajo Apache License desde la versión 2. Proporciona un conjunto de APIs para diferentes plataformas con *wrappers* para diversos lenguajes de programación entre los que están C, C++, Java y C#.

Tras la adquisición de PrimeSense por parte de Apple en noviembre de 2013, Occipital (http://occipital.com/) comenzó a dar soporte a OpenNI en abril de 2014, manteniendo el sitio web donde albergar los recursos (http://structure.io/openni), así como el correspondiente *fork* en GitHub (https://github.com/occipital/openni2) para seguir trabajando sobre OpenNI 2.

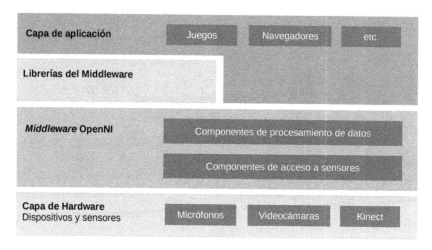

Figura 4.16: Arquitectura de OpenNI 2.

La arquitectura actual del *framework* de OpenNI (v2.0) es la que se muestra en la figura 4.16. En ella pueden verse cuatro capas bien diferenciadas:

- La capa en la que se encuentra el hardware o dispositivos sensores de audio y video.

- El *middleware* de OpenNI que permite:

  - Acceso a sensores de audio y vídeo, de modo que puedan recogerse los datos procedentes de los mismos.

  - Procesado de los datos procedentes de los sensores, de manera que puedan implementarse de forma cómoda determinados algoritmos de uso más habitual como identificación y rastreo de personas, manos, cabeza, etc.

- Las librerías del *middleware* ofrecidas por terceros para identificar y seguir partes del cuerpo, realizar reconocimiento de objetos, permitir reconstrucciones tridimensionales, y un largo etcétera. Estas hacen uso de *middleware* OpenNI.

- La capa de aplicación donde residen los programas que implementan interacción natural mediante el uso del *middleware* de OpenNI y las librerías proporcionadas por terceros.

El *middleware* OpenNI está formado por una serie de módulos o "componentes" que pueden ser registrados en el mismo. Estos permiten la lectura de los datos de los sensores (concretamente del sensor 3D, de la cámara RGB, de la cámara IR y de los micrófonos), y el procesamiento de los mismos para detección de cuerpos, manos, gestos, análisis de escena para identificar primer y segundo plano, separación de objetos, etc. Para esto último, destaca el *middleware* NiTE de Primesense, que implementa multitud de detectores de gestos con una carga de CPU mínima para plataformas Windows, Linux, Mac OS y Android.

4.15.1. Instalación

Para poder emplear OpenNI, deberá descargarse el SDK del sitio web del producto Structure Sensor de Occipital `http://structure.io/openni`. Ahí pueden encontrarse los binarios de OpenNI 2 preparados para Windows, Linux y Mac, así como el acceso a los repositorios *GitHub* de los fuentes para ser compilados e instalados. Además de OpenNI, será preciso instalar el *middleware* NiTE de PrimeSense, software propietario que, como se ha mencionado con anterioridad, proporciona el *tracking* del esqueleto y reconocimiento de gestos.

OpenNI 2.0 ya incluye los drivers del sensor de PrimeSense. Si se prefiere trabajar con OpenNI 1.5 (`https://github.com/OpenNI/OpenNI`) deberá instalarse también el driver del sensor (`https://github.com/PrimeSense/Sensor`).

Afortunadamente, algunas distribuciones disponen de los paquetes necesarios para facilitar la instalación. Bastará con teclear algo así como:

```
# apt-get install libopenni-dev openni-doc primesense-nite-nonfree libopenni-sensor-primesense0
```

Si se opta por trabajar directamente con el código fuente de los repositorios, deberán compilarse e instalarse por separado cada uno de los anteriores paquetes, teniendo en cuenta que debe seguirse el siguiente orden estricto: OpenNI, NiTE, Driver del Sensor.

Otra opción interesante y sencilla puede pasar por seguir el proyecto Simple-OpenNI (`http://code.google.com/p/simple-openni/`), donde se pone a nuestra disposición una versión algo reducida de OpenNI con un *wrapper* para *Processing*, pero con funcionalidad sufiente para realizar una primera inmersión en el potencial de OpenNI. La librería se encuentra preparada para sistemas Windows, Linux y Mac.

4.15.2. Conceptos iniciales

Una vez instalado el software, antes de comenzar adentrándonos en las particularidades del *framework* OpenNI, deben definirse una serie de conceptos iniciales necesarios para comprender cómo programar aplicaciones que lo utilicen.

Módulos

Como se ha mencionado, el *framework* OpenNI proporciona una capa de abstracción tanto para dispositivos físicos como para otros componentes del *middleware*. Estos son conocidos como "módulos". OpenNI distingue dos grupos de módulos:

- Módulos sensores: encargados del sensor 3D, de la cámara RGB, de la cámara IR y de los micrófonos.

- Componentes del *middleware*: destinados al análisis y detección del cuerpo, puntos de la mano, detección de gestos, análisis de escena, etc.

Nodos de producción y generadores

Los nodos de producción son componentes que encapsulan una funcionalidad muy concreta. Estos toman unos datos de un tipo concreto en su entrada, para producir unos datos específicos de salida como resultado de un procesamiento concreto. Esta salida puede ser aprovechada por otros nodos de producción o por la aplicación final.

Existen nodos de producción tando de los sensores como del *middleware*. Aquellos nodos de producción que proporcionan datos que pueden ser manipulados directamente por nuestra aplicación son los conocidos como "generadores". Ejemplos de generadores son: el generador de imagen, que proporciona la imagen capturada por la cámara; el generador de profundidad, que proporciona el mapa de profundidad capturado por el sensor 3D; el generador de usuario, que proporciona datos sobre los usuarios identificados; el generador de puntos de la mano, que proporciona información acerca del muestreo de las manos; el generador de alertas de gestos, que proporciona datos a cerca de los gestos identificados en los usuarios, etc.

Cadenas de producción

Es la encadenación de varios nodos de producción de manera que la salida del procesamiento de uno es empleada como entrada para el procesamiento de otro, a fin de obtener el resultado final deseado.

4.15.3.   Manipulando Kinect con OpenNI

Para conocer cuál es el modo habitual de proceder cuando se codifiquen aplicaciones que manipulen Kinect empleando OpenNI, veremos paso a paso un sencillo ejemplo donde se leen algunos datos del esqueleto de una persona. Comenzaremos analizando el código que se muestra en el listado siguiente.

En toda aplicación que manipule Kinect con el *framework* de OpenNI, se debe comenzar con la inicialización de un objeto "Contexto" [5-6]. Éste contiene todo el estado del procesamiento usando OpenNI. Cuando el Contexto no vaya a ser usado más, este deberá ser liberado [54].

Una vez que se tiene el objeto Contexto construido, se pueden crear los nodos de producción. Para ello será preciso invocar al constructor apropiado. Así se dispone de *xn::DepthGenerator::Create()* para generar datos de profundidad, *xn::ImageGenerator::-Create()* para generar imagen RGB, *xn::IRGenerator::Create()*, para generar datos del receptor de infrarrojos, *xn::AudioGenerator::Create()* para generar datos de audio procedente de los micrófonos, *xn::GestureGenerator::Create()* para generar datos de gestos, *xn::SceneAnalyzer::Create()* para generar datos de la escena, *xn::HandsGenerator::-Create()* para generar datos de las manos, *xn::UserGenerator::Create()* para generar datos del usuario, etc.

En el caso que nos ocupa, en el ejemplo se ha empleado un generador de usuario [9], el cual producirá información asociada a cada uno de los usuarios identificados en una escena, tales como el esqueleto o la posición de la cabeza, las manos, los pies, etc. Tras esto se deberán establecer las opciones que sean convenientes para procesar los datos del generador elegido. Volveremos a las opciones establecidas para el generador de usuario en breve, pero de momento continuaremos nuestra explicación obviando los detalles concretos de la inicialización de éste.

Listado 4.22: Ej. sencillo para reconocimiento de la mano izquierda

```
1  int main(){
2    XnStatus nRetVal = XN_STATUS_OK;
3
4    //Inicialización del contexto
5    xn::Context context;
6    nRetVal = context.Init();
7
8    // Creación de los generadores necesarios
9    nRetVal = g_UserGenerator.Create(context);
10
11   // Establecer las opciones de los generadores
12   XnCallbackHandle h1, h2, h3;
13   g_UserGenerator.RegisterUserCallbacks(User_NewUser,
14                   User_LostUser, NULL, h1);
15   g_UserGenerator.GetPoseDetectionCap().RegisterToPoseCallbacks(
16                   Pose_Detected, NULL, NULL, h2);
17   g_UserGenerator.GetSkeletonCap().RegisterCalibrationCallbacks(
18                   Calibration_Start,
19                   Calibration_End, NULL, h3);
20
21   g_UserGenerator.GetSkeletonCap().SetSkeletonProfile(
22                   XN_SKEL_PROFILE_ALL);
23
24   // Hacer que los generadores comiencen su trabajo
25   nRetVal = context.StartGeneratingAll();
26
27   while (TRUE){
28     // Tomamos el siguiente frame
29     nRetVal = context.WaitAndUpdateAll();
30
31     // Para cada usuario detectado por el sistema
32     XnUserID aUsers[15];
33     XnUInt16 nUsers = 15;
34     g_UserGenerator.GetUsers(aUsers, nUsers);
35     for (int i = 0; i < nUsers; ++i){
36       // Recogemos los datos deseados del esqueleto
37       if (g_UserGenerator.GetSkeletonCap().IsTracking(aUsers[i])){
38         XnSkeletonJointPosition LeftHand;
39         g_UserGenerator.GetSkeletonCap().GetSkeletonJointPosition(
40         aUsers[i], XN_SKEL_LEFT_HAND, LeftHand);
41
42       // Procesamos los datos leídos
43       if (LeftHand.position.X<0) printf("RIGHT ");
44       else printf("LEFT ");
45
46       if (LeftHand.position.Y>0) printf("UP");
47       else printf("DOWN");
48
49       printf("\n");
50       }
51     }
52   }
53
54   context.Shutdown();
55
56   return 0;
57 }
```

Una vez establecidos las opciones de los generadores, deberá hacerse que estos comiencen a producir la información de la que son responsables. Esto se hará con la función *StartGeneratingAll()* del Contexto (25). Tras esto se podrá entrar en el bucle principal de procesamiento de la información para recoger los datos producidos por los generadores. En dicho bucle, lo primero que se hará es actualizar la información procedente de los generadores mediante alguna de las funciones de la familia *WaitAndUpdateAll()* del Contexto ⟨29⟩. A continuación, se tendrá disponible la información proporcionada por los generadores, y que podrá recogerse con métodos *Get*, los cuales dependerán del generador o generadores que se estén manipulando.

En el ejemplo, lo que se hace es invocar al método *GetUsers* ⟨34⟩ que devuelve el Id para cada uno de los usuarios que ha reconocido el generador, así como el número de usuarios detectados en la escena. Con esta información, para cada uno de los usuarios identificados, se va recogiendo su esqueleto mediante el método *GetSkeletonCap()*, y a partir de este, la posición en la que se encuentra la mano izquierda con el método *GetSkeletonJointPosition()* ⟨38⟩ al que se le ha indicado qué parte del esqueleto se desea extraer (mediante el parámetro XN_SKEL_LEFT_HAND) y dónde se almacenará la información (en la estructura *LeftHand*). A partir de aquí, bastará con procesar la información de la estructura reportada ⟨42-49⟩.

Es preciso tener en cuenta que, cuando le pedimos datos del esqueleto al generador, es desde el punto de vista de la cámara. Es decir, la mano izquierda que "ve Kinect" se corresponderá con mano la derecha del usuario.

Como se ha mencionado con anterioridad, para poder disponer de los datos adecuados procedentes de los generadores, en ocasiones será preciso establecer ciertos parámetros de éstos y personalizar determinada funcionalidad. Ha llegado el momento de abordar de nuevo este fragmento del código. Así, en el ejemplo, en las líneas ⟨11-22⟩ puede verse cómo se han registrado determinados manejadores *XnCallbackHandle* que indican al generador de usuario qué acción debe realizar cuando se ha detectado un nuevo usuario o cuando se ha perdido uno (empleando para ello el método *RegisterUserCallbacks*), qué hacer cuando se ha registrado una determinada pose del usuario (mediante *RegisterToPoseCallbacks*), y las acciones a realizar al comenzar y terminar el proceso de calibración (usando *RegisterCalibrationCallbacks*).

Una implementación de estos manejadores o *callbacks* es la que se muestra en el siguiente código. Cuando el generador detecte un nuevo usuario en escena, se invocará al *callback User_NewUser*. En el anterior listado, puede verse cómo cuando se detecta un nuevo usuario por parte del generador, lo que se hará es esperar a identificar una determinada pose del mismo, de modo que esta pose sirva para comenzar el proceso de calibración ⟨4-10⟩. Por su parte, cuando el usuario desaparece de escena y se invoca al *callback User_LostUser* no se hace nada ⟨12-14⟩.

Una vez que se identifica la pose, se invocará el *callback* llamado *PoseDetected*, donde se detendrá el proceso de detección de pose –ya tenemos al usuario en la pose deseada– y se solicitará que comience el proceso de calibración ⟨16-22⟩.

Cuando el generador comience el proceso de calibración, éste invocará al *callback Calibration_Start*, que símplemente producirá un mensaje ⟨24-28⟩ por consola.

```
      Listado 4.23: Callback para el generador de usuario

 1  #define POSE_TO_USE "Psi"
 2  xn::UserGenerator g_UserGenerator;
 3
 4  void XN_CALLBACK_TYPE
 5  User_NewUser(xn::UserGenerator& generator,
 6               XnUserID nId, void* pCookie){
 7    printf("Nuevo usuario: %d\n", nId);
 8    g_UserGenerator.GetPoseDetectionCap().
 9      StartPoseDetection(POSE_TO_USE, nId);
10  }
11
12  void XN_CALLBACK_TYPE
13  User_LostUser(xn::UserGenerator& generator, XnUserID nId,
14               void* pCookie){}
15
16  void XN_CALLBACK_TYPE
17  Pose_Detected(xn::PoseDetectionCapability& pose,
18          const XnChar* strPose, XnUserID nId, void* pCookie){
19    printf("Pose %s para el usuario %d\n", strPose, nId);
20    g_UserGenerator.GetPoseDetectionCap().StopPoseDetection(nId);
21    g_UserGenerator.GetSkeletonCap().RequestCalibration(nId, TRUE);
22  }
23
24  void XN_CALLBACK_TYPE
25  Calibration_Start(xn::SkeletonCapability& capability, XnUserID nId,
26                    void* pCookie){
27    printf("Comenzando calibracion para el usuario %d\n", nId);
28  }
29
30  void XN_CALLBACK_TYPE
31  Calibration_End(xn::SkeletonCapability& capability, XnUserID nId,
32                  XnBool bSuccess, void* pCookie){
33    if (bSuccess){
34      printf("Usuario calibrado\n");
35      g_UserGenerator.GetSkeletonCap().StartTracking(nId);
36    } else {
37      printf("Fallo al calibrar al usuario %d\n", nId);
38      g_UserGenerator.GetPoseDetectionCap().
39        StartPoseDetection(POSE_TO_USE, nId);
40    }
41  }
```

Cuando el proceso de calibración finalice, el generador invocará el *callback Calibration_End* donde, si todo ha ido bién, se indicará al generador que comience a rastrear el esqueleto del usuario con el método *StartTracking(nId)*. Sin embargo, si se ha producido un error en la callibración, se volverá a intentar identificar una pose preestablecida del usuario.

Los límites están en nuestra imaginación

Obviamente puede irse mucho más lejos de lo que se ha llegado con este sencillo ejemplo. Así, en la figura 4.17 puede verse la captura de una de las aplicaciones de ejemplo que acompañan OpenNI. En ella se superpone a la salida de los datos de un generador de profundidad, aquella producida por un generador de usuario del que se han leido los datos del esqueleto. El resultado muestra el esqueleto a partir de los puntos representativos identificados por el generador de usuario.

Piense ahora en lo que se puede conseguir empleando un motor como Ogre 3D. Los datos del esqueleto procedentes del generador de usuario, pueden conectarse al esqueleto de un personaje virtual o abatar. De este modo, las acciones del usuario tendrán una repercusión directa en las acciones del abatar. En la figura 4.18 puede verse

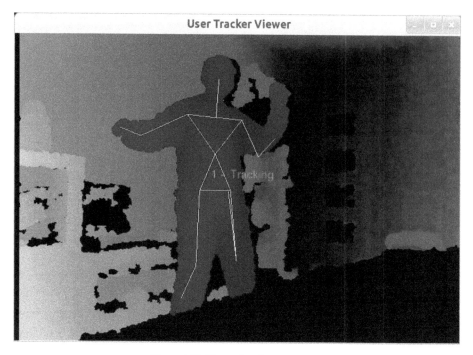

Figura 4.17: El esqueleto de una persona.

Figura 4.18: Integración en Ogre.

una captura en la que un personaje dentro de un mundo virtual es manipulado directamente por un usuario. Fígese en la esquina inferior izquierda de la figura, donde se representa la silueta del usuario. El código de ejemplo puede descargarse libremente de https://github.com/ttair/TuxSinbad.

4.16. Realidad Aumentada

La Realidad Aumentada ofrece diversas posibilidades de interacción que pueden ser explotadas en diferentes ámbitos de aplicación, como en los videojuegos. En esta sección comenzaremos definiendo qué se entiende por Realidad Aumentada, así como algunas de las soluciones tecnológicas más empleadas.

Este nuevo paradigma de interacción se está utilizando en los últimos años en videojuegos comerciales, como veremos en la sección 4.16.1, con algunos títulos que han sido grandes éxitos a nivel mundial.

La Realidad Aumentada se encarga de estudiar las técnicas que permiten integrar en tiempo real contenido digital con el mundo real. Según la taxonomía descrita por Milgram y Kishino, los entornos de Realidad Mixta son aquellos en los que "se presentan objetos del mundo real y objetos virtuales de forma conjunta en una única pantalla". Esto abre un abanico de definiciones en la que se sitúan las aplicaciones de Realidad Aumentada (ver Figura 4.21).

A diferencia de la Realidad Virtual donde el usuario interactúa en un mundo totalmente virtual, la Realidad Aumentada se ocupa de generar capas de información virtual que deben ser correctamente alineadas con la imagen del mundo real para lograr una sensación de correcta integración.

El principal problema con el que deben tratar los sistemas de Realidad Aumentada es el denominado **registro**, que consiste en calcular la posición relativa de la cámara real respecto de la escena para poder generar imágenes virtuales correctamente alineadas con esa imagen real. Este registro debe ser preciso (errores de muy pocos milímetros son muy sensibles en determinadas aplicaciones, como en medicina o en soporte a las aplicaciones

Figura 4.19: *Arriba*: Escena real. El problema del registro trata de calcular la posición de la cámara real para poder dibujar objetos virtuales correctamente alineados. *Centro*: Registro correcto. *Abajo*: Registro incorrecto.

industriales) y robusto (debe funcionar correctamente en todo momento). En la figura 4.19 puede verse un ejemplo de una imagen obtenida con un registro correcto (centro) e incorrecto (abajo). Este registro puede realizarse empleando diferentes tipos de sensores y técnicas (las más extendidas son mediante el uso *tracking visual*).

Así, la Realidad Aumentada se sitúa entre medias de los entornos reales y los virtuales, encargándose de construir y alinear objetos virtuales que se integran en un escenario real.

4.16.1. Un poco de historia

En esta breve introducción histórica nos centraremos en los principales hitos de la Realidad Aumentada que tienen relación directa con el mundo del desarrollo de videojuegos, aunque obviamente hay multitud de hitos importantes que deberían aparecer en una introducción histórica más general.

Figura 4.20: Primer Sistema de Realidad Aumentada de Sutherland.

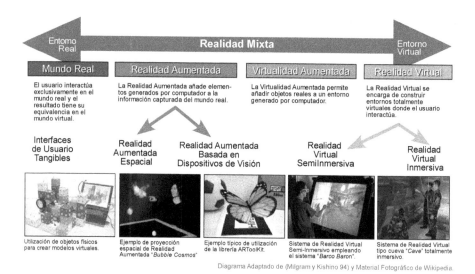

Figura 4.21: Taxonomía de Realidad Mixta según Milgram y Kishino.

El primer sistema de Realidad Aumentada fue creado por Ivan Sutherland en 1968, empleando un casco de visión que permitía ver sencillos objetos 3D renderizados en *wireframe* en tiempo real. Empleaba dos sistemas de tracking para calcular el registro de la cámara; uno mecánico y otro basado en ultrasonidos (ver Figura 4.20).

Sin embargo no fue hasta 1992 cuando se acuñó el término de Realidad Aumentada por Tom Caudell y David Mizell, dos ingenieros de *Boeing* que proponían el uso de esta novedosa tecnología para mejorar la eficiencia de las tareas realizadas por operarios humanos asociadas a la fabricación de aviones.

Figura 4.22: Marcas matriciales de Rekimoto.

En 1998, el ingeniero de Sony Jun Rekimoto crea un método para calcular completamente el tracking visual de la cámara (con 6 grados de libertad) empleando marcas 2D matriciales (códigos de barras cuadrados, ver Figura 4.22). Esta técnica sería la precursora de otros métodos de tracking visuales en los próximos años.

Un año más tarde en 1999, Kato y Billinghurst presentan ARToolKit, una biblioteca de tracking visual de 6 grados de libertad que reconoce marcas cuadradas mediante patrones de reconocimiento. Debido a su liberación bajo licencia GPL se hace muy popular y es ampliamente utilizada en el ámbito de la Realidad Aumentada.

Figura 4.23: AR-Quake.

En 2000, un grupo de investigadores de la *University of South Australia* presentan una extensión de Quake (AR-Quake, Figura 4.23) que permite jugar en primera persona en escenarios reales. El registro se realizaba empleando una brújula digital, un receptor de GPS y métodos de visión basados en marcas. Los jugadores debían llevar un sistema de cómputo portátil en una mochila, un casco de visión estereoscópica y un mando de dos botones.

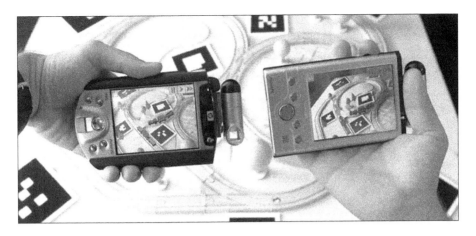

Figura 4.26: Interfaz de Invisible Train, de la Universidad de Viena.

En el 2003, Siemens lanza al mercado *Mozzies*, el primer juego de Realidad Aumentada para teléfonos móviles. El juego superpone mosquitos a la visión obtenida del mundo mediante una cámara integrada en el teléfono. Este juego fue premiado como el mejor videojuego para teléfonos móviles en dicho año.

En 2004 investigadores de la Universidad Nacional de Singapur presentan *Human Pacman*, un juego que emplea GPS y sistemas inerciales para registrar la posición de los jugadores. El PacMan y los fantasmas son en realidad jugadores humanos que corren por la ciudad portando ordenadores y sistemas de visión (Figura 4.24).

Figura 4.24: H-Pacman.

También en el 2004, la Universidad Técnica de Viena presenta el proyecto *Invisible Train* (ver Figura 4.26, el primer juego multi-usuario para PDAs. Esta aplicación se ejecutaba totalmente en las PDAs, sin necesidad de servidores adicionales para realizar procesamiento auxiliar.

Los jugadores controlan trenes virtuales y deben intentar evitar que colisione con los trenes de otros jugadores. El proyecto utiliza la biblioteca *Studierstube* desarrollada en la misma universidad.

En 2005 A. Henrysson adapta la biblioteca ARToolKit para poder funcionar en Symbian, y crea un juego de Tenis (ver Figura 4.25) que gana un premio internacional el mismo año.

Figura 4.25: AR-Tennis.

Figura 4.27: ARhrrrr!

El 2009 se presenta *ARhrrrr!* (ver Figura 4.27), el primer juego con contenido de alta calidad para smartphones con cámara. El teléfono utiliza la metáfora de ventana virtual para mostrar un mapa 3D donde disparar a Zombies y facilitar la salida a los humanos que están atrapados en él.

El videojuego emplea de forma intensiva la GPU del teléfono delegando en la tarjeta todos los cálculos salvo el tracking basado en características naturales, que se realiza en la CPU. Así es posible distribuir el cálculo optimizando el tiempo final de ejecución.

El videojuego de PSP *Invizimals* (ver Figura 4.29), creado por el estudio español Novorama en 2009, alcanza una distribución en Europa en el primer trimestre de 2010 superior a las 350.000 copias, y más de 8 millones de copias a nivel mundial, situándose en lo más alto del ránking de ventas. Este juego emplea marcas para registrar la posición de la cámara empleando tracking visual.

4.16.2.   Características Generales

Según R. Azuma, un sistema de Realidad Aumentada debe cumplir las siguientes características:

1. **Combina mundo real y virtual**. El sistema incorpora información sintética a las imágenes percibidas del mundo real.

2. **Interactivo en tiempo real**. Así, los efectos especiales de películas que integran perfectamente imágenes 3D fotorrealistas con imagen real no se considera Realidad Aumentada porque no son calculadas de forma interactiva.

3. **Alineación 3D**. La información del mundo virtual debe ser tridimensional y debe estar correctamente alineada con la imagen del mundo real. Así, estrictamente hablando las aplicaciones que superponen capas gráficas 2D sobre la imagen del mundo real no son consideradas de Realidad Aumentada.

Figura 4.28: W. Ross Ashby (1903-1972), el padre de la Cibernética moderna.

Siendo estrictos según la definición de Azuma, hay algunas aplicaciones que comercialmente se *venden* como de realidad aumentada que no deberían ser consideradas como tal, ya que el registro del mundo real no se realiza en 3D (como en el caso de *Wikitude* o *Layar* por ejemplo).

La combinación de estas tres características hacen que la Realidad Aumentada sea muy interesante para el usuario ya que complementa y mejora su visión e interacción del mundo real con información que puede resultarle extremadamente útil a la hora de realizar ciertas tareas. De hecho la Realidad Aumentada es considerada como una forma de *Amplificación de la Inteligencia* que emplea el computador para facilitar el trabajo al usuario.

La importancia de la Realidad Aumentada queda patente con el enorme interés que ha generado en los últimos meses. La prestigiosa publicación británicac *The Economist* aseguró en Septiembre de 2009 que *"intentar imaginar como se utilizará la Realidad Aumentada es como intentar predecir el futuro de la tecnología web en 1994"*.

Fotografía de ElPais.com 11-10-2009

Figura 4.29: Invizimals.

Según la consultora *Juniper Research*, la Realidad Aumentada en dispositivos móviles generará más de 700 millones de dólares en el 2014, con más de 350 millones de terminales móviles con capacidad de ejecutar este tipo de aplicaciones.

Un indicador que puede ser significativo es la tendencia de búsqueda en la web. Desde Junio de 2009 la búsqueda por *"Augmented Reality"* supera el número de búsquedas realizadas con la cadena *"Virtual Reality"*.

Una de las principales causas de este crecimiento en el uso de la Realidad Aumentada es debido a que mediante esta tecnología se amplían los espacios de interacción fuera del propio ordenador. Todo el mundo puede ser un interfaz empleando Realidad Aumentada sobre dispositivos móviles.

 El término **Amplificación de la Inteligencia** comenzó a utilizarse desde la *Introducción a la Cibernética* de William Ross Ashby, refiriéndose al uso de las tecnologías de la información para aumentar la inteligencia humana. También se denomina habitualmente *Aumentación Cognitiva*.

4.16.3. Alternativas tecnológicas

En el ámbito de la Realidad Aumentada existen varios *toolkits* que facilitan la construcción de aplicaciones. Sin embargo, para sacar el máximo partido a la tecnología es necesario dominar ciertos conceptos teóricos y de representación gráfica. La mayoría de sistemas están destinados a programadores con experiencia en desarrollo gráfico. A continuación enumeraremos algunas de las bibliotecas más famosas.

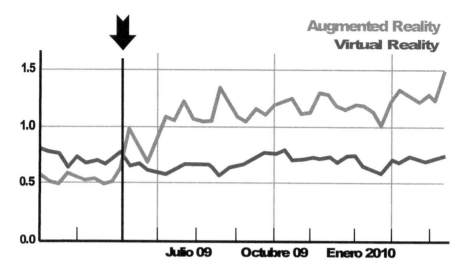

Figura 4.30: Porcentaje de búsquedas en Google por las cadenas *Augmented Reality* y *Virtual Reality*.

- **ARToolKit**: Es probablemente la biblioteca más famosa de Realidad Aumentada. Con interfaz en C y licencia libre permite desarrollar fácilmente aplicaciones de Realidad Aumentada. Se basa en marcadores cuadrados de color negro.

- **ARTag**: Es otra biblioteca con interfaz en C. Está inspirado en ARToolKit. El proyecto murió en el 2008, aunque es posible todavía conseguir el código fuente. El sistema de detección de marcas es mucho más robusto que el de ARToolKit.

- **OSGART**: Biblioteca en C++ que permite utilizar varias librerías de tracking (como ARToolKit, SSTT o Bazar).

- **FLARToolKit**: Implementación para Web (basada en Flash y ActionScript) del ARToolKit portado a Java *NyARToolKit*.

- **Otros ports de ARToolKit**: Existen multitud de versiones de ARToolKit portados en diferentes plataformas, como AndAR (para teléfonos Android), SLARToolkit, etc...

En esta sección nos basaremos en ARToolKit por ser actualmente el principal referente en tracking basado en marcas, y por existir multitud de versiones portadas a diferentes plataformas móviles.

4.17. ARToolKit

ARToolKit es una biblioteca de funciones para el desarrollo rápido de aplicaciones de Realidad Aumentada.

Fue escrita originalmente en C por H. Kato, y mantenida por el HIT Lab de la Universidad de Washington, y el HIT Lab NZ de la Universidad de Canterbury (Nueva Zelanda).

ARToolKit facilita el problema del registro de la cámara empleando métodos de visión por computador, de forma que obtiene el posicionamiento relativo de 6 grados de libertad haciendo el seguimiento de marcadadores cuadrados en tiempo real, incluso en dispositivos de baja capacidad de cómputo.

Figura 4.31: Uso de ARToolKit en un dispositivo de visión estereo.

Algunas de las características más destacables son:

- **Tracking de una cámara**. ARToolKit en su versión básica soporta de forma nativa el tracking de una cámara, aunque puede utilizarse para tracking multicámara (si el programador se hace cargo de calcular el histórico de percepciones). La biblioteca soporta gran variedad de modelos de cámaras y modelos de color.

- **Marcas negras cuadradas**. Emplea métodos de tracking de superficies planas de 6 grados de libertad. Estas marcas pueden ser personalizadas, siempre que el patrón no sea simétrico en alguno de sus ejes.

- **Rápido y Multiplataforma**. Funciona en gran variedad de sistemas operativos (Linux, Mac, Windows, IRIX, SGI...), y ha sido portado a multitud de dispositivos portátiles y smartphones (Andorid, iPhone, PDAs...).

- **Comunidad Activa**. A través de los foros[2] y listas de correo se pueden resolver problemas particulares de uso de la biblioteca.

- **Licencia libre**. Esto permite utilizar, modificar y distribuir programas realizados con ARToolKit bajo la licencia GPL v2.

4.17.1. Instalación y configuración

En esencia ARToolKit es una biblioteca de funciones para el desarrollo de aplicaciones de Realidad Aumentada, que utiliza a su vez otras bibliotecas. Aunque las bibliotecas con las que trabajaremos en este documento son libres, sólo describiremos el proceso de instalación y configuración bajo GNU/Linux.En Debian necesitaremos instalar los siguientes paquetes:

```
# apt-get install freeglut3-dev libgl1-mesa-dev libglu1-mesa-dev
libxi-dev libxmu-dev libjpeg-dev
```

---

[2]Foros de ARToolKit: http://www.hitlabnz.org/wiki/Forum

A continuación ejecutamos ./Configure para obtener un *Makefile* adaptado a nuestro sistema. Elegimos Video4Linux2 en el driver de captura de video porque disponemos de una cámara integrada de este tipo (la versión de ARToolKit con la que vamos a trabajar está parcheada para soportar este tipo de dispositivos), en la segunda pregunta no utilizaremos las instrucciones de ensamblador en ccvt (por disponer de una arquitectura ia64), habilitaremos los símbolos de depuración, y activaremos el soporte hardware para GL_NV_texture_rectangle, ya que la tarjeta gráfica del equipo los soporta:

```
carlos@kurt:ARToolKit$ ./Configure
Select a video capture driver.
  1: Video4Linux
  2: Video4Linux+JPEG Decompression (EyeToy)
  3: Video4Linux2
  4: Digital Video Camcoder through IEEE 1394 (DV Format)
  5: Digital Video Camera through IEEE 1394 (VGA NC Image Format)
  6: GStreamer Media Framework
Enter : 3

Color conversion should use x86 assembly (not working for 64bit)?
Enter : n
Do you want to create debug symbols? (y or n)
Enter : y
Build gsub libraries with texture rectangle support? (y or n)
GL_NV_texture_rectangle is supported on most NVidia graphics cards
and on ATi Radeon and better graphics cards
Enter : y
  create ./Makefile
  create lib/SRC/Makefile
  ...
  create include/AR/config.h
Done.
```

Finalmente compilamos las bibliotecas desde el mismo directorio, ejecutando make. Si todo ha ido bien, ya tenemos compiladas las bibliotecas de ARToolKit. Estas bibliotecas no requieren estar instaladas en ningún directorio especial del sistema, ya que se compilan como bibliotecas estáticas, de forma que están incluidas en cada ejecutable que se construye. Los ficheros makefile que utilizaremos en los ejemplos tendrán definido un camino (relativo o absoluto) hasta la localización en disco de estas bibliotecas. A continuación veremos un ejemplo de funcionamiento básico.

4.18.   El esperado "Hola Mundo!"

Aunque todavía quedan muchos aspectos que estudiar, comenzaremos con una aplicación mínima que dibuja una tetera 3D localizada en el centro de una marca de ARToolKit. El siguiente listado muestra el código completo (¡menos de 110 líneas!) del *Hola Mundo!*. Al final de la sección se mostrará el listado del makefile necesario para compilar este ejemplo.

Listado 4.24: "Hola Mundo!" con ARToolKit.

```
1  #include <GL/glut.h>
2  #include <AR/gsub.h>
3  #include <AR/video.h>
4  #include <AR/param.h>
5  #include <AR/ar.h>
6  // ==== Definicion de variables globales =========================
7  int     patt_id;              // Identificador unico de la marca
8  double patt_trans[3][4];      // Matriz de transformacion de la marca
9  // ======== print_error =========================================
10 void print_error (char *error) { printf(error); exit(0); }
```

```
11  // ======= cleanup =======================================
12  static void cleanup(void) {
13    arVideoCapStop();            // Libera recursos al salir ...
14    arVideoClose();
15    argCleanup();
16  }
17  // ======= draw =======================================
18  static void draw( void ) {
19    double  gl_para[16];   // Esta matriz 4x4 es la usada por OpenGL
20    GLfloat mat_ambient[]   = {0.0, 0.0, 1.0, 1.0};
21    GLfloat light_position[] = {100.0,-200.0,200.0,0.0};
22
23    argDrawMode3D();                 // Cambiamos el contexto a 3D
24    argDraw3dCamera(0, 0);           // Y la vista de la camara a 3D
25    glClear(GL_DEPTH_BUFFER_BIT); // Limpiamos buffer de profundidad
26    glEnable(GL_DEPTH_TEST);
27    glDepthFunc(GL_LEQUAL);
28
29    argConvGlpara(patt_trans, gl_para);   // Convertimos la matriz de
30    glMatrixMode(GL_MODELVIEW);           // la marca para ser usada
31    glLoadMatrixd(gl_para);               // por OpenGL
32    // Esta ultima parte del codigo es para dibujar el objeto 3D
33    glEnable(GL_LIGHTING);  glEnable(GL_LIGHT0);
34    glLightfv(GL_LIGHT0, GL_POSITION, light_position);
35    glMaterialfv(GL_FRONT, GL_AMBIENT, mat_ambient);
36      glTranslatef(0.0, 0.0, 60.0);
37      glRotatef(90.0, 1.0, 0.0, 0.0);
38      glutSolidTeapot(80.0);
39    glDiable(GL_DEPTH_TEST);
40  }
41  // ======= init =======================================
42  static void init( void ) {
43    ARParam  wparam, cparam; // Parametros intrinsecos de la camara
44    int xsize, ysize;        // Tamano del video de camara (pixels)
45
46    // Abrimos dispositivo de video
47    if(arVideoOpen("") < 0) exit(0);
48    if(arVideoInqSize(&xsize, &ysize) < 0) exit(0);
49
50    // Cargamos los parametros intrinsecos de la camara
51    if(arParamLoad("data/camera_para.dat", 1, &wparam) < 0)
52      print_error ("Error en carga de parametros de camara\n");
53
54    arParamChangeSize(&wparam, xsize, ysize, &cparam);
55    arInitCparam(&cparam);   // Inicializamos la camara con çparam"
56
57    // Cargamos la marca que vamos a reconocer en este ejemplo
58    if((patt_id=arLoadPatt("data/simple.patt")) < 0)
59      print_error ("Error en carga de patron\n");
60
61    argInit(&cparam, 1.0, 0, 0, 0, 0);   // Abrimos la ventana
62  }
63  // ======= mainLoop =======================================
64  static void mainLoop(void) {
65    ARUint8 *dataPtr;
66    ARMarkerInfo *marker_info;
67    int marker_num, j, k;
68
69    double p_width    = 120.0;       // Ancho del patron (marca)
70    double p_center[2] = {0.0, 0.0}; // Centro del patron (marca)
71
72    // Capturamos un frame de la camara de video
73    if((dataPtr = (ARUint8 *)arVideoGetImage()) == NULL) {
74      // Si devuelve NULL es porque no hay un nuevo frame listo
75      arUtilSleep(2); return; // Dormimos el hilo 2ms y salimos
76    }
77    argDrawMode2D();
78    argDispImage(dataPtr, 0,0);   // Dibujamos lo que ve la camara
79
```

```
80   // Detectamos la marca en el frame capturado (ret -1 si error)
81   if(arDetectMarker(dataPtr, 100, &marker_info, &marker_num) < 0){
82     cleanup(); exit(0);    // Si devolvio -1, salimos del programa!
83   }
84   arVideoCapNext();        // Frame pintado y analizado... A por otro!
85   // Vemos donde detecta el patron con mayor fiabilidad
86   for(j = 0, k = -1; j < marker_num; j++) {
87     if(patt_id == marker_info[j].id) {
88       if (k == -1) k = j;
89       else if(marker_info[k].cf < marker_info[j].cf) k = j;
90     }
91   }
92   if(k != -1) {    // Si ha detectado el patron en algun sitio...
93     // Obtenemos transformacion entre la marca y la camara real
94     arGetTransMat(&marker_info[k], p_center, p_width, patt_trans);
95     draw();        // Dibujamos los objetos de la escena
96   }
97   argSwapBuffers(); // Cambiamos el buffer con lo que dibujado
98 }
99 // ======== Main =================================================
100 int main(int argc, char **argv) {
101   glutInit(&argc, argv);     // Creamos la ventana OpenGL con Glut
102   init();                    // Llamada a nuestra funcion de inicio
103   arVideoCapStart();         // Creamos un hilo para captura video
104   argMainLoop( NULL, NULL, mainLoop );   // Asociamos callbacks...
105   return (0);
106 }
```

El ciclo de desarrollo puede resumirse en tres grandes etapas: 1. **Inicialización**: Consiste en leer los parámetros asociados a la cámara y la descripción de las marcas que se van a utilizar. 2. **Bucle Principal** (*Main Loop*): Es la etapa principal y está formada por un conjunto de subetapas que veremos a continuación. 3. **Finalización**: Libera los recursos requeridos por la aplicación.

La etapa del Bucle Principal está formada por 4 subetapas funcionales que se realizan repetidamente hasta que el usuario decide finalizar la aplicación:

1. **Captura**. Se obtiene un *frame* de la cámara de vídeo. En el *"Hola Mundo!"* se realiza llamando a la función `arVideoGetImage` en la línea 73.

2. **Detección**. Se identifican las marcas en el *frame* anterior. En el ejemplo se llama a la función `arDetectMarker` en la línea 81.

Marcas Personalizadas

ARToolKit permite crear fácilmente marcadores propios. En este primer ejemplo utilizaremos una marca previamente entrenada.

3. **Transformación**. Se calcula la posición relativa entre las marcas detectadas y la cámara física. Se realiza llamando a la función `arGetTransMat` en la línea 94.

4. **Dibujado**. Se dibujan los objetos virtuales situando la cámara virtual en la posición relativa anteriormente calculada. En el *Hola Mundo* se ha creado una función propia `draw` que es llamada desde el mainLoop en la línea 95.

Figura 4.32: La impresionante salida en pantalla del *"Hola Mundo"* de Realidad Aumentada.

 En los ejemplos de este documento nos basaremos en el uso de las bibliotecas GLUT (*OpenGL Utility Toolkit*) que nos facilitan el desarrollo de aplicaciones OpenGL proporcionando sencillas funciones de *callback* para el manejo de eventos de teclado y ratón, así como la fácil apertura de ventanas multiplataforma. Estas bibliotecas están pensadas para el aprendizaje de OpenGL, y para la construcción de pequeñas aplicaciones. Para facilitar la escritura de código en estos primeros ejemplos se utilizarán algunas variables globales (por la imposibilidad de pasar parámetros adicionales a las funciones de callback de GLUT).

En un primer estudio, se pueden identificar algunos de los bloques funcionales descritos anteriormente. Por ejemplo, en las líneas 43-61 se encuentra definido el bloque de inicialización (función init), que es llamado desde main (línea 102). El bucle principal está definido en las líneas 65-97 y la liberación de recursos se realiza con la llamada a funciones propias de ARToolKit en las líneas 13-15.

En la última sección del capítulo se estudiará la integración de ARToolKit con OpenCV y Ogre, creando clases específicas para el tracking y la gestión de vídeo.

 Uso de /dev/video*: Si tuviéramos dos cámaras en el sistema, y quisiéramos abrir la segunda (con interfaz V4L) llamaríamos a la función *arVideoOpen* con la cadena *"-dev=/dev/video1"*. Podemos ver una descripción completa de los parámetros soportados por esta función en el directorio de documentación *doc/video/* de ARToolKit.

4.18.1. Inicialización

El bloque de inicialización (función `init`), comienza abriendo el dispositivo de video con `arVideoOpen`. Esta función admite parámetros de configuración en una cadena de caracteres.

A continuación, línea ⟨48⟩, se obtiene el tamaño de la fuente de vídeo mediante `arVideoInqSize`. Esta función escribe en las direcciones de memoria reservadas para dos enteros el ancho y alto del vídeo. En las siguientes líneas cargamos los parámetros intrínsecos de la cámara obtenidos en la etapa de calibración. En este ejemplo utilizaremos un fichero genérico *camera_para.dat* válido para la mayoría de webcams. Sin embargo, para obtener resultados más precisos, lo ideal es trabajar con un fichero adaptado a nuestro modelo de cámara concreto. Veremos cómo crear este fichero específico para cada cámara posteriormente.

Figura 4.33: Aunque es posible definir marcas personalizadas, las que ofrecen mejores resultados son las basadas en patrones sencillos, como la empleada en este ejemplo.

Así, con la llamada a `arParamLoad` se rellena la estructura `ARParam` especificada como tercer parámetro con las características de la cámara. Estas características son independientes de la resolución a la que esté trabajando la cámara, por lo que tenemos que instanciar los parámetros concretamente a la resolución en píxeles. Para ello, se utiliza la llamada a `arParamChangeSize` (línea ⟨54⟩) especificando la resolución concreta con la que trabajará la cámara en este ejemplo. Una vez obtenidos los parámetros de la cámara instanciados al caso concreto de este ejemplo, se cargan en las estructuras de datos internas de ARToolKit, mediante la llamada a `arInitCparam`.

En la última parte cargamos el patrón asociado a la marca (línea ⟨58⟩). Finalmente abrimos la ventana de OpenGL (mediante la biblioteca auxiliar Gsub de ARToolKit) `argInit` en la línea ⟨61⟩, pasándole como primer parámetro la configuración de la cámara. El segundo parámetro indica el factor de *zoom* (en este caso, sin zoom).

4.18.2. Bucle Principal

El primer paso a realizar en el bucle principal es recuperar un *frame* de la cámara de vídeo. Mediante la función `arVideoGetImage` obtenemos una imagen (la llamada devuelve un puntero a un buffer donde se encuentra la imagen capturada). La llamada devuelve NULL si no hay una nueva imagen (en el caso de que llamemos de nuevo muy pronto; con mayor frecuencia que la soportada por la cámara). Si esto ocurre, simplemente dormimos el hilo 2ms (línea ⟨75⟩)y volvemos a ejecutar el *mainLoop*.

A continuación dibujamos en la ventana (en modo 2D, línea ⟨77⟩) el buffer que acabamos de recuperar de la cámara (línea ⟨78⟩).

La llamada a `arDetectMarker` localiza las marcas en el buffer de entrada. En la línea ⟨81⟩ el segundo parámetro de valor 100 se corresponde con el valor umbral de binarización (a blanco y negro, ver Figura 4.34) de la imagen.

Figura 4.34: Ejemplo de proceso de binarización de la imagen de entrada para la detección de marcas.

El propósito de este valor umbral (*threshold*) se explicará en detalle más adelante. Esta función nos devuelve en el tercer parámetro un puntero a una lista de estructuras de tipo ARMarkerInfo, que contienen información sobre las marcas detectadas (junto con un grado de fiabilidad de la detección), y como cuarto parámetro el número de marcas detectadas.

De esta forma, ARToolKit nos devuelve *"posibles"* posiciones para cada una de las marcas detectas. Incluso cuando estamos trabajando con una única marca, es común que sea detectada en diferentes posiciones (por ejemplo, si hay algo parecido a un cuadrado negro en la escena). ¿Cómo elegimos la correcta en el caso de que tengamos varias detecciones? ARToolKit asocia a cada percepción una probabilidad de que lo percibido sea una marca, en el campo cf (*confidence value*). En la tabla 4.1 se muestra la descripción completa de los campos de esta estructura. Como se puede comprobar, todos los campos de la estructura ARMarkerInfo se refieren a coordenadas 2D, por lo que aún no se ha calculado la posición relativa de la marca con la cámara.

Así, en las líneas 86-91 guardamos en la variable k el índice de la lista de marcas detectadas aquella percepción que tenga mayor probabilidad de ser la marca (cuyo valor de fiabilidad sea mayor).

Mediante la llamada a arGetTransMat (línea 94) obtenemos en una matriz la transformación relativa entre la marca y la cámara (matriz 3x4 de doubles); es decir, obtiene la posición y rotación de la cámara con respecto de la marca detectada. Para ello es necesario especificar el centro de la marca, y el ancho. Esta matriz será finalmente convertida al formato de matriz homogenea de 16 componentes utilizada por OpenGL mediante la llamada a argConvGlpara en la línea 29.

Tabla 4.1: Campos de la estructura *ARMarkerInfo*

Tipo	Campo	Descripción
int	area	Tamaño en píxeles de la región detectada.
int	id	Identificador (único) de la marca.
int	dir	Dirección. Codifica mediante un valor numérico (0..3) la rotación de la marca detectada. Cada marca puede tener 4 rotaciones distintas.
double	cf	Valor de confianza. Probabilidad de ser una marca (entre 0 y 1).
double	pos[2]	Centro de la marca (en espacio 2D).
double	line[4][3]	Ecuaciones de las 4 aristas de la marca. Las aristas se definen con 3 valores (a,b,c), empleando la ecuación implícita de la recta $ax + by + c = 0$.
double	vertex[4][2]	Posición de los 4 vértices de la marca (en espacio 2D).

4.18.3. Finalización y función Main

En la función cleanup se liberan los recursos al salir de la aplicación. Se hace uso de funciones de ARToolKit para detener la cámara de vídeo, y limpiar las estructuras de datos internas de ARToolKit.

Fuente de vídeo de entrada.La imagen será binarizada a blanco y negro para buscar marcas cuadradas.

En la imagen binaria se detectan contornos y se extraen las aristas y las esquinas del cuadrado.

Los objetos virtuales 3D se dibujan superpuestos a la imagen real. En este caso coincidiendo con el centro de la marca.

Figura 4.35: Esquema funcional de ARToolKit.

En la función `main` se registran los *callbacks* en la línea ⎡104⎤ mediante la función `argMainLoop`. En este ejemplo, se pasa como primer y segundo parámetro `NULL` (correspondientes a los manejadores de ratón y teclado respectivamente). Por su parte, se asocia la función que se estará llamando constantemente en el bucle principal. En el caso de este ejemplo se llama `mainLoop`.

4.19.   Las Entrañas de ARToolKit

En este apartado veremos algunos detalles sobre cómo funciona internamente *ARTool-Kit*. ARToolKit está formado por tres módulos (ver Figura 4.36):

- **Video**: Este módulo contiene las funciones para obtener frames de vídeo de los dispositivos soportados por el Sistema Operativo. El prototipo de las funciones de este módulo se encuentran el fichero de cabecera `video.h`.

- **AR**: Este módulo principal contiene las funciones principales de *tracking* de marcas, calibración y estructuras de datos requeridas por estos métodos. Los ficheros de cabecera `ar.h`, `arMulti.h` (subrutinas para gestión multi-patrón) y `param.h` describen las funciones asociadas a este módulo.

- **Gsub y Gsub_Lite**: Estos módulos contienen las funciones relacionadas con la etapa de representación. Ambas utilizan GLUT, aunque la versión "_Lite" es más eficiente y no tiene dependencias con ningún sistema de ventanas concreto. En estos módulos se describen los ficheros de cabecera `gsub.h`, `gsub_lite.h` y `gsubUtil.h`.

Estos módulos están totalmente desacoplados, de forma que es posible utilizar AR-ToolKit sin necesidad de emplear los métodos de captura de vídeo del primer módulo, o sin emplear los módulos de representación *Gsub* o *Gsub_Lite*, como veremos en la posterior integración con Ogre y OpenCV.

4.19.1.   Principios Básicos

ARToolKit está basado en un algoritmo de detección de bordes y un método rápido de estimación de la orientación. La figura 4.35 resume el principio básico de funcionamiento de ARToolKit. Inicialmente las funciones de ARToolKit nos aislan de la complejidad de tratar con diferentes dispositivos de vídeo, por lo que la captura del *frame* actual es una simple llamada a función. Con esta imagen se inicia el primer paso de búsqueda de marcas. La imagen se convierte a blanco y negro para facilitar la detección de formas

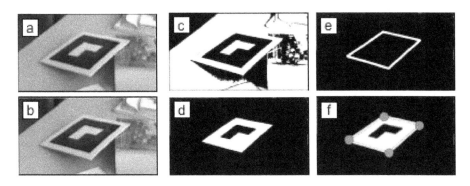

Figura 4.37: Pasos seguidos por ARToolKit para la detección e identificación de marcas.

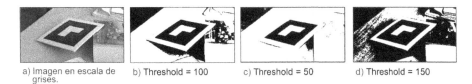

a) Imagen en escala de grises. b) Threshold = 100 c) Threshold = 50 d) Threshold = 150

Figura 4.38: Ejemplo de binarización con diferentes valores de *Threshold*.

cuadradas (en realidad este paso se realiza en dos etapas (ver Figura 4.37); primero se convierte a escala de grises (b), y después se binariza (c) eligiendo un parámetro de umbral "*threshold*" que elige a partir de qué valor de gris (de entre 256 valores distintos) se considera blanco o negro (ver Figura 4.38).

A continuación el algoritmo de visión por computador extrae componentes conectados de la imagen previamente binarizada, Figura 4.37 (d), cuya area es suficientemente grande como para detectar una marca. A estas regiones se les aplica un rápido algoritmo de detección de contornos (e), obteniendo a continuación los vértices y aristas que definen la región de la marca en 2D (f).

Con la región definida, se procede a una fase de normalización en la que se extrae el *contenido* de la marca (la zona central que la diferencia de otras marcas) y se compara con los patrones de las marcas conocidas (etapa 4 de la Figura 4.35).

Conociendo las posiciones 2D de las aristas y vértices que definen el marcador 2D, y el modelo de proyección de la cámara es posible estimar la posición y rotación 3D de la cámara relativamente a la marca.

Figura 4.36: Arquitectura de AR-ToolKit.

En el módulo 2 estudiamos qué suponía el cálculo de la posición y la rotación de la cámara en términos de transformaciones en OpenGL. El uso de marcas cuadradas de un tamaño previamente conocido nos permite definir un sistema de coordenadas local a cada marca, de modo que empleando métodos de visión por computador obtengamos la matriz de transformación 4x4 del sistema de coordenadas de la marca al sistema de coordenadas de la cámara T_{cm} (Ecuación 4.1).

$$\begin{bmatrix} X_c \\ Y_c \\ Z_c \\ 1 \end{bmatrix} = \begin{bmatrix} R_{11} & R_{12} & R_{13} & T_x \\ R_{21} & R_{22} & R_{23} & T_y \\ R_{31} & R_{32} & R_{33} & T_z \\ 0 & 0 & 0 & 1 \end{bmatrix} \times \begin{bmatrix} X_m \\ Y_m \\ Z_m \\ 1 \end{bmatrix} = T_{cm} \times \begin{bmatrix} X_m \\ Y_m \\ Z_m \\ 1 \end{bmatrix} \tag{4.1}$$

De este modo, conociendo la proyección de cada esquina de la marca (e) sobre las coordenadas de pantalla (xc, yc), y las restricciones asociadas al tamaño de las marcas y su geometría cuadrada, es posible calcular la matriz T_{cm}. La Figura 4.39 resume esta transformación.

 El cálculo aproximado de la matriz de transformación que representa la rotación R y la traslación T desde las coordenadas de la marca a las coordenadas de la cámara se denominan en inglés *pose estimation* y *position estimation*.

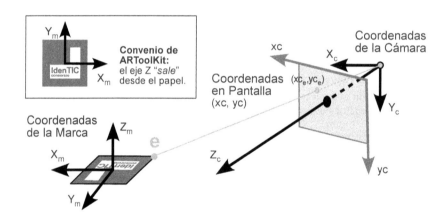

Figura 4.39: Sistema de coordenadas de ARToolKit

Finalmente es posible dibujar cualquier objeto 3D correctamente alineado con la escena. Si conocemos la posición absoluta de las marcas respecto de algún sistema de coordenadas global, es posible representar los objetos posicionados globalmente. Veremos más detalles sobre el posicionamiento global en los próximos capítulos.

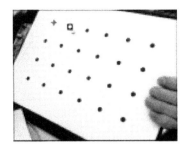 

Figura 4.41: A la izquierda, marcado de círculos del patrón. A la derecha, orden de marcado de los círculos del patrón de calibración.

4.19.2. Calibración de la Cámara

Como vimos en el ejemplo del *"Hola Mundo!"*, los parámetros de la cámara se cargan en tiempo de ejecución de un archivo, mediante la llamada a la función `arParamLoad` (ver Listado del ejemplo). Aunque en el primer ejemplo trabajamos con un fichero de descripcion genérico de cámaras (válido para multitud de webcams), es preferible realizar un proceso previo de calibración que obtenga los parámetros intrínsecos de la cámara.

ARToolKit proporciona dos etapas de calibración; la primera (que es la que estudiaremos en esta sección) nos permite obtener un fichero de cámara válido para la mayoría de aplicaciones que contiene información sobre el **punto central de la imagen** y el **factor de distorsión** de las lentes. Si se quiere una mayor precisión (que contenga la **distancia focal** de la cámara), es necesario realizar la segunda etapa (ver documentación oficial de ARToolKit).

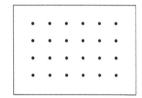

Figura 4.40: Patrón de calibración de la cámara.

Para realizar la calibración de una etapa de la cámara, necesitaremos imprimir el patrón de 24 puntos separados entre sí 4cm (ver Figura 4.40). Hecho esto, ejecutaremos la aplicación `calib_camera2` de la distribución de ARToolKit. La aplicación nos pedirá la longitud en milímetros entre cada punto del patrón de calibración (deberá ser 40 si hemos imprimido el patrón a tamaño 1:1, en otro caso mediremos el espacio físico entre el centro de los puntos).

```
carlos@kurt:calib_camera2$ ./calib_camera2
Input the distance between each marker dot, in millimeters: 40
-----------
Press mouse button to grab first image,
or press right mouse button or [esc] to quit.
```

Hecho esto nos aparecerá una ventana con la imagen que percibe la cámara. Moveremos el patrón para que todos los puntos aparezcan en la imagen y presionaremos el botón izquierdo del ratón una vez sobre la ventana para congelar la imagen. Ahora tenemos que definir un rectángulo que rodee cada círculo del patrón (ver Figura 4.41(izquierda)) empleando el siguiente orden: primero el círculo más cercano a la esquina superior izquierda, y a continuación los de su misma fila. Luego los de la segunda fila comenzando por el de la izquierda y así sucesivamente. Es decir, los círculos del patrón deben ser recorridos en orden indicado en la Figura 4.41 (derecha).

El programa marcará una pequeña cruz en el centro de cada círculo que hayamos marcado (ver Figura 4.41(izquierda)), y aparecerá una línea indicando que ha sido señalada como se muestra a continuación. Si no aparece una cruz en rojo es porque el círculo no se ha detectado y tendrá que ser de nuevo señalado.

```
Grabbed image 1.
-----------
Press mouse button and drag mouse to rubber-bound features (6 x 4),
or press right mouse button or [esc] to cancel rubber-bounding & retry grabbing.
Marked feature position   1 of 24
Marked feature position   2 of 24
Marked feature position   3 of 24
...
Marked feature position  24 of 24
-----------
Press mouse button to save feature positions,
or press right mouse button or [esc] to discard feature positions & retry grabbing.
```

Una vez que se hayan marcado los 24 puntos, se pulsa de nuevo el botón izquierdo del ratón sobre la imagen. Esto almacenará la posición de las marcas para la primera imagen, y descongelará la cámara, obteniendo una salida en el terminal como la siguiente.

```
### Image no.1 ###
 1,  1: 239.50, 166.00
 2,  1: 289.00, 167.00
 ...
 6,  4: 514.00, 253.50
-----------
Press mouse button to grab next image,
or press right mouse button or [esc] to calculate distortion param.
```

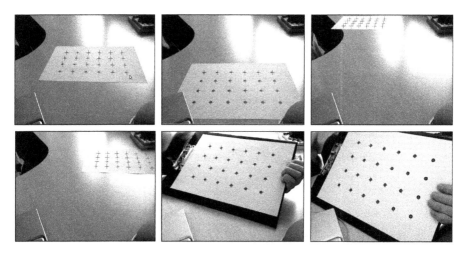

Figura 4.42: Ejemplo de posicionamiento de patrones de calibración.

 Precisión en calibración: Como es obvio, a mayor número de imágenes capturadas y marcadas, mayor precisión en el proceso de calibración. Normalmente con 5 ó 6 imágenes distintas suele ser suficiente.

Como se indica en el manual de ARToolKit, es necesario capturar entre 5 y 10 imágenes siguiendo el mismo proceso, variando el ángulo y la posición en la que se presenta el patrón de calibración. En la Figura 4.42 se muestran 6 ejemplos de diferentes imágenes capturadas para la calibración de una cámara.

Cuando se haya realizado un número de capturas adecuado pulsaremos el botón derecho del ratón (o la tecla ESC) para calcular el parámetro de distorsión. En el terminal aparecerá una salida como la siguiente, indicando al final el centro (X,Y) de la cámara, y el factor de distorsión. El cálculo de estos parámetros puede requerir varios segundos.

```
Press mouse button to grab next image,
or press right mouse button or [esc] to calculate distortion param.
[320.0, 240.0, -13.5] 0.459403
[370.0, 190.0, -15.3] 0.457091
...
[375.0, 211.0, -16.4] 0.456635
--------------
Center X: 375.000000
       Y: 211.000000
Dist Factor: -16.400000
Size Adjust: 0.978400
--------------
```

A continuación la aplicación nos muestra el resultado del cálculo de estos parámetros, para que el usuario realice una comprobación visual. Cada vez que pulsemos con el botón izquierdo del ratón se mostrará una imagen con líneas de color rojo que deben pasar por el centro de cada círculo de calibración (como las dos imágenes mostradas en la Figura 4.43).

```
Checking fit on image  1 of  6.
Press mouse button to check fit of next image.
```

Finalmente, tras aceptar los resultados mostrados por la aplicación, se calcularán todos los parámetros que se guardarán en el fichero que le indiquemos al final del proceso.

Este nuevo fichero creado será el que le indicaremos a ARToolKit que utilice en la llamada a la función arParamLoad.

```
-- loop:-50 --
F = (816.72,746.92), Center = (325.0,161.0): err = 0.843755
-- loop:-49 --
F = (816.47,747.72), Center = (325.0,162.0): err = 0.830948
...
Calibration succeeded. Enter filename to save camera parameter.
------------------------------------
SIZE = 640, 480
Distortion factor = 375.000000 211.000000 -16.400000 0.978400
770.43632 0.00000 329.00000 0.00000
0.00000 738.93605 207.00000 0.00000
0.00000 0.00000 1.00000 0.00000
------------------------------------
Filename: logitech_usb.dat
```

4.19.3. Detección de Marcas

En la sección 4.19.1 hemos visto que ARToolKit extrae los vértices que definen las cuatro esquinas de una marca. En la etapa de detección de la marca, es necesario además identificar qué patrón está siendo detectado. Para ello ARToolKit primero normaliza la imagen detectada (eliminando la distorsión debida a la perspectiva) para posteriormente comparar el patrón con las plantillas de los patrones que puede reconocer la aplicación (aquellas que hayan sido cargadas con la función `arLoadPatt`).

El proceso de normalización de los patrones requiere mucho tiempo, por lo que es un problema cuando se utilizan muchos marcadores. Tras la normalización, se reduce la resolución del patrón normalizado antes de pasar a la fase de comparación. Cuanto mayor es la resolución del patrón reescalado, mayor es la precisión de ARToolKit, pero require más capacidad de cómputo para realizar las operaciones.

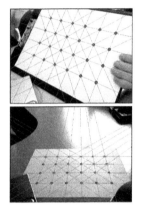

Figura 4.43: Dos imágenes resultado del cálculo del centro y el factor de distorsión.

En el fichero `config.h` de ARToolKit pueden defirse algunos parámetros relacionados con la detección de marcas. A continuación se indican los valores que trae por defecto la distribución de ARToolKit:

- `#define AR_SQUARE_MAX 50`: Este parámetro define el número máximo de marcadores que serán detectados en cada imagen.

- `#define AR_PATT_NUM_MAX 50`: Número máximo de patrones que pueden ser cargados por el usuario.

- `#define AR_PATT_SIZE_X 16`: Resolución (número de píxeles) en horizontal del patrón cuando es resampleado.

- `#define AR_PATT_SIZE_Y 16`: Resolución (número de píxeles) en horizontal del patrón cuando es resampleado.

- `#define AR_PATT_SAMPLE_NUM 64`: Número máximo de pasos empleados para resamplear el patrón.

De esta forma, el patrón reconocido incialmente es normalizado y resampleado para obtener una imagen como se muestra en la Figura 4.44. Por defecto, esta representación se realizará en 64 pasos, generando una imagen de 16x16 píxeles. Esta matriz de 16x16 píxeles se comparará con los datos contenidos en los ficheros de patrones. Estos ficheros simplemente contienen 4 matrices con el valor de gris de cada píxel del patrón. Cada matriz se corresponde con el patrón rotado 90º (ver Figura 4.44). Podemos abrir cualquier fichero .patt (como el que utilizamos en el *Hola Mundo!*) y veremos los valores en ASCII correspondientes a las 4 matrices.

Limitaciones

Si utilizamos únicamente métodos de registro basados en marcas como en el caso de ARToolKit, la principal limitación viene cuando ninguna marca es visible en un momento dado, ya que no es posible obtener la posición de la cámara virtual. Además, si se oculta alguna parte de la marca, el método de detección, tal y como hemos visto, no será capaz de identificar las 4 esquinas de la región y el método de identificación fallará.

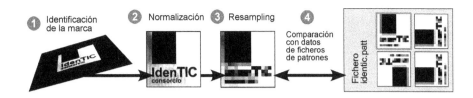

Figura 4.44: Pasos para la identificación de patrones.

Entre los factores que afectan a la detección de los patrones podemos destacar su tamaño, complejidad, orientación relativa a la cámara y condiciones de iluminación de la escena (ver Figura 4.45).

El **tamaño físico de la marca** afecta directamente a la facilidad de detección; a mayor tamaño de marca, mayor distancia puede ser cubierta. Por ejemplo, marcas de 7 cm de lado pueden ser detectadas hasta una distancia máxima de 40 cm (a una resolución de 640x480 píxeles). Si aumentamos el tamaño de la marca a 18cm, ésta será detectada hasta una distancia de 125cm.

Este rango de detección se ve también afectado por la **complejidad de la marca**. Los patrones simples (con grandes áreas de color blanco o negro) son detectados mejor.

La **orientación relativa** de la marca con respecto a la cámara afecta a la calidad de la detección. A mayor perpendicularidad entre el eje Z de la marca y el vector *look* de la cámara, la detección será peor.

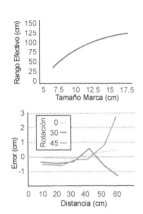

Figura 4.45: Arriba Relación entre el tamaño de la marca y el rango máximo de detección efectiva. **Abajo** Relación entre el error cometido, la distancia de detección, y el ángulo relativo entre la marca y la cámara.

Finalmente las **condiciones de iluminación** afectan enormemente a la detección de las marcas. El uso de materiales que no ofrezcan brillo especular, y que disminuyan el reflejo en las marcas mejoran notablemente la detección de las marcas.

4.20. Histórico de Percepciones

ARToolKit incorpora una función de tratamiento del histórico de percepciones para estabilizar el tracking. Este histórico se implementa en una función alternativa a `arGetTransMat` que, en realidad, utiliza únicamente la percepción anterior, llamada `arGetTransMatCont`.

Mediante el uso de esta función se elimina gran parte del efecto de registro *tembloroso* (ver Figura 4.46). En esta figura se muestran diferentes valores de la componente de la posición en X en 40 frames de captura. Lo interesante de esta figura no son los valores de estas posiciones (intencionadamente distintos), sino la *forma* de la trayectoria. Empleando el histórico, la trayectoria resultante es mucho más suave.

Histórico y precisión

La utilización del histórico suaviza la captura y consigue mayor estabilidad, aunque el resultado del tracking cuenta con menor precisión.

En el listado de esta sección se muestra un ejemplo de utilización de esta función de histórico. La función de *callback* de teclado (líneas `8-16`) permite activar el uso del histórico (mediante la tecla *h*).

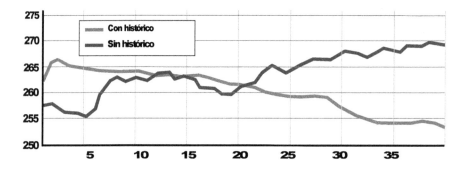

Figura 4.46: Comparativa de la trayectoria (en eje X) de 40 frames sosteniendo la marca manualmente activando el uso del histórico de percepciones. Se puede comprobar cómo la gráfica en el caso de activar el uso del histórico es mucho más suave.

Como el histórico requiere como parámetro la percepción anterior, no podrá utilizarse hasta que no dispongamos (al menos) de una percepción. Por esta razón, es necesario tener en cuenta este aspecto para llamar a la función de histórico `arGetTransMatCont` (cuando tengamos una percepción) o a la función sin histórico `arGetTransMat` la primera vez. Para esto, se utiliza otra variable llamada `useCont` (línea `4`), que nos indica si ya podemos utilizar la función con histórico o no. Esta variable de comportamiento booleano se tendrá que poner a *false* (valor 0) cuando no se detecte la marca (línea `65`).

Si el usuario activó el uso del histórico (y ya tenemos al menos una percepción previa de la marca, línea `53`), utilizamos la función con histórico `54`. En otro caso, llamaremos a la función de detección sin histórico `60` y activaremos su uso para la siguiente llamada `59`.

Listado 4.25: Uso del histórico de percepciones.

```
1  // ==== Definicion de constantes y variables globales =============
2  int      patt_id;          // Identificador unico de la marca
3  double patt_trans[3][4];    // Matriz de transformacion de la marca
4  int      useCont = 0;       // Inicialmente no puede usar historico!
5  int      contAct = 0;       // Indica si queremos usar el historico
6
7  // ======== keyboard ===============================================
8  static void keyboard(unsigned char key, int x, int y) {
9    switch (key) {
10   case 'H': case 'h':
11     if (contAct) {contAct = 0; printf("Historico Desactivado\n");}
12     else {contAct = 1; printf("Historico Activado\n");} break;
13   case 0x1B: case 'Q': case 'q':
14     cleanup(); exit(1); break;
15   }
16 }
17
18 // ======== mainLoop ===============================================
19 static void mainLoop(void) {
20   ARUint8 *dataPtr;
21   ARMarkerInfo *marker_info;
22   int marker_num, j, k;
23
24   double p_width    = 120.0;      // Ancho del patron (marca)
25   double p_center[2] = {0.0, 0.0}; // Centro del patron (marca)
26
27   // Capturamos un frame de la camara de video
28   if((dataPtr = (ARUint8 *)arVideoGetImage()) == NULL) {
29     // Si devuelve NULL es porque no hay un nuevo frame listo
30     arUtilSleep(2); return; // Dormimos el hilo 2ms y salimos
31   }
32   argDrawMode2D();
33   argDispImage(dataPtr, 0,0);    // Dibujamos lo que ve la camara
34
35   // Detectamos la marca en el frame capturado (return -1 si error)
36   if(arDetectMarker(dataPtr,100,&marker_info,&marker_num) < 0) {
37     cleanup(); exit(0);   // Si devolvio -1, salimos del programa!
38   }
39   arVideoCapNext();       // Frame pintado y analizado...
40
41   // Vemos donde detecta el patron con mayor fiabilidad
42   for(j = 0, k = -1; j < marker_num; j++) {
43     if(patt_id == marker_info[j].id) {
44       if (k == -1) k = j;
45       else if(marker_info[k].cf < marker_info[j].cf) k = j;
46     }
47   }
48
49   if(k != -1) {   // Si ha detectado el patron en algun sitio...
50     // Transformacion relativa entre marca y la camara real
51     if (useCont && contAct) {
52       arGetTransMatCont(&marker_info[k], patt_trans, p_center,
53             p_width, patt_trans);
54       printf ("Usando historico!!!\n");
55     }
56     else {
57       useCont = 1;  // En la siguiente iteracion lo podemos usar!
58       arGetTransMat(&marker_info[k],p_center,p_width,patt_trans);
59       printf ("Sin historico...\n");
60     }
61     draw();        // Dibujamos los objetos de la escena
62   } else {
63     useCont = 0; printf ("Reset Historico (fallo deteccion)\n");
64   }
65   argSwapBuffers(); // Cambiamos el buffer con lo dibujado
66 }
```

Figura 4.47: Asociación de diferentes modelos a varios patrones.

4.21. Utilización de varios patrones

En muchas ocasiones querremos trabajar con más de un patrón. Un ejemplo típico es asociar cada patrón con un objeto 3D, o utilizarlos (como veremos en la siguiente sección) como mecanismos de interacción para realizar otras operaciones.

ARToolKit no proporciona ningún mecanismo directo para trabajar con varios patrones, por lo que es responsabilidad del programador mantener alguna estructura para guardar las matrices asociadas a cada marca detectada. A continuación veremos un sencillo ejemplo que define un tipo de datos propio TObject para guardar este tipo de información.

Listado 4.26: Utilización de varios patrones.

```
 1  // ==== Definicion de estructuras =================================
 2  struct TObject{
 3    int id;                      // Identificador del patron
 4    int visible;                 // Es visible el objeto?
 5    double width;                // Ancho del patron
 6    double center[2];            // Centro del patron
 7    double patt_trans[3][4];     // Matriz asociada al patron
 8    void (* drawme)(void);       // Puntero a funcion drawme
 9  };
10
11  struct TObject *objects = NULL;
12  int nobjects = 0;
13
14  // ==== addObject (Anade objeto a la lista de objetos) ============
15  void addObject(char *p, double w, double c[2], void(*drawme)(void))
16  {
17    int pattid;
18
19    if((pattid=arLoadPatt(p)) < 0) print_error ("Error en patron\n");
20    nobjects++;
21    objects = (struct TObject *)
22      realloc(objects, sizeof(struct TObject)*nobjects);
23
24    objects[nobjects-1].id = pattid;
```

```
25    objects[nobjects-1].width = w;
26    objects[nobjects-1].center[0] = c[0];
27    objects[nobjects-1].center[1] = c[1];
28    objects[nobjects-1].drawme = drawme;
29  }
30  // ==== draw****** (Dibujado especifico de cada objeto) ==========
31  void drawteapot(void) {
32    GLfloat material[]   = {0.0, 0.0, 1.0, 1.0};
33    glMaterialfv(GL_FRONT, GL_AMBIENT, material);
34    glTranslatef(0.0, 0.0, 60.0);
35    glRotatef(90.0, 1.0, 0.0, 0.0);
36    glutSolidTeapot(80.0);
37  }
38
39  void drawcube(void) {
40    GLfloat material[]   = {1.0, 0.0, 0.0, 1.0};
41    glMaterialfv(GL_FRONT, GL_AMBIENT, material);
42    glTranslatef(0.0, 0.0, 40.0);
43    glutSolidCube(80.0);
44  }
45
46  // ======== cleanup ===============================================
47  static void cleanup(void) {   // Libera recursos al salir ...
48    arVideoCapStop();  arVideoClose();  argCleanup();
49    free(objects);  // Liberamos la memoria de la lista de objetos!
50    exit(0);
51  }
52
53  // ======== draw ==================================================
54  void draw( void ) {
55    double  gl_para[16];   // Esta matriz 4x4 es la usada por OpenGL
56    GLfloat light_position[]  = {100.0,-200.0,200.0,0.0};
57    int i;
58
59    argDrawMode3D();              // Cambiamos el contexto a 3D
60    argDraw3dCamera(0, 0);        // Y la vista de la camara a 3D
61    glClear(GL_DEPTH_BUFFER_BIT); // Limpiamos buffer de profundidad
62    glEnable(GL_DEPTH_TEST);
63    glDepthFunc(GL_LEQUAL);
64
65    for (i=0; i<nobjects; i++) {
66      if (objects[i].visible) {   // Si el objeto es visible
67        argConvGlpara(objects[i].patt_trans, gl_para);
68        glMatrixMode(GL_MODELVIEW);
69        glLoadMatrixd(gl_para);   // Cargamos su matriz de transf.
70
71        // La parte de iluminacion podria ser especifica de cada
72        // objeto, aunque en este ejemplo es general para todos.
73        glEnable(GL_LIGHTING);  glEnable(GL_LIGHT0);
74        glLightfv(GL_LIGHT0, GL_POSITION, light_position);
75        objects[i].drawme();      // Llamamos a su funcion de dibujar
76      }
77    }
78    glDisable(GL_DEPTH_TEST);
79  }
80
81  // ======== init =================================================
82  static void init( void ) {
83    ARParam  wparam, cparam;   // Parametros intrinsecos de la camara
84    int xsize, ysize;          // Tamano del video de camara (pixels)
85    double c[2] = {0.0, 0.0};  // Centro de patron (por defecto)
86
87    // Abrimos dispositivo de video
88    if(arVideoOpen("") < 0) exit(0);
89    if(arVideoInqSize(&xsize, &ysize) < 0) exit(0);
90
91    // Cargamos los parametros intrinsecos de la camara
92    if(arParamLoad("data/camera_para.dat", 1, &wparam) < 0)
93      print_error ("Error en carga de parametros de camara\n");
```

```
94
95    arParamChangeSize(&wparam, xsize, ysize, &cparam);
96    arInitCparam(&cparam);    // Inicializamos la camara con çparam"
97
98    // Inicializamos la lista de objetos
99    addObject("data/simple.patt", 120.0, c, drawteapot);
100   addObject("data/identic.patt", 90.0, c, drawcube);
101
102   argInit(&cparam, 1.0, 0, 0, 0, 0);    // Abrimos la ventana
103 }
104
105 // ======== mainLoop =================================================
106 static void mainLoop(void) {
107   ARUint8 *dataPtr;
108   ARMarkerInfo *marker_info;
109   int marker_num, i, j, k;
110
111   // Capturamos un frame de la camara de video
112   if((dataPtr = (ARUint8 *)arVideoGetImage()) == NULL) {
113     // Si devuelve NULL es porque no hay un nuevo frame listo
114     arUtilSleep(2);  return;  // Dormimos el hilo 2ms y salimos
115   }
116
117   argDrawMode2D();
118   argDispImage(dataPtr, 0,0);    // Dibujamos lo que ve la camara
119
120   // Detectamos la marca en el frame capturado (ret -1 si error)
121   if(arDetectMarker(dataPtr, 100, &marker_info, &marker_num) < 0){
122     cleanup(); exit(0);   // Si devolvio -1, salimos del programa!
123   }
124
125   arVideoCapNext();       // Frame pintado y analizado...
126
127   // Vemos donde detecta el patron con mayor fiabilidad
128   for (i=0; i<nobjects; i++) {
129     for(j = 0, k = -1; j < marker_num; j++) {
130       if(objects[i].id == marker_info[j].id) {
131         if (k == -1) k = j;
132         else if(marker_info[k].cf < marker_info[j].cf) k = j;
133       }
134     }
135
136     if(k != -1) {  // Si ha detectado el patron en algun sitio...
137       objects[i].visible = 1;
138       arGetTransMat(&marker_info[k], objects[i].center,
139             objects[i].width, objects[i].patt_trans);
140     } else { objects[i].visible = 0; }  // El objeto no es visible
141   }
142
143   draw();          // Dibujamos los objetos de la escena
144   argSwapBuffers(); // Cambiamos el buffer
145 }
```

La estructura de datos base del ejemplo es TObject, definida en las líneas (2-9). En esta estructura, el último campo drawme es un puntero a función, que deberá ser asignado a alguna función que no reciba ni devuelva argumentos, y que se encargará de dibujar el objeto.

Mantendremos en objects (línea (11)) una lista de objetos reconocibles en la escena. La memoria para cada objeto de la lista se reservará en la función addObject (líneas (15-29)) mediante una llamada a realloc en (21-22). Esta memoria será liberada cuando finalice el programa en cleanup (línea (49)).

De este modo, en la función de inicialización init, se llama a nuestra función addObject para cada objeto que deba ser reconocido, pasándole la ruta al fichero del patrón, el ancho, centro y el nombre de la función de dibujado asociada a esa marca (líneas 99-100). En este ejemplo se han definido dos sencillas funciones de dibujado de una tetera 31-37 y un cubo 39-44. En el caso de que una marca no tenga asociado el dibujado de un objeto (como veremos en los ejemplos de la sección 4.22), simplemente podemos pasar NULL.

En el bucle principal se han incluido pocos cambios respecto de los ejemplos anteriores. Únicamente en las líneas de código donde se realiza la comprobación de las marcas detectadas 129-142, se utiliza la lista de objetos global y se realiza la comparación con cada marca. Así, el bucle for externo se encarga de recorrer todos los objetos que pueden ser reconocidos por el programa 129, y se compara el factor de confianza de cada objeto con el que está siendo estudiado 133. A continuación se obtiene la matriz de transformación asociada al objeto en 139-140.

La función de dibujado (llamada en 144 y definida en 54-79) utiliza igualmente la información de la lista de objetos. Para cada objeto visible 65-66 se carga su matriz de transformación 67-69 y se llama a su función propia de dibujado 75.

 Orientación a Objetos. Estos ejemplos están realizados en C intentando crear ejemplos de código mínimos. En la integración con Ogre sería conveniente crear objetos para el tracking y despliegue con la información necesaria.

4.22. Relación entre Coordenadas

Como hemos visto en los ejemplos de los capítulos anteriores, ARToolKit calcula la posición de la marca en coordenadas de la cámara.

Puede entenderse como un posicionamiento de la cámara en una posición del espacio (correspondiente a la distancia y rotación relativa entre la marca y la cámara real), conservando el origen del mundo en el centro de la marca. Esta *idea* es únicamente una ayuda para entender el posicionamiento real, ya que internamente es una transformación que se realiza en la pila *ModelView*, siendo equivalente mover la cámara y mantener el objeto (la marca) estática o a la inversa.

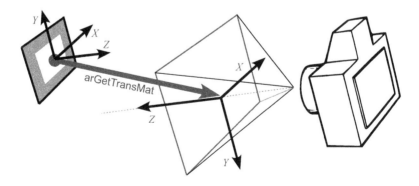

Figura 4.48: Relación entre el sistema de coordendas de la marca y el sistema de coordenadas de la cámara.

De este modo, como se representa en la Figura 4.48, la llamada a `arGetTransMat` nos posiciona la cámara en relación a la marca. Es como si aplicáramos la transformación marcada por la flecha de color rojo, con origen del sistema de referencia en la marca.

De hecho, si en el ejemplo del *Hola Mundo* imprimimos la columna de más a la derecha de la matriz de transformación de la marca, podemos comprobar cómo si movemos la marca hacia arriba (en dirección a su eje Y), el valor de posición en ese Y decrecerá (debido a que el sentido está invertido respecto de la cámara). De forma análoga ocurrirá con el eje Z. Por el contrario, si desplazamos la marca hacia la derecha, el eje X de la matriz crecerá, debido a que ambos sistemas de coordenadas emplean el mismo convenio (ver Figura 4.48).

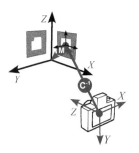

Figura 4.49: Salida del ejemplo de cálculo de distancias entre marcas. La intensidad de la componente roja del color varía en función de la distancia entre marcas.

Continuaremos trabajando con la idea mucho más intuitiva de considerar que la marca es estática y que lo que se desplaza es la cámara (aunque, como veremos, la marca puede en realidad desplazarse y la idea de considerar que la cámara es la móvil seguirá siendo útil).

Veamos a continuación un ejemplo que trabajará con las relaciones entre la cámara y la marca. Tener claras estas transformaciones nos permitirá cambiar entre sistemas de coordenadas y trabajar con las relaciones espaciales entre las marcas que no son más que transformaciones entre diferentes sistemas de coordenadas. En este programa queremos variar la intensidad de color rojo de la tetera según la distancia de una marca auxiliar (ver Figura 4.49).

El problema nos pide calcular la distancia entre dos marcas. ARToolKit, mediante la llamada a la función `arGetTransMat` nos devuelve la transformación relativa entre la marca y la cámara. Para cada marca podemos obtener la matriz de transformación *relativa* hacia la cámara. Podemos verlo como la transformación que nos posiciona la cámara en el lugar adecuado para que, dibujando los objetos en el origen del SRU, se muestren de forma

Figura 4.50: Esquema de posicionamiento global utilizando transformaciones inversas.

correcta. ¿Cómo calculamos entonces la distancia entre ambas marcas?

En el diagrama de la Figura 4.51 se resume el proceso. Con la llamada a `arGetTransMat` obtenemos una transformación relativa al sistema de coordenadas de cada cámara (que, en el caso de una única marca, podemos verlo como si fuera el origen del *SRU* donde dibujaremos los objetos). En este caso, tenemos las flechas que parten de la marca y posicionan relativamente la cámara señaladas con A y B.

Coordenadas Marca: Como vimos en el capítulo de OpenGL del módulo 2, el sistema de coordenadas de la marca sigue el mismo convenio que OpenGL (ver Figura 4.48), por lo que si utilizamos la idea intuitiva de que el origen del SRU está en la marca, podemos posicionar fácilmente los objetos con OpenGL, ya que las transformaciones se aplican siguiendo la misma notación.

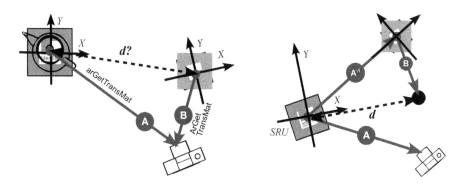

Figura 4.51: Utilización de la transformación inversa a la marca de Identic A^{-1} para calcular la distancia entre marcas. Primero *cargamos* la matriz asociada a la marca de marca de Identic, (estableciendo implícitamente el origen del SRU ahí) y de ahí aplicamos la transformación inversa A^{-1}. A continuación aplicamos la matriz B asociada a la segunda marca. La distancia al origen del SRU es la distancia entre marcas.

Podemos calcular la transformación entre marcas empleando la inversa de una transformación, que equivaldría a *viajar* en sentido contrario. Podemos imaginar realizar la transformación contraria; partiendo del origen del *SRU*, viajamos hasta la marca de Identic (aplicando A^{-1}, y de ahí aplicamos la transformación B (la que nos posicionaría desde la segunda marca hasta la cámara). Así, llegamos al punto final (señalado con el círculo de color negro en la Figura 4.51.derecha). Su distancia al origen del *SRU* será la distancia entre marcas.

La codificación de esta operación es directa. En la línea �33 del listado anterior, si ambos objetos son visibles �32 se calcula la inversa de la transformación a la marca de Identic (que está en la posición 0 de la lista de objetos). Esta nueva matriz m se multiplica a continuación con la matriz de transformación de la segunda marca �34.

Listado 4.27: Ejemplo de cálculo de distancias entre marcas.

```
1  // ======== drawteapot =====================================
2  void drawteapot(void) {
3    GLfloat material[]     = {0.0, 0.0, 0.0, 1.0};
4    float value = 0.0;              // Intensidad del gris a dibujar
5
6    // La intensidad se asigna en funcion de la distancia "dist01"
7    // dist01 es la distancia entre objeto 1 y 2 (global)
8    // Mapear valor intensidad linealmente entre 160 y 320 ->(1..0)
9    value = (320 - dist01) / 160.0;
10   if (value < 0) value = 0;  if (value > 1) value = 1;
11   material[0] = value;
12
13   glMaterialfv(GL_FRONT, GL_AMBIENT, material);
14   glTranslatef(0.0, 0.0, 60.0);
15   glRotatef(90.0, 1.0, 0.0, 0.0);
16   glutSolidTeapot(80.0);
17 }
18
19 // ======== draw ============================================
20 void draw( void ) {
21   double gl_para[16];    // Esta matriz 4x4 es la usada por OpenGL
22   GLfloat light_position[] = {100.0,-200.0,200.0,0.0};
23   double m[3][4], m2[3][4];
24   int i;
25
26   argDrawMode3D();                 // Cambiamos el contexto a 3D
27   argDraw3dCamera(0, 0);           // Y la vista de la camara a 3D
```

```
28    glClear(GL_DEPTH_BUFFER_BIT); // Limpiamos buffer de profundidad
29    glEnable(GL_DEPTH_TEST);
30    glDepthFunc(GL_LEQUAL);
31
32    if (objects[0].visible && objects[1].visible) {
33      arUtilMatInv(objects[0].patt_trans, m);
34      arUtilMatMul(m, objects[1].patt_trans, m2);
35      dist01 = sqrt(pow(m2[0][3],2)+pow(m2[1][3],2)+pow(m2[2][3],2));
36      printf ("Distancia objects[0] y objects[1]= %G\n", dist01);
37    }
38
39    for (i=0; i<nobjects; i++) {
40      if ((objects[i].visible) && (objects[i].drawme != NULL)) {
41        argConvGlpara(objects[i].patt_trans, gl_para);
42        glMatrixMode(GL_MODELVIEW);
43        glLoadMatrixd(gl_para);    // Cargamos su matriz de transf.
44
45        glEnable(GL_LIGHTING);  glEnable(GL_LIGHT0);
46        glLightfv(GL_LIGHT0, GL_POSITION, light_position);
47        objects[i].drawme();       // Llamamos a su funcion de dibujar
48      }
49    }
50    glDisable(GL_DEPTH_TEST);
51  }
52
53  // ======== init =============================================
54  static void init( void ) {
55    // La parte inicial de init es igual que en ejemplos anteriores
56
57    // Inicializamos la lista de objetos
58    addObject("data/identic.patt", 120.0, c, drawteapot);
59    addObject("data/simple.patt", 90.0, c, NULL);
60
61    argInit(&cparam, 1.0, 0, 0, 0, 0);   // Abrimos la ventana
62  }
```

Recordemos que la última columna de las matrices netas de transformación codifican la traslación. De este modo, basta con calcular el módulo del vector que une el punto trasladado con el origen para calcular la distancia, que se guarda en la variable global dist01 ⟨35⟩ (distancia entre los objetos 0 y 1). Para cambiar el color de la tetera en función de esta distancia usamos una función lineal que asigna el nivel de rojo (entre 0 y 1) según la distancia en las líneas ⟨9-11⟩ (si $d \leq 16cm, r = 1$, si $d > 32cm, r = 0$, y linealmente los intermedios).

 Posicionamiento Global: El uso de transformaciones inversas nos permiten obtener coordenadas de posicionamiento global, como se muestra en la Figura 4.50. En ese ejemplo, bastará con conocer la matriz de transformación entre la marca y el origen del SRU (expresada como M), para obtener el posicionamiento global de la cámara respecto del SRU, multiplicando la inversa de la transformación relativa de la marca C^{-1} con la matriz M.

4.23. Integración con OpenCV y Ogre

En esta sección estudiaremos primero cómo realizar una captura de vídeo y despliegue en el fondo de una ventana de Ogre para, posteriormente, convertir el tipo de datos relativos a un *Frame* en OpenCV para ser utilizados en ARToolKit (ver Figura 4.52).

Figura 4.52: Ejemplo de integración que se describirá en esta sección.

La clase *VideoManager* se encarga de la gestión de las fuentes de vídeo. Podrían instanciarse tantos objetos de esta clase como fueran necesarios, pero habría que modificar la implementación de la llamada a *createBackground* y a *DrawCurrentFrame*. El *Video-Manager* abstrae a la aplicación de Ogre del uso de OpenCV. Únicamente el *VideoManager* conoce los dispositivos de captura (línea ⟨10⟩ del archivo de cabecera). El puntero al *sceneManager* de Ogre es necesario como veremos más adelante para la creación y actualización del plano que utilizaremos para desplegar la salida del dispositivo de vídeo en la escena.

El *VideoManager* trabaja internamente con dos tipos de datos para la representación de los *frames* (ver líneas ⟨11-12⟩), que pueden ser convertidos entre sí fácilmente. El IplImage ha sido descrito anteriormente en la sección. cv::Mat es una extensión para trabajar con matrices de cualquier tamaño y tipo en C++, que permiten acceder cómodamente a los datos de la imagen. De este modo, cuando se capture un frame, el *VideoManager* actualizará los punteros anteriores de manera inmediata.

Listado 4.28: VideoManager.h

```
1  #include <Ogre.h>
2  #include <iostream>
3  #include "cv.h"
4  #include "highgui.h"
5
6  class VideoManager {
7  private:
8    void createBackground(int cols, int rows);
9    void ReleaseCapture();
10   CvCapture* _capture;
11   IplImage* _frameIpl;
12   cv::Mat* _frameMat;
13   Ogre::SceneManager* _sceneManager;
14
15  public:
16   VideoManager(int device, int w, int h,
17                Ogre::SceneManager* sm);
18   ~VideoManager();
19   void UpdateFrame();
20   IplImage* getCurrentFrameIpl();
21   cv::Mat* getCurrentFrameMat();
22   void DrawCurrentFrame();
23  };
```

El constructor de la clase (líneas (4-8) del siguiente listado) se encarga de obtener el dispositivo de captura e inicializarlo con las dimensiones especificadas como parámetro al constructor. Esto es necesario, ya que las cámaras generalmente permiten trabajar con varias resoluciones. En el destructor se libera el dispositivo de captura creado por OpenCV (línea (12)).

Listado 4.29: VideoManager.cpp

```
1  #include "VideoManager.h"
2  VideoManager::VideoManager(int device, int w, int h,
3                Ogre::SceneManager* sm){
4    _sceneManager = sm;
5    _capture = cvCreateCameraCapture(device);
6    cvSetCaptureProperty(_capture, CV_CAP_PROP_FRAME_WIDTH, w);
7    cvSetCaptureProperty(_capture, CV_CAP_PROP_FRAME_HEIGHT, h);
8    createBackground (w, h); _frameIpl = NULL; _frameMat = NULL;
9  }
10
11 VideoManager::~VideoManager(){
12   cvReleaseCapture(&_capture); delete _frameIpl; delete _frameMat;
13 }
14 // ================================================================
15 // createBackground: Crea el plano sobre el que dibuja el video
16 void VideoManager::createBackground(int cols, int rows){
17   Ogre::TexturePtr texture=Ogre::TextureManager::getSingleton().
18     createManual("BackgroundTex", // Nombre de la textura
19     Ogre::ResourceGroupManager::DEFAULT_RESOURCE_GROUP_NAME,
20     Ogre::TEX_TYPE_2D,   // Tipo de la textura
21     cols, rows, 0,        // Filas, columas y Numero de Mipmaps
22     Ogre::PF_BYTE_BGRA,
23     Ogre::HardwareBuffer::HBU_DYNAMIC_WRITE_ONLY_DISCARDABLE);
24
25   Ogre::MaterialPtr mat = Ogre::MaterialManager::getSingleton().
26     create("Background",
27         Ogre::ResourceGroupManager::DEFAULT_RESOURCE_GROUP_NAME);
28   mat->getTechnique(0)->getPass(0)->createTextureUnitState();
29   mat->getTechnique(0)->getPass(0)->setDepthCheckEnabled(false);
30   mat->getTechnique(0)->getPass(0)->setDepthWriteEnabled(false);
31   mat->getTechnique(0)->getPass(0)->setLightingEnabled(false);
32   mat->getTechnique(0)->getPass(0)->getTextureUnitState(0)->
```

```
33     setTextureName("BackgroundTex");
34
35     // Creamos un rectangulo que cubra toda la pantalla
36     Ogre::Rectangle2D* rect = new Ogre::Rectangle2D(true);
37     rect->setCorners(-1.0, 1.0, 1.0, -1.0);
38     rect->setMaterial("Background");
39
40     // Dibujamos el background antes que nada
41     rect->setRenderQueueGroup(Ogre::RENDER_QUEUE_BACKGROUND);
42
43     Ogre::SceneNode* node = _sceneManager->getRootSceneNode()->
44        createChildSceneNode("BackgroundNode");
45     node->attachObject(rect);
46  }
47  // ================================================================
48  // UpdateFrame: Actualiza los punteros de frame Ipl y frame Mat
49  void VideoManager::UpdateFrame(){
50     _frameIpl = cvQueryFrame(_capture);
51     _frameMat = new cv::Mat(_frameIpl);
52  }
53  // = IplImage* getCurrentFrameIpl ================================
54  IplImage* VideoManager::getCurrentFrameIpl(){ return _frameIpl; }
55  // = IplImage* getCurrentFrameMat ================================
56  cv::Mat* VideoManager::getCurrentFrameMat(){  return _frameMat; }
57  // ================================================================
58  // DrawCurrentFrame: Despliega el ultimo frame actualizado
59  void VideoManager::DrawCurrentFrame(){
60     if(_frameMat->rows==0) return;
61     Ogre::TexturePtr tex = Ogre::TextureManager::getSingleton().
62        getByName("BackgroundTex",
63        Ogre::ResourceGroupManager::DEFAULT_RESOURCE_GROUP_NAME);
64     Ogre::HardwarePixelBufferSharedPtr pBuffer = tex->getBuffer();
65
66     pBuffer->lock(Ogre::HardwareBuffer::HBL_DISCARD);
67     const Ogre::PixelBox& pixelBox = pBuffer->getCurrentLock();
68
69     Ogre::uint8* pDest = static_cast<Ogre::uint8*>(pixelBox.data);
70     for(int j=0;j<_frameMat->rows;j++) {
71       for(int i=0;i<_frameMat->cols;i++) {
72         int idx = ((j) * pixelBox.rowPitch + i )*4;
73         pDest[idx] = _frameMat->data[(j*_frameMat->cols+i)*3];
74         pDest[idx+1] = _frameMat->data[(j*_frameMat->cols+i)*3+1];
75         pDest[idx+2] = _frameMat->data[(j*_frameMat->cols+i)*3+2];
76         pDest[idx+3] = 255;
77       }
78     }
79     pBuffer->unlock();
80     Ogre::Rectangle2D* rect = static_cast<Ogre::Rectangle2D*>
81        (_sceneManager->getSceneNode("BackgroundNode")->
82           getAttachedObject(0));
83  }
```

El método *createBackground* se encarga de crear un plano sobre el que se actualizará el vídeo obtenido de la cámara. Además de las propiedades relativas a desactivar el uso del *depthbuffer* o la iluminación (líneas 29-31), es importante indicar que el buffer asociado a ese material va a ser actualizado muy frecuentemente, mediante la constante de uso del buffer definida en la línea 23). Posteriormente crearemos un rectángulo 2D (coordenadas paramétricas en la línea 37), que añadiremos al grupo que se dibujará primero (línea 41). Finalmente se añade el nodo, con el plano y la textura, a la escena (líneas 43-45) empleando el puntero al *SceneManager* indicado en el constructor.

La actualización de la textura asociada al plano se realiza en el método *DrawCurrent-Frame*, que se encarga de acceder a nivel de píxel y copiar el valor de la imagen obtenida por la webcam. Para ello se obtiene un puntero compartido al *pixel buffer* (línea ⎡64⎤), y obtiene el uso de la memoria con exclusión mutua (línea ⎡67⎤). Esa región será posteriormente liberada en la línea ⎡79⎤. La actualización de la región se realiza recorriendo el frame en los bucles de las líneas ⎡70-77⎤, y especificando el color de cada píxel en valores RGBA (formato de orden de componentes configurado en línea ⎡22⎤).

El frame obtenido será utilizado igualmente por ARToolKit para detectar las marcas y proporcionar la transformación relativa. Igualmente se ha definido una clase para abstraer del uso de ARToolKit a la aplicación de Ogre. El archivo de cabecera del *ARTKDetector* se muestra a continuación.

Listado 4.30: ARTKDetector.h

```
1  #include <AR/ar.h>
2  #include <AR/gsub.h>
3  #include <AR/param.h>
4  #include <Ogre.h>
5  #include <iostream>
6  #include "cv.h"
7
8  class ARTKDetector {
9   private:
10    ARMarkerInfo *_markerInfo;
11    int _markerNum;
12    int _thres;
13    int _pattId;
14    int _width; int _height;
15    double _pattTrans[3][4];
16    bool _detected;
17
18    int readConfiguration();
19    int readPatterns();
20    void Gl2Mat(double *gl, Ogre::Matrix4 &mat);
21
22   public:
23    ARTKDetector(int w, int h, int thres);
24    ~ARTKDetector();
25    bool detectMark(cv::Mat* frame);
26    void getPosRot(Ogre::Vector3 &pos, Ogre::Vector3 &look,
27           Ogre::Vector3 &up);
28  };
```

En este sencillo ejemplo únicamente se han creado dos clases para la detección de la marca *detectMark*, y para obtener los vectores de posicionamiento de la cámara en función de la última marca detectada (*getPosRot*).

¡Complétame! Sería conveniente añadir nuevos métodos a la clase ARTKDetector, que utilice una clase que encapsule los marcadores con su ancho, alto, identificador de patrón, etc...

Listado 4.31: ARTKDetector.cpp

```
1  #include "ARTKDetector.h"
2
3  ARTKDetector::ARTKDetector(int w, int h, int thres){
4    _markerNum=0;  _markerInfo=NULL;  _thres = thres;
5    _width = w;    _height = h;    _detected = false;
6    readConfiguration();
7    readPatterns();
```

```
 8  }
 9  ARTKDetector::~ARTKDetector(){ argCleanup(); }
10  // ================================================================
11  // readPatterns: Carga la definicion de patrones
12  int ARTKDetector::readPatterns(){
13    if((_pattId=arLoadPatt("data/simple.patt")) < 0) return -1;
14    return 0;
15  }
16  // ================================================================
17  // readConfiguration: Carga archivos de configuracion de camara...
18  int ARTKDetector::readConfiguration(){
19    ARParam  wparam, cparam;
20    // Cargamos los parametros intrinsecos de la camara
21    if(arParamLoad("data/camera_para.dat",1, &wparam) < 0) return -1;
22
23    arParamChangeSize(&wparam, _width, _height, &cparam);
24    arInitCparam(&cparam);   // Inicializamos la camara con çparam"
25    return 0;
26  }
27  // ================================================================
28  // detectMark (FIXME): Ojo solo soporta una marca de tamano fijo!
29  bool ARTKDetector::detectMark(cv::Mat* frame) {
30    int j, k;
31    double p_width    = 120.0;       // Ancho de marca... FIJO!
32    double p_center[2] = {0.0, 0.0};   // Centro de marca.. FIJO!
33
34    _detected = false;
35    if(frame->rows==0) return _detected;
36    if(arDetectMarker(frame->data, _thres,
37                      &_markerInfo, &_markerNum) < 0){
38      return _detected;
39    }
40    for(j=0, k=-1; j < _markerNum; j++) {
41      if(_pattId == _markerInfo[j].id) {
42        if (k == -1) k = j;
43        else if(_markerInfo[k].cf < _markerInfo[j].cf) k = j;
44      }
45    }
46    if(k != -1) {   // Si ha detectado el patron en algun sitio...
47      arGetTransMat(&_markerInfo[k], p_center, p_width, _pattTrans);
48      _detected = true;
49    }
50    return _detected;
51  }
52  // ================================================================
53  // Gl2Mat: Utilidad para convertir entre matriz OpenGL y Matrix4
54  void ARTKDetector::Gl2Mat(double *gl, Ogre::Matrix4 &mat){
55    for(int i=0;i<4;i++) for(int j=0;j<4;j++) mat[i][j]=gl[i*4+j];
56  }
57  // ================================================================
58  // getPosRot: Obtiene posicion y rotacion para la camara
59  void ARTKDetector::getPosRot(Ogre::Vector3 &pos,
60                     Ogre::Vector3 &look, Ogre::Vector3 &up){
61    if (!_detected) return;
62
63    double glAuxd[16]; Ogre::Matrix4 m;
64    argConvGlpara(_pattTrans,glAuxd);
65    Gl2Mat(glAuxd, m);    // Convertir a Matrix4 de Ogre
66
67    m[0][1]*=-1; m[1][1]*=-1;  m[2][1]*=-1; m[3][1]*=-1;
68    m = m.inverse();
69    m = m.concatenate(Ogre::Matrix4(
70        Ogre::Quaternion(Ogre::Degree(90), Ogre::Vector3::UNIT_X)));
71    pos  = Ogre::Vector3 (m[3][0],       m[3][1],       m[3][2]);
72    look = Ogre::Vector3 (m[2][0]+m[3][0], m[2][1]+m[3][1],
73                                          m[2][2]+m[3][2]);
74    up   = Ogre::Vector3 (m[1][0],       m[1][1],       m[1][2]);
75  }
```

Esta clase está preparada para trabajar con una única marca (cargada en el método privado *readPatterns*), con sus variables asociadas definidas como miembros de la clase ARTKDetector (líneas 11-16). El siguiente listado implementa el *ARTKDetector*.

El método *getPosRot* es el único que vamos a comentar (el resto son una traducción directa de la funcionalidad estudiada anteriormente). En la línea 65 se utiliza un método de la clase para transformar la matriz de OpenGL a una *Matrix4* de Ogre. Ambas matrices son matrices columna!, por lo que habrá que tener cuidado a la hora de trabajar con ellas (el campo de traslación viene definido en la fila inferior, y no en la columna de la derecha como es el *convenio habitual*).

Las operaciones de la línea 67 sirven para invertir el eje Y de toda la matriz, para cambiar el criterio del sistema de ejes de *mano izquierda* a *mano derecha* (Ogre). Invertimos la matriz y aplicamos una rotación de 90 grados en X para tener el mismo sistema con el que hemos trabajado en sesiones anteriores del curso.

Finalmente calculamos los vectores de *pos*, *look* y *up* (líneas 71-74) que utilizaremos en el bucle de dibujado de Ogre.

El uso de estas clases de utilidad es directa desde el FrameListener. Será necesario crear dos variables miembro del *VideoManager* y *ARTKDetector* (líneas 7-8). En el método *frameStarted* bastará con llamar a la actualización del frame (líneas 15-16). La detección de la marca se realiza pasándole el puntero de tipo Mat del *VideoManager* al método *detectMark* del *Detector*.

Listado 4.32: MyFrameListener.cpp

```
1  #include "MyFrameListener.h"
2
3  MyFrameListener::MyFrameListener(Ogre::RenderWindow* win,
4                Ogre::Camera* cam, Ogre::SceneNode *node,
5                Ogre::OverlayManager *om, Ogre::SceneManager *sm) {
6    // Omitido el resto del codigo...
7    _videoManager = new VideoManager(1, 640, 480, _sceneManager);
8    _arDetector = new ARTKDetector(640, 480, 100);
9  }
10
11 bool MyFrameListener::frameStarted(const Ogre::FrameEvent& evt) {
12   // Omitido el resto del codigo...
13   Ogre::Vector3 pos;  Ogre::Vector3 look;   Ogre::Vector3 up;
14
15   _videoManager->UpdateFrame();
16   _videoManager->DrawCurrentFrame();
17   if (_arDetector->detectMark(_videoManager->getCurrentFrameMat())){
18     _arDetector->getPosRot(pos, look, up);
19     _camera->setPosition(pos);
20     _camera->lookAt(look);
21     _camera->setFixedYawAxis(true, up);
22   }
23 }
```

4.24.   Consideraciones Finales

Como no podía ser de otra forma, se han quedado muchas cosas en el tintero relativas al uso de ARToolKit, como el uso de patrones multimarca, o el trabajo exhaustivo con cambios entre sistemas de coordenadas. Se recomienda como ejercicio ampliar la funcionalidad de la clase *ARTKDetector* para que soporte el uso del histórico de percepciones y la carga de múltiples marcas.

ANEXOS

Anexo **A**

Vault Defense al detalle

David Frutos Talavera

En este anexo se explicarán ciertos detalles del juego Vault Defense. Detalles de su GUI (Graphical User Interface), interfaz que usa CEGUI y con el cual, se han creado unos botones propios, una pantalla de carga y un efecto de cámara manchada de sangre, también se explicará al detalle el efecto de parpadeo de las luces, usado para darles un aspecto de luz de antorcha, y por último los enemigos, unos agentes de estado que implementan ciertos comportamientos.

Pero antes de explicar dichos detalles del juego, vamos a explicar cómo configurar Visual C++ 2010 Express [1] para poder compilar nuestros juegos con OGRE + CEGUI para la plataforma Windows.

A.1. Configuración en Visual 2010 Express

Este apartado es un "tutorial"paso a paso de cómo configurar bien un proyecto de Visual C++ para poder compilar nuestros juegos. Hay cosas que se dan por entendidas y otras que, aunque puedan parecer muy sencillas, se explicarán para no dejar ningún cabo suelto. Antes de nada lo primero es bajarse la versión correcta de CEGUI y OGRE, en el momento de escribir este apartado la versión de OGRE era la **1.8.1** y la **0.7.9** de CEGUI.

En la sección de "Downloads" de la Web de CEGUI [2] encontraremos la versión 0.7.9, de dicho apartado necesitamos descargar el código para Windows y las dependencias para MSVC++ 2010. Los descomprimimos donde queramos, eso sí, las **dependencias** para MSVC++ se tienen que colocar dentro de la carpeta de CEGUI-0.7.9.

Para OGRE solo necesitaremos descargar el SDK de OGRE[3]. En concreto, esta versión .ºGRE 1.8.1 SDK for Visual C++ .Net 2010 (32-bit)". Como ya ocurría con CEGUI este archivo se puede descomprimir donde queramos.

---

[1] 'http://www.microsoft.com/visualstudio/eng/downloads"

[2] 'http://www.cegui.org.uk/wiki/index.php/Downloads

[3] 'http://www.ogre3d.org/download/sdk

Después de esto se pueden configurar ciertos path en Windows, incluso buscar algún template para Visual C++, pero es mejor aprender cómo se configura bien un proyecto, y qué mejor manera de aprender que compilar las bibliotecas de CEGUI.

A.1.1.   Compilando CEGUI en Windows

Para este paso iremos a la carpeta CEGUI-0.7.9/projects/premake. En dicha carpeta nos toca preparar el archivo .bat que vamos a ejecutar. Antes de nada, abriremos el archivo config.lua y buscaremos por la linea [119] esta sección:

```
- - - - - - - - - - -

-- Renderers

-- this controls which renderer modules are built
```

En este apartado del archivo podemos configurar qué proyectos queremos crear para Visual C++. Para ello, pondremos a **true** la variable OGRE_RENDERER . Con esto, el archivo estará bien configurado para nuestras necesidades, y aunque se puede configurar mejor para que ponga las rutas bien desde el principio es mejor aprender dónde se configura el proyecto en el programa. Ahora ejecutaremos el archivo *build_vs2008.bat* , aunque es un proyecto de 2008 se podrá cargar con Visual C++ 2010, se generará un archivo *CE-GUI.sln*, dicho archivo será abierto con el Visual C++. cuando lo abramos, aceptaremos la conversión del proyecto sin tocar las opciones y ya podremos pasar a configurar las rutas.

Con el proyecto ya cargado y con la conversión ya realizada podemos pasar a configurar las rutas. Lo primero es saber que Visual C++ mantiene 2 tipos de configuraciones: una para modo debug y otra para modo Release, se pueden configurar muchas más, pero no será necesario. Comprobamos si están bien las rutas, que tienen que estarlo en el proyecto **CEGUIBase**, pulsaremos botón derecho/propiedades sobre el proyecto, en el explorador de soluciones y nos saldrá una ventana de configuración (ver figura A.1), o con el proyecto seleccionado Alt + Enter. Observamos que esta activo el modo Release, también hará falta comprobar las rutas para el modo Debug. Esto es lo que veremos:

1. Apartado C/C++ / general (Figura A.2). En dicho apartado se configuran los **"includes"** del proyecto, podemos observar que en CEGUIBase se añaden ../../.. /cegui/include; y, por otra parte, ../../../dependencies/incluye; por eso es necesario colocar la carpeta "dependencias" en la carpeta de CEGUI.

2. Vinculador / General (Figura A.3). Aquí es donde diremos dónde están nuestras **bibliotecas** (las carpetas Lib).

3. Vinculador / Entrada (Figura A.4). En este apartado se colocan los nombre de las bibliotecas adicionales, es decir, las bibliotecas que estén en las rutas añadidas en general y que vayamos a usar.

Ahora lo siguiente es comprobar que **CEGUIOgreRenderer** está bien configurado repasando dichos apartados. Por defecto el config.lua tiene la ruta de Ogre pero mal puesta, tendremos que configurar todos los apartados. Al final quedará algo así, suponiendo que lo tenéis instalado en la raíz.

Con las rutas bien configuradas pasamos a compilar toda la solución, esto creara una serie de archivos en la carpeta CEGUI-0.7.9/lib y CEGUI-0.7.9/bin, algunos de estos archivos seran necesarios para poder compilar nuestros juegos.

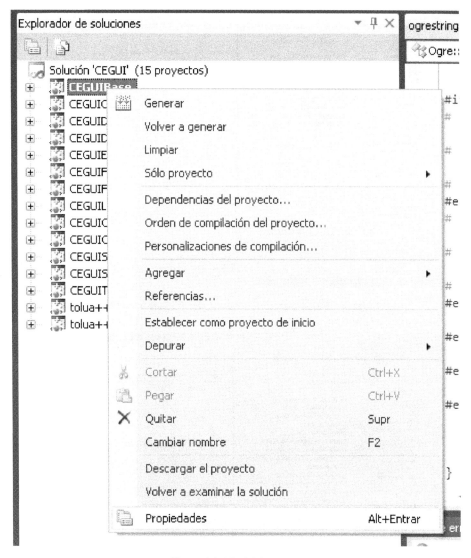

Figura A.1: Menú del proyecto.

A.1.2. Configurando OGRE en Windows

Explicado lo anterior pasamos a configurar Ogre en Windows.

Conociendo ya todos los apartados de la configuración del proyecto, solo será necesario enlazar bien todo, en includes añadiremos los includes de CEGUI y demás cosas que necesitemos (SDL, Xerces, etc...) y en el vinculador añadiremos las bibliotecas necesarias (ver figuras A.5, A.6 y A.7). Podemos ver la configuración necesaria para compilar el juego Vault Defense.

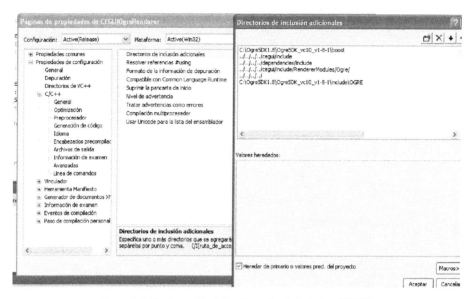

Figura A.2: Configuración de los directorios de inclusión. CEGUI.

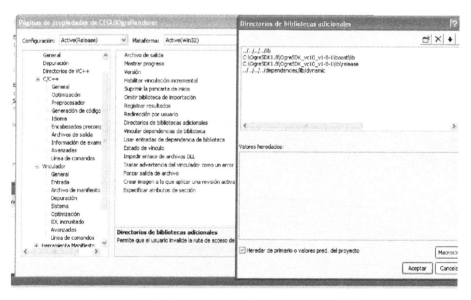

Figura A.3: Configuración de las bibliotecas adicionales. CEGUI.

Una vez configurado el proyecto de OGRE pasamos a compilarlo. Recordad que aquí también tendremos una configuración release y una debug, es necesario saber cual estamos realizando para saber que .dlls necesitaremos para la ejecución del juego. También decir que necesitaremos compilar CEGUI para dicha versión.

Una vez compilado todo buscaremos la carpeta donde se ha generado el archivo eje-cutable y añadiremos los archivos necesarios. Los principales son ogre.cfg, plugins.cfg y resources.cfg. El único que hace falta editar, si estamos usando uno de GNU/Linux, es el **plugins.cfg**. En la variable **PluginFolder** pondremos la ruta de la carpeta que contendra los .dlls de los plugins de OGRE, en nuestro caso la hemos llamado **plugins** que será la carpeta que tendremos que crear en el directorio del juego. Además comprobaremos que estamos cargando los plugins correctos; si hemos compilado todo en modo **debug** tenemos que cargar los plugins correctos añadiendo **_d** al nombre.

Figura A.4: Configuración de las dependencias adicionales. CEGUI.

Un ejemplo de archivo para un juego compilado en modo debug sería éste.

```
# Directorio donde están los plugins
PluginFolder=plugins

Plugin=RenderSystem_GL_d
Plugin=Plugin_ParticleFX_d
```

Ya con estos 3 archivos añadidos solo falta crear una carpeta plugins y añadir los .dlls correspondientes dentro de ella.

Con los plugins colocados pasamos a añadir los .dlls que faltan. Estos varían según las bibliotecas usadas pero por lo general hará falta **OgreMain** y **OIS**. Acordaros de copiar los dlls correspondientes según vuestra compilación, si estáis en modo **debug** usad los que terminan en **_d**.

Explicado esto ya podemos pasar a los detalles de Vault Defense.

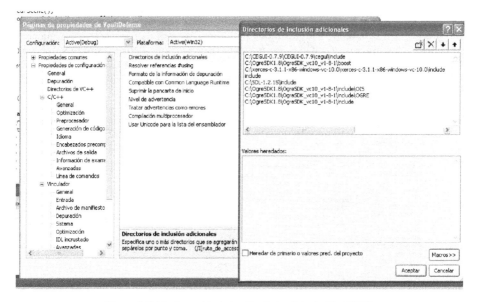

Figura A.5: Configuración de los directorios de inclusión. OGRE

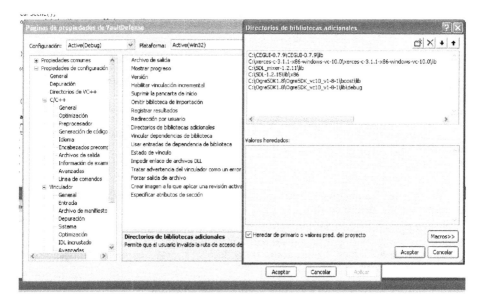

Figura A.6: Configuración de las bibliotecas adicionales. OGRE

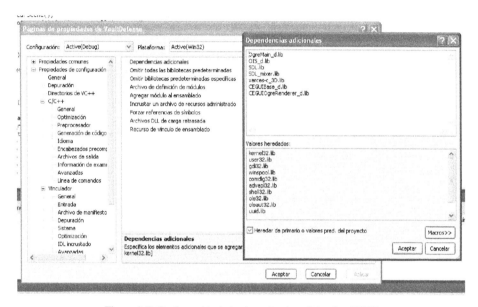

Figura A.7: Configuración de las dependencias adicionales. OGRE

A.2.   GUI en Vault Defense

En Vault Defense se han creado unos botones propios, una pantalla de carga y un efecto de salpicadura en cámara, todo esto realizado con CEGUI.

A.2.1.   Botones propios

Aunque CEGUI tiene un botón ya definido, no es un botón muy bonito, es el tipico botón que se puede usar para un formulario, pero no el botón que se usaria en un menu inicial de un juego, para estos casos lo mejor es crearse un botón propio. Para esta solucion es necesario crear archivos scheme, imageset y lookNFeel.

Crearemos un archivo .imageset propio, creando una imagen compuesta con todos los botones necesarios.

Ahora la parte complicada, el **LookNFeel**, para este fichero podemos adaptar un fichero ya existente, en los botones del Vault Defense se ha usado el archivo de Taharez-Look.looknfeel.

Listado A.1: Fichero TaharezLook.looknfeel

```
1   <!-- ................ -->
2   <WidgetLook name="VaultDefense/BotonSinglePlayer">
3     <!-- ................ -->
4     <ImagerySection name="normal">
5       <ImageryComponent>
6         <Area>
7         <Dim type="LeftEdge"><AbsoluteDim value="0" /></Dim>
8         <Dim type="TopEdge"><AbsoluteDim value="0" /></Dim>
9         <Dim type="Width"><UnifiedDim scale="1.0" type="Width" />
10        </Dim>
11        <Dim type="Height"><UnifiedDim scale="1.0" type="Height" />
12        </Dim>
13          </Area>
14          <Image imageset="VaultDefense" image="BotonIzq" />
15          <VertFormat type="Stretched" />
16        </ImageryComponent>
17
18        <ImageryComponent>
19          <Area>
20          <Dim type="LeftEdge"><AbsoluteDim value="0" /></Dim>
21          <Dim type="TopEdge"><AbsoluteDim value="0" /></Dim>
22          <Dim type="Width"><UnifiedDim scale="1" type="Width"/>
23          </Dim>
24          <Dim type="Height"><UnifiedDim scale="1" type="Height"/>
25          </Dim>
26            </Area>
27            <Image imageset="VaultDefense" image="BotonDer" />
28            <VertFormat type="Stretched" />
29            <HorzFormat type="RightAligned" />
30          </ImageryComponent>
31
32          <ImageryComponent>
33            <Area>
34          <Dim type="LeftEdge">
35            <ImageDim  imageset="VaultDefense"  image="BotonIzq"
36                  dimension="Width"/>
37          </Dim>
38          <Dim type="TopEdge"><AbsoluteDim value="0" /></Dim>
39          <Dim type="RightEdge">
40            <UnifiedDim scale="1" type="Width">
41              <DimOperator op="Subtract">
42                <ImageDim imageset="VaultDefense"
43                  image="BotonDer" dimension="Width"/>
```

```
44          </DimOperator>
45        </UnifiedDim>
46      </Dim>
47      <Dim type="Height"><UnifiedDim scale="1"
48      type="Height" /></Dim>
49        </Area>
50        <Image imageset="VaultDefense"
51          image="BotonSinglePlayerNormal" />
52        <VertFormat type="Stretched" />
53        <HorzFormat type="Stretched" />
54      </ImageryComponent>
55    </ImagerySection>
56
57    <ImagerySection name="hover">
58      <!--    .................. -->
59    </ImagerySection>
60
61    <ImagerySection name="pushed">
62      <!--    .................. -->
63    </ImagerySection>
64
65    <ImagerySection name="disabled">
66      <!--    .................. -->
67    </ImagerySection>
68    <StateImagery name="Normal">
69      <Layer>
70        <Section section="normal" />
71      </Layer>
72    </StateImagery>
73    <StateImagery name="Hover">
74      <Layer>
75        <Section section="hover" />
76      </Layer>
77    </StateImagery>
78    <StateImagery name="Pushed">
79      <Layer>
80        <Section section="pushed" />
81      </Layer>
82    </StateImagery>
83    <StateImagery name="PushedOff">
84      <Layer>
85        <Section section="hover" />
86      </Layer>
87    </StateImagery>
88    <StateImagery name="Disabled">
89      <Layer>
90        <Section section="disabled">
91      <Colours topLeft="FF7F7F7F" topRight="FF7F7F7F"
92          bottomLeft="FF7F7F7F" bottomRight="FF7F7F7F" />
93        </Section>
94      </Layer>
95    </StateImagery>
96  </WidgetLook>
```

Lo importante de estos archivos es:

1. WidgetLook...: Se define el nombre del lookNFeel, este identificador se usará en el scheme.

2. ImagerySection... : Según el TargetType y el Renderer del archivo scheme estas secciones tienen un identificador en caso de los botones son:

    a) normal: Botón normal, sin nada que lo altere.

    b) hover: Botón con el ratón encima.

    c) pushed: Botón pulsado.

    d) disable: Botón "apagado".

Dentro de ImagerySection podemos encontrar:

1. ImageryComponent...: Crea un componente a "dibujar".

2. Area...: Define un área, definida por <Dim>

3. Image...: Define una imagen que irá dentro del ImageryComponent

    Éstas son las marcas más usadas. Con estas marcas podemos crear unos botones propios que actúen como nosotros queremos. En el caso del juego Vault Defense los botones están creados por 3 zonas, una zona central donde se muestra la imagen del botón, y 2 zonas, una a cada lado, que se usara en caso de que el botón este en estado hover o pushed. La imagen BotonDer, BotonIzq es una imagen transparente que solo se usa para rellenar el hueco, en los estados hover y pushed se pone una imagen distinta dándole así un efecto curioso a los botones.

    El codigo de hover, pushed y disable es similar al de normal, solo que cambia las imagenes que carga. En hover en los bloques laterales, los que en normal son BotonDer y BotonIzq cambian por otra imagen, en el caso del Vault Defense por BotonDerHover y BotonIzqHover, imagenes que muestran un pico y una ballesta, que apareceran a los lados del botón seleccionado.

    Y lo último es el archivo scheme:

Listado A.2: Fichero TaharezLook.scheme

```
1   <GUIScheme Name="VaultDefense">
2     <Imageset Filename="VaultDefense.imageset" />
3     <LookNFeel Filename="VaultDefense.looknfeel" />
4     <WindowRendererSet Filename="CEGUIFalagardWRBase" />
5     <FalagardMapping WindowType="VaultDefense/BotonSinglePlayer"
6             TargetType="CEGUI/PushButton" Renderer="Falagard/Button"
7             LookNFeel="VaultDefense/BotonSinglePlayer" />
8     <FalagardMapping WindowType="VaultDefense/BotonInstrucciones"
9             TargetType="CEGUI/PushButton" Renderer="Falagard/Button"
10            LookNFeel="VaultDefense/BotonInstrucciones" />
11    <FalagardMapping WindowType="VaultDefense/BotonCreditos"
12            TargetType="CEGUI/PushButton" Renderer="Falagard/Button"
13            LookNFeel="VaultDefense/BotonCreditos" />
14    <FalagardMapping WindowType="VaultDefense/BotonRecords"
15            TargetType="CEGUI/PushButton" Renderer="Falagard/Button"
16            LookNFeel="VaultDefense/BotonRecords" />
17    <FalagardMapping WindowType="VaultDefense/BotonSalir"
18            TargetType="CEGUI/PushButton" Renderer="Falagard/Button"
19            LookNFeel="VaultDefense/BotonSalir" />
20    <FalagardMapping WindowType="VaultDefense/StaticImage"
21            TargetType="DefaultWindow" Renderer="Falagard/StaticImage"
22            LookNFeel="VaultDefense/StaticImage" />
23  </GUIScheme>
```

    Definimos que imageset vamos a usar, que looknfeel usamos, y luego pasamos a crear los botones con:

Listado A.3: Creación de botones.

```
1   <FalagardMapping WindowType="VaultDefense/BotonCreditos"
2           TargetType="CEGUI/PushButton" Renderer="Falagard/Button"
3           LookNFeel="VaultDefense/BotonCreditos"/>
```

En este código podemos ver la creación de unos botones muy simples, se ha cogido como base un archivo scheme ya creado y se ha modificado. En WindowType ponemos el identificador del window para poder usarlo en nuestros layouts y en LookNFeel ponemos nuestro lookNFeel modificado.

En el código es necesario cargar nuestros propios archivos:

Listado A.4: Carga de archivos.

```
1  CEGUI::SchemeManager::getSingleton().create
2      ("VaultDefense.scheme");
3
4  CEGUI::ImagesetManager::getSingleton().create
5      ("VaultDefense.imageset");
```

A.2.2. Pantalla de Carga

Para crear las pantallas de carga en Ogre es necesario conocer la función **renderOne-Frame()**[4] de Ogre. Esta función obliga a Ogre a renderizar un solo frame; llamaremos a dicha función dentro de la función enter del estado donde se quiera añadir el cargador. Lo más normal es que sea al comienzo del juego, en la función enter del estado juego.

Listado A.5: Función enter() (clase PlayState).

```
1  void PlayState::enter () {
2
3    _root = Ogre::Root::getSingletonPtr();
4    _sceneMgr = _root->getSceneManager("SceneManager");
5
6    CEGUI::System::getSingleton().setDefaultMouseCursor
7      ("VaultDefense", "BotonDer");
8    CEGUI::Window *guiRoot =
9      CEGUI::WindowManager::getSingleton().loadWindowLayout
10     ("carga.layout");
11   CEGUI::System::getSingleton().setGUISheet(guiRoot);
12   CEGUI::DefaultWindow* staticText = static_cast<CEGUI::
13     DefaultWindow*>(CEGUI::WindowManager::getSingleton().
14           getWindow("carga/texto"));
15   staticText->setText("Generando mundo aleatorio 1-5");
16
17   CEGUI::ProgressBar* progressBar =
18     static_cast<CEGUI::ProgressBar*>
19     (CEGUI::WindowManager::getSingleton().
20      getWindow("carga/barra"));
21   _Renderizando=false;
22   _root->renderOneFrame();
23
24   /* ... */
25 }
```

La penúltima linea, el _renderizando=false, se usa para no ejecutar el código de la función **frameStarted(...)**, tened en cuenta que al ejecutar RenderOneFrame se estara llamando a frameStarted y es posible que algunas de las acciones que realizamos dentro de dicha función no se puedan realizar.

---

[4]'http://www.ogre3d.org/docs/api/html/classOgre_1_1Root.html

Este método de carga no calcula el tiempo real de lo que tardan las operaciones, es una carga por pasos. Se definen una serie de cargas, y segun se van cargando se va pasando de paso. En resumen, se dividen los calculos en grupos y se realiza un RenderOneFrame por cada calculo realizado, cuando se realiza el calculo se ejecuta este código.

Listado A.6: Renderizando frame a frame.

```
1  progressBar->step();
2  staticText->setText("Calculando caminos 2-5");
3  _root->renderOneFrame();
```

El step de la barra está definido en el layout y su valor es $1/n^o grupos$:

Listado A.7: GUI Layout.

```
1  <GUILayout >
2    <Window Type="DefaultWindow" Name="carga" >
3      <Property Name="UnifiedAreaRect"
4          Value="{{0.0025,0},{0,0},{1.0025,0},{1,0}}" />
5      <Window Type="VaultDefense/StaticImage"
6            Name="carga/Fondo" >
7        <Property Name="FrameEnabled" Value="False" />
8        <Property Name="UnifiedAreaRect"
9          Value="{{0,0},{0,0},{1,0},{1,0}}" />
10       <Property Name="BackgroundEnabled" Value="False" />
11       <Property Name="Image"
12         Value="set:VaultDefenseFondo image:Fondo" />
13       <Window Type="TaharezLook/ProgressBar"
14            Name="carga/barra" >
15       <Property Name="StepSize" Value="0.20" />
16       <Property Name="CurrentProgress" Value="0.0" />
17       <Property Name="UnifiedAreaRect"
18           Value="{{0.0975004,0},{0.753333,0},
19              {0.869998,0},{0.803333,0}}" />
20     </Window>
21     <Window Type="TaharezLook/StaticText"
22            Name="carga/texto" >
23       <Property Name="Font" Value="VaultDefense-15" />
24       <Property Name="UnifiedAreaRect"
25           Value="{{0.13875,0},{0.708333,0},
26              {0.828753,0},{0.75,0}}" />
27       <Property Name="BackgroundEnabled" Value="False" />
28       <Property Name="FrameEnabled" Value="False" />
29     </Window>
30     </Window>
31   </Window>
32  </GUILayout>
```

Esto se puede cambiar, se puede crear una barra propia y hacerle un escalado. También se puede poner una imagen en el centro e ir cambiándola. Existen muchas maneras, pero ésta es la más sencilla.

A.2.3.   Manchas en la cámara

El método creado para crear manchas de sangre en la cámara es muy sencillo. Lo primero es añadir las imagenes al layout del juego, como una imagen normal.

Listado A.8: Imágenes en el Layout.

```
1  <Window Type="VaultDefense/StaticImage"
2          Name="UI/Fondo/Sangre10"><Property Name="Image"
3          Value="set:VaultDefenseSangre2 image:Sangre"/>
4  <Property Name="UnifiedAreaRect"
5      Value="{{0.0,0},{0.0,0},{1,0},{1,0}}"/>
6  <Property Name="BackgroundEnabled" Value="False"/>
7  <Property Name="Alpha" Value="0"/>
8  <Property Name="FrameEnabled" Value="False"/>
9  </Window>
```

Después se crea una estructura de datos para almacenar el nombre de la imagen, su variable alpha y si está activa o no.

Listado A.9: Estructura sangreCEGUI.

```
1  typedef struct {
2    String nombre;
3    double alpha;
4    bool activo;
5  } sangreCEGUI;
```

Cuando estemos creando la interfaz pasamos a poner el alpha de todas las imágenes a 0.

Listado A.10: Estableciendo el valor de alpha a 0

```
1  for (int i = 1; i < 11; i++) {
2    std::stringstream auxNombre;
3    auxNombre << "UI/Fondo/Sangre" << i;
4    sangreCEGUI aux;
5    aux.nombre=auxNombre.str();
6    aux.alpha=0.0;
7    aux.activo=false;
8    _sangrado.push_back(aux);
9  }
```

Luego en alguna parte del juego, en el caso de Vault Defense cuando el personaje recibe un impacto, activamos una de las sangres de manera aleatoria, mostrándola y poniendo su alpha a 1, durante el enterFrame() vamos decrementando el alpha.

Listado A.11: Activando la sangre.

```
1  for(int i = 0; i < _sangrado.size(); i++) {
2
3    if(_sangrado[i].activo) {
4      CEGUI::DefaultWindow* staticImage =
5        static_cast<CEGUI::DefaultWindow*>
6        (CEGUI::WindowManager::getSingleton().
7         getWindow(_sangrado[i].nombre));
8
9      _sangrado[i].alpha-=0.5*deltaT;
10     std::stringstream auxS;
11     auxS << _sangrado[i].alpha;
12     staticImage->setProperty("Alpha",auxS.str());
13
14     if(_sangrado[i].alpha<=0.0) {
15       _sangrado[i].activo=false;
16     }
17   }
18 }
```

Esto creara un efecto de salpicon de sangre, creando una mancha en la pantalla y haciendo que se desvanezca gradualmente.

A.3.   Luces en Vault Defense: efecto fuego

El efecto de luz de fuego hace uso de la clase **Controller y ControllerValue** de Ogre, que nos facilita el poder variar los valores de color e intensidad de la luz, simulando la llama del fuego. Se ha añadido también una pequeña variación en el movimiento del punto de luz para simular el movimiento de las sombras producido por el fuego.

Para dicho efecto se uso el código que se muestra en el siguiente listado.

Listado A.12: Activando la sangre.

```
 1  Ogre::Light* fuego = _sceneMgr->createLight("Fuego");
 2  fuego->setType(Ogre::Light::LT_POINT);
 3  fuego->setDiffuseColour(0.8,0.5,0.0);
 4
 5  Ogre::SceneNode* nodeFuego =
 6    _sceneMgr->createSceneNode("nodeFuego");
 7  nodeFuego->attachObject(fuego);
 8  nodeFuego->setPosition(314,2,290);
 9
10  ControllerValueRealPtr RedLightFlasher =
11    ControllerValueRealPtr(new LightBlinker
12            (nodeFuego,fuego, ColourValue(0.8,0.5,0.0),
13            ColourValue(0.6,0.4,0.0), 0.975));
14  ControllerFunctionRealPtr RedLightControllerFunc =
15    ControllerFunctionRealPtr(new LightFlasherControllerFunction
16            (Ogre::WFT_SINE, 3.50, 0.0));
17  _RedLightController = _ControllerManager->createController
18    (_ControllerManager->getFrameTimeSource(),
19    ControllerValueRealPtr(RedLightFlasher),
20    ControllerFunctionRealPtr(RedLightControllerFunc));
21
22  RedLightFlasher.freeMethod();
23  RedLightControllerFunc.freeMethod();
```

ControllerValueRealPtr es un controlador de variables a actualizar, basicamente lo que recibe es un objeto que hereda de ControllerValue<T>, dicho objeto tiene que tener un método setValue y un getValue.

En la instrucción siguiente tenemos la función que va a calcular la variable, LightFlasherControllerFuntion. Esto devuelve un valor entre 0 y 1 que se usará en el setValue de la línea anterior.

En la línea siguientes lo que se hace es configurar bien el controlador para que obtenga el tiempo entre frames y que sepa que controladores usar y que objetos modificar.

Es un poco complejo de explicar y menos en un par de líneas, pero para mas informacion se puede visitar la web oficial de Ogre[5].

---

[5]http://www.ogre3d.org/tikiwiki/tiki-index.php?page=LightsCameraAction

A.4. Enemigos en Vault Defense

Bueno la explicación de los enemigos en sí es muy extensa, todo esta entrelazado. Esta explicación irá detallando el cómo según se vaya necesitando.

Inicialmente los enemigos están creados como un agente de estados ya explicado en el curso. La transición entre dichos estados se realiza dependiendo de la proximidad al jugador y al tesoro.

Dichos estados se muestran visualmente gracias a un icono posicionado encima de los enemigos.

Listado A.13: Gestión de la IA.

```
1  _ia = sceneMgr->createBillboardSet(billAux.str(),1);
2  _ia->setBillboardType(Ogre::BBT_POINT);
3  _ia->setMaterialName("IATesoro");
4  _ia->setDefaultDimensions(1.,1);
5  _ia->createBillboard(Ogre::Vector3(0,0,0));
6  Ogre::SceneNode* iaNode =
7    _modelo->createChildSceneNode(billNodeAux.str());
8  iaNode->setPosition(0,6.0,0);
9  iaNode->attachObject(_ia);
```

Cuando el estado cambia se realiza además una invocación a la función *setMaterialName()*, que cambia la imagen a mostrar.

Lo más importante de los enemigos es su forma de guiarse por el escenario; esto se puede explicar respondiendo a una serie de preguntas.

¿Cómo se mueven los enemigos?

Bueno, para el movimiento de los enemigos se usó un pathfinder, un algoritmo A-star para ser más concreto. Dicho algoritmo devuelve un camino a los enemigos para que recorran los pasillos del juego sin problemas, dicho camino es devuelto en puntos y los enemigos van de punto a punto, encarando al punto y trasladándose en su dirección.

¿Cómo se evitan las paredes, trampas y columnas ?

En la creación del escenario se creo un array tridimensional para almacenar cierta información (trampas y bloques). Dicho array se relleno usando unos archivos xml generados mediante un script de Blender; en dicho array viene la posicion de los bloques que forman el escenario. Gracias a esto y cogiendo lo que viene a ser el suelo de array se puede rellenar un mapa del suelo que se le pasa al pathfinder. De este modo, las trampas se guardan en el mapa y se puede calcular nuevas rutas dependiendo de la inteligencia de los enemigos.

¿Como evitan chocarse los enemigos?

Los enemigos llevan a sus pies unos bloques pequeños ocultos. Dichos bloques se usan para calcular colisiones entre cajas **AABB.**

```
    Listado A.14: Evasión de colisiones.
 1  Vector3 trans(0,0,0);
 2  for (i =_ rMn; i < _ID; i++) {
 3    std::stringstream saux, saux2;
 4
 5    if(_ID!=i) {
 6      saux << "nodeAABBEnemigo" << i;
 7      saux2 << "nodeAABBEnemigo" << _ID;
 8      Ogre::SceneManager *sceneMgr =
 9        Ogre::Root::getSingletonPtr()->
10        getSceneManager("SceneManager");
11      Ogre::SceneNode *nodeAux = sceneMgr->
12        getSceneNode(saux.str());
13      Ogre::SceneNode *nodeAct = sceneMgr->
14        getSceneNode(saux2.str());
15      AxisAlignedBox aab = nodeAct->_getWorldAABB().
16        intersection(nodeAux->_getWorldAABB());
17
18      if(!aab.isNull()) {
19        Vector3 diff = nodeAux->getPosition() -
20      _modelo->getPosition();
21        Vector3 dir = diff.normalisedCopy();
22        Vector3 pen = aab.getMaximum() - aab.getMinimum();
23        trans = dir *
24      Math::Abs(pen.normalisedCopy().dotProduct(dir)) *
25      pen.length();
26        }
27
28    }
29
30  }
31
32  _modelo->translate(-trans);
```

La parte importante son las líneas (15-16). Dicha función comprueba la intersección de 2 nodos y devuelve una AxixAlignedBox, si es distinto de Null la caja invisible esta chocando con otra caja entonces ambas cajas se repelen.

Bibliografía

[1] Grenville Armitage, Mark Claypool, and Philip Branch. *Networking and Online Games*. Wiley, 2006.

[2] D.M. Bourg and G. Seemann. *AI for game developers*. O'Reilly Media, 2004.

[3] Gary Bradski and Adrian Kaehler. *Learning OpenCV*. O'Reilly Media Inc., 2008.

[4] M. Buckland. *Programming Game AI by Example*. Wordware Game Developer's Library, 2004.

[5] Valve Corporation. http://source.valvesoftware.com/.

[6] S. Franklin and Graesser A. Is it an agent, or just a program?: A taxonomy for autonomous agents. In *Proceedings of the Third International Workshop on Agent Theories, Architectures, and Languages*, pages 21–35, London, UK, 1997. Springer-Verlag.

[7] E. Gamma. *Design Patterns: Elements of Reusable Object-Oriented Software*. Addison-Wesley Professional, 1995.

[8] Joseph C. Giarratano and Gary Riley. *Expert Systems*. PWS Publishing Co., Boston, MA, USA, 3rd edition, 1998.

[9] J Gregory. *Game Engine Architecture*. AK Peters, 2009.

[10] R. Ierusalimschy. *Programming in LUA (2nd Edition)*. Lua.org, 2006.

[11] V. Kurkova. Kolmogorov's theorem and multilayer neural networks. *Neural Networks*, 5(3):501–506, 1992.

[12] T. Masters. *Practical neural network recipes in C++*. Morgan Kaufmann, 1993.

[13] I. Millington and J. Funge. *Artificial Intelligence for Games*. Morgan Kaufmann, 2009.

[14] Manuel Palomo-Duarte, Juan Manuel Dodero, and Antonio García-Domínguez. Betting system for formative code review in educational competitions. *Expert Systems with Applications*, 41(5):2222–2230, 2014.

[15] C.W. Reynolds. Steering behaviors for autonomous characters. In *Game Developers Conference*, volume 1999, pages 763–782, 1999.

[16] Gary Riley. CLIPS home site. http://clipsrules.sourceforge.net, 2013.

[17] S.J. Russell and Norvig. *Artificial Intelligence: A Modern Approach*. Pearson Education, 1998.

[18] B. Schwab and Inc ebrary. *AI game engine programming*. Charles River Media, 2004.

[19] B. Sierra Araujo. *Aprendizaje automático: conceptos básicos y avanzados: aspectos prácticos utilizando el software Weka*. Pearson Prentice Hall, Madrid, 2006.

[20] Jouni Smed and Harri Hakonen. *Algorithms and Networking for Computer Games*. Wiley, 2006.

[21] K. Tanaka. *An introduction to fuzzy logic for practical applications*. Springer Verlag, 1997.

[22] José Tomás Tocino, Pablo Recio, and Manuel Palomo-Duarte. Gades Siege. http://code.google.com/p/gsiege, 2012.

[23] G. Weiss. *Multiagent Systems: a Modern Approach to Distributed Artificial Intelligence*. The MIT Press, 1999.

[24] Wikipedia. Stratego — wikipedia, the free encyclopedia, 2014. [Online; accessed 30-May-2014].

[25] M. Wooldridge and N.R. Jennings. Intelligent agents: Theory and practice. *The Knowledge Engineering Review*, 10(2):115–152, 1995.

[26] L.A. Zadeh. Fuzzy sets. *Information and control*, 8(3):338–353, 1965.

*Este manual fue maquetado en
una máquina GNU/Linux en
Septiembre de 2015*

www.ingramcontent.com/pod-product-compliance
Lightning Source LLC
Chambersburg PA
CBHW071406050326
40689CB00010B/1776